텍스트
테크놀로지
모빌리티

이 저서는 2018년 대한민국 교육부와 한국연구재단의 지원을 받아 수행된 연구임 (NRF—2018S1A6A3A03043497)

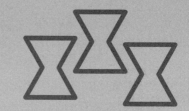

이진형
남수영
정의진
차승기
이경률
김애령
김소륜
박경환
김소영
우연희

텍스트
테크놀로지
모빌리티

앨피

모빌리티인문학은 기차, 자동차, 비행기, 인터넷, 모바일 기기 등 모빌리티 테크놀로지의 발전에 따른 인간, 사물, 관계의 실재적·가상적 이동을 인간과 테크놀로지의 공-진화co-evolution라는 관점에서 사유하고, 모빌리티가 고도화됨에 따라 발생하는 현재와 미래의 문제들에 대한 해법을 인문학적 관점에서 제안함으로써 생명, 사유, 문화가 생동하는 인문-모빌리티 사회 형성에 기여하는 학문이다.

모빌리티는 기차, 자동차, 비행기, 인터넷, 모바일 기기 같은 모빌리티 테크놀로지에 기초한 사람, 사물, 정보의 이동과 이를 가능하게 하는 테크놀로지를 의미한다. 그리고 이에 수반하는 것으로서 공간(도시) 구성과 인구 배치의 변화, 노동과 자본의 변형, 권력 또는 통치성의 변용 등을 통칭하는 사회적 관계의 이동까지도 포함한다.

오늘날 모빌리티 테크놀로지는 인간, 사물, 관계의 이동에 시간적·공간적 제약을 거의 남겨 두지 않을 정도로 발전해 왔다. 개별 국가와 지역을 연결하는 항공로와 무선 통신망의 구축은 사람, 물류, 데이터의 무제약적 이동 가능성을 증명하는 물질적 지표들이다. 특히 전 세계에 무료 인터넷을 보급하겠다는 구글Google의 프로젝트 룬Project Loon이 현실화되고 우주 유영과 화성 식민지 건설이 본격화될 경우 모빌리티는 지구라는 행성의 경계까지도 초월하게 될 것이다. 이 점에서 오늘날은 모빌리티 테크놀로지가 인간의 삶을 위한 단순한 조건이나 수단이 아닌 인간의 또 다른 본성이 된 시대, 즉 고-모빌리티high-mobilities 시대라고 말할 수 있다. 말하자면, 인간과 테크놀로지의 상호보완적·상호구성적 공-진화가 고도화된 시대인 것이다.

고-모빌리티 시대를 사유하기 위해서는 우선 과거 '영토'와 '정주' 중심 사유의 극복이 필요하다. 지난 시기 글로컬화, 탈중심화, 혼종화, 탈영토화, 액체화에 대한 주장은 글로벌과 로컬, 중심과 주변, 동질성과 이질성, 질서와 혼돈 같은 이분법에 기초한 영토주의 또는 정주주의 패러다임을 극복하려는 중요한 시도였다. 하지만 그 역시 모빌리티 테크놀로지의 의의를 적극적으로 사유하지 못했다는 점에서, 그와 동시에 모빌리티 테크놀로지를 단순한 수단으로 간주했다는 점에서 고-모빌리티 시대를 사유하는 데 한계를 지니고 있었다. 말하자면, 글로컬화, 탈중심화, 혼종화, 탈영토화, 액체화를 추동하는 실재적·물질적 행위자agency로서의 모빌리티 테크놀로지를 인문학적 사유의 대상으로서 충분히 고려하지 못했던 것이다. 게다가 첨단 웨어러블 기기에 의한 인간의 능력 향상과 인간과 기계의 경계 소멸을 추구하는 포스트-휴먼 프로젝트, 또한 사물 인터넷과 사이버 물리 시스템 같은 첨단 모빌리티 테크놀로지에 기초한 스마트 도시 건설은 오늘날 모빌리티 테크놀로지를 인간과 사회, 심지어는 자연의 본질적 요소로 만들고 있다. 이를 사유하기 위해서는 인문학 패러다임의 근본적 전환이 필요하다.

그러므로 모빌리티인문학은 '모빌리티' 개념으로 '영토'와 '정주'를 대체하는 동시에 인간과 모빌리티 테크놀로지의 공-진화라는 관점에서 미래세계를 설계하기 위한 사유 패러다임을 정립한다.

차례

2부

모바일 테크놀로지와 텍스트 미학

텍스트의 모빌리티와 모빌리티의 텍스트

_ 이진형

모빌리티 연구는 지난 10여 년 동안 사회과학의 특수한 학제적 연구 분야로 자리 잡았다. 《모빌리티스Mobilities》, 《트랜스퍼스Transfers》, 《응용 모빌리티Applied Mobility》 같은 모빌리티 연구 전문학술지들의 창간이 그에 대한 학계의 관심을 보여 준다면, 영국 랭커스터대학교의 '모빌리티연구소the Center for Mobilities Research: CeMoRe'를 비롯한 덴마크 올보르대의 '모빌리티와 도시 연구소Center for Mobilities and Urban Studies: CMUS', 미국 드렉슬대학교의 '모빌리티 조사와 정책 센터Center for Mobilities Research and Policy', 벨기에 루뱅대학교의 '문화 모빌리티 연구소the Cultural Mobilities Research: CuMoRe' 등의 설립은 모빌리티 연구의 학술적 제도화를 의미한다고 말할 수 있다.

모빌리티 연구의 개척자 존 어리John Urry는 주저 《모빌리티》에서 크게 두 가지 목표를 제시한 바 있다. 하나는 '사회 세계'를 사람·생각·정보·사물의 다양한 이동을 수반하고, 유발하고, 감소시키는 광범위한 경제적·사회적·정치적 실천, 인프라, 이데올로기로서 이론화하는 것이고, 다른 하나는 사회과학의 분과학문적 실천을 학제적·초분과학문적 실천으로 대체하는 것이다. 그리고 그는 여기에 '모빌리티 패러다임'이라는 이름을 붙였다. 오늘날 '민족-국가-사회'의 삼위일체를 주장하는 게 점점 더 정당성을 잃고 있음을 떠올려 보면, 첫 번째 목표는 어느 정도 실현되고 있는 것처럼 보인다. '민족-국가-사회'의 경계뿐만 아닌 인간과 비인간의 구분에도 의심의 눈길을 던지는 게 현재 학계의 모습이기 때문이다. 그에 반해, 두 번째 목표는 성공적으로 진척되고 있는 것 같지 않다. 인문학 분야에서 '모빌리티'는 여전히 생소한 용어이고, 그런 만큼 연구자들에게도 그리 큰 관심을 받지 못하고 있는 듯하다.

이런 상황을 두고, 피터 메리만^{Peter Merriman}과 린 피어스^{Lynne Pearce}는 《모빌리티와 인문학^{Mobility and the Humanities}》 서론에서 모빌리티 연구와 인문학의 협업 필요성을 주장하며 크게 두 가지 점을 지적한 바 있다. 첫째, 모빌리티 연구가 분명히 문학 · 역사 · 영상 분야 저술에서 커다란 영향을 받았음에도 불구하고, 모빌리티 연구에 대한 인문학의 기여 방안은 충분히 논의되고 있지 않다는 점이다. 둘째, 인문학자들 역시 모빌리티 또는 이동성과 관련한 연구를 계속 수행하고 있으면서도 '모빌리티 패러다임'의 존재를 거의 인식하지 못한다는 점이다. 예를 들어, 모더니즘 · 미래주의 · 포스트모더니즘 같은 예술운동이나 이념, 그리고 속도 · 운동 · 교통 · 이주 · 여행 · 디아스포라 · 탈식민성 등에 대한 인문학적 연구는 모빌리티 또는 모빌리티 패러다임이라는 용어를 사용하지는 않았지만 모빌리티 연구와 궤를 같이한다는 것이다.

이 책은 이와 같은 문제의식에서 기획되었다. 모빌리티 연구가 사람 · 생각 · 정보 · 사물의 다양한 이동을 수반하고, 유발하고, 감소시키는 광범위한 경제적 · 사회적 · 정치적 실천, 인프라, 이데올로기에 대한 초분과학문적 연구라면, 문자 · 비문자 텍스트가 사람 · 생각·정보·사물의 이동을 재현하는 다양한 방법들, 이 이동에 참여함으로써 그를 체현하는 여러 방식들, 이러한 재현과 체현을 매개하는 테크놀로지들, 그리고 이 모두를 조건 짓는 복합적 맥락들에 대한 탐구는 단지 사회학적 모빌리티 연구의 결여에 대한 보충이라는 의미만을 갖지는 않는다. 오히려 이 작업은 서사와 시간, 테크놀로지와 미학, 재현과 정치 등에 기초한 기존의 인문학적 성찰에 모빌리티라는 렌즈를 삽입함으로써 그에 대한 보다 다층적인 사유를 가능하게 해 줄 것이다. 그리고 더 나아가서는 기존의 사회학적 모빌리티 연구에 충격을 가함으로써 초분과학문적 모빌리티 연구가 진정으로 진전되는 계기가 될 수도 있을 것이다.

이 책에는 총 9편의 글이 실려 있다. 각각의 글은 다루는 대상도 논의의 층위도 서로 다르다. 그러나 여기 실린 글들은 메리만과 피어스가 언급했던 저술, 즉 모빌리티 연구에 영향을 준 문학, 역사, 영상 분야 저술 범주에 속한다고 말할 수 있다. 이 글들은 모두 텍스트, 테크놀로지, 모빌리티라는 세 꼭지점 주변에 위치해 있기 때문이다. 그렇다면 이 글들을 모빌리티 텍스트 연구라는 커다란 범주로 묶는 것도 불가능한 일은 아닐 듯하다.

이 책은 크게 세 부분으로 구성되어 있다. 1부 '시간성, 모빌리티, 그리고 재현의 정치학'에서는 운동(성) 또는 이동(성)이 문자·비문자 텍스트를 통해서 재현되는 방식과 거기에서 작동하는 힘의 관계, 즉 모빌리티 재현의 정치학에 대한 성찰을 수행한다. 2부 '미디어 테크놀로지의 발전과 텍스트 미학의 변화'에서는 미디어 테크놀로지의 발전 또는 새로운 미디어 테크놀로지의 등장이 텍스트의 생산·수용뿐만 아닌 그 미학에까지 야기하는 변화를 탐구하고, 3부 '임/모빌리티의 텍스트적 구현'에서는 부동성/이동성의 관점에 입각한 텍스트 이론을 검토하는 한편 그 구체적 실천 사례들을 제시한다.

◆ ◆ ◆

1부 '시간성, 모빌리티, 그리고 재현의 정치학'에는 총 세 편의 글이 실려 있다. 이 글들은 영화 이미지의 모순적 특징과 아카이브 사이의 연관성, 프루스트와 초현실주의에 대한 발터 벤야민의 논의, 30년대 후반 김남천의 장편소설 논의 등 서로 다른 대상들을 다루고 있다. 예술사나 미학 이념사의 견지에서 보면, 이 논의들은 각각 포스트모더니즘 또는 해체주의, 모더니즘, 그리고 리얼리즘으로 분류될 수 있다. 하지만 움직임의 재현(불가능성), 역사성과 시간성, 신체성의 변화 등 세 편의 글이 다루고 있는 주제들은 시간성과 모빌리티의 재현, 그리고 거기에서 작동하는 힘의 관계에 대한 탐구로 느슨하게 묶일 수 있을 것이다.

남수영의 〈'필연의 아카이브'로서의 영화: 침묵의 이미지와 재현불가능〉은 조르조 아감벤의 아카이브 논의와 앙드레 바쟁의 영화이미지 논의를 토대로 영화-다큐멘터리에 의한 몸짓 또는 움직임의 재현(불가능성) 문제를 고찰한다. 이 글에서 영화는 죽음과 과거라는 역사와 '변화의 미라'(사진과 같은 자동적 재현을 통해서 부여받은 표지성은 유지하면서도, 사진과 달리 죽은 듯 멈춰 있지는 않는 이미지)라는 매체적 본성이 교차하면서 '포획불가능한 난입'이라는 역설을 기록하는 '아카이브'로서 간주된다.

보통 영화-다큐멘터리는 현실의 움직임을 재현함으로써 의미나 담론을 형성하는 것으로 이해되곤 한다. 그러나 중요한 것은 그런 의미나 담론을 필연적에게 만드는 요인으로서 영화-다큐멘터리에 내재하는 아카이브적 성격의 이미지들, 즉 '재현불가능'의 이미지들이다. 영화이미지는 일견 의미 없는 움직임의 영상들처럼 보이지만 의미로만 환원되지 않는 '그 무엇'을 지니고 있다. 여기서 '그 무엇'은 바로 서사 단위로서의 '이미지'가 아닌, 그 어떤 목적으로도 환원되지 않는 '몸짓' 그 자체를 말한다. 그리고 "그 어떤 보이스오버 내레이션도 제어할 수 없는 등장인물의 움직임들"에는 "신체의 난입 bodily irruption"이라는 이름이 붙는다. 이 움직임들, 즉 생명 있는 육신의 존재감이란 어떤 영화 언어로도 해석되거나 의미화될 수 없기 때문이다. 이 움직임들, 즉 '아카이브 이미지'는 무엇보다도 "설명, 표시, 분류 체계를 벗어나, 기계적 그리고 자동적으로 기록된, 존재 자체를 증명한다"는 점에서 중요하다.

'아카이브'로서의 영화는 상실된 기록, 즉 기록불가능한 기록이다. 아우슈비츠에서 살아남은 자들, 언어를 통해 증언하지 못하는 비인간, 반생명, 코마 상태로서의 물질, 무젤만, 즉 호모사케르 역시 아카이브다. 이들은 모두 기록불가능성에 의해서 규정되는 존재들 또는 움직임들이기 때문이다. 이와 같은 논의를 통해서 남수영은 궁극적으로 아카이브의 필연성과 예술의 정치를 주장한다. 우선 아카이브는 탈주체의 영역에서 '증언불가능의 불가능'의 형태로, 즉 '필연적으로' 나타난다. 다시 말해, 아카이브는 의미화·주체화로서의 재현이 이루어지는 순간 무언의 몸짓으로서 '증언불가능'이 '불가능'함을 증명하게 된다. 이때 영화는 그 '불가능'을 절대적으로 수용함으로써 '필연'을 구현하는 예술이 되고, 그럼으로써 예술의 정치를 실천하게 된다. 이는 영화가 '생존하게 하는 정치'의 매체로서 필연의 아카이브이자 "절대적 증인absolute witness"임을 의미한다.

이 글에서 영화 매체, 그리고 예술의 정치는 고정된 이미지와 이동적 이미지의 모순적 결합을 통해서 작동한다. 중요한 점은 이와 같은 사정이 단지 영화(이미지)에만 해당하는 것은 아니라는 점이다. 이는 모든 예술, 특히 텍스트라는 고정된 문자에 의존하는 모든 예술에도 적용될 수 있을 것이다. 증언불가능한 몸짓 · 움직임 또는 재현불가능한 시간성의 증언 또는 재현으로서 말이다.

다음으로, 정의진의 〈20세기 초반 프랑스문학의 현대성과 사회역사성에 대한 발터 벤야민의 문학비평: 마르셀 푸르스트와 초현실주의에 대한 역사시학적 연구〉는 발터 벤야민의 프루스트 및 초현실주의 논의에 기초해서 그의 시간성과 역사성 이해를 검토한다. 특히 그는 발터 벤야민의 '역사유물론' 개념이 마르크스주의로 환원될 수 없는 이론적 체계를 갖고 있다는 점, 그보다는 오히려 프루스트나 초현실주의가 전개한 시간성과 역사성에 더 가깝다는 점을 주장한다. 그리고 이를 위해서 알레고리, 아우라의 상실, 꿈과 깨어남의 변증법, 초현실주의적 이미지 등 벤야민의 역사철학적 개념들을 재해석한다.

벤야민은 고전주의적 상징의 이상적 완벽성(질서, 조화, 균형, 총체성)을 비판하고 바로크적 미적 형식이 내포하는 불균형과 파편성의 역동성을 강조한다. 그리고 바로크적 알레고리를 폐쇄적이고 자족적인 지배적 질서(제도화된 질서와 도덕)를 내파하고 역사적인 새로운 운동의 결정적 시간을 형식화하는 것으로 간주한다. 이때 알레고리는 작가가 당대 사회의 변화 양상을 역사적 문제들과 더불어 특수한 미적 형식으로 언어화하는 양상을 포착하기 위한 개념이다. 이 맥락에서 보면 프루스트의 '비의지적 기억'은 '아우라의 상실'을 살아가는 시대, 즉 더 이상 시간의 공동체적 연속성을 확보할 수 없는 시대의 알레고리다. 그러나 이는 시간의 단절이라기보다 오히려 또 다른 시간의 연속성, 말하자면 시간의 공동체적인 역사적 재구성의 20세기적 가능성을 의미한다. 그렇다면 20세기의 아우라('행복'의 순간)는 개개인의 무의지적 기억에 '망각'의 형태로 잠복해 있다고 말할 수 있다. 벤야민은 이 지점을 '꿈과 깨어남의 변증법'이라는 역사철학적 개념으로 이론화하는 동시에 역사적 시간의 급진적 정지를 요구한다.

역사적 시간의 급진적 정지는 국가와 제도의 차원에서 공동체적으로 구성된 역사적 기억을 방법론적으로 정지시키면서, 이를 또 다른 정치사회적 전망에 기초한 공동체적 기억의 재구성을 통해 대체하는 일이다. 이를 잘 보여 주는 것이 초현실주의 작가들의 글쓰기다. 논리적 연관성을 따라서 서사나 시적 이미지를 구성하는 데 반대하고, 한 문장이나 담론 단위와 또 다른 문장이나 담론 단위의 논리적 결락이나 공백 지점이 유발하는 상호 충돌 효과를 통해서 새로운 시적 이미지를 형성하는 방식이 바로 그 글쓰기다. 벤야민에게 이는 이미지를 통한 시간성의 역사적 재구성 과정, 즉 개개인의 해방과 공동체적인 혁명적 정치의 전망을 새롭게 확보하는 과정을 의미한다. 이는 물론 역사성과 시간성에 대한 모더니즘 특유의 사유 방식이다. 그러나 그 의의는 단지 20세기 초라는 시기에만 한정되지는 않는다. 역사성과 시간성을 무매개적 연속성 속에서 사유하려는 시도가 지속되는 한, 또한 그 시도가 계속해서 과거에 대한 억압과 미래에 대한 결정론적 예측을 수반하는 한, 벤야민의 역사유물론적 시간성과 역사성 개념은 그때마다 현재 속으로 귀환하게 될 것이다.

〈폐허로부터의 비전: 일제 말기 김남천의 소설론과 탈식민의 계기〉에서 차승기는 일제 말기 김남천의 소설 논의를 중심으로 신체(주체)의 변화과 탈식민 정치학에 관해 논의한다. 이 글에서 '소설 쓰기'는 주체와 객체의 이분법에 기초한 단순한 재현 행위에 그치지 않는다. 오히려 그것은 주체와 세계의 관계를 재구성하는 동시에 주체의 '개조'까지도 실현하는 일종의 실천으로서 정의된다. 그리고 이는 주체의 신체성 전환 행위라는 점에서 일제 말기 탈식민주의적 실천의 계기로 평가받는다.

이 글에서 차승기는 김남천의 '관찰' 개념에 주목한다. 그에 의하면, '관찰'은 주체와 대상의 비대칭적 관계에 기초한 냉담한 '눈'의 행위가 아니라 '다른 것 되기'라는 미메시스적 변신 활동이다. 주체(작가)는 대상에 대한 개념적 파악 너머 그 '개별성' 자체에 도달하기 위해 관찰하고, 또한 그 개별성이 어떤 제도와 장치에 의해 주체로 생성되는지를 관찰하는 문학적 실천 과정에서 신체성의 전환을 경험하게 된다는 것이다. 이 관찰의 정신은 장편소설의 원천이라는 점에서 소설미학적으로도 큰 의의가 있다. 그에게 장편소설은 모티프들의 긴장감 있는 구성, 그 긴장을 이끌고 가는 적극적 주인공, 그 주인공에 투사된 작가의식 등과는 거리가 먼 장르, 즉 '사물의 전체 질서'를 반영하는 방식으로 세계의 '산문성'을 재현하는 장르였기 때문이다. 이때 관찰의 정신과 장편소설이 갖는 의의는 단지 문학적 수준에 그치지 않는다. 그것은 일제 말기 탈식민주의적 실천의 계기로도 기능할 수 있다. '관찰'은 일제 말기 피식민 주체에게 요구되었던 (제국주의적) 주체화('일본인되기')의 메커니즘을 문학적으로 대상화하고 가시화함으로써 치안의 효과를 탈신비화·탈자연화할 수 있는 것이다.

이 글은 일제 말기 김남천의 장편소설 논의에서 '다른 것 되기'를 실천하는 주체, 즉 '관찰'의 주체(작가)에 주목함으로써 주체의 전환 가능성 또는 탈식민주의적 실천의 가능성을 밝혀 낸다. 남수영과 정의진이 움직임과 변화의 재현(불가능성) 문제를 서로 다른 수준에서 탐구했다면, 차승기의 글은 움직임과 변화를 텍스트로써 재현하는 과정에서 감행되는 변화의 실천(불가능성) 문제를 다룬다.

한편, 세 편 모두에 공통된 것은 그와 같은 재현 행위에 내재하는 정치적 의미에 대한 강조다. 이 점은 이렇게 표현할 수도 있다. 시간 성과 모빌리티의 재현은 항상 힘의 관계 속에서 이루어지고, 그 때 문에 그 힘의 관계의 변화를 암시하거나 수반하게 된다고 말이다.

◆ ◆ ◆

2부 '모바일 테크놀로지와 텍스트 미학'에서는 미디어 테크놀로지 의 발전 또는 새로운 미디어 테크놀로지의 등장이 텍스트의 생산과 수용 방식, 그리고 텍스트 미학에까지 야기한 변화를 탐구한다. 근 대의 대량 인쇄술이 발명된 이후 사진기, 영화, 뉴미디어 등 새로운 테크놀로지의 등장과 발전은 펜과 종이에 의존하던 텍스트의 생산 과 소비 방식뿐만 아니라, 문자와 책이라는 그 존재 방식 또한 근본 적으로 바꾸어 놓았다. 근대 예술가들이 19세기 영상 테크놀로지와 20세기 컴퓨터 테크놀로지를 작품 구성의 수준에서 능동적으로 활 용하고 있음을 지적할 필요도 없이, 누구도 텍스트의 구성 및 존재 와 미디어 테크놀로지의 긴밀한 내적 관련성을 부정하지 못한다. 또 한, 텍스트의 존재란 늘 생산-유통-소비 테크놀로지에 의존할 수밖 에 없다는 점에서도 그 관련성은 쉽게 확인할 수 있다. '미디어 테크 놀로지의 발전과 텍스트 미학의 변화'에 실린 세 편의 글은 텍스트 의 심미적 구성, 그리고 그 생산-유통-소비 과정을 다루고 있다. 이 는 미디어 테크놀로지의 등장에 따른 텍스트의 변화, 말하자면 모빌 리티가 텍스트의 물질적 구성 수준에서 작동하는 방식에 관한 것이 라고도 말할 수 있다.

이경률의 〈미래주의에 나타난 움직임과 속도의 재현: 포토다이너미즘에 미친 크로노포토그라피의 영향〉은 19세기 크로노포토그라피chronophotographie(동체動體사진술)의 기술적 진화와, 20세기 미래주의자들의 포토다이너미즘 작품에서 움직임의 궤적으로 나타나는 크로노포토그라피의 영향 및 그 조형적 의도를 추적한다. 구체적으로는, 사물의 움직임을 재현할 수 있는 테크놀로지가 발전함으로써 텍스트의 구성 방법이 변화하고, 그에 따라 새로운 미학적 흐름이 생성되는 과정을 통시적으로 고찰한다.

크로노포토그라피는 1860년대 에티엔-쥘 마레Étienne-Jules Marey가 고안해 낸 생리학 측정 기구로서, 한 장의 감광판에 시간의 흐름에 따라 연속적인 움직임을 그래픽적으로 기록하는 기능을 한다. 말하자면, 크로노포토그라피는 이미지들의 상호 중첩을 통해서 움직임의 점진적 진행을 보여 주는 기구다. 그래서 예술가들은 움직임의 물리적 흔적 그 자체, 더 나아가서는 주체의 동작, 속도, 운동, 불안, 동요 등을 재현하려는 목적으로 그에 의존하곤 했다. 특히 미래주의자들은 그것을 단순히 움직임을 재현할 수 있는 참조 도구가 아니라, 지속되는 시공간에서 살아 있는 생명의 도약을 재현할 수 있는 조형적 언어로서 활용했다. 그들은 베르그송 철학과 니체 철학에 감명받고 자동차와 비행기 같은 물질적 진보에 매료되면서 다이내믹한 움직임과 속도를 재현하고자 했는데, 이를 위해서 사진의 크로노포토그라피와 영화의 촬영 기술을 사용했던 것이다.

크로노포토그라피를 예술적으로 활용한 가장 대표적인 예술가들은 안톤 줄리오와 아르투로 브라가글리아Anton Giulio et Arturo Bragaglia 형제였다. 이들은 크로노포토그라피를 통해서 움직임의 재현을 다양한 형태로 실험하는 한편 역동, 생명, 도약, 혁신, 새로움 등 미래주의 예술이 추구하는 가치들을 구현하려고 했다. 그럼으로써 그들은 특히 움직임에 대한 사진의 다양한 효과를 활용하는 포토다이너미즘에 몰두하게 되었다. 이 포토다이너미즘은 크게 두 가지 점에서 크로노포토그라피와 구별되었다. 하나는 움직임의 분해가 사라지고 역동적인 효과들이 다양한 형태로 나타난다는 점이다. 긴 줄무늬를 보여 주면서 움직임을 암시하는 느린 셔터의 사진은 생생한 약동을 보여 주는 힘찬 장면의 사례라고 할 수 있다. 다른 하나는 움직임의 다양한 효과를 통해서 생명의 도약을 암시한다는 점이다. 이는 사진의 장노출과 그 움직임의 흔적을 활용해서 베르그송의 지속과 생명의 도약을 재현하려는 시도라고 말할 수 있다.

움직임과 속도를 재현하려는 미래주의자들의 시도는 미디어 테크놀로지의 발전에 의해서 추동된 것이었다. 그것은 크로노포토그라피에서 출발한 후 포토다이너미즘으로 변용·전개되었다. 그리고 나중에는 포토몽타주photomontage, 레이요그램rayogramme, 이미지 중복superposition, 미장센 등으로, 또한 키네틱 아트, 멀티-미디어 아트, 디지털 아트 등으로 변주되었다. 이는 실재의 모빌리티의 텍스트적 재현을 위해서 모빌리티 테크놀로지가 텍스트 구성 장치로서 기능하고 있고, 또 끊임없이 변용·발전하고 있음을 보여 주는 사례들이다. 그렇다면 모빌리티의 텍스트적 재현이란 모빌리티 테크놀로지의 텍스트적 체현embodiment을 수반한다고도 말할 수 있을 것이다.

김애령의 〈디지털 매체 시대, 읽기는 어떻게 달라지는가?〉와 김소륜의 〈디지털 테크놀로지의 시대, 21세기 한국 소설의 새로운 지형도〉는 뉴미디어 테크놀로지의 등장이 텍스트의 제작과 수용에 야기한 급진적 변화를 다룬다. 특히 오늘날 '모바일' 테크놀로지의 급속한 발전은 텍스트의 심미적 구성이나 물질적 형태뿐만 아니라 저장·보관 방법, 유통 방식, 수용 양식 등에서도 근본적 변화를 초래했다. '모바일' 세계에서 텍스트는 늘 이동 중이고, 그런 만큼 청중(독자) 역시 이동 중인 채로 '모바일' 텍스트와 만나게 된다.

〈디지털 매체 시대, 읽기는 어떻게 달라지는가?〉는 텍스트의 물질성과 매체의 문제에 주목한다. 디지털 매체의 도입은 선형적인 문자 텍스트를 비선형적이고 개방적인 하이퍼텍스트 형태로 바꾸어 놓았고, 정보통신기술의 발달과 모바일 디바이스(컴퓨터, 스마트폰 등)의 일반적 이용은 텍스트의 하이퍼텍스트성을 더욱 지배적이게 만들었다. 이는 두 가지 사실을 보여 준다. 매체의 물질성 변화는 단순한 외재적 형식의 문제가 아니라 텍스트의 내용, 쓰기와 읽기의 방식까지도 총체적으로 변화시킨다는 것, 그리고 이러한 변화로 인해서 텍스트 읽기를 둘러싼 시간 경험 또한 변화하게 된다는 것이다. 김애령에 의하면, 이러한 상황 변화는 우리에게 새로운 텍스트 해석 이론을 요청한다.

디지털 글쓰기는 전통적 글쓰기를 연속하여 강화하기도 하고, 전적으로 다른 글쓰기 공간을 개시하기도 한다. 디지털 글쓰기는 발전된 디지털 테크놀로지에 의존함으로써 인쇄 책자의 생산 향상에 기여하기도 하지만, 인쇄 텍스트의 한계와 문자의 물질성을 뛰어넘는 새로운 가능성을 열어 놓기도 하는 것이다. 특히 전자 텍스트는 문자 텍스트의 폐쇄성을 극복할 수 있는 글쓰기 공간, 즉 '하이퍼텍스트'를 열어 놓는다. 하이퍼텍스트는 비선형적·반위계적 구조를 지니고 있고, 그런 만큼 그에 대한 읽기 역시 탈중심적인 방식으로 수행된다. 다른 한편, 하이퍼텍스트는 '방향 상실'의 문제를 유발하기도 한다. 이는 독자가 무한히 연결된 링크들 속에서 어떤 일관성도 발견하지 못하기 때문이기도 하고, 하이퍼텍스트의 링크들로 이루어진 지시 관계 그 자체가 의미론적이기보다 기계론적이기 때문이기도 하다. 중요한 점은, 하이퍼텍스트에 기반한 예술작품은 지속성과 안정성을 전제하는 어떤 읽기도 기각해 버린다는 데 있다.

김애령은 하이퍼텍스트 읽기의 실행이 해석의 문제에 던지는 도전을 '읽기의 시간' 차원에서 제기한다. 우선, 디지털 매체는 우리의 시공간적 경험 구조를 변화시킨다. 과거, 현재, 미래의 순간들이 인위적 현존 안에 공존하게 되면서 경험의 시공간적 간격이 제거되는 경험은 시공간적 거리에 기초한 전통적 의미의 읽기를 어렵게 만든다. 즉, '사이시간'을 말소시킴으로써 읽기를 간격이 개입하는 창조적 과정이 아닌 순간적 활동으로 만들어 버리는 것이다. 다음으로, 하이퍼텍스트가 약속하는 경로 선택의 자유는 읽기의 범위를 확장시키기도 하지만, 앞으로 흘러가지 못하는 시간의 정체를 유발하기도 한다. 읽기의 시간은 연결 가능성들이 엮어 놓은 그물망 안을 맴돌며 그 표면 위를 계속 미끌어질 뿐이다. 이에 대한 대안으로서 김애령은 '순간적 심화', 즉 비연대기적이고 비선형적인 아주 새로운 시간 표상으로서 '두텁고 집중적인 지금 시간Jetzt-Zeit'을 제시한다. 이 '자유의 유희 공간'으로서의 '지금 시간'은 기존의 시간 경험과는 다른 '시간의 재형상화'를 가능하게 한다는 점에서 하이퍼텍스트 해석의 출발점이 될 수 있다는 것이다.

한편, 〈디지털 테크놀로지의 시대, 21세기 한국 소설의 새로운 지형도〉는 모바일 테크놀로지의 발전에 따라 텍스트 생산-유통-소비 양태가 근본적으로 변모했음을 지적하면서 기존 문학 개념, 특히 소설 개념의 근본적 변화가 필요함을 주장한다. 스마트폰과 태블릿PC의 상용화는 웹툰, 웹소설, 웹드라마 같은 새로운 장르들을 생산해 냈을 뿐만 아니라, 문학(소설)이 생산되고 소비되는 새로운 장을 만들어 냄으로써 작가와 독자, 전문 작가와 아마추어 작가, 문학과 오락 등 각종 구분들을 해체하는 데까지 이르렀다. 이는 뉴미디어와 정통 문학(소설)의 결합이 가져온 변화에 주목할 것을 요구하는 한편, 문학(소설) 개념에 대한 새로운 이해의 필요성을 제기한다.

　이 글에서 김소륜이 특히 주목하는 것은 뉴미디어와 소설이 결합함으로써 등장한 새로운 이름들이다. 드라마나 영화의 흥행에 힘입어 주목받게 된 원작소설을 의미하는 스크린셀러screen-seller, 파급력이 큰 미디어와 책의 만남을 통틀어 지칭하는 미디어셀러mediaseller, 정통 소설이 디지털 테크놀로지와 결합함으로써 등장한 인터넷 연재소설, 아직 학문적으로 사용되고 있지는 않지만 문화산업적 측면에서 큰 시장을 형성하고 있는 웹소설, 200자 원고지 7매에서 30매 내외에 해당하는 짧은 분량의 초단편소설 또는 스마트소설, 스토리와 캐릭터성을 결합함으로써 다양한 매체 적응력을 보여 주고 있는 라이트 노벨 등은 그 대표적 사례들에 해당한다. 이 사례들이 의미하는 바는 오랫동안 견고하게 여겨졌던 '소설'의 경계가 흐려지고 있다는 사실, 따라서 소설과 디지털 테크놀로지의 결합을 고려한 새로운 '소설' 이해가 필요하다는 사실이다. 다시 말해, 모바일 테크놀로지 또는 미디어 테크놀로지의 발전은 문학(소설)뿐만 아니라 그 개념까지도 유동적이게 만들었고, 그런 만큼 그 발전에 상응하는 새로운 문학(소설) 이해의 필요성을 주장한다. 모바일 테크놀로지의 발전이 앞으로 더욱 가속화하리라는 점을 고려할 때, 김소륜의 논의는 이제 미디어 테크놀로지에 대한 고려 없는 어떤 문학적 논의도 그 현실성과 시의성을 주장하기 힘들게 되었음을 보여 주는 듯하다.

· · ·

3부 '임/모빌리티의 텍스트적 구현'에서는 모빌리티 개념을 활용한 텍스트 이론과 그에 기초한 구체적 테스트 사례 연구를 제시한다. 박경환의 〈근대 유럽의 여행 텍스트와 여행자의 모빌리티〉가 모빌리티 논의에 입각한 텍스트 연구 방법론으로서 여행기 분석 이론을 제시하는 글이라면, 김소영의 〈왕가위 영화 〈중경삼림〉, 〈화양연화〉, 〈2046〉의 노마디즘 읽기〉와 우연희의 〈모빌리티와 이동하는 민족: 정승박의 〈균열의 흔적〉을 중심으로〉는 각각 영화와 문학 텍스트를 대상으로 모빌리티 또는 이동성의 관점에서 왕가위의 영화와 재일조선인 문학의 사례를 분석한다.

〈근대 유럽의 여행 텍스트와 여행자의 모빌리티〉에서 박경환은 여행을 모빌리티의 한 형태로서 정의한 뒤, 여행자의 특정한 의도와 목적을 동반하는 특정한 사회·공간적 실천으로서의 여행기를 분석하기 위한 방법론적 탐구(포스트식민 여행기 읽기)를 진행한다. 이때 여행기는 크게 세 가지 점에서 특수한 텍스트로 간주된다. 여행의 주체가 특수한 목적 하에 특정 청중을 대상으로 생산한 의식적인 의사소통의 매개물이라는 것, 여행기 속의 여행은 일상적·반복적 여행이라기보다는 '지금 여기'라는 익숙한 곳을 벗어나 낯설고 새로운 '저기 멀리'를 찾아서 다니는 여행이라는 것, 그리고 여행기의 여행은 여행 주체의 입장에서 볼 때 목적지에 도달하는 (그리고 귀환하는) 과정이 목적지 그 자체만큼이나 각별한 의미를 갖는다는 것 등이다.

포스트식민 연구에서 여행기는 여행 주체의 지배적 수사와 이분법을 (재)생산하고 강화하면서도, 정체성의 경계를 넘음으로써 비판적인 사이공간을 제시하는 텍스트로 간주된다. 이때 여행은 단순한

'흐름'으로 축소될 수 없는 공간적 실천, 즉 경계를 넘는 마주침이고, 여기와 거기라는 특수한 공간적 상황과 그에 속해 있는 우리(자신)와 그들(타자) 간의 복잡한 사회관계가 교섭되는 '상호교차'의 지점이다. 그래서 여행기는 개인적으로나 집단적으로 일종의 공간적 프로젝트로서 '언제나 이미 기획된 여행기'가 되고, 여행기의 주체(여행자)는 현실의 다중적 권력관계와 욕망의 지리에서 특정한 위치에 뿌리를 둔 '상황적 주체situated subject'가 된다. 여행자는 '매끈한 공간smooth space' 위를 자유롭게 이동하는 흐름의 주체가 아니라 자본주의의 불균등 발전이 프랙털 구조를 이루고 있는 현실 내부에 위치한 채 그 현실을 이루고 있는 일부인 것이다.

박경환은 메리 루이스 프랫Mary Louise Pratt이 《제국의 시선》에서 제시한 두 가지 개념, 즉 '접촉지대contact zone'와 '문화횡단transculturation'에 기대어 포스트식민 여행기 분석 방법을 탐구한다. 이때 접촉지대는 상이한 역사적·지리적 궤도들이 서로 모여 결절을 이루는 교차점으로서, 식민 주체(여행하는 자)와 식민지인(여행되는 자)의 관계가 일방적이게 고정된 것이라기보다는 상호작용 과정을 통해 구성되는 과정에 있음을 의미한다. 이 점에서 과거 식민지 시기 여행기에서 여행의 대상이 되는 공간은 단순한 배경이 아니라, 역동적·능동적 행위주체성을 지닌 현장의 지리적 환경과 문화로 구성된 식민 지배자와 식민지인의 상호작용 지대로 규정된다. 그러므로 여행기 분석을 위해서는 여행 주체의 계급 및 젠더 위치성에 대한 이해, 또한 혼성성과 담론적 효과로서의 저항(호미 바바의 '흉내 내기' 개념)에 대한 고려가 반드시 필요하다. 그러나 이와 같은 논의는 비단 '여행기'라는 장르에만 그 의의가 한정되지 않는다. 모빌리티 테크놀로지의 고도화에 따라 문화접촉과 문화횡단이 일상화되고 있는 오늘날, 포스트식민적 관점과 모빌리티 연구의 결합은 다양한 텍스트 분석을 위해서 폭넓게 활용될 수 있을 것이다.

김소영의 〈왕가위 영화 〈중경삼림〉, 〈화양연화〉, 〈2046〉의 노마디즘 읽기〉는 세 편의 왕가위 영화를 사례로, 마페졸리의 공간의 이동(다른 공간에서 이루어지는 타자와의 접촉) 논의에 기초해서 자아와 공간으로부터의 해방을 추구하는 노마드적 인물을 탐구한다. 여기서 핵심은 노마드적 인물에게서 볼 수 있는 정체성 변화다. 그런데 이 변화는 '더 나은 존재로의 변화'가 아닌 '새로운 존재로의 변화'다. 노마디즘에서 공간은 기본적으로 새로운 공간으로의 '탈주'와 이전의 공간으로의 '회귀'라는 이중성, 즉 원형적 순환성에 의해서 규정된다. 이는 일상적 공간이 어떤 '퇴행'의 장소('회귀')이기도 하지만, 주체에게 원기를 불어넣는 역동적 공간('탈주')이기도 함을 의미한다. 일상적 공간은 주체의 특별한 행위를 통해서 언제라도 비일상적이고 디오니소스적인 공간으로 변모할 수 있다는 것이다. 그러므로 변화는 동일한 공간에서, 정확히 말하면 이중적 의미를 지닌 일상적 공간에서 발생한다.

이 글에서 〈중경삼림〉은 고정된 자아로부터의 해방을 보여 주는 작품으로 간주된다. 왕정문이 일상적 삶의 공간인 레스토랑에서 〈캘리포니아 드리밍California Dreaming〉을 흥얼거리는 모습은 자유를 향한 그녀의 욕망을 상징한다. 이 점에서 그녀는 노래 속 공간인 캘리포니아로 떠나는 노마드의 삶을 선택한 용기 있는 방랑자로 해석된다. 〈화양연화〉에서 두 주인공은 절제된 사랑이 보여 주는 감정이 지닌 '생성의 힘'을 서로에게 강하게 전달한다. 주체와 타자의 접속을 통해서 '감정의 공유'가 일어나는 것이다. 그리고 〈2046〉은 테크놀로지의 발전이 인간관계의 단절이 아닌 구성원 간 유기적 연대를 강화하는 계기로서 작동하는 양상을 제시한다. 이때 가상열차의 공간 속 인물들은 테크놀로지의 발전에 기초해 형성된 새로운 집단, 즉 신부족neo-tribe의 또 다른 형태로 간주된다. 이와 같은 논의를 통해서 김소영은 '노마딕nomadic 정체성'을 현대인의 정체성으로서 제시한다. 이는 모빌리티 테크놀로지의 고도화에 따른 공간과 주체의 변화를 사유하기 위한 유의미한 사례 연구라고 할 수 있다.

우연희는 〈모빌리티와 이동하는 민족: 정승박의 〈균열의 흔적〉을 중심으로〉에서 재일조선인 작가 정승박의 작품을 대상으로, 존 어리의 모빌리티 논의에 기초한 텍스트 분석을 시도한다. 특히 이 글은 광범위한 시간적·공간적 제약이 따르는 현대사회에서 사람들이 자신들을 묶어 놓는 많은 시간적·공간적 제약을 벗어날 수 있는 자원 또는 능력, 즉 모빌리티 자본 개념을 중심으로 논의를 전개한다. 그리고 모빌리티가 일본 내에서의 이동과 일본에서 한국으로의 이동 중 재일조선인이 겪게 되는 제약의 문제를 읽어 낼 수 있는 렌즈로 기능할 수 있음을 주장한다.

이 글은 크게 세 가지 모빌리티 테크놀로지, 즉 기차, 비행기(공항), 자동차에 주목한다. 우선 기차는 일본 내에서의 이동을 보여 주는 사례에 해당한다. 기차는 사람들 사이의 연결성과 단절성을 동시에 수반하는 것이지만, 이 작품에서는 사회적 배제와 그에 따른 고통을 의미하는 방식으로 재현된다. 이동은 강요되고, 자유롭게 이동할 수 있는 권리는 박탈당하는 것이다. 다음으로, 비행기(공항)는 일본에서 한국으로의 이동을 가능하게 해 주는 테크놀로지다. 여기서는 좋은 이동자와 나쁜 이동자를 구분하는 국가의 통치, 그리고 거기에서 개인이 느끼는 걱정, 두려움, 공포 등의 감정이 제시된다. 그리고 자동차는 한국에 도착한 재일조선인의 모빌리티 경험을 상징적으로 보여 준다. 여기서 중요한 것은, 운전사와 재일조선인 사이의 소통불가능성과 그를 통한 모빌리티 시스템으로의 접근성 제약이다. 게다가 이 작품은 '나'가 외부적 이유로 파출소에 끌려가는 경험을 제시함으로써 이동성과 부동성에 대한 국가적 통제를 보여 주기도 한다. 우연희의 글은 물론 시론적 형태의 것이지만 정체성과 민족의식을 중심으로 전개된 기존 재일조선인 문학 논의에 새로운 관점을 제시해 주었다는 점에서, 그리고 사회과학의 모빌리티 논의를 문학 텍스트 분석에 적극적으로 활용하려고 했다는 점에서 그 의의가 있다.

◆ ◆ ◆

피터 메리만과 린 피어스의 주장처럼 사회과학계의 모빌리티 연구가 문학, 역사, 영상 분야 저술에서 커다란 영향을 받은 게 사실이라면, 이 책에 실린 아홉 편의 글 또한 그와 같은 맥락에서 의의를 평가받을 수 있을 것이다. 그러나 정말 필요한 일은 기존 모빌리티 연구에 대한 보충이 아니라 그 연구 성과를 활용한 새로운 텍스트 연구 방법의 모색과 실천이다. 움직임의 재현, 시간성과 역사성의 포착, 신체의 변화, 미디어 테크놀로지의 활용과 텍스트 구성의 역학, 모바일 테크놀로지의 고도화에 따른 텍스트 형태 및 생산-유통-소비 양식의 급변, 이동성·유동성의 방법론적 적용 등은 그동안 텍스트 연구자들의 중요한 관심사였다. 물론 이와 관련한 연구들을 모두 모빌리티라는 단일한 범주로 포괄하기는 어려울지 모른다. 그러나 모빌리티 개념 또는 패러다임이 갖는 장점 역시 분명히 있는 듯하다. 우리는 이미 모빌리티 테크놀로지의 발전이 사회에 초래한 과거와 현재의 변화를 목도한 바 있고, 그에 기초해서 미래의 변화가 얼마나 급진적일 것인지도 충분히 상상할 수 있기 때문이다. 이는 문자·비문자 텍스트의 제작과 수용, 그리고 그 미학과 정치학에 대한 끊임없는 재사유를 요청하는 듯하다. 이 책이 이 작업에 기여할 수 있기를 바란다.

> > > > > > 1부

시간성
모빌리티
그리고 재현의 정치학

'필연의 아카이브'로서의 영화:
침묵의 이미지와 재현불가능

남수영

이 글은 《미학예술학연구》 제49집(2016.11)에 게재된 원고를 수정 및 보완하여 재수록한 것이다.

움직임의 기록으로서 영상이미지

우리는 다양한 기록들에 대해, 아카이브의 의미와 역할들을 이야기해 왔다. 그중에서도 영화이미지는—앙드레 바쟁André Bazin이 '미라'로 비유했던 것처럼, 그것들이 현실로부터 만들어진 이미지 기록이라는 차원에서—영화적 서사의 매개체이기에 앞서 현실 일부에 대한 아카이브이기도 하다. 이는 다큐멘터리뿐만 아니라 영화 전반에서 이미지의 물적 연결성을 존재론적 특성으로 여기는 시각과 연결된다. 하지만 이미지를 지표index로 보는 이런 시각은 영화 매체의 수용과 영상이미지 아카이브의 이해라는 측면에서 정치적, 미학적 한계로 작동한다. 이미지를 더 이상 존재하지 않는 것에 대한 기억을 매개하는 것과 같이 단선적으로 접근할 때, 아카이브 이미지는 과거 지향에 머물며, 그 역할은 의미화의 도구만으로 축소된다.

흔히 우리는 영화의 기술적 기반을 사진에서 찾는데, 다큐멘터리는 그로부터 발전된 '대상의 기록'과 '변화의 저장'이라는 영상이미지의 본질을 가장 직접적으로 유지하고 있는 영역으로 간주된다. 하지만 개별 다큐멘터리들을 보면, 일방적 지시나 충실한 기록에만 머무는 작품은 의외로 많지 않다. 역설적이게도 대부분의 독립 다큐멘터리 작품들은 정확한 기록에 미달하거나 지표적 증거의 목적에 부합되지 않는 순간들을 포착해 넘으로써 새로운 의미를 만들어 내고 있는 것이다. 한편 분명히 특정 서사를 추구하거나 확실한 디제시스diegesis를 상정하고 있는 다큐멘터리들에서조차 이미지를 넘어서는 메타 담론의 여지를 항상 찾을 수 있다. 이러한 현상들은, 기록으로서 다큐멘터리에 접근할 때 다큐멘터리 장르에만 국한되지 않는, 영화이미지 자체의 아카이브적 성격을 함께 탐구해야 할 필요성을 설명해 준다.

다큐멘터리를 가지고 진실 여부를 논할 때 그 중심이 영화의 구성적 의미작용에 관한 것이라면, 이미지의 아카이브적 성격을 탐구하는 것은 변화의 기록이라는 영화의 본성에 관계된다. 영상 기록으로서의 이미지에 갇힌 기계인형으로서의 움직임들은 신체의 비의지적 움직임들과 언어를 거부하는 사건들을 아카이빙하는 것이다. 그럼으로써 그 이미지들은 단순히 연대기적 과거의 일부로서가 아니라, 그 자체로 상실과 불가능의 기록으로 남는다. 영상이미지가 움직임을 통해 특정 시간의 사건을 기록하고 있으면서도, 그 이미지는 본질적으로 실패한 시간, 즉 정지 상태를 내포하고 있다는 점은 영화가 비생명적인, 즉 기계적 운동의 시스템으로부터 출발한다는 사실과도 통한다.

이 글은 이러한 영화이미지의 모순적 특징이 특히 조르조 아감벤Giorgio Agamben이 주장하는 아카이브의 위상과 연결될 수 있음을 주장한다. 이를 위해 필자는 우선 조르주 디디-위베르만Georges Didi-Huberman, 자크 랑시에르Jacques Rancière, 제니퍼 바커Jennifer Barker 등의 주장들을 반영, 영화의 움직임에 대한 다양한 논의들을 활용하여 다큐멘터리가 공유하는 영화 일반의 언어의 본질에 대해 살펴볼 것이다. 이를 통해, 영상이미지가 신체와 사건을 포착하고 의미화하는 과정을 설명하고, 그러한 영상'언어'가 실패하는 지점에서 이미지의 아카이브적 특징이 드러나고 있음을 증명할 것이다.

다큐멘터리는 일반적으로 의미화를 특히 중시한다고 여겨지는데, 그러한 다큐멘터리가 추구하는 담론 생성의 목적은 아감벤의 개념으로는 '증언'에 가깝다. 한편 아감벤의 '아카이브' 해석은, 다큐멘터리를 포함한 영화이미지의 본질에 접근하는 새로운 시각을 제공한다.

영화는 죽음과 과거라는 역사와 '변화의 미라'라는 매체적 본성이 교차되면서 포획불가능의 난입이라는 역설을 기록하고 있기 때문이다. 그런 의미에서 아카이브 이미지의 본성에 대한 이 탐구는 다큐멘터리가 무엇을 말하는지에 대한 연구라기보다, 다큐멘터리가 추구하는 '증언'을 '필연적인 것으로,' 즉 거부할 수 없는 것으로 호출하는 것이 무엇인지 따져 보고자 하는 연구라 할 수 있다. 하지만 이 연구는 궁극적으로 다큐멘터리의 역할을 재고하는 데 기여할 것이다. 다큐멘터리가 재현을 통해 의미나 담론을 형성하는 역할에 머무는 것이 아니라, 오히려 다큐멘터리 안의 아카이브적 성격의 이미지들, 즉 '재현불가능'의 이미지들이 그런 담론의 필연성을 제시하는 역할을 한다는 것이다. 이는 오늘날 기술의 발달과 함께 더욱 풍부해지고 다양해지는 아카이브 행위들 속에서, 일견 의미 없는 움직임의 영상들이 새로운 부정의 정치가 작동하는 조건이 될 수 있음을 또한 암시한다.

미라가 된 변화Change Mummified

영화이미지의 존재론에 대한 바쟁의 1945년 글은 그 캐주얼한 스타일에도 불구하고 되풀이해서 언급될 만한 가치가 있다. 오늘날 우리가 기념사진을 찍는 순간에 작동하는 욕망이 조형예술의 역사를 넘어 고대 이집트의 미라 풍습에까지 연결된다는 그의 주장은 영상이미지의 사회심리학적 측면을 다룬 최초의 독창적 연구일 것이다. 또한 어떤 시간의 흐름으로부터도 자유로운 순간, 그리고 더 나아가 그 순간들의 변화를 포착한 사진과 영상이 외적 동일성 때문이 아니라 현실의 일부로 구현되는 성립 과정 때문에 객관적으로 리얼리티를 부여받는다는 주장은, 오늘날 서사 매체뿐 아니라 기계적 아카이

브로서 영상이미지가 획득한 존재감의 근원을 추측케 한다.[1]

바쟁은 "인간 육신의 외관을 인위적으로 보존하는 것은, 말하자면 지속적인 시간의 흐름에서 그것을 떼어 내는 것, 곧 그것을 생명권 내에 안치시키는 일"이라 주장하며 "최초의 이집트 조상"을 "천연 탄산소다로 햇볕에 그을리고 석화된 인간의 미라"로 주장한 바 있다. 이를 조나단 로Jonathan Law는 바쟁이 영화를 육신의 보존과 "생명을 재현함으로써 생명을 보존하는 조상의 원시적 기능"과 연결시킨 지점이라 해석한다(107쪽). 우리는 여기서 외형과 영혼의 일치라는 마술적 믿음과 더불어, 아카이브 이미지가 운명처럼 마주하는 '재현'이라는 목적과의 관계를 감지한다.

바쟁은 한 걸음 더 나아가, 사진은 모방을 실제로 완성했다기보다 "인간을 배제한 기계적인 재현"이라는 그 과정 때문에 객관적으로 유사성을 부여받는다며, 사진을 데드마스크와 비교하기도 한다.[2] 그는 사진이 모방적이어서가 아니라 그에 부여된 객관적 유사성, 즉 표지성indexicality 때문에 기억을 발생시키고 그런 측면에서 대상의 영생에 실제로 기여한다고 주장한다. 여기서 우리는 롤랑 바르트 Roland Barthes의 사진론을 떠올린다.[3] 이미지의 재현이 필연적으로 '죽음'과 연결되는 지점 말이다. 바쟁은 단지 방부제로 순간을 멈춰 놓

1 André Bazin, "The Ontology of the Photographic Image," trans. Hugh Gray, *Film Quarterly* 13(4), 1960, pp. 4-9.

2 "데드마스크의 주형 역시 재현 과정에서의 어떤 자동성을 나타내고 있다. 이런 뜻에서는 사진을 빛의 중개로써 사물의 특징을 포착한 것, 즉 하나의 주형물로서 볼 수도 있을 것이다." 앙드레 바쟁, 《영화란 무엇인가》, 박상규 옮김, 사문난적, 2013, 34쪽.

3 와츠Philip Watts는 바르트의 영화론과 사진론에 바쟁의 주장이 연결되어 있다며, 실제 둘 사이의 영향 관계를 추적해 보기도 한다. Philip Watts, *Roland Barthes' Cinema*, New York: Oxford UP, 2016, Chapter 3.

는 것은 영속적인 삶과 거리가 있다는 것을 인정한다. 그러나 그는 사진처럼 자동적으로 재현됨으로써 부여받는 표지성은 유지한 채, 죽은 듯 멈춰 있지 않은 상을 곧 찾는데, 그것이 바로 영화다.

영화는 사진의 객관성을 시간 속에서 완성시킨 것처럼 보인다. 필름은 더 이상, 우리를 위해 사물을 마치 호박 속에 가두어진 과거 시대 곤충의 손상되지 않는 몸체처럼, 말하자면 순간 속에 포장된 채 보존하는 데 만족하는 게 아니다 (…) 이제야 비로소 여러 사물의 상은 동시에 그것들의 지속성의 상이 되며, 말하자면 변화의 미라, 미라가 된 변화가 되는 것이다.[4]

그런데 "미라가 된 변화"라니, 그것이 가능한가? 이것은 시간의 중단이 아닌가? 아이러니하게도 '죽음을 기억하는 매개물로 전락하고 마는' 사진과 다시 비교해 본다면, 움직이는 영상이미지는 과연 그 죽음의 그림자로부터 자유로운 것인가 말이다. 미라의 비유를 통해 바쟁은 영화 매체의 본질에 불가능한 아카이브의 모델을 제시하였다. 이에 답하기 위해 영화에 대한 매체고고학적 접근과 더불어 아카이브에 대한 철학적 시각이 필요하다.

사진은 인류에겐 기원전부터 익숙한 자연현상인 '어두운 방Camera Obscura'으로부터 시작되었다. 이는 물론 이미지 아카이빙의 시발점이었을 것이다. 그러나 카메라 옵스큐라와 마찬가지로 다게레오타이프daguerreotype나 캘러타이프calotype 같은 초기 사진들이 곧바로 바쟁이 생각했던 영화이미지의 전신이 된 것은 아니었다. 톰 거닝Tom

---

4   앙드레 바쟁,《영화란 무엇인가》, 37~38쪽.

Gunning이 지적한 대로, 역사적으로 보면 사진이 순간을 정지된 상태로 포착한다는 사실조차 통념에 지나지 않는다. 필름에 순간적으로 이미지가 고정된 것은 1860년대가 지나서야 이루어졌으며, 이전까지 사진은 오랜 시간을 지속하고 견뎌 내야 탄생하는 이미지였다.[5] 즉, 초기 사진은 움직이는 것을 정지시켜 포착한 것이 아니라 사진기 앞에 멈추어 있던 것을 담아낸 이미지들이었다. 순간사진들이 빛을 발한 것은 머이브리지Eadweard Muybridge의 연속사진들에서였고, 이와 비슷한 시기 동영상의 역사가 시작되었다는 것을 우리는 알고 있다. 달리 말하면, 바쟁이 주장하는 대로 '변화가 미라가 될 수 있는 것'은 순간사진instantaneous photography과 연속사진chronophotography의 발달에 직접적으로 관련되며, 이는 아카이빙 측면에서도 그 가능성을 확연히 업그레이드 시켜 준 사건이었을 것이다. 이 기술로부터 스냅사진이 가능하게 되었으며, 이는 사진이 비로소 현실 속의 주제subject만이 아니라 그들이 처한 현실, 상황을 확장적으로 포착하는 것이 가능했다는 의미다.

이로부터 우리는 이미지들이 현실을 아카이빙하는 방식을 정리해 볼 수 있는데, 이 찰나의 순간과도 같은 일부분이 전체(현실, 상황)를 대변하는 역할을 우선 생각할 수 있다. 현실을 편집되지 않은 전체라고 생각한다면, 이미지는 항상 프레임이 주목한 한 부분으로서 마치 영화의 클로즈업과 같은 파편이자 불연속점이라는 것이다. 한편 이 연결되는 현실을 하나의 서사, 즉 의미구조로 본다면 각각의

---

5 Phillip Prodger, Tom Gunning, Iris & B. Gerald Cantor Center for Visual Arts at Stanford University, *Time Stands Still: Muybridge and the Instantaneous Photography Movement*, 2003, pp. 25-26.

이미지들은 전체에 대한 일부에 국한되기보다는 전체의 의미를 반복하는 '잉여'로 볼 수 있다.[6] 자크 데리다Jacques Derrida는 항상 전체로 합일되는 의미에 대한 필수, 최소의 개념을 넘어서는 과잉으로서의 개별 이미지들이 바로 아카이브의 핵심이라고 말한다.[7] 현실을 재구성하는 부분에 머물든, 현실의 맥락을 넘어서는 실재가 되든, 이렇게 포착된 이미지들을 현실과의 관계 속에서 이해하는 것은, 마치 모든 영화가 기본적으로는 현실의 편집이라고 보는 시각과 상통한다. 이런 시각 하에서는 극영화와 다큐멘터리의 구분이 굳이 필요하지 않을 것이다. 그저 이미지라는 현실의 조각/증거들이 결국 무엇을 '말하는가'가 가장 핵심이 된다.[8] 그러나 영화가 '말을 한다' 하더라도 그 기본 요소로서의 영상이미지는 의미로만 환원되지 않는 그 무엇을 지닌다.

침묵의 이미지, 말하는 이미지

정지와 움직임

일반적으로 영화가 오늘날의 형식으로 확립된 것은 사진과 동영

---

6 잉여/또는 과잉 이미지에 대해서는 졸고 〈#아카이빙 #몽타주 #동시대성: 역사 인식에 대한 몇 가지 단상〉《Visual》12〉 참고.

7 Jacques Derrida, *Archive Fever: A Freudian Impression*, trans Eric Prenowitz, Chicago: The U of Chicago P, 1996, pp. 15-17.

8 결국 영화는 실제 혹은 상상 속의 사건들을 이야기하기narrate 마련이라 보는 것이다. 이렇게 이야기 방식으로서 영화를 바라보면 영화를 구성하는 이미지는 재현적이라기보다는 미학적이라 할 수 있다. 서사는 단지 지시적(표지적) 관계로 만들어지는 것이 아니라 미학적 선택에 의해 의미화되는 과정이며, 바로 그런 의미로 비서사적 장르 역시 서사라는 지배적 미학을 따르게 된다는 것이다. Jacques Aumont et al, *Aesthetics of Film*, Austin: U of Texas P, 1992, pp. 70-71.

상(애니메이션)이라는 두 가지 기술의 조합으로 거슬러 추적된다. 바쟁은 우회적으로 이 관계를 지적한 바 있으며,[9] 19세기 선先영화의 역사와 21세기 뉴미디어의 연결점을 지적하며 서사적 완결성을 중심으로 한 리얼리즘을 추구했던 20세기 실사 극영화에 비해 비주류로 간주되어 온 애니메이션의 경향을 재평가한 마노비치Lev Manovich 역시 이 점에서는 바쟁과 크게 다르지 않다.[10] 마노비치가 경계한 대로, 이러한 시각은 시네마토그래프(뤼미에르 형제) 이전 다양한 방식으로 리얼리티를 재현하려 했던 '선영화'적 시도들을 모두 흡수해버리는 경향이 있다. 360도 비전이나 공간성과 속도 등, 경험적 혹은 감각적 차원에서 현실의 다양한 모습들을 재현하려는 시도들은 시네마토그래프의 출현 이후 점차 사라졌던 것이다. 따라서 영화의 기본 요소로 사진과 움직임 두 가지를 꼽는 것은 철저하게 20세기 영화적 규범에 근거한 해석이라 할 수 있다. 그 규범이란 바로 서사와 리얼리즘이다. 객관적 유사성과 '움직임'에 대한 환상은 영화적 현실성의 핵심으로 여겨졌고 현실성은 '믿을 만한 서사'의 구성에 결정적 요소이기 때문이다. 영화이미지에 대한 바쟁의 평가가 이율배반적으로 느껴지는 이유도 여기에 있다. 변화와 움직임이라는 특정 현실을 재구성하는 영화이미지가 존재의 생명력을 가리키기보다 결국 무엇을, 그리고 어떻게 '말하느냐'라는 관심으로 소비되며 '이야기'를 위한 기계인형에 머무는 것처럼 보이기 때문이다. 영화이미지의

---

9 바쟁은 〈완전영화의 신화〉에서 영화는 이 두 가지 기술이 성립되면서 자동적으로 등장한 것이 아니라 현실을 가장 가깝게 재현하려는 인간의 의지와 창조성에 따라 탄생하였다고 주장한다.
10 그의 《뉴미디어의 언어》는 애니메이션 기술에 초점을 맞추어 바쟁의 단선적 진화론과 차별화되는 영화의 역사를 제시하고 있다.

본성으로서 멈춤과 움직임의 이분법에 대한 문제 제기가 아직도 유효한 한 가지 이유다.

정지된 것과 움직이는 것의 관계 속에서 영화이미지를 이해하는 것, 그리고 그 문제들을 따져 보는 것은 사실 그리 새롭지 않다. 베르그송Henri Bergson으로 추적되는 영화적인 지각 방식의 틀로부터 시작하여[11] 영화의 원리로 이어지는 연속과 지속이라는 현상학적 문제는 벤야민Walter Benjamin에게서 광학적 무의식으로, 또 들뢰즈에게서는 운동이미지의 구성 원리로 이해된다. 아감벤은 〈몸짓에 관한 노트〉에서 "영화가 심적 실재로서의 이미지와 물리적 실재로서의 운동에 대한 거짓된 심리학적 구별을 지워 버린다"는 들뢰즈의 주장이 운동이미지를 시간을 기반으로 진행되는 서사 영화의 기본 요소로 연결시키고 있음을 문제 삼는다.[12] 아감벤은 영화이미지의 기본 요소는 서사를 위한 단위로서의 '이미지'가 아닌, 그 어떤 목적으로도 환원되지 않는 '몸짓' 그 자체라고 주장한다. 그는 19세기 사진이 모든 것을 기록하고 분석 증명하고자 하는 부르주아적 욕망으로 분절화했던 고유한 몸짓들이 시네마토그래프를 통해 되살아났다고 주장하는데, 이렇게 되살아난 몸짓이 영화에서 다시 '말하기'의 도구로 해

---

11 베르그송이 《창조적 진화》(1907)에서 영화적 운동을 비유적으로 사용한 것은, 다른 관점에서 보자면, 영화적 운동이 삶에서 추상의 영역으로 변화되는 과정을 가리킬 수 있다는 것을 의미한다. 각각의 이미지들은 운동 일반을 추출하고 기계적, 자동적인 과정을 통해 운동은 다시 재구성된다. "영화필름의 비가시적 움직임에 각각의 부분은 말하자면 자신의 연속된 장면을 엮어 놓는다. 요컨대 그 과정은 모든 형태들에 고유한 운동들로부터 비개인적이고 추상적이며 단순한 운동, 말하자면 운동 일반을 추출하고, 그것을 사진기 속에 넣어 이 익명의 운동을 개인적인 자세들로 구성하여 특수한 각 운동의 개별성을 재구성하는 것으로 이루어진다. 바로 이것이 영화의 기법이다."(p. 321.)

12 아감벤, 〈몸짓에 관한 노트〉, 《목적 없는 수단》, 김상운 · 양창렬 옮김, 난장, 2009, 65쪽.

석되고 있다는 것이다. 아감벤은 영화이미지는 몸짓만이 살아 있는, 즉 아무 말도 하지 않는 본질적으로 '침묵하는' 이미지라 주장한다.

아감벤의 '몸짓'은 일차적으로는 들뢰즈의 '운동이미지'에 대한 반론 같이 여겨지지만, 사실 이는 들뢰즈가 운동이미지로 개진하려 하는 그 다음 개념, 즉 시간이미지에 대한 반론에 더욱 가깝다. 아감 벤에게 시간이미지에 대하여 '몸짓'으로 대변되는 영화의 기본 요소 란, 바로 의미 요소로 변환되지 않으며 아무것도 매개하지 않는 즉 각성immediacy이다. 이를 통해, 이미지로 구성된 언어 체계로서의 영 화, 의미를 매개하는 장치로서의 영화라는 시각에 저항하고 있는 것 이다. 들뢰즈의 시간이미지와 같은 의도를 가지면서도 차별화되는 지점이 바로 여기다. 이미 관객을 비판적으로 사고하지 못하게 하는 이데올로기적 장치로서의 영화에 대한 비판이 무르익었던 시절, 다 양한 이론가들이 '그럼에도 불구하고' 영화는 사유를 가능하게 한다 는 명제를 들고 반론을 시작했다. 들뢰즈의 시간이미지 역시 비슷한 맥락에서 해석 가능하다. 그가 영화 안에서, 연속되는 시간 속에서 이어지는 운동들이 어긋나면서, 즉 불연속이 생성되면서 '사유'를 가능하게 하는 시간이미지가 생성될 수 있음을 주장하기 때문이다. 이는 바르트가 《카메라 루시다》에서 주장하는 '생각에 잠기게pensive 하는' 멈춤과도 비교할 수 있다.

바르트는 "영화에는 많은 여러 특성들이 있지만 생각에 잠김은 찾 아볼 수 없다"고 단정하며[13] 생각에 잠기게 하는 기능은 정지된 사진 만이 가지는 특권으로 설명한 바 있다. 그는 사진가의 의도, 보는 이 의 지식과 교양이 만나 이루어지는 영역인 '스투디움studium'과 "스투

---

[13] 롤랑 바르트, 《카메라 루시다—사진에 관한 노트》, 조광희 옮김, 열화당, 1986, 65쪽.

디움을 깨뜨리기 위해," 혹은 "스스로가 마치 화살처럼 그 장면을 떠나, 나를 꿰뚫기 위해서" 오는 두 번째 요소인 '푼크툼punctum'을 구분한다. 그렇게 "나를 찌르고," 상처 입히는 '우연'의 지점에서, 우리는 '생각에 빠진다'고 주장했던 것이다(35~37). 바르트의 스투디움과 푼크툼 개념은, 지속되는 영상이미지 속에서는 운동이미지와 시간이미지의 구분으로 적용될 수 있다. 연속의 법칙에 따라 연결된 이미지들, 우리에게 목적과 내용이 있는 움직임으로 인식되는 운동이미지와, 그로 인해 구성되는 시간의 흐름으로부터 그것이 뒤틀리고 멈추어야 발생하는 '사유의 순간'들은, 시간이미지를 증명하기 위해 호출된다.

레몽 벨루Raymond Bellour 역시 들뢰즈와 바르트의 접점에서 사유의 영화를 주장한 바 있다. 예를 들어 그는 영화에서 사진이 삽입될 때 나타나는 "생각하는 영화"의 효과를 제시했는데, 우리는 영화 속에 등장하는 사진들이 인물들뿐 아니라 관객들에게도 응시의 계기를 주며 내러티브 상 결정적인 진실에의 열쇠가 되는 경우를 많이 보아 왔다.[14] 한편 크리스 마커Chris Marker의 〈환송대La Jetée〉(1963)는 반대로 전체 영화가 정지된 이미지들로 구성되어 있는데, 정지된 상황이 정지된, 즉 시간의 흐름이 반영된 한순간이 눈에 띄지 않게 포함되어 있다. 벨루는 여주인공이 눈을 깜빡이는 아주 짧은 순간의 떨림 속에 결정적 사유가 발생한다며, 이는 일반 영화에서 정지된 사진이 수행하는 역할과 비슷하다고 한다. 결국 중요한 것은 멈춤 그 자체가 아니라, 영화의 시간은 "관객이 지배할 수 없는, 이미지들이 펼쳐

---

[14] Raymond Bellour, 'The pensive spectator,' The Cinematic, David Campany(ed.), 1984(London: Whitechapel and Cambridge, MA: MIT P, 2007. pp. 119~23.).

지는 시간 속의, 연속concatenation"이며,[15] 그 연속에 개입하는 것이 사유pensiveness를 발생시킨다는 것이다.[16]

그렇다면 이런 이미지들은 바쟁이 주장했던 영화이미지의 존재론적 특성과 어떻게 연결될 것인가? '미라'에 대한 그의 비유가 문자 그대로의 '화석'같은 것은 아닐 수 있다. 특히 영화의 요소들로서 들뢰즈의 운동이미지가 '미라가 된 변화'라면, 그가 운동을 멈추고 찾아내는 시간이미지는 영화가 제공하는 시간의 미라에서 한 번 더 미라가 된 순간, 즉 영화 속에 삽입된 사진과도 같다.

영화를 멈추는 순간, 당신은 이미지에 더할 시간을 찾게 된다. 그리고 필름, 영화에 대해 다르게 생각하기 시작할 것이다 (⋯) 사진은 멈춤 안에 또 한 번의 멈춤, 정지화면 속 정지화면이다. 그 장면과 그로부터 발생하는 영화 사이, 두 종류의 시간이 항상 그리고 불가분하게, 그러나 혼란스럽지는 않게 섞인다. 여기서, 사진은 이 바쁜 영화의 관객을 또한 사색하는 관객으로 만드는 그 많은 효과들 중 단연 특권을 누린다.[17]

흥미롭게도 영화가 시간을 미라로 만드는 과정은 이미 미라가 된 사진들, 즉 포토그램photogram이 1초에 24개씩 모여 만들어진다. 흘러가는 시간은 멈춘 시간과 함께 존재한다. 영화이미지에 항상 두 개

15　Raymond Bellour, 'The pensive spectator,' p. 122.

16　예를 들어 영화에 삽입된 사진들이 제공하는 "상대적 잠잠함은 영화의 '히스테리'를 다독여" 준다는 것이다(122). 벨루에 따르면, 오늘날 변화된 관람 환경—예를 들어, 비디오 등으로 '잠시 멈춤pause'이 가능한 경우—에서는, 멍하니 따라가기만 하는 관람 형태 역시 당연히 달라질 수 있다.

17　Raymond Bellour, 'The pensive spectator,' p. 123.

의 시간성이 존재한다고 할 수 있는 이유다. 흘러감과 멈춤, 삶과 죽음의 시간 말이다.

포착과 난입

영화는 시간 속에 펼쳐진 몽타주라고 할 수 있는데, 이는 현실의 이미지를 특정한 내러티브에 근거하여 걸러 내고 조립한다는 의미다. 그러나 모든 것이 다 편집의 결과는 아니다. 장면이 이어지는 과정뿐 아니라 장면이 구성되는 방식에서도 물론 편집은 작동하지만, 의도와 상관없이 사건들이 발생하고 살아남는다.[18] 시퀀스 숏sequence shot으로 불리는 결정적 순간이 포착된 장면은, 대부분 편집의 결과가 아니라 오히려 편집되지 않은 것이다. 아주 생생하게 포착된 그런 순간들은 계획된 스투디움이 아니라 푼크툼이다. 푼크툼은 실제 이야기인지 상상된 이야기인지 상관없이, 그리고 정지된 이미지에서뿐 아니라 움직임 속에서도 발생한다. 다만 발생과 더불어 더 이상 이전과 연속되지 않는 단절을 만들어 낸다. 푼크툼은 마치 흐름을 멈춘 것과 같은 성공적 포착일 수도 있고, 다른 한편으로는 히스테리 또는 강박을 억누를 수 없는 어떤 몸짓의 난입일 수도 있다. 달리 표현하면, 푼크툼은 잠재적 움직임과 잠재적 포착, 멈춤과 난입의 이중적 구조를 가지며, 한마디로 이질적인 것이 공존하는 우연한 순간을 가리킨다(〈그림 1〉 참조). 푼크툼의 이미지를 사유 유발의 관점에서 본다 하더라도, 그것이 멈춘 것이냐 변화하는 것이냐는 결국 큰 차이가 없다. 오히려 멈춘 것인지 움직이는 것인지, 의도된 것인

---

18 물론 사후 작업post-production이 점점 더 중요해지는 오늘날에 이러한 빈도는 점점 더 낮아진다.

〈그림 1〉 푼크툼 또는 시퀀스 숏

지 의도되지 않은 것인지 분명하지 않은 지점에서, 즉 이질적인 요
소가 공존하는 지점에서, 사유는 '사건'으로서 발생한다.[19]

제니퍼 바커는 민속지적 다큐멘터리들에서, 그 영화가 이미지의
배열을 통해서, 또는 제3의 목소리를 통해서 구현하려고 하는 지식
을 넘어서는 물적 존재들이 있음에 주목하였다. 그 어떤 보이스오버
내레이션도 제어할 수 없는 등장인물의 움직임들은 물적 · 경험적으
로 화면 속에서 존재감을 드러냈는데, 그는 이를 "신체의 난입bodily
irruption"이라 명명했다.[20] 이러한 생명이 있는 육신의 존재감은 어떤
영화언어로도 해석되지 않는 지점이다. 이러한 '사건'의 예는, 다큐
멘터리 영화가 의미 생산을 위한 영화언어를 적극적으로 사용하면
서도, 그와 항상 부딪치는 날것의 이미지들을 허용할 수밖에 없다는
사실을 상징적으로 보여 주는 것이다.

---

19 랑시에르는 "사유pensiveness"가 "식별 불가능한 순간point of indistinction"에 발생
   한다고 주장한다. 그래서 영화에서는 사유가 내재되어 있다고 할 수 있다. 사유
   를 위해 (연속을 통해 만들어지는) 운동을 부정할 필요가 없다는 말이다. Jacques
   Rancière, "The Pensive Image," *The Emancipated Spectator*, trans. by Gregory Elliott.
   London: Verso, 2011.

20 Barker, Jennifer. "Bodily Irruptions: The Corporeal Assault on Ethnographic
   Narration," *Cinema Journal* 34(3), 1995, pp. 57-76.

이로부터 우리는 영화로부터 다시 한 번 두 개의 이질적인 시간성을 찾아낸다. 바로 영상이미지의 지시적 시간, 즉 전영상前映像·the pro-filmic적 현실이 매김하는 시간과, 영화텍스트가 재생하는 시간이다. 영화는 단순히 '미라'와 같은 존재를 넘어서기 위해 멈추고 잘라 내는 과정을 허용한다. 즉 '편집'을 통해 흐름을 끊는 단절과 현실의 파편화를 수용한다. 바로 대상의 죽음에 기반하여 새로운 생명을 만들어 내는 것이다. 서사적 시간이기도 한 후자를 기준으로 전자는 죽음에 가까울 것이다. 그러나 아이러니하게도 생명 그 자체이기도 한 난입하는 사건은, (후자의 생명의 공간이 아니라) 과거와 죽음을 지시하는 전자의 공간에서 포착된 기계적 움직임의 이미지들에서 발생한다. 이 결정적 순간을 우리는 역사의 시간과 영화의 시간이 만나는 카이로스의 순간으로 명명할 수 있을 것이다. 영화의 흐름과 전혀 상관없는 등장인물의 추락, 넘어짐, 혹은 부자연스러운 행동들, 목소리들이 바로 영상에 살아 있는 채로 포착되어 서사화된 사실성과 엇갈린다. 이런 이미지들이 바로 아카이브 이미지다. 그들은 설명·표시·분류 체계를 벗어나, 기계적 그리고 자동적으로 기록된, 존재 자체를 증명할 뿐이다. 바쟁은, 어쩌면 우연하게도, 과정과 결과를 구분함으로써 (인간의 개입이 없는) 기계적 기록의 존재와, 이상적 현실의 모습에 완벽히 다갈 수 있을 것이라는 신념을 동시에 가짐으로써, 영화에 존재하는 두 가지 시점을 드러내 주었던 것이다.

따라서 '미라가 된 변화'라는 것은, 아마도 영화이미지에 본질적으로 새겨지는 것이 어느 한 시점에 굳어질 수 있는 것이 아니라는 의미로 이해해야 할 것이다.[21]

---

21 아니면, 변화가 미라가 되는 순간은 필연적으로 두 가지 다른 시간들이 교차되는

영화이미지에 포착된 순간(들)이 무엇과 함께 되살아나는지, 혹은 무엇을 되살리는지를 살펴본다면, 우리는 다시 오늘날 아카이브 이미지에 대한 쟁점들을 만나게 된다. 아감벤은 들뢰즈와 바르트의 영화이미지가 오히려 영화의 본질적 요소를 거스르는 것이라 보았다. 아감벤에게 움직임은 미라가 포착해 낸 지치지 않는 '몸짓'이며, 사유를 위해 정지되는 '이미지'와는 다른 것이기 때문이다. 이 움직임은 순수한 몸짓으로서 무매개성 자체이며, 기표로서의 불가능성을 의미한다. '사유 가능성'에 얽매이지 않고 각각의 이미지를 아카이브로 접근한다면, 우리는 영화에서 다른 방식으로는 포착되지 않은 수많은 가능성들을 마주하게 될 것이다. 이러한 아카이브 이미지들은 아무것도 보존하거나 증명하지 못한다. 그냥 그 스스로 '포착될 수 없는 그 무엇', 재현불가능함, 즉 죽음의 기록에 다름 아니다.

재현불가능한 사건들과 아카이브 이미지

상실(또는 '결여'로서)의 기록

바쟁에게 운동성/혹은 변화는 현실에 내재하는 특성이며 이것이 현실의 재현인 영화로 이어지는 것은 자연스럽다.[22] 그러나 사실 이렇게 자연스러운 발전론에는 삭제된 과정이 있다. 즉, 바로 현실 속의 움직임이 정지된 모습으로 포착되며, 이를 다시 되살리는 기술 혹

순간이다. 삶과 죽음, 개별과 일반, 의지주체와 자동기계, 이와 같은 이질적 시간들, 행위들이 만나는 것이다. 그러나 이런 미라가 된 변화는 영화의 기본 요소로서 또 다른 시간(서사 등)의 생성의 전제가 된다.

[22] 그리고 그 기술은 진화한다.

은 장치가 영화라는 것이다.[23] 아감벤이 〈몸짓에 관한 노트〉의 앞에서 주장하는 '몸짓의 상실'이란 이렇게 발생한다. 즉, 영화의 움직임은 기계적이고 인공적인 것인데, 이러한 영화의 특성이 암시하는 차이는 전혀 사소하지 않다. 기록은 분절을 통한 분석이므로 이전의 움직임은 상실된다. 이를 다시 재생한다 하면 그 이전의 움직임과 완전히 같을 것인가? 우리는 무의식적으로 행한 몸짓을 의식한 상태에서 똑같이 반복할 수 없음을 발견하곤 한다. 영화가 몸짓의 기록이지만 동시에 상실의 기록이기도 한 이유다. 좀 더 명확하게는 기록 즉 '아카이브'로서 영화는 상실된 기록, 즉 기록불가능의 기록이다.

《아우슈비츠의 남은 자들: 문서고와 증인》은 출간 직후 트라우마 담론과 증언testimony 연구로 주목받았지만, 오늘날 훨씬 주목할 만한 부분은 아카이브에 대한 주장들이다. 책에서 아감벤은 아카이브가 증언과 다르다는 것을 분명히 한다. 오히려 아카이브는 증언불가능성을 가리킨다. 아우슈비츠에서 남은 자들은 (생존자로서) 죽음을 증언할 수 없을 뿐 아니라, 스스로 언어를 통해 증언하지 못하는 비인간, 반생명, 코마 상태로서의 물질로 제시된다. 그들이 아카이브인 이유다.

아우슈비츠에서 살아남은 자들은 흔히 무젤만Muselmänner으로 불리는데, 이들은 삶과 죽음의 경계에 선 "죽은 것처럼 사는the living dead" "미라들mummy-men"이었다.[24] 단지 기억과 증언의 인식론적 연구로서뿐 아니라, 과연 홀로코스트의 생존자에게 증언을 요구하는 것이 타

---

23 앞서 소개한 대로, 베르그송의 관점을 따르면 현실/삶이 추상화/일반화되는 과정이다.

24 Giorgio Agamben, *Remnants of Auschwitz: The Witness and the Archive*, trans. Heller-Roazen, New York: Zone Books, 1999. p. 41.

당한가라는 질문에 답하려는 매우 중요한 이 시도에서, 존재 자체로 시대의 기록(아카이브)이 되는 일종의 '좀비'가 부각되는 것은 어떤 이유인가? 아무리 증언이 기존 언어와 다르다 하더라도, 이들은 '언어' 주체로는 어울리지 않는데 말이다. 사실 무젤만, 즉 미라인간은 언어의 주체가 아니라 아카이브 그 자체다. 주체가 될 수 없는 자, 스스로 불가능을 증명하는 존재, 무젤만과 미라, 그리고 좀비는 이질적인 것의 공존, 불가능한 것의 존재로서 스스로 증언의 재료이며, 아카이브가 된다.

무젤만은 수용소에서 포기된 자들, 생을 영유하기보다 죽음을 유예하고 지내던 호모 사케르를 지칭하는 말이다. 이들은 '생존자'이지만 그들의 증언은 그 성립 자체를 위협하는 요소들을 너무 많이 가지고 있었다. 생존자가 죽은 자를 '대신하여' 스스로 갖지 않은 '죽음'을 증언하는 것에 대한 문제는《아우슈비츠의 남은 자들》의 핵심 주제이며 블랑쇼, 데리다 등과 공유하는 문제의식이다. 사실 무젤만에게서 묵살되고 무시된 것은 그들의 증언(능력)뿐 아니라 그들의 존재 자체다. '인간만의 소중한 능력인 수치를 모르고 살아남은 그들에게' 남은 것은 무엇인가? 그들은 인간의 본질—그것이 가장 비인간적인 것이라 할지라도—을 증언하는 위치는 인정받지 못했지만, 바로 그 존재는 '결여'로서 스스로를 기록하지 않는가?[25]

사실 생존자들의 증언이 묵살되고 무시되는 과정은, 이미 수많은 영상이미지들(대부분은 사진)이 처리되는 상황과 크게 다르지 않다. 아

---

25 그들이 증언을 해야만 한다는 뜻이 절대 아니다. 아감벤은 증언을 통해 언어의 잠재성을 이야기하긴 하지만, 그것은 어떻게 보면 증언하기 전까지의 과정에서 논의될 수 있는 것이다. 증언하는 순간, 언어의 불가능성은 구체화되기 때문이다.

감벤과는 다르게, 그런 이미지들이 어떤 말을 건네고 있는지, 그 의미들을 거부하는 주장들을 하나하나 반박하고 있는 디디-위베르만이 주목하는 몇 장의 사진들도 같은 운명을 겪었다(〈그림 2〉). 아마도 손바닥만했을 몇 장의 흑백사진들은 끝이 없는 이야기들을 전해 준다. 사진에 찍힌 검은 부분은 어떤 건물의 어느 구조물인지, 비스듬히 찍힌 사람들이 '처리'과정을 겪고 있는지뿐 아니라, 어떤 사진기에 어떤 필름으로 찍었을 것인지, 그들이 어떻게 사진사의 손에 들어갔을지, 어떤 긴박한 상황에서 어떤 순간에 셔터를 눌렀을지, 어떻게 SS의 눈을 피해 사진을 빼돌렸을지 등 역시 아우슈비츠에 대한, 홀로코스트에 대한, 전쟁에 대한, 그런 당시 현실에 대한 모자람 없는 증언이다. 하지만 무엇인가가 충분한 적이 있었는가? 목숨을 건 도망자의 증언에 사람들은 증거를 요구하면서 그의 말문을 막지 않았는가? 증언에는 증거를, 증거에는 그것을 증명할 수 있는 기록을, 또 기록에는 개연성과 같은 논리들을, 이렇게 끊임없이 부족함을 지적당한 것, 과거 모든 역사에 대해 그렇지는 않았겠지만, 적어도 어떤 과거에는

〈그림 2〉 Photographs from Auschwitz (Georges Didi-Huberman, Images in Spite of All, 2008)

이런 대접이 너무 당연한 듯 반복되었던 것이다.[26]

디디-위베르만은 위 사진과 같은 영상자료가 쉽게 마주하는 매도에 가까운 의심들을 다음과 같이 정리한다. '사실'에 충실한 이미지는 페티시-이미지로 오해를 받기도 한다. '기록'으로 남은 이미지는 상상력을 작동시키지 못하고 그저 피상적인 것만을 보여 주는 것으로 무시되는 경우도 있다. 반면 '스토리' 속의 이미지는 현실을 왜곡하는 거짓으로 비판받는 것이다. 사실을 중시하는 다큐멘터리에 대해서 디디-위베르만은 특히 라울 힐버그Raul Hilberg를 인용하며, "우리가 사진에서 보는 것을 해석하는 어려움과 그 내용의 풍부함을 말이 잘 요약하지 못하는 그런 기록들을 대응해야 하는 필요성"을 환기시키고 있다. 그러나 이런 우려는 어찌 보면 기우에 가까우며 오히려 영상자료들에 대한 회의적 시각을 강조하는 역할을 하기도 한다. 실제로 당시 대부분의 사진들은 가해자들에 의해 기록된 것이었고, 아마도 그래서 거의 보여지거나 논의되지 않았으며 쇼아(홀로코스트)를 연구하는 역사학자들에게도 사용되지 않았던 것이다.[27] 다큐

---

26 하룬 파로키Harun Farocki는 그의 영화 〈세상의 이미지와 전쟁의 기록〉과 책 《각인: 텍스트》에서 수용소 반란자들의 목숨을 건 탈출과 증언이 왜 받아들여지지 않았는가 질문하며, 우리가 보고 있지만 인식하지 못하는 것들, 또 반대로 상상할 수 없기 때문에 인식으로 받아들이지 못하는 현실을 지적하며, "텍스트는 우리가 이미지에 접근할 수 있도록 도와줄 것이고, 이미지는 텍스트를 우리가 상상할 수 있는 것으로 만들 수 있다"며 감각적 경험(이미지)과 주체적 인식(텍스트)의 상호작용을 강조한 바 있다.

27 (Hilberg, *Holocaust: les sources de l'histoire*, 2001, pp. 18-19. 재인용 Didi-Hupperman *Images in spite of all: Four Photographs from Auschwitz*. Trans. Shane B. Lillis Chicago: U of Chicago P, 2008, p. 66.) "On the one and, the existing images—around a million and a half photographs distributed throughout various archive collections—are *surviving images* that make up, in spite of their already considerable number, the interior portion of an archive that was largely created by the Nazis themselves, who then systematically destroyed it in face of the approaching allies.

멘터리 영화 〈쇼아Shoah〉의 감독 클로드 란츠만Claude Lanzmann은 의도적으로 사진을 배제하고 생존자들의 '증언'에 집중하였다. 이미지가 현실보다 신념에, 상상에, 더 나아가 거짓에 이용될 수 있다고 의심했던 대표적인 케이스인 것이다.

증언과 아카이브

아감벤은《아우슈비츠의 남은 자들》에서 아카이브를 이미지나 문서 등 실제 아카이브를 특정하는 의미로 사용하고 있지 않다. 그럼에도 이 책은 바쟁이 지적했던 영상이미지의 아카이브적 본질을 그대로 반영하고 있는 예를 포함하고 있다. 바로 인간으로서의 의지를 상실한 채 좀비처럼 또는 동물처럼 살았던 미라인, 무젤만이다. 그들은 마치 데드마스크처럼 찍어 낸 보존물, 영혼의 보존 없이 밀랍으로 형상만을 유지했던 미라인 것이다. 그저 (죽은 것과 다르지 않게) '살았던' 기계인형과도 같은 그들은 바로 '미라가 된 변화'의 완벽한 모델이다. 그들은 죽음의 그림자를 안은 채 '의미'와 '사유'의 매개체로 추구되어 왔는데, 이렇게 무젤만이 홀로코스트라는 재현불가능한 '사건'과 맺는 관계는, 영화이미지가 역사의 본질로서 사유의 근원을 불러일으키는 것과 비슷하다. 아감벤이 아우슈비츠의 교훈이라며, 인간이라는 재현불가능한 성질을, 그것을 잃어버린 증거인 무젤만, 즉 아우슈비츠의 수감자들에게서 잔여라는 부정형으로 찾

On the other hand, these surviving images are generally *ill seen images*, and ill seen because they are *ill said*: poorly described, poorly captioned. poorly classed, poorly reproduced, poorly used by the historiography of the Shoah"(pp. 66-67).

을 수 있음을 주장한 것은 이러한 유추에 시사하는 바가 크다.

인간은 인간보다 더 오래 살아남을 수 있는 자이다. 첫 번째 의미에서 인간은 '무젤만'(또는 회색지대)을 가리키며, 따라서 인간보다 더 오래 살아남을 수 있는 비인간적 능력[수용력]을 의미한다. 두 번째 의미에서 인간은 생존자를 가리키며, 따라서 '무젤만' 즉 비인간보다 더 오래 살아남을 수 있는 인간의 수용력을 의미한다. 하지만 주의 깊게 살펴보면 이 두 가지 의미는 어느 지점에서 수렴되는데, 이 지점이 그러한 의미들의 가장 내밀한 의미론적 핵심을 이룬다고 해도 과언이 아니며, 여기서 두 가지 의미는 순간적으로 일치하는 것처럼 보인다. '무젤만'은 이 지점에 서 있다. 그리고 우리는 그에게서 레비가 "그들, 이슬람교도들, 익사한 자들이 온전한 증인들이다"라고 쓰면서 선언한 테제, 즉 "인간은 비인간이다. 자신의 인간성이 완전히 파괴된 사람이 참으로 인간적인 사람이다"라는 테제의 제3의 의미, 가장 진실하고 또 가장 모호한 의미를 깨닫게 된다. 여기서의 역설은, 인간성을 증언할 수 있는 유일한 이가 자신의 인간성이 완전히 파괴된 자라면, 그러한 의미는 인간과 비인간 사이의 동일성이 결코 완전한 것이 아니며 인간성을 파괴하는 것은 사실상 불가능하며 항상 무언가가 남는다는 것이다. 증인이 바로 이 남는 것이다.[28]

---

28 인용문은 다음 번역본을 참조하였다. 조르조 아감벤, 《아우슈비츠의 남은 자들: 문서고와 증인》 정문영 옮김, 새물결, 2012, 200~201쪽. 다만 정문영이 '이슬람교도' 라고 번역한 것을 원문 그대로 '무젤만'으로 표기하였는데, 이는 실제로 이 용어가 비인간으로서 인간성을 증명하는 잔여로서의 이질적 존재를 가리키고 있으며, 그 의미가 그 어떤 역사적 정체성과도 혼동되기를 바라지 않기 때문이다.

인간이 결코 있을 수 없는 곳, 생명체가 말(로고스)을 잃어버린 그 곳에서 불가능의 잔여물로 인간이 실존을 찾는 것이다. 영화이미지 가 기계인형이 증명하는 껍데기뿐인 현실의 일부에 지나지 않는다 면, 이는 멈춘 것이 움직이고 움직이는 것이 영영 보존되는 문턱과 도 같으며, 그것은 무젤만, 즉 미라인간이 그 존재 자체로 '불가능'한 것으로 증명하는 증언의 장소와도 같다. "인간은 항상 인간 너머에 있거나 인간 앞에 있"다.[29] 그것에 대한 증언은 불가능하며, 미라인간 은 그 불가능을 증명하는 존재로서 필연necessity의 아카이브, 즉 결여 의 기록 그 자체다.

디디-위베르만은 세상의 이미지들이 쇼아의 본질을 재현하고 알 리는 것에 실패했다는 것을 인정하면서도, "그럼에도 불구하고" 이 아우슈비츠에서 찾은 사진들에 증언의 역할을 부여했다. 그러나 아 감벤은 재현불가능성에 대한 대안으로서 증언이 어디서 그 원동력 을 찾는지 추적해 내고 있다. 바로 스스로가 아카이브로서 증언하는 경우다. 증언으로서 언어가 무언가 매개할 수 있다는 것은, 언어의 잠재성이 '선택적으로' 그리고 '우연히' 발현된 사건에 지나지 않는 다. 증언은 "언어의 안과 밖 사이의 관계의 시스템"으로 언어를 사용 할 잠재성의 유무를 가리킴으로써 주체의 장소를 가리키고 있는 반 면, 아카이브는 "말해진 것과 말해지지 않은 것 사이의 시스템"으로 어떤 선택권도 가지지 않은 탈주체의 외재화된 상태다.[30]

---

29 조르조 아감벤, 《아우슈비츠의 남은 자들: 문서고와 증인》, 202쪽.
30 Giorgio Agamben, *Remnants of Auschwitz: The Witness and the Archive*, p. 145. 아감벤 은 《유아기와 역사》에서 인간의 주체화 기제로서 언어의 잠재성에 대해 논한 바 있 다. 《아우슈비츠의 남은 자들》에서도 그는 증언의 우연성으로 이 잠재능력을 표현 하고 있다. "우연성, 주체 속에서의 이러한 언어의 출현은 실제로 행해지는 담화의 발화나 비-발화, 그것을 말함이나 말하지 않음, 언표로서의 그것의 산출이나 비-

다시 말해, 살기 위해 혹은 기억하기 위해 증언했던 자들은 "말하는 자the speaking being"로서, 결국 그들이 무엇을 증언하는지와 상관없이 그 언어적 잠재성을 실현할 수 있다.[31] 그들은 말할 수 있으며, '무엇을 말할 것인가'는 열린 가능성이다. 그러나 무젤만은 그저 "살아 있는 존재the living being"로서 (이미) 말해진 것과 말해지지 않은 것에 대해서만 논할 수 있다. 한마디로, 무젤만은 그 스스로가 사람이 어떻게 미라가 될 수 있는지에 대한 증거일 뿐이다. 그들은 스스로 말할 수 없으며 증언을 통해 세상에 나와 있는 말들—수용소의 잔혹함, 삶이 얼마나 죽음을 내포할 수 있는가 등—에 대해 몸소 보여 줄 수밖에 없다. 말에 대해 부수적으로, 즉 잉여적으로 존재하는 '아카이브'인 것이다. 증언에는 주체가 존재하지만 아카이브의 경우 주체의 위치가 사라진다는 것을 알 수 있다. 아우슈비츠에서 인간은 전자와 후자 사이를 왕복하면서 그 주체성을 위협받았다. 즉, 비인간의 실체로서 무젤만에게는 누가 어떻게 말하는지, 왜 말하는지는 중요하지 않은 것이다. 아카이브 이미지 역시 무젤만과 같은 역할을 가진다. 그들은 말로 증언하지 않고 스스로 존재함으로써 증명한다. 아카이브는 증언의 실패조차 증명한다bear witness.

산출과는 다르다. 그것은 언어를 갖거나 가지지 않을 주체의 능력(수용력)에 관한 것이다. 그러므로 주체는 언어가 존재하지 않을, 생겨나지 않을 가능성이며, 보다 정확히 말하자면 언어가 거기에 있지 않을 가능성, 그러한 우연성을 통해서만 생겨나는 가능성이다. 인간이 말하는 존재자, 언어를 가진 생명체인 것은 언어를 갖지 않을 수 있기 때문에 자신의 (어원적인 의미에서의) 유아기, 즉 말하지 못함in-fancy을 품을 수 있기 때문인 것이다. 우연성은 다른 양태들 가운데 하나의 양태, 즉 가능성, 불가능성, 필연성과 나란히 둘 수 있는 것이 아니다. 그것은 가능성을 실제로 줌, 잠재성이 그러한 것으로서 존재하는 방식인 것이다. 그것은 존재할 능력과 존재하지 않을 능력 사이에 휴지를 부여하는 잠재성의 사건이다." 조르조 아감벤, 《아우슈비츠의 남은 자들: 문서고와 증인》, 215쪽.

31 이것은 증언 담론의 가장 핵심적 내용이다.

'말할 수 있는 것'을 '말할 능력'이 있다면 증언이 실현되는(말해지는) 것은 당연하며 놀랍지 않다. 이 행위에서 주체성을 확인하려면 이 증언이 잠재성의 실현이어야 하는데, 여기에는 이질적인 것의 조합이 필수적이다. 예를 들어, 차마 말로 하지 못할 일(언어의 밖에 있는 사건)이 주체의 잠재적 능력에 의해 언어로 시도된다거나, 반대로 말할 수 있는 일들이지만 주체가 말하지 않기로 결정하여 언표화하지 않는 상황은, 증언 주체가 가지고 있는 잠재성potentiality과 그 우연적 발현의 경우가 될 것이다.

이와 달리, 아카이브는 탈주체의 영역에서, '증언불가능의 불가능'의 형태로, 따라서 "필연적으로" 나타난다. 증언불가능의 불가능이란 증언하지 않을 수 없음, 즉 하지 않을 능력인 잠재성potentiality의 부재impotentiality를 가리킨다.[32] 그러므로 증언의 양상modality이 우연성이라면 아카이브의 양상은 필연적necessary이다.

가능성(존재할 수 있음)과 우연성(존재하지 않을 수 있음)은 주체화의 연산자들, 즉 가능태가 존재로 이행하는 지점, 어떤 불가능성과의 관계를 통해 주어지는 지점의 연산자들이다. 가능성의 부정(존재할 수 없음)으로서의 불가능성과 우연성의 부정(존재하지 않을 수 없음)으로서의 필연성은 탈주체화의 연산자, 주체의 파괴와 결핍의 연산자이다. 다시 말해 주체성 속에서 잠재성과 비잠재성, 가능한 것과 불가능한 것을 가르는 과정들인 것이다. 첫 번째의 두 가지 양태(가능성과 우연성)가 존

---

32 "증언이란 바로 말의 가능성과 말의 발생 사이의 관계이기 때문에 말의 불가능성과의 관계를 통해서만, 다시 말해 오로지 우연성contingency으로서만, 존재하지 않을 능력으로서만 존재할 수 있다." 조르조 아감벤, 《아우슈비츠의 남은 자들: 문서고와 증인》, 214쪽.

재를 그것의 주체성으로 구성한다. (…) 이와 달리 필연성과 불가능성은 존재를 그것의 완전성과 고체성, 주체를 갖지 않는 순수한 실체성으로, 다시 말해 궁극적으로는 그 안에 가능성이 존재하지 않기 때문에 결코 '나'의 세계이지는 않은 세계로 규정한다.[33]

아우슈비츠는 죽음과 삶 사이, 기계와 인간 사이의 미라인간들로 채워진 아카이브면서, 언어의 불가능성과 우연성의 증언을 실험하는, 즉 인간에 대한 증언이 이루어진 역사적 공간이다. 주체의 존재를 불가능성과 결여로서 증명하는 증언에 대하여, 아카이브는 불가능성의 가능성조차 빼앗긴, 그러므로 최소한의 필요necessity로서 주체 없이 존재하는 절대적 증인이다. 그렇다면 역사적 내용으로서 혹은 구성 양태로서가 아니라, 그 존재 양태로서 아우슈비츠는 하나의 필연적 아카이브가 된다. 이러한 관점에서 보면, 아우슈비츠는 이러한 과정들이 갑자기 사라지는 역사적인 순간을, 불가능한 것들이 억지로 현실적인 것이 되는 파괴적인 경험을 표상한다. 아우슈비츠는 불가능한 것의 현존, 가장 철저한 우연성의 부정이며, 그러므로 절대적 필연성인 것이다.[34]

아감벤은 기억에 집착하는 문명사회에서 무엇이 말해졌는지는 아주 중요하게 여겨지고, 이에 대한 망각의 폐해를 매우 과장하는 경향이 있다고 한다. 오늘날 아카이브가 '말해진 것'과 '언어로 표현됨으로써 말해진 모든 것'에 각인되어 말할 수 있는 것들을 포함하려하는 이유다. 그러므로 말해진 것들에 대해 추구되는 증거들, 즉 아

---

33 조르조 아감벤, 《아우슈비츠의 남은 자들: 문서고와 증인》, 217쪽.
34 조르조 아감벤, 《아우슈비츠의 남은 자들: 문서고와 증인》, 217~218쪽.

카이브 기록들은 '필연적necessary'이며 또한 그 자체로 부족을 증명하는 최소한necessity인 것이다.[35] 기계적인 이미지 기록들이 넘쳐나는 오늘날, 그럼에도 불구하고 부족한, 즉 잉여와 결여가 공존하는 아카이브를, 살기 위해 필요한 최소한의 어떤 것으로서의 '필연necessity'의 존재로 인식한다는 것은 의미심장하다. 왜냐하면 끊임없이 반복되는 아우슈비츠가 예술에 남긴 메시지를 그저 죽음의 선언으로만 받아들여도 되는가라는 질문이 남아 있기 때문이다. 괴벨스Paul Joseph Goebbels는 불가능해 보이는 것을 가능하게 하는 기술art이 '정치'라고 말했지만, 사실 불가능을 절대적으로 수용함으로써 그 외에는 어떤 선택권도 없는 '필연'을 구현하는 것이 예술의 정치일 것이다. 영화라는 예술이 죽이고 살리는 가짜 '정치'의 증언이 아니라 상실의 기록으로나마, 존재하는, 즉 '생존하게 하는 정치'의 매체일 수 있다는 것은 그 구성에 부정할 수 없는 아카이브의 성질이 남아 있기 때문이 아닐까. 그렇게 영화는 수많은 결여를 이겨 내고 때로는 잉여 메시지에 의존하기도 하지만, 그러나 언제나 필연의 아카이브로, 절대적 증인absolute witness이 된다.

필연의 아카이브

아우슈비츠는 인간이라면 할 수 없는, 살아 있다면 참을 수 없는,

---

35 아감벤이 푸코가 발화의 차원에 부여했던 긍정적인 측면을 포함하고 있는 "아카이브"라는 이름에 주목한 이유가 여기에 있다. "담론이라는 사건을 정의하는 법칙에 따라, 아카이브는 가능한 문장들을 구성하는 시스템으로서의 랑그langue—즉, 말할 수 있는 가능성들—과 일련의 말해진 것들을 묶는 말뭉치corpus, 즉 실제로 말해지고 쓰여진 것들 사이에 놓인다." Giorgio Agamben, *Remnants of Auschwitz: The Witness and the Archive*, pp. 143-144.

불가능의 상태, 재현불가능한 실재the real였다. 무엇인가를 하지 않을 권리, 즉 (주체화로 이어지는) 우연성을 행사할 권리가 극단적으로 박탈당한 상태였던 것이다. 그러나 이런 "우연성의 극단적 부정은, (탈주체적이지만 대신) 절대적 필요"로 귀결된다. 바로 그 재현불가능한 실재가 필연적 아카이브로 남는 것이다. 아우슈비츠에서 증언과 아카이브를 오가는 (비)주체를 생각하면, 아카이브 기억과(비자발적 기억) 다큐멘터리 담론 사이에서 영원의 떨림을 간직하는 영화이미지의 모습이 떠오른다. 물질과 사유 사이의 욕망이 정지와 운동의 순환을 만들어 낸 것처럼, 언어와는 다른 방식으로 역사의 증인이 되는 아카이브는, 이중의 시간성으로 현재와 미래를 위한 흔적을 만들어 낸다. 오늘날 새로운 네트워크에서 생산 순환되는 사진과 동영상들은 아카이브와 영화이미지의 관계를 더욱 잘 드러내 주고 있는 것 같다.

머레이Murray의 말을 빌자면, 몸짓의 기록들은 "살아 있고, 순간적이고, 쉽게 변화하는" 그러면서도 역사 속에 자기를 드러내고자 하는 적극적인 실천이자 형식이지,[36] 그저 '시간의 미라'가 아니다. 오늘날 넘쳐나는 사진들은 다시 동영상(또는 GIF 형태의 '움짤')의 범람으로 이어지며, 우리는 수많은 장소에서 '움직이길 기다리는' 이미지들을 만난다. 이들은 그저 '움직이지 못하는, 멈추어진' 이미지들이 아니다. 이들이 불러일으키는 진동, 상실을 극복하고자 하는 몸부림은 '미라가 된 변화'로밖에 설명할 수 없는 아카이브 이미지들이다. 바쟁이 영화이미지로 설명한 '미라가 된 변화'란 (움직임이) 미라로 죽어 있다는 의미가 아니라, 그 정지된 순간이 언제든 되살아난다는

---

36 김미경 외 공저, 《소셜 미디어 연구》, 커뮤니케이션북스, 2012, 353쪽, 재인용.

의미였던 것이다. 그것들은 되살아나서 어떤 순간, 어떤 사건들을 수없이 말하겠지만, 적어도 움직임, 변화, 즉 몸짓에 관해서 아주 중요한 다른 말을 건네고 있다. 바로 우리가 무엇인가를 잃어버렸다는 사실 말이다.

　움직임을 통해 몸짓의 상실을 이야기하는 아카이브는 그래서 절대적 증인이다. 다큐멘터리가 추구하는 '증언'을 '필연적인 것으로' 만드는 것은, 그 안의 이미지가 말하기를 실패하고 아카이브 이미지로 존재할 때다. 불가능조차 부정당한 (비)인간, 말할 수 없는, 재현할 수 없는 침묵의 존재를 일깨우는 증인으로서 '미라'는 그렇게 움직임 속에 갇혀 있다. 이 '필연의 증인,' 즉 아카이브 이미지는 우리에게 "그럼에도 불구하고in spite of all" 말하는 존재, 즉 인간 주체의 위치에 질문을 던지는 증언들의 필요성을 가리키고 있다.

참고문헌

김미경 · 김유정 · 김정기 등 공저, 《소셜 미디어 연구》, 커뮤니케이션북스, 2012.

남수영, 〈#아카이빙 #몽타주 #동시대성: 역사 인식에 대한 몇 가지 단상〉, 《Visual》 12, 한국예술종합학교 조형예술연구소, 2015. 41~66쪽.

레프 마노비치, 《뉴미디어의 언어》, 서정신 옮김, 생각의 나무, 2004.

롤랑 바르트, 《카메라 루시다—사진에 관한 노트(La Chambre Claire-Note sur la photographie)》, 조광희 옮김. 열화당, 1986.

앙드레 바쟁, 《영화란 무엇인가》, 박상규 옮김. 사문난적, 2013.

조르조 아감벤, 《아우슈비츠의 남은 자들: 문서고와 증인》, 정문영 옮김, 새물결, 2012.

_____, 《목적없는 수단: 정치에 관한 11개의 노트》, 김상운 · 양창렬 옮김, 난장, 2009.

프랑수아 니네, 《다큐멘터리란 무엇인가: 다큐멘터리와 그 아류들》 조화림 · 박희태 옮김. 예림기획, 2012.

Agamben. Giorgio, *Means Without Ends: Notes on Politics*, trans. Binetti and Casarino, Minneapolis and London: U of Minnesota P, 2000.

_____, *Remnants of Auschwitz: The Witness and the Archive*, trans. Heller-Roazen, New York: Zone Books, 1999.

Aumont. Jacques et al, *Aesthetics of Film*, Austin: U of Texas P, 1992.

Barker. Jennifer, "Bodily Irruptions: The Corporeal Assault on Ethnographic Narration," *Cinema Journal* 34(3), 1995, pp. 57-76.

Barthes. Roland, *Camera Lucida: Reflections on Photography*, trans. Richard Howard, New York: Hill and Wang, 1981.

Bazin. André, "The Ontology of the Photographic Image," trans. Hugh Gray, *Film Quarterly* 13(4), 1960, pp. 4-9.

Bellour. Raymond, 'The pensive spectator'(1984), in David Campany (ed.), *The Cinematic* (London: Whitechapel and Cambridge, MA: MIT P,

2007, pp. 119-123.).

Bergson. Henri, *Creative Evolution*, trans. Arthur Mitchell, London: Macmillan, [1911] 1920. Reprint by Mineola, NY, USA: Dover Publications, 1998.

Derrida. Jacques, *Archive Fever: A Freudian Impression*, trans Eric Prenowitz, Chicago: The U of Chicago P, 1996.

Didi-Huberman. Georges, *Images in spite of all: Four Photographs from Auschwitz*, Trans. Shane B. Lillis, Chicago: U of Chicago P, 2008.

Guido. Laurent and Olivier Lugon eds, *Between Still and Moving Images: Photography and Cinema in the 20th Century*, New Barnet UK: John Libbey Publishing Ltd., 2012.

Gunning. Tom, "The Cinema of Attractions: Early Film, Its Spectator and the Avant-Garde [1986]", in Thomas Elsaesser (ed.) *Early Cinema: Space, Frame, Narrative*, London: British Film Institute, 1990.

_____, & Phillip Prodger, Iris & B. Gerald, *Time Stands Still: Muybridge and the Instantaneous Photography Movement*, Cantor Center for Visual Arts at Stanford University, 2003.

Jan-Christopher Horak, "Change and Nothing But Change: Rosen's Change Mummified," *Film-Philosophy* 7(40), 2003. 〈http://www.film-philosophy.com/vol7-2003/n40horak〉

Lister, Martin. Ed., *The Photographic Image in Digital Culture*, New York and London: Routledge, 1995.

Manovich. Lev, *The Language of New Media*, Cambridge, Mass.: MIT P, 2001.

Nichols. Bill, *Representing Reality: Issues and Concepts in Documentary*, Bloomington: Indiana UP, 1991.

Rancière. Jacques, *The Intervals of Cinema*, trans. John Howe. London & New York: Verso, 2014.

_____, "The Pensive Image," *The Emancipated Spectator*, trans. by Gregory Elliott, London: Verso, 2011.

Renov. Michael. Ed, *Theorizing Documentary*. AFI Film Reader Series, New York: Routledge, 1993.

Rosen. Philip, *Change Mummified: Cinema, Historicity, Theory*, Minneapolis and London: U of Minnesota P, 2001.

Watts. Philip, *Roland Barthes' Cinema*, New York: Oxford UP, 2016.

20세기 초반 프랑스문학의 현대성과 사회역사성에 대한 발터 벤야민의 문학비평:

마르셀 프루스트와 초현실주의에 대한 역사시학적 연구

정의진

이 글은 《서강인문논총》 제51집(2018.4)에 게재된 원고를 수정 및 보완하여 재수록한 것이다.

이 글은 20세기 초 프랑스문학의 새로운 경향에 대한 발터 벤야민의 문학비평을, 그의 마르셀 프루스트론과 초현실주의론을 중심으로 비판적으로 분석해 보고자 하는 연구의 두 번째 논문에 해당한다. 앞선 논문 〈20세기 초반 프랑스문학의 현대성과 사회역사성에 대한 발터 벤야민의 문학비평: 마르셀 프루스트와 초현실주의에 대한 역사시학적 연구(1)〉에서 서술한 내용의 핵심 논점을 우선 요약하면 다음과 같다.[1] 프루스트의 《잃어버린 시간을 찾아서À La recherche du temps perdu》, 그리고 앙드레 브르통의 《나자Nadja》나 루이 아라공의 《파리의 농부Le Paysan de Paris》 등 초현실주의 작가들의 작품을 분석하는 데 있어서, 벤야민이 취하는 공통된 관점 내지 방법론이 있다. 역사유물론적 방법론이 바로 그것인데, 벤야민은 마르크스주의적 사회계급론과 역사발전론의 관점에서 프루스트와 초현실주의 작품의 사회비판적인 성격을 우선적으로 부각시키며, 이에 기초하여 최종적인 정치투쟁의 가능성을 전망한다. 그런데 프루스트와 초현실주의에 대한 벤야민의 이러한 해석은, 당대의 일반적인 마르크스주의 및 사회주의 리얼리즘에 비추어 볼 때 매우 예외적이다. 즉, 프루스트나 초현실주의를 마르크스주의적인 관점에서 높이 평가하는 벤야민의 관점 자체가 일단 예외적이며, 이는 벤야민이 표방하는 역사유물론의 특수한 관점과 방법론에 대한 질문으로 이어질 수밖에 없다. 이 질문은, 벤야민의 역사유물론을 과연 마르크스주의적인 것이라고 간주할 수 있는가라는, 그의 사상에 대한 매우 근본적인 비판적 재검토를 내포

---

1   졸고, 〈20세기 초반 프랑스문학의 현대성과 사회역사성에 대한 발터 벤야민의 문학비평: 마르셀 프루스트와 초현실주의에 대한 역사시학적 연구 (1)〉, 《프랑스어문교육》 제60집, 한국프랑스어문교육학회, 2018, 261~286쪽.

하고 있다. 사실 벤야민이 보들레르, 프루스트, 초현실주의 등을 분석하면서 활용하는 핵심 개념들, 즉 아우라(의 상실), 알레고리, 꿈과 깨어남의 변증법, 변증법적 이미지 등은, 이 자체가 분석 대상인 작가들의 작품과 비평적 에세이들에서 이론적 영감을 얻은 것들이다. 바꾸어 말하자면, 프루스트나 초현실주의를 분석하기 위해 마르크스주의적 역사유물론이 동원된 만큼이나, 벤야민의 역사유물론에는 프루스트와 초현실주의로부터 취한 시간관이나 역사관의 영향이 짙게 배어 있다. 프루스트와 초현실주의는, 보들레르와 더불어 벤야민의 역사관과 문학예술관을 구성하는 핵심 요소들이다.

앞선 글의 위와 같은 문제의식의 연장선상에서, 이 글은 벤야민의 프루스트론과 초현실주의론의 특수성 그 자체를 해명하고자 한다. 일반적인 마르크스주의 역사유물론의 관점에서든, 혹은 프루스트나 초현실주의를 이해하는 당대의 일반적인 해석 관점에서든, 예외적인 동시에 그 자체로 독자적인 체계와 이론적 일관성을 가진 벤야민의 시간관, 역사관, 문학예술관을 해명하는 것이 본 논문의 핵심 목표이다. 이를 위해서 알레고리, 아우라의 상실, 꿈과 깨어남의 변증법, 초현실주의적 이미지 등 벤야민의 주요한 미학적·역사철학적 개념들이 어떤 방식으로 보들레르, 프루스트, 초현실주의를 포괄하는가를 분석하고자 한다. 이를 통해 최종적으로 벤야민의 이론이 20세기 전반기 프랑스문학사를 새로운 방식으로 재구성하는 데 있어서 제시하는 시사점을 도출할 것이다. 벤야민의 미학과 역사철학 그 자체를 이해하는 차원에서 보자면, 본 논문은 벤야민이 매우 문제적이고 논쟁적인 방식으로 활용하는 역사유물론이라는 개념이, 실은 마르크스주의로 환원될 수 없는 이론적 체계를 가지고 있다는 점, 그의 역사유물론은 보들레르, 프루스트, 초현실주의가 전개한 시간성과 역사성에 대한 성찰을 동시에 포괄하고 있다는 점을 보다 분명히 하는 데 기여하고자 한다.

벤야민과 프루스트의 친연성: 알레고리

1929년의 프루스트론 이래,《보들레르 시의 몇몇 테마에 대하여 Sur quelques thèmes baudelairiens》, 그리고《아케이드 프로젝트》의 여러 곳에서 접할 수 있는 벤야민의 프루스트에 대한 독자적 해석은, 이 전 논문에서 밝힌 바와 같이 그가《잃어버린 시간을 찾아서》번역을 본격적으로 시도하는 1922년경으로까지 소급된다.[2] 그런데 벤야민이 《잃어버린 시간을 찾아서》를 번역하고자 하는 결정적인 이유는, 단지 이 작품이 내포하고 있는 새로움 때문만이 아니라, 그가 프루스트의 작품을 연구하고 번역하면서 경험하는 강렬한 '친밀감' 때문이다. 이 점을 압축적으로 확인할 수 있는 텍스트는《모스크바 일기 Journal de Moscou》이다. 1926년 12월부터 약 두 달간 모스크바에 체류했던 벤야민은 이 기간 의식적으로 일기를 작성한다.[3] 아시야 라시스Asja Lacis와의 만남이 직접적인 목적이었지만, 이 시기는 벤야민이

---

2 이에 대해서는 각각 Cf. *Pour l'image de Proust* in *Sur Proust*, Paris, Nous, 2010, pp. 27-42. ; *Sur quelques thèmes baudelairiens* in *Œuvres III*, Paris, Gallimard, 2000, pp. 332-336 ; *Paris, capitale du IX X siècle. Le Livre des passages*, Paris, Cerf, 2006(1989). 발터 벤야민이 저자인 저서나 논문 및 서간문에 대해서는, 본 논문의 문맥상 발터 벤야민이 저자임을 알 수 있으므로 별도의 저자명 표기는 생략한다.

3 *Journal de Moscou*, Paris, L'Arche, 1983. 벤야민이 모스크바를 방문한 직접적인 계기는, 알려진 대로 1924년 카프리섬에서 만나 사랑에 빠진 라트비아 출신의 마르크스주의자이자 아동극 운동가였던 아시야 라시스Asja Lacis를 찾아서였다. 1926년 12월 6일 모스크바에 도착한 벤야민은 1927년 2월 1일 모스크바를 떠나면서 마지막 일기를 쓴다.

《잃어버린 시간을 찾아서》번역에 집중적으로 몰두하던 시기이며, 따라서 그는 프루스트의 저서에 대한 지속적이고 규칙적인 독서와 번역 작업을 모스크바 체류 기간의 주요 과제 중 하나로 설정한다.[4] 동시에 이 기간은, 벤야민이 자신의 눈으로 직접 신생 소비에트 사회주의공화국의 전반적인 정치 · 경제 · 사회 · 문화적 상황을 경험하고, 관찰하고, 판단하는 기회이기도 하였다: "다시 한 번 우리는 프루스트에 대해서 대화를 나누었으며(나는 그녀에게 번역한 것의 일부를 읽어 주었다), 이어서 러시아의 문화정책에 대해서도 대화를 나누었다."[5] 여기서 대화 상대방은 아시야인데, 벤야민은 이 시기에 《잃어버린 시간을 찾아서》의 '레즈비언'에 관한 대목에 관심을 표명하면서, 아시야에게 관련 대목을 번역한 것을 읽어 준다.[6] 《잃어버린 시

---

4 〈나는 빵 덩어리를 우물거리며 내 방에서 프루스트를 읽는다. Je lis Proust dans ma chambre en bouffant des masse-pains〉(〈1926년 12월 10일〉, ibid., p. 21.); 〈방에서 침대에 누워, 나는 프루스트를 읽었다(…) Dans la chambre, je me suis allongé sur le lit, j'ai lu Proust(…)〉(〈1926년 12월 24일〉, ibid., p. 63.) 등 일기 여러 곳에 프루스트에 대한 독서 행위가 기록되어 있다. 〈그러나 내 방에서 나는 계획했던 프루스트에 대한 작업 대신에, 프란츠 블라이가 쓴 잘못되고도 조잡한 릴케 사망 관련 기사에 대한 반박문을 작성하였다. Mais dans ma chambre, je n'ai pas travaillé à Proust comme je me l'étais proposé, mais à une riposte à la notice nécrologique mauvaise et grossière que Franz Blei a composée sur Rilke.〉(〈1927년 1월 21일〉, ibid., p. 150.)같은 대목에서는, 벤야민의 프루스트에 대한 작업이 의식적이고 규칙적이었음을 알 수 있다.
5 〈Une autre fois, nous nous sommes entretenus de Proust (Je lui ai lu un extrait de la traduction), puis de la politique culturelle russe.〉, ibid., pp. 55-56.
6 앞의 논문에서도 밝혔듯이 벤야민은 프란츠 헤셀Franz Hessel과 공동으로 번역 · 출간한 《꽃핀 처녀들의 그늘에서À l'ombre des jeunes filles en fleurs》(1926)와 《게르망트 쪽Du côté de Germantes》(1930)이외에도, 단독으로 번역한 《소돔과 고모라 Sodome et Gomorrhe》의 번역원고를 가지고 있었다. 이 원고는 분실되었으나, 일기의 몇 곳에서 언급되는 《잃어버린 시간을 찾아서》의 레즈비언에 관한 대목은, 관련 장면이 처음으로 등장하는 제1권 《스완네 집 쪽으로Du côté de chez Swann》뿐만이 아니라, 특히 이 문제가 주된 주제인 《소돔과 고모라》의 일부이다. 헤셀과의 공동작업이든 벤야민의 단독작업이든 《스완네 집 쪽으로》 전체가 번역된 적은 없으며, 따

간을 찾아서》의 레즈비언 관련 대목에 대한 벤야민의 해석 관점은
다음과 같다.

이어서 나는 그녀에게 프루스트의 레즈비언 관련 장면을 읽어 주었
다. 아시야는 그 장면의 야생적인 니힐리즘을 이해하였다: 프루스트가
어떤 식으로 소부르주아의 잘 정돈된 실내의 골방에 침투하였는지, 그
골방은 '사디즘'이라는 표찰을 달고 무자비하게 모든 것을 파괴하며,
그 결과 잘 다듬어서 광을 낸 성적 도착에 대한 관념은 더 이상 남아나
지 못한다는 점을, 정반대로 악은, 그 모든 결함들 속에서, 매우 분명한
방식으로 '인간성'을, 나아가 '선함'을, 즉 자신의 진정한 실체를 드러낸
다는 것을. 이 점을 아시야에게 설명하면서, 나는 이것이 바로크에 대
한 나의 저서의 방향성과 얼마나 일치하는지를 깨달았다. 바로 전날 밤
에도 마찬가지로, 나는 내 방에서 홀로 독서를 하다가 지오토의《자비
Charité》에 대한 기가 막힌 논리 전개와 맞닥뜨리게 되었다. 나는 프루스
트가 이 주제와 관련하여 내가 알레고리라는 개념 하에 포착하고자 한
것을 모든 면에서 포괄하고 있음을 깨달았다.[7]

라서 비록 번역원고가 분실되기는 하였지만,《모스크바 일기》에서《소돔과 고모라》
의 번역원고가 언급되는 것은 당연해 보인다. 한편 이 논문에서 직간접적으로 언급
되거나 인용되는 프루스트의《잃어버린 시간을 찾아서》의 기준 판본은, Cf. Marcel
Proust, *À La recherche du temps perdu*, Paris, Gallimard, coll.«Pléiade», 1987-1989,
édition publié sous la direction de Jean-Yves Tadié, 4 vol.

7 〈Puis je lui ai donné lecture de la scène lesbienne de Proust. Asja en a compris le
nihilisme sauvage: comment Proust pénètre d'une certaine façon dans le cabinet bien
ordonné à l'intérieur du petit bourgeois, qui porte l'inscription «sadisme» et met
impitoyablement tout en pièces, de sorte qu'il ne reste rien de la conception apprêtée
et bien briquée de la dépravation, qu'au contraire le mal, dans toutes ses failles, montre
de façon très évidente de l'«humaineté» voire de la «bonté», sa vraie substance. Et
tandis que j'exposais cela à Asja, je me suis rendu compte à quel point cela concorde
avec l'orientation de mon livre sur le baroque. Tout comme le soir précédent, alors que

여기서 벤야민이 아시아에게 읽어 준 레즈비언들의 동성애 장면은, 이어지는 지오토의 《자비》에 관련된 대목과 연관 지어서 판단해 볼 때, 아마도 《스완네 집 쪽으로》에 나오는 뱅퇴이유 양, 즉 음악가 뱅퇴이유의 딸과 관련된 것으로 추정된다.[8] 뱅퇴이유 양은 동성애 상대인 친구와의 역할 분담과 공모를 통해, 친구로 하여금 세상을 떠난 뱅퇴이유, 딸을 지극히도 사랑했던 아버지의 사진에 침을 뱉도록 유도한다. 도덕적인 관점에서 볼 때 매우 충격적일 수밖에 없는 이 장면은, 그러나 그 '순진무구한' 유희적 성격 때문에 이를 우연히 훔쳐보게 된 화자에게 기묘한 인상을 준다. 벤야민은 이 장면을 제도적인 부르주아적 도덕관념이 그 내부에서부터 파괴되는 결정적인 장면 가운데 하나로 이해한다. 부르주아는 '성적 도착dépravation', 즉 동성애에 대해서조차 '잘 다듬어서 광을 낸' 이상적 관념을 제시한다. 이는 아마도 이미 19세기 말부터, 도덕적으로는 용인되지 않지만 문화적으로는 공공연하게, 일종의 '세기말적 유행' 가운데 하나로 파리에 형성된 동성애 문화, 특히 레즈비언 문화를 염두에 둔 것으로 보인다. 이를 만약 동성애에 대한 일종의 '심미화'로 간주할 수 있다면, 벤야민이 보기에 《스완네 집 쪽으로》의 레즈비언 관련 장면은 동성애에 대한 이러한 미적 이상화를 파괴한다. 그런데 이러한 파괴가 동시에 부르주아적인 도덕관에 대한 파괴인 이유는, 1929년의 《프루스트의 이미지를 위하여Pour l'image de Proust》를 통해 보다 구

---

je lisais seul dans ma chambre et suis tombé sur l'extraordinaire développement sur la «Charité» de Giotto. Je me suis rendu compte que Proust expose à son sujet une conception qui recouvre en tout point ce que j'ai cherché à saisir sous le concept de l'allégorie.〉, *Journal de Moscou, op.cit.*, p. 145.

8   이와 관련된 장면에 대해서는, cf. *Du côté de chez Swann, op.cit.*, pp. 157-163.

체적으로 이해할 수 있다.

왜냐하면 속물들의 태도란, 비현실적으로 순수한 소비자의 관점에서 도출되고, 조직되고, 강화된 심사숙고에 불과하기 때문이다. 이러한 사탄의 몽환극으로부터 자연의 생산력을 환기시키는 가장 원초적이고도 가장 먼 기억을 추방해야만 했으므로, 속물에게는, 심지어 사랑에 있어서조차, 변이가 정상성보다 더 유용하였다. 그러나 순수한 소비자란 순수한 착취자다.[9]

《잃어버린 시간을 찾아서》에서 문제가 되는 '속물snob 부르주아', 즉 19세기 말에서 20세기 초 사이의 프랑스 부르주아에 대한 벤야민의 판단은, '생산'의 전 과정을 은폐하고 '소비'를 이상화하는 '순수한 소비자', 즉 '순수한 착취자'이다. 앞선 논문에서 이미 분석하였듯이, 18세기 후반에서 19세기 초 사이에 근대적 산업화와 민주주의 혁명을 이끈 부르주아는, 이미 확보한 자신들의 정치경제적 우위를 바탕으로 문화예술적인 주도권까지 장악해 나간다. 이 과정은 곧 부르주아계급이 구 귀족계급과의 타협을 통해 귀족들의 봉건적인 종교적 정신주의를 자신들의 문화의 한 구성 요소로 흡수하면서, 이를 자기 계급을 이상적으로 미화하는 수단으로 활용해 나가는 과정이기도 하다. 이 과정은 자기 계급의 역사적 형성 과정, 즉 생산의 주

---

9 〈Car l'attitude du snob n'est rien d'autre que la contemplation conséquente, organisée, endurcie, de l'existence à partir du point de vue chimiquement pur du consommateur. Et, comme il fallait bannir de cette féerie satanique le souvenir le plus lointain comme le plus primitif rappelant les forces productives de la nature, pour lui, même dans l'amour, l'inversion était plus utilisable que la normalité. Mais le pur consommateur est le pur exploiteur.〉, *Pour l'image de Proust* in *Sur Proust*, Paris, Nous, 2010, pp. 36~37.

역으로서 초기 부르주아의 역사를 부정하는 것이기도 한데, 이러한 부정이 필요한 이유는 자신들과 역사적으로 갈등하면서 정치사회적으로 성장한 노동계급, 전면적으로 생산에 종사하는 계급을 억압하고 제어하기 위해서이다. 프루스트의 《잃어버린 시간을 찾아서》는 19세기 말~20세기 초 부르주아의 이러한 역사적 변신 과정에 대한 전면적인 폭로라는 것이 벤야민의 평가이자 판단이다. 그런데 《잃어버린 시간을 찾아서》를 매개로 벤야민이 당대의 부르주아를 평가하는 관점과 논리는, 위의 인용문에서 보듯이 프루스트 작품의 동성애와 관련된 장면으로까지 이어진다. '속물에게는, 심지어 사랑에 있어서조차, 변이가 정상성보다 더 유용하였다'라는 말은 출산, 즉 생산으로 이어질 수 없는 동성애를 순수한 소비, 순수한 착취와 비유적인 차원에서 동렬에 놓는 것이다.[10]

그런데 벤야민이 발견한 《잃어버린 시간을 찾아서》의 동성애 장면의 특이성은, 동성애라는 '악'이 자신을 포장하거나 미화하지 않고 지배적인 부르주아적 도덕관과 정면으로 충돌하면서 모든 것을 파괴한다는 점이다. 이를 벤야민은 아시야와의 토론 과정을 기록한 일기에서 '야생의 니힐리즘'이라고 명명한다.[11] 즉 벤야민이 《잃어버린

---

10 오늘날의 국제적인 보편적 인권의 기준에서만 보더라도, 동성애에 대한 벤야민의 이러한 발언 자체는 곧바로 큰 스캔들을 야기할 수 있는 편견에 가득 찬 발언이라는 점에는 이론의 여지가 없다. 그러나 성적 정체성에 관련된 다양한 관점과 논쟁점들을 본 글에서 전면적으로 다루는 것은 불가능하므로, 여기서는 일단 이런 식의 발언이 명백하게 문제가 있다는 점만을 분명히 하고자 한다. 게다가 프루스트가 묘사한 동성애 장면에 대한 벤야민의 '도덕적 평가'는, 《모스크바 일기》와 《프루스트의 이미지를 위하여》에서 상당한 차이를 보인다. 이에 대한 비판적 분석은, cf. Marco Piazza, "Proust et Benjamin: Le critique rédempteur et son phare" in *Marcel Proust 8: lecteurs de Proust au XXsiècle et au début du XXI, La Revue des lettres modernes*, Caen, Lettres modernes minards, 2010, pp. 13-19.

11 여기서 '니힐리즘'을 가령 '허무주의' 등으로 번역하지 않고 원어 그대로 놓아 둔

시간을 찾아서》의 동성애 관련 내용들을 해석하는 관점은 양가적이고 모순적이다. 한편으로 동성애는 그 자체로 '악'이다. 도덕적인 관점에서 악일 뿐만 아니라, 동성애의 '비생산적인' 성격 때문에 이는 부르주아의 '순수한 소비'에 대한 미화와도 유비적인 관계에 놓인다. 그런데 프루스트의 《잃어버린 시간을 찾아서》는, 소비를 순수와 연결 짓는 부르주아의 허위의식을 그 내부로부터 폭로하고 파괴하는 만큼이나, 동성애를 통한 인간, 특히 부르주아적 도덕 체계의 결함을 있는 그대로 드러냄으로써, 역으로 '선'의 실체를 분명히 하는 효과를 낳는다. 즉 악은 "그 모든 결함들 속에서, 매우 분명한 방식으로 '인간성'을, 나아가 '선함'을, 즉 자신의 진정한 실체를 드러낸다는" 것이 벤야민의 프루스트에 대한 해석, 즉 프루스트가 '사디즘'을 해석하는 방식에 대한 재해석이다. 이러한 해석은 《잃어버린 시간을 찾아서》라는 작품뿐만이 아니라 프루스트라는 실재하는 개인과 관련해서도 매우 민감한 문제일 수밖에 없다. 벤야민이 《모스크바 일기》를 쓰던 1926년 말~1927년 초의 시점, 혹은 《프루스트의 이미지를 위하여》를 발표한 1929년 시점에, 프루스트가 동성애자였다는 사실은 이미 널리 알려진 사실이었다.[12]

이유는, 이를 허무주의로 번역할 경우 벤야민이 활용한 이 용어의 포괄적인 의미가 손상되기 때문이다. 기존의 지배적인 질서나 도덕관에 균열을 야기하는 역사적인 계기로서의 니힐리즘은, 허무주의라는 번역어가 내포하는 수동적인 이미지와는 상당한 거리가 있다. 벤야민이 니힐리즘이라는 용어를 '야생의sauvage'라는 형용사와 함께 사용한 것, 즉 자연의 본원적인 역동적 상태 내지 힘을 의미하는 형용사와 함께 사용하는 텍스트의 문맥은 니힐리즘을 허무주의라는 용어로 번역하는 것을 더욱 어렵게 한다.

12 본 글의 핵심적인 분석 대상인 《프루스트의 이미지를 위하여》와 《초현실주의: 최근의 유럽 인텔리겐치아에 대한 스냅사진》을 발표한 1929년 말에서 1930년 초까지, 벤야민은 《파리일기Journal parisien》라는 제목으로 당대 프랑스문학의 동향을 독일 독자들에게 알리는 일기 형식의 글들을 문학잡지에 연재하였다. 이 연재물의 상당 분

《소돔과 고모라》뿐만이 아니라, 오늘날 연구자들에 의해 어떤 의미에서 《잃어버린 시간을 찾아서》 전체를 근저에서 규정하는 핵심 모티브로까지 간주되는 동성애 문제를 이 논문에서 본격적으로 다루는 것은 불가능하다. 본 논문의 주제 및 내용과 관련하여 일단 주목하고자 하는 바는, 벤야민이 프루스트에 대해서 가지고 있는 어떤 일관된 이미지이다: "자기 자신에 대해, 사랑에 대해, 도덕에 대해 어떠한 환상도 없이, 누구보다 무자비하게 마법을 풀어 버리는 이, 그래서 프루스트는 스스로 자기 자신을 보기를 좋아했다."[13] 즉 부르주아이자 동성애자인 프루스트는, 자기 자신이 속한 사회와 자신의 성적 정체성 그 자체에 대해, 어떠한 환상도 없는 냉정한 관찰을 통해 그 총체적 실상을 드러낸 작가라는 것이 벤야민의 일차적인 평가이다. 실제로 프루스트가 《소돔과 고모라》에서 재현하는 동성애자들의 세계는, 그가 《잃어버린 시간을 찾아서》 전체에 걸쳐 '사회학자'이자 '심리분석가'의 냉정한 태도로 관찰하고 분석한 귀족과 부르주아들 각각의 다양한 '스노비즘'들과 그대로 직결된다. 즉, 동성애자 프루스트는, 기본적으로 자신을 포함한 동성애의 세계에 대하여 마치 어떤 연민도 가지고 있지 않은 듯한 태도를 취한다. 이는 《잃어버린 시간을 찾아서》의 서술 태도 내지 관점에 있어서, 소설 속 화자 '나'가 《소돔과 고모라》에서도 모든 인물들에 대해 일정한 거리를 취하는 것을 통해 구체화된다.

량이 프루스트에게 할애되었으며, 여기서 벤야민은 프루스트 자신이 실질적인 '운영자'였거나 혹은 그가 출입한 것으로 알려진 동성애자들의 '모임 장소'에 대한 탐방과 인터뷰 등을 정리하여 싣는다. 이에 대해서는, cf. *Sur Proust, op.cit.*, pp. 65-93.

[13] 〈Un grand désenchanteur sans illusions, impitoyable, du moi, de l'amour, de la morale, ainsi Proust aimait-il à se voir lui-même.〉, *Sur Proust, op.cit.*, pp. 36-37.

그런데 '이성애자'인 벤야민이 《잃어버린 시간을 찾아서》의 레즈
비언에 관련된 장면들에서 발견하는 '야생적인 니힐리즘'에 강한
'동질감'을 느끼는 이유는, 앞서의 인용문에서 본 바와 같이 프루스
트가 《스완네 집 쪽으로》의 전반부에서 전개한 지오토의 《자비》에
대한 해석과도 직결된다.[14] 스완은 콩브레의 고모할머니 집 부엌에
서 일하던 임신한 어린 하녀를 이탈리아 르네상스기의 화가 지오토
Giotto de Bondone가 그린 알레고리화의 '자비'에 빗대고는 한다. 가령
스완은 콩브레의 집에 들어서면서, "지오토의 '자비'는 요즘 어떻게
지내는가?"[15]라고 인사한다. 이러한 스완의 비유를 이해하지 못하던
어린 화자는 차후에 이를 이해하게 된다. 지오토가 파도바의 아레
나 성당 벽에 그린 알레고리 연작화는 자비, 정의, 신중, 희망 등 7가
지 미덕과 질투, 불의, 분노, 절망 등 7가지 악덕, 즉 모두 14개의 알
레고리화로 구성되어 있다. 지오토의 이 알레고리 연작에서 화자가
궁극적으로 발견하는 특징은, 미덕과 악덕의 표정 사이에 아주 큰
차이가 없다는 점이다: "또한 지금에야 안 사실이지만, 파도바 성당
에 있는 미덕과 악덕 그림은 다른 측면에서도 부엌 하녀와 매우 닮
았다. 부엌 하녀의 이미지가 배 앞의 추가적인 상징으로 강화되었지
만, 그녀는 그 의미조차 모르는 듯 얼굴 어디에도 그 아름다움과 정
신을 드러내지 않고 단지 그 무거운 짐을 안고 있는 듯 보였는데, 이
와 마찬가지로 아레나 성당에 '카리타스'라는 이름 밑에 그려져 있
는 (…) 그림 속 억센 주부 역시 그 미덕을 구현하지만, 그녀의 정력

---

14 지오토의 《자비》에 대한 성찰 전체는, cf. *Du côté de chez Swann, op.cit.*, pp. 79-81.
15 〈Comment va la Charité de Giotto?〉, *ibid.*, p.80. 이하의 한국어 번역은 마르셀 프루
스트, 《스완네 집 쪽으로》 1 · 2, 김희영 옮김, 민음사, 2012의 번역을 따랐다.

적이고 천박한 얼굴은 자비에 대한 어떤 생각도 표현할 수 없는 것처럼 보였다."[16]

《자비》를 포함한 지오토의 알레고리 연작에 대한 화자의 이와 같은 긴 성찰은, 뱅퇴이유 양이 자신의 레즈비언 파트너와 아버지의 사진에 저지른 '악', 그녀의 '사디즘'에 대한 해석의 단초를 제공하는 분석으로 이어진다; "또 볼품없고 단정한 회색 얼굴의 '정의'는, 콩브레 성당 미사에서 만날 수 있는, 독실하지만 메마른 몇몇 부르주아 요조숙녀들과도 흡사했는데, 그중 몇 명은 이미 '불의'의 예비 부대에 편입되어 있었다."[17] 결국 경건하고도 성실한 음악가인 아버지 뱅퇴이유의 교육과 사랑의 영향력 하에서, 아마도 내밀하게 아버지의 삶과는 다른 삶에 대한 호기심과 욕망을 키웠을 수도 있는 뱅퇴이유 양은, '악'과 '불의'의 편으로 급격하게 넘어가 버리는 순간에서조차도, 그 표정은 습관적인 '선'의 얼굴을 하고 있다. 즉, 관념적인 초월적 형이상학에 입각한 선악 이분법의 극과 극은 실은 서로를 절대적으로 전제하며, 따라서 그 극은 맞닿아 있다. 이러한 맥락에서 볼 때 뱅퇴이유 양이 저지른 '악'의 실체, 즉 악의 추동력은 실은 '선'이다.

---

16 〈Et je me rend compte maintenant que ces Vertus et ces Vices de Padoue lui ressemblaient encore d'une autre manière. De même que l'image de cette fille était accrue par le symbole ajouté qu'elle portait devant son ventre, sans avoir l'air d'en comprendre le sens, sans que rien dans son visage en traduisit la beauté et l'esprit, comme un simple et pesant fardeau, de même c'est sans paraître s'en douter que la puissante ménagère qui est representée à l'Arena au dessous du nom «Caritas»(⋯) incarne cette vertu, c'est sans qu'aucune pensée de charité semble avoir jamais pu être exprimée par son visage énergétique et vulgaire.〉, ibid.

17 〈une justice, dont le visage grisâtre et mesquinement régulier était celui-là même qui, à Combray, caractérisait certaines jolies bourgeoises pieuses et sèches que je voyais à la messe et dont plusieurs étaient enrôlées d'avance dans les milices de réserves de l'Injustice.〉, ibid., p. 81.

나아가 현실 속 선의 얼굴은 종종 완전하고도 이상적인 관념적인 선의 이미지와는 거리가 멀다. 이러한 성찰은 다음과 같은 일반론으로 이어진다.

파도바 성당의 저 '미덕'과 '악덕'에는 그 자체에도 현실감이 있었음이 틀림없다. 왜냐하면 그것이 내게는 임신한 하녀와 마찬가지로 살아 있는 것처럼 보였고, 또 하녀 자신도 그림 못지않게 알레고리적으로 보였기 때문이다. (…) 훗날 내 삶의 행로에서, 이를테면 수도원 같은 곳에서 실제로 살아 움직이는 성스러운 자비의 화신들을 만나 볼 기회가 있었는데, 그들은 대개 바쁜 외과의사처럼 쾌활하고 긍정적이며 무관심하고 퉁명스러웠다. 다른 사람의 고통을 눈앞에서 보면서도 동정심이나 연민의 정을 드러내기는커녕 아무 두려움 없이 직시하는 얼굴, 온화함이 결여된, 진정한 선의 얼굴이라 할 수 있는 적대적이고 숭고한 얼굴이었다.[18]

이러한 프루스트의 성찰은, 벤야민이 《독일 바로크 극의 기원 Origine du drame baroque allemand》에서 전개한 '바로크적 알레고리'에 대

---

18 ⟨Il fallait que ces Vertus et ces Vices de Padoue eussent en eux bien de la réalité puisqu'ils m'apparaissaient comme aussi vivants que la servante enceinte, et qu'elle-même ne me semblait pas beaucoup moins allégorique.(…)Quand, plus tard, j'ai eu l'occasion de rencontrer, au cours de ma vie, dans des couvents par exemple, des incarnations vraiment saintes de la charité active, elles avaient généralement un air allègre, positif, indifférent et brusque de chirurgien pressé, ce visage où ne se lit aucune commisération, aucun attendrissement devant la souffrance humaine, aucune crainte de la heurter, et qui est le visage sans douceur, le visage antipathique et sublime de la vraie bonté.⟩, *ibid.*

한 이론적 성찰과 논리적으로 밀접하게 맥이 닿아 있다.[19] 즉 질서, 조화, 균형, 총체성으로 대변되는 고전주의적 상징의 이상적 완벽성에 대해, 벤야민은 바로크적인 미적 형식이 내포하는 불균형과 파편성의 역동성을 강조한다. 고전주의적 상징의 자족성과 총체성에 균열을 내는 바로크적인 알레고리의 역동성은, 폐쇄적이고 자족적인 지배적 질서, 즉 제도화된 질서와 도덕을 내파하며 새롭고 현실적인 역사적 운동의 결정적 순간을 형식화한다. 이 바로크적 알레고리의 형식이 역사적인 새로운 운동의 결정적인 시작에 대한 형식화인 만큼, 기존의 완전함에 대한 관념과 형식을 부정하는 바로크적 알레고리의 표정은 복합적일 수밖에 없다. 현실을 이상화하지 않고 직시하는 과정에서 오는 슬픔과 두려움, 이에 대해 고개를 돌리지 않겠다는 결단의 단호함, 이러한 단호함에서 나오는 무표정, 그런 가운데서도 긴장감을 발하는 역사적 운동의 역동성과 경쾌함 등이 그것이다. 이러한 알레고리적 표정의 복합성에서 초월적이고 관념적인 선/악 이분법에 기초한 선의 표정을 기대할 수는 없다. 벤야민이 《독일 바로크극의 기원》을 출간한 1928년은 벤야민이 특히 《잃어버린 시간을 찾아서》의 번역에 집중적으로 몰두하던 1926~1928년 시기와 겹치는데, 벤야민 자신의 저서와 프루스트에 대한 독서 및 번역 작업이 상당한 상호작용 관계에 있었다는 점은 벤야민이 숄렘에게 이미 1925년 6월 21일 보낸 편지에서부터 확인할 수 있다; "자네 틀림없이 마르셀 프루스트라는 이름을 알고 있겠지 (…) 아마도 이런저런 기회에 프루스트에 대해 함께 이야기를 나누었던 것 같은데, 내가 틀림없이 그의 철학적 사고 스타일이 나와 얼마나 가까운지 강조

---

[19] *Origine du drame baroque allemand*, Paris: Flammarion, 1985(1928).

했을 걸세. 매번 그의 작품을 읽을 때마다, 나는 매우 큰 친연성을 느끼네."[20]

프루스트의 시간성과 벤야민의 역사철학

위에서 살펴본 바와 같이 벤야민 스스로가 인정한 프루스트와의 친연성이 상당히 크다면, 질문은 이어질 수밖에 없다.《잃어버린 시간을 찾아서》의 번역 작업을 진지하게 검토하기 시작한 1922년 이래 프루스트에 대한 최초의 본격적인 비평문인《프루스트의 이미지를 위하여》를 발표한 1929년까지, 프루스트가 벤야민의 뇌리에서 떠난 적이 없다는 사실을 확인할 수 있는 단서는 여러 곳에 남아 있다. 1926년 9월 18일 숄렘에게 보낸 편지에서, 벤야민은 사유 방식에 있어서 프루스트와의 친연성이 자신에게 영감의 한 원천인 동시에 얼마나 큰 부담인지를 다음과 같이 토로한다; "어떤 의미에서 프루스트는 나를 병들게 하네. 그토록 어마어마한 규모로 나의 목표들, 적어도 과거의 목표들과 유사한 목표를 추구하는 한 작가와의 비생산적인 대결이, 이따금 나에게 내면의 중독 현상과도 같은 무엇인가를 야기하지!"[21] 아도르노는 벤야민과의 대화를 회상하면서, "그

---

20 〈Tu dois connaître le nom de Marcel Proust. (⋯) Nous avons peut-être ici ou là parlé de Proust et j'ai dû faire valoir combien m'est proche son style de considération philosophique. Chaque fois que j'ai lu quelque chose de son œuvre, j'ai eu le sentiment d'une très grande parenté.〉, *Correspondance 1, 1910-1928*, Paris: Aubier-Montaigne, 1979, p. 361.

21 〈en un certain sens il me rend malade. La confrontation improductive avec un auteur qui poursuit avec autant d'ampleur grandiose des visées qui me sont proches, tout au moins anciennes, suscite en moi de temps en temps quelque chose qui ressemble à des phénomènes d'empoisonnement intérieur!〉, *ibid.*, p. 393.

는 프루스트를 번역해야 하는 상황에서는 단 한 줄도 프루스트를 읽으려고 하지 않았는데, 왜냐하면 자기 자신의 작업에 장애가 될 수 있는 병적인 의존 상태에 빠질 수 있기 때문이었다."[22] 그토록 오랜 시간 대결했던 프루스트에 대한 중간 결산과도 같은 글《프루스트의 이미지를 위하여》를 발표한 1929년 이후, 벤야민이 정작 프루스트에 대하여 어떠한 직접적인 글도 쓰지 않은 이유도 따라서 유추가 가능하다. 자기 자신의 작업을 위해서라도 일단은 프루스트를 떠날 필요가 있었던 것이다.

이와 같이 벤야민에 대한 프루스트의 영향 관계가 비교적 뚜렷하게 드러난다면,《프루스트의 이미지를 위하여》를 발표한 1929년 시점에서, 벤야민이 마르크스나 레닌에 대한 독서로부터 얼마나 큰 직접적인 영향을 받았는지는 사실 모호하다.《프루스트의 이미지를 위하여》전반부에서 벤야민이 부각시키는 프루스트에 대한 해석 관점, 즉 역사유물론적인 해석 관점은, 그 직접적인 사상적 영향 관계라는 관점에서 볼 때 차라리 게오르그 루카치의《역사와 계급의식》(1923)에서 기인하는 것으로 추정된다.《프루스트의 이미지를 위하여》를 최종적으로 발표하기 전에 작성한 각종 '준비 노트'를 검토해 보면, 벤야민은 루카치의《역사와 계급의식》의 한 구절을 아마도 인용을 위하여 옮겨 적어 놓은 이후, 최종 발표 텍스트에서는 루카치를 직접 거론하지 않는 쪽을 택했다. 그러나《잃어버린 시간을 찾아서》를 19세기 말~20세기 초 부르주아계급이 처한 역사적 상황과 이에 대

---

22 〈Benjamin dit à Adorno «qu'il ne voulait pas lire une seule ligne de Proust lorsqu'il avait à le traduire, parce qu'il risquait alors de tomber dans une dépendance morbide qui serait un obstacle à sa propre production.»〉, *Correspondance 2, 1929-1940*, Paris: Aubier-Montaigne, 1979, p. 74.

한 대응, 즉 이미 더 많은 경제적 헤게모니를 장악한 부르주아계급이 구 귀족계급과의 타협을 통해 문화적이고 상징적인 헤게모니를 공유하면서, 이를 통해 부상하는 프롤레타리아계급과 자신들을 결정적으로 분리해 나가는 과정에 대한 관찰과 묘사로 이해하는 벤야민의 기본 관점이 어디서 오는지는 분명해 보인다.[23] 그러나 1920년대라는 당대의 관점에서 볼 때 상대적으로 '평범한' 이러한 역사유물론적인 관점, 즉 오늘날 흔히 '속류 마르크스주의'적이라고 지칭되는 단선적이고 목적의식적인 선험적 가정이 뒤섞인 계급투쟁사관은, 사실 벤야민의 프루스트 해석의 한 요소일지언정 결정적인 전제라고까지 간주하기는 힘들다. 앞의 논의에서 보았듯이 벤야민의 프루스트 해석에 있어서 차라리 독창적인 지점은, 자신의 정치적인 해석을 동성애 관련 장면으로까지 확장하면서 가령 지오토의 알레고리화《자비》가 내포하는 '사디즘'의 전복적인 사실성을 해명하는 대목일 것이다. 이는 벤야민 자신의 바로크적 알레고리에 대한 이론적 입장과도 직결된다. 역으로 이야기해서, 그 역사유물론적인 이론적 외양에도 불구하고《잃어버린 시간을 찾아서》에 대한 벤야민의 정치적 독해의 기저에는 자신의 고유한 미학적 관점, 즉 미적 형식의

---

23 〈마르크스는 부르주아의 계급의식이 그 발전의 정점에서 해소 불가능한 내적 모순에 처하게 된다는 점을 드러내 보였다. 게오르그 루카치는 (…) 바로 이러한 고찰에 근거해서 다음과 같이 쓴다: "이러한 부르주아의 상황은 다음과 같이 반영되는데, 즉 부르주아는 아직 자신의 전임자인 봉건주의에 승리를 거두지 못한 반면, 새로운 적, 즉 프롤레타리아는 이미 자신의 존재를 알리고 있다" Marx a montré que la conscience de classe de la bourgeoisie à l'apogée de son développement est acculée à une insoluble contradiction interne. C'est sur cette remarque que s'appuie Georg Lukács (…) lorsqu'il écrit: «Cette situation de la bourgeois se reflète historiquement en ceci, qu'elle n'a pas encore triomphé de son prédécesseur, le féodalisme, alors que le nouvel ennemi, le prolétariat, s'annonce déjà.»〉, *Notes pour un essai sur Proust* in *Sur Proust, op.cit.*, p. 51.

역사적 대비를 통해 예술작품들의 정치성을 도출해 내는 방법론이 내재되어 있다.

게다가 이러한 벤야민의 프루스트 독해는, 보들레르를 기점으로 한 프랑스 근대문학의 새로운 전개 과정을 역사철학적으로 이해하기 위한 포괄적인 핵심 개념으로서 '알레고리'가 활용되고 있다는 점을 고려하면 더욱 더 주목을 요한다. 벤야민은《아케이드 프로젝트》에서 프루스트의 보들레르에 대한 비평문 〈보들레르에 대하여À Propos de Baudelaire〉의 여러 대목을 옮겨 적어 놓았다.[24] 그중에서도 다음과 같은 프루스트의 보들레르에 대한 언급은 이 논문의 논지와 관련하여 특별한 주목을 요한다: "어떻게 그는 그렇게도 특별하게 레즈비언들에 관심을 기울여서, 레즈비언을 그의 훌륭한 시집 전체의 제목으로 삼으려고까지 했을까?"[25] 보들레르가 애초에는 자신의 시집《악의 꽃들Les Fleurs du Mal》의 제목을 '레즈비언들'로 하려 했다는 사실을 환기시키면서, 프루스트는 '악의 꽃들'이라는 최종적인 시집 제목의 의의를 다음과 같이 평가한다: "레즈비언들 이외의 문제들로까지 확장되면서도 이 제목은 레즈비언들을 배제하지 않는데, 왜냐하면 레즈비언들은 본질적으로, 보들레르의 미학적이고 도덕적인

---

[24] 이에 대해서는, cf. 〈J: Baudelaire〉 in *Paris, capitale du XIX siècle. Le Livre des passages, op.cit.*, pp. 247-404. 보들레르를 핵심 분석 대상으로 하는 이 노트 묶음은, 특히 가장 많은 프루스트 관련 노트 또한 포함하고 있다. 근현대 프랑스문학사의 전개 과정을 독자적으로 구성하는 데 있어서, 벤야민이 이 두 작가를 얼마나 함께 사고하였는지를 증거하는 기초 자료라고 할 수 있다. 나아가《보들레르의 몇몇 모티브에 대하여》의 전반부 장에서 프루스트가 우선적으로 언급되는 맥락을, 그 구상 단계에서부터 포괄적으로 이해할 수 있는 단초이기도 하다.

[25] 〈Comment a-t-il pu s'intéresser si particulièrement aux lesbiennes que d'aller jusqu'à vouloir donner leur nom comme titre à tout son splendide ouvrage?〉, Marcel Proust, "À Propos de Baudelaire" in *Essais et articles*, Paris, Gallimard, coll.«Folio», p. 328.

개념에 따르면, '악의 꽃들'이다."[26] 프루스트는 자신의 작품에서 동성애가 차지하는 포괄적인 위상을 보들레르 시집의 레즈비언들에게서 발견한다. 즉, 보들레르의 시집에서 레즈비언들이 문제적인 이유는 단지 성정체성과 도덕성 때문이 아니다. 레즈비언들은 '파리'라는 근대적 대도시로 대변되는 '악'의 한가운데서 피어나는 '꽃들', 보들레르가 포괄적으로 '모더니티modernité'라고 지칭한 미적 기준의 가변성과 역사성을 대변하는 일종의 알레고리이다. 이는 근본적으로《잃어버린 시간을 찾아서》에서 동성애의 문제가 차지하는 위상과 동일한 무게를 가진다. 즉, 이를 매개로 해서 궁극적으로 19세기 말~20세기 초 프랑스 자본주의사회의 역사적 변화 양상 전체가 탐색되듯이, 보들레르에게서 레즈비언이라는 모티브는 동일한 확장성을 내포한다.[27]

벤야민은 레즈비언이라는 모티브를 매개로 보들레르에서 프루스트로 이어지는 이러한 문학사적 연속성을, '알레고리'라는 자신의 개념으로 재구성한다. 프루스트에게서 알레고리적인 미학적·도덕적 사유가 가령 지오토의 벽화 연작에 대한 비평적 성찰처럼 미술과 실제 인물에 대한 대비를 통해서 전개되었다면, 보들레르에게서 알

---

26 〈S'étendant à autre chose qu'aux lesbiennes, il ne les exclut pas puiaqu'elles sont essentiellement, selon la conception esthétique et morale de Baudelaire, des *Fleurs du mal*.〉, *ibid*.

27 프루스트가 매우 타당하게도《악의 꽃들》에서 레즈비언이라는 모티브가 차지하는 위상을 성적인 차원을 넘어서는 문학사적이고 문명사적인 것으로 간주하는 만큼, 단순한 소재의 차원에서 이를 언급하는 것은 적절치 않다. 그러나 초판본의 검열과정에서 삭제 조치를 당했던 〈레스보스Lesbos〉, 〈천벌 받은 여인들Femmes damnées〉같이 직접적으로 레즈비언들이 모티브인 시들을 위시하여, 이러한 시들이 여성들이 모티브인 시들과 긴밀하게 연결되어 나가고, 이러한 시들이 다시 근대성, 파리, 자본주의와 도시 문명의 당대적 특수성에 대한 성찰로도 이어지는,《악의 꽃들》의 구성상 특수성을 간략하게나마 환기할 필요는 있을 것이다.

레고리는 훨씬 직접적으로 시각적이다. 《악의 꽃들》에서 다수의 시들은 그 제목들이 대문자로 표기되어 강조되고, '악', '도덕', '미', '죽음', '여인' 등 시집의 주요 모티브들은 해당 시들 전체에 걸쳐서 대문자로 표기되는 경향이 있다. 즉, 이 모티브들은 단순한 소재가 아니라 급속한 역사적 변화와 긴장의 한가운데서 서로 대립하거나 혼재하는 현상과 가치들을 역동적인 형태로 응축하는 알레고리적인 미적 형식의 모티브, 말 그대로 역사적 '동인motif'을 의미한다. 보들레르는 이 점을 텍스트의 활자 편집의 일차적인 시각적 차원에서부터 강조하고 있는 것이다. 벤야민의 알레고리 개념은 결국 서로 다른 역사적 시간대에 놓인 두 작가가, 자기가 속한 당대 사회의 변화 양상을 각자가 처한 역사적 문제들과 더불어 특수한 미적 형식으로 언어화하는 양상을 포착하기 위한 개념이기도 하다.

그런데 알레고리는 상대적으로 미적 형식, 즉 작품의 기본 모티브의 역사성을 담론의 특수한 예술적 조직화를 통해 최종적으로 확정한 형태를 지칭한다. 그런데 특정한 알레고리적 형식에 도달하기 위해서는 '시간성'과 '역사성'에 대한 구체적인 성찰이 필요하다. 이와 관련해서도 보들레르와 프루스트는 밀접한 연관성을 가지고 있다. 벤야민은 보들레르 작품의 특수한 시간성에 대한 프루스트의 다음과 같은 언급에 주목한다: "보들레르의 세계는, 아주 드물게만 특정한 날들이 출현하는 기묘한 시간의 분할이다; /이 점이 '만약 어느 저녁' 등의 자주 사용되는 표현들을 설명한다."[28] 벤야민은 프루스트

---

28 〈Le monde de Baudelaire est un étrange sectionnement du temps où seuls de rares jours notables apparaissent :/ Ce qui explique les fréquentes expressions telles que «si quelque soir», etc.〉, Marcel Proust, "À Propos de Baudelaire," *Essais et articles, op.cit.*, pp. 324-325.

의 보들레르에 대한 이 언급을《보들레르의 몇몇 모티브에 대하여》의 10장에서 그대로 인용한다.[29] 여기서 핵심적인 표현은 '기묘한 시간의 분할étrange sectionnement du temps'일 것이다. 보들레르 작품의 시간성에 대한 프루스트의 이러한 정식화는, 사실 보들레르를 빌어서《읽어버린 시간을 찾아서》의 시간성을 우회적으로 언급하는 것으로 볼 수도 있다. 모년 모월 모일의 형태로 연대기적으로 분명하게 특정되는 시간성이 큰 의미를 가지지 못하는 대표적인 작품이 바로《읽어버린 시간을 찾아서》라는 점은 주지의 사실이다. 작품의 제목 그대로 이 작품에서 문제가 되는 시간은 '잃어버린 시간'이며, 이 잃어버린 시간이야말로 '기묘한 시간의 분할'로 점철되어 있다.

시간을 인식 가능한 것으로 분할하는 대표적인 방식은 연대기적인 년, 월, 일로의 산술적인 분할이다. 그리고 이러한 시간의 추상적인 산술적 분할에 '의미'를 부여하는 가장 보편적인 사회적 방식은, 각종 기념일과 축일의 제정이다. 이러한 특별한 날들은 시간의 물리적인 흐름과 관련하여 공동체 전체에 '역사적 의미'를 부여하면서 시간을 '분할'하는, 즉 '조직'하는 국가적이고 제도적인 방식이다. 국가적 기념일들이 공동체적 차원에서 시간을 사회적으로 조직하는 기능은 현재에도 어느 정도 지속되고 있지만, 그 중요성이나 비중이 현저하게 약화되었다는 데에는 이론의 여지가 없을 것이다.[30] 근대 이전의 봉건제 사회뿐만 아니라 심지어 프랑스혁명 이후에도 상

---

29 *Sur quelques thèmes baudelairiens* in *Sur Proust, op.cit.*, p. 115.
30 국경일을 곧 공휴일로, 즉 주말이나 일요일의 연장선상에서 받아들이는 현상을 언급할 수 있을 것이다. 근대 이전이라고 해서 종교적 축일이 동시에 공휴일이라는 점이 대중들에게 중요하지 않은 것은 아니었지만, 일을 안 하는 대신 각종 미사와 공동체적 행사에 참여해야 한다는 보편적인 의무감은 지금과는 비교도 할 수 없이 컸다.

당 기간 국경일이나 종교적 축일이 프랑스 사회에서 차지하는 위상은, 가령 플로베르의 《보바리 부인Madame Bovary》 같은 19세기 중반기의 소설에서도 뚜렷하게 드러난다. 1830년 7월혁명의 결과로 탄생한 루이 필립의 7월 왕조, 즉 입헌군주정 시대를 역사적 배경으로 하는 이 소설에서, '농업공진회' 장면은 소설의 가장 길고도 중요한 챕터이다. 새로운 근대적 '국가'와 '공동체'를 축성하는 기념일들을 제정하고 이를 종교적 축일의 수준으로 격상시켜 전국 각지에서 기념하는 작업은, 사실 프랑스혁명 이후의 여러 혁명정부가 매우 목적의식적으로 추진한 것이었다. 근본 이념에서부터 각종 국가적 제도와 법률에 이르기까지 종교성을 기반으로 조직된 과거의 봉건제 사회를 대체하기 위하여, 근대의 국가는 공화주의 이념을 매개로 국가 자체를 종교에 준하는 기념과 숭배의 대상으로 격상시키는 것을 통해 새로운 공동체성을 창출하고자 하였다. 이 과정에서 새롭게 강화된 근대적인 사회 이념이 곧 '민족nation'이기도 하다.[31] 그런데 19세기 중반을 넘어서는 시점, 즉 1848년 2월혁명의 결과로 탄생한 제2공화정과, 1851~1852년에 걸쳐 이를 전복하고 들어선 제2제정기에 본격적인 작품 활동을 전개한 작가들 가운데, 특히 보들레르의 경우는 이러한 공동체적 시간 감각의 상실 과정을 여실히 증거하는 경우에 해당한다. 프루스트는 이 점을 보들레르의 시들에 등장하는 모호한 시간 표현들, 즉 '어느 저녁'을 예로 들면서 포착해 낸 것이다.[32]

---

31 주지하다시피 페리 앤더슨이 국가를 민족 개념을 매개로 한 '상상의 공동체'로 규정한 것은 이러한 맥락에서이다. 프랑스와 같이 특히 역사적으로 절대왕정을 경유한 국가들은, 이를 기반으로 근대적 관점에서의 민족과 국가 개념을 발전시켜 나갔다. 프랑스어에서든 영어에서든, 'nation'이 어떤 경우에는 '국가', 어떤 경우에는 '민족', 또 어떤 경우에는 양자를 포괄하는 의미로 활용되었던 것도 이런 이유에서이다.

32 이외에도 보들레르의 시에는 '새벽aurore', '황혼녘crépuscule' 등의 시간대가 매우

이러한 시간 감각의 역사적 변화 양상을, 주지하다시피 벤야민은 '아우라의 상실'이라는 자신만의 역사적 관점과 시간 개념으로 재구성하였다. 벤야민의 이 개념은 주로 《기술복제시대의 예술작품 L'Œuvres d'art à l'*époque* de sa reproductibilité technique》[33]을 통해서 일반화된 것이 사실이다. 동일한 종교화라고 하더라도 박물관에 분리되어 전시되는 근대적 의미의 개별적인 '예술작품'이 아니라, 교회 제단의 성화처럼 그림의 현존성이 곧 종교적인 상징체계 속에 통합되어 하나의 기능으로 작동하던 시대의 고유한 공동체적 아우라가, 사진과 같은 근대적 기술복제 미디어의 등장과 함께 결정적으로 상실되는 과정을 벤야민은 이 텍스트에서 분석하였다. 그러나 시간성 그 자체를 핵심 주제로 하여 아우라의 상실을 이론화한 텍스트는 《보들레르의 몇몇 모티브에 대하여》이다. 그리고 이러한 이론화에 아마도 결정적인 영감을 제공한 당사자가 곧 프루스트이다. 프루스트의 '비의지적 기억mémoire involontaire'에 관련된 가장 유명한 장면은, 홍차에 적신 마들렌 과자의 맛이 화자에게 야기한 충격적 감각에 대한 《스완네 집 쪽으로》의 장면이다. 이 감각이 환기시킨 어린 시절의 모든 기억들은, 더 이상 과거의 방식으로 시간에 대한 감각, 즉 시간의 공동체적 연속성을 확보할 수 없는 시대, 아우라의 상실을 살아가는 시대의 '알레고리'라고 보아도 무리가 없을 것이다. 프루스트가 감각에 근거한 '비의지적 기억'을 이성에 기초한 '의지적 기억'과 대립시

막연한 방식으로 시의 시간적 배경으로 등장한다. 현대시에서는 전혀 낯설지 않은 새벽, 황혼녘, 저녁 등의 시간대에 대한 막연한 지칭과 이러한 지칭이 시의 전개를 따라 형성하는 특별한 감정 내지 분위기가, 처음부터 자연스러운 것이 아니라 지극히 근대적인 시적 현상이라는 점을 참고로 언급할 수 있겠다.

33 Cf. L'*Œuvres d'art à l'époque de sa reproductibilité technique* in *Œuvres III*, Paris: Gallimard, 2000.

키며 궁극적으로 감수성의 이성에 대한 우월성을 일관되게 강조한 것은, 단지 낭만주의적 예술관의 현대적인 계승에 국한되는 문제가 아니다. 이는 보다 근본적으로 시간의 연속성, 나아가 시간의 공동 체적인 역사적 재구성의 20세기적인 가능성을 제시한 것이라는 점이 벤야민이 강조하는 지점이다.[34] 마들렌 과자의 맛, 혹은 콩브레 성당 주변의 중세식 포석도로에 발이 부딪혔을 때의 감각 등이 야기하는 선명한 어린 시절의 기억과 이미지들은, 일단은 지극히 개인적인 차원에서 시간의 연속성을 회복하는, 즉 망각된 어린 시절의 기억을 회복하는 '우연적인' 계기들과 맞물려 있다. 그런데 이 우연적인 계기가 실은 모든 잠재적인 기억들을 환기하는 결정적인 요인이라면, 즉 심지어 이성적 기억을 촉진하는 계기라면, 벤야민은 이 우연적인 계기를 일종의 사유방법론으로 구축하고자 한다.

일단은 비유적인 차원의 말일 수밖에 없지만, 프루스트의 비의지적 기억을 벤야민의 아우라의 상실이라는 문제의식과 연결지어 사고한다면, 20세기에 아우라는 개개인의 무의지적 기억에 '망각'의 상태로 잠복해 있다고 할 수 있을 것이다. 이 아우라는 보다 구체적으로 개인적인 차원에서 유년 시절에 경험한 '행복'의 특정한 순간들, 순수한 감각적 충만함과 관계된다. 본 글의 중심 주제가 아니지만, 화자가 예술작품을 통해서 지극히 현세적인 방식으로 거의 초월적 수준에 가까운 완벽한 충만함을 추구하는 것은, 유년시절의 행복에 대한 감각의 회복과 밀접하게 관련되어 있다. 즉, 얼핏 예술을 통한 초월적 구원의 가능성에 대한 추구로도 읽힐 소지가 있는《잃어

---

[34] 이에 대한 기본 논지는, cf. *Sur quelques thèmes baudelairiens* in *Sur Proust, op.cit.*, pp. 109-112.

버린 시간을 찾아서》는, 실은 보다 근본적으로는 철저하게 경험적이고 현세적인 시간의 역사성에 대한 성찰에 기초해 있다. 벤야민은 바로 이 지점을 '꿈과 깨어남의 변증법'이라는 역사철학적 개념이자 방법론을 통해 이론화하였다.《잃어버린 시간을 찾아서》의 첫 권《스완네 집 쪽으로》를 여는 또 다른 유명한 장면, 즉 잠에서 깨어나는 화자가 비몽사몽 간에 시공간적 감각과 방향성을 회복하는 과정은, 벤야민에게 있어서는 곧 '꿈과 깨어남의 변증법'에 대한 알레고리적 장면이다. 의식의 심층부에 잠복해 있는 과거에 대한 기억이 필연적으로 '꿈', 즉 망각을 경유한 비의지적 혹은 무의식적 과정을 통해서 회복된다면, 공동체적 차원에서도 망각과 기억의 변증법은 유사한 방식으로 작동한다. 철저하게 이성적인 산술적 방식으로 조직된 연대기적 시간이 가로막고 있는 과거의 공동체적 역사에 대한 기억, 역사철학적인 관점에서 보자면 '승자' 중심의 '의지적 기억'에 입각한 '선택적인' 역사적 기억이 망각을 강요하는 또 다른 공동체적 기억은, 꿈과 깨어남의 경계 상태와도 같은 기억에 대한 근본적인 재구성의 계기를 통해 복원이 가능하다. 즉 역사적 시간의 급진적인 정지를 이론화한 벤야민의 마지막 글《역사철학테제Sur le concept d'histoire》의 근저에, 직접적으로 인용되지는 않았다고 하더라도 프루스트의 시간성에 대한 사유가 음각화된 형태로 배어 있다고도 할 수 있다.[35] 시간의 일상적인 흐름을 역사적 사건의 차원에서 급진적으로 정지시킨다는 것은, 국가와 제도의 차원에서 공동체적으로 구성된 역사적 기억을 방법론적으로 정지시키면서, 이를 또 다른 정치사회적 전망에 기초한 공동체적 기억의 재구성을 통해 대체한다는 것

---

35 Cf. *Sur le concept d'histoire* in *Œuvres III*, Paris: Gallimard, 2000, pp. 427-446.

을 의미한다. 결국 벤야민이 역사유물론이라는 이론적 프리즘을 통해 제시한《잃어버린 시간을 찾아서》의 궁극적인 정치적 의미는, 당대의 속류 마르크스주의적인 단선적이고 목적론적인 역사관에 기초한다기보다는, 차라리 작품 자체에 내재하는 프루스트의 시간성에 대한 성찰을 공동체적 차원으로 확장한 결과물이라고 할 수 있을 것이다. 그리고 이를 위해서라도 역으로 벤야민에게는 마르크스가, 즉 사유방법론의 근본적인 사회성과 정치성이 필요했던 것이다. 결국 벤야민 자신의 역사유물론은, 마르크스로부터도 유래하지만 동시에 프루스트로부터도 오는 것이며, 더 멀리는 보들레르에게서도 온다. 이 역사적 기원들을 자신의 방식으로 재구성하기 위하여, 지금까지 살펴보았듯이 벤야민은 알레고리, 아우라의 상실, 꿈과 깨어남의 변증법 등 자신의 개념들을 창안하였다.

초현실주의적 이미지

프루스트의 시간관을 한편으로는 자신의 방식으로 이론적으로 재구성하면서, 동시에 작가로서의 벤야민은 프루스트의《잃어버린 시간을 찾아서》와 유사한 글쓰기를 실험하였다. 알려진 바와 같이《베를린의 유년시절Enfance berlinoise》[36]이 그것이다. 벤야민 사후에 출간된 이 미완의 작품, 혹은 지속적인 재구성 상태를 경유한 작품은, 그가 자신의 경험과 기억에 기초하여 자신의 방식으로 다시 쓴《잃어버린 시간을 찾아서》라고 간주할 수도 있다. 그러나《잃어버린 시간을 찾

---

[36] *Enfence berlinoise*, Paris: L'Herne, 2012. 이 작품에 대한 직접적인 언급이나 분석은 후속작업을 통해 수행할 예정이다.

아서》와 《베를린의 유년시절》 사이에는 매우 뚜렷한 차이가 존재하는 것이 사실이다. 《베를린의 유년시절》을 구성하는 내용의 상당부분은 당대 독일과 유럽의 사회 상황과 정치 상황에 대한 보다 전면적이고 목적의식적인 서술에 입각해 있다. 즉 벤야민은 프루스트적인 개인적 시간성이 잠재적으로 내포하고 있는 공동체적 차원의 역사적 시간성, 나아가 정치적 지평의 확장 가능성을 《베를린의 유년시절》을 통해 실험하였다. 《베를린의 유년시절》에서 프루스트가 전혀 언급되지 않는 이유는, 벤야민에게 이 작품이 기억을 구성하는 자신만의 방식, 즉 프루스트와의 차별성을 전면적으로 실험하기 위한 것이기 때문이었을 것이다. 달리 말해서 이 작품은 벤야민이 심지어 자신을 '중독 상태'와 '의존성'에 빠뜨리기도 하는 프루스트와의 '친연성'으로부터 해방되기 위하여 쓴 것이기도 하다. 프루스트의 막대한 영향력에서 벗어나기 위하여, 벤야민은 역설적으로 다분히 프루스트적인 방식으로 프루스트를 해체·재구성하는 길을 택하였다.

반면 1928년 출간된 작가로서 벤야민의 또 다른 주요 작품 《일방통행로Sens unique》는 흔히 초현실주의의 영향을 받은 작품으로 평가된다.[37] 1929년에 발표한 초현실주의론, 《초현실주의: 유럽 인텔리겐치아에 대한 최근의 스냅사진Le Surréalisme: Le dernier instantané de l'intelligentsia européenne》이 이론적 차원의 영향 관계를 시사한다면, 《일방통행로》는 텍스트의 실험적 형식 그 자체로 벤야민과 초현실주의의 밀접한 관계를 증명한다.[38] 《일방통행로》는 표지에서부터 포토몽

---

37 *Sens unique* précédé d'*Une Enfence berlinoise*, Paris: Maurice Nadeau, 2007.
38 *Le Surréalisme, le dernier instantané de l'intelligentsia européenne* in *Œuvres II*, Paris: Gallimard, 2000.

타주 형식, 즉 다다이즘과 초현실주의에 속하는 화가들이 발전시킨 콜라주 기법의 자장 하에서 발전한 사진 현상 기법을 활용하였다. 서로 이질적인 이미지들의 인위적인 병치를 통해서, 즉 이미지와 이미지의 충돌을 통해서 발생하는 새로운 이미지 효과를 겨냥한 이 기법은, 초현실주의 작가들의 글쓰기에서는 텍스트를 조직하는 실험적 방식을 통해서 구현된다. 즉, 논리적인 연관성을 따라서 구성되는 서사나 시적 이미지가 아니라, 한 문장이나 담론 단위와 또 다른 문장이나 담론 단위의 논리적 결락이나 공백 지점이 유발하는 상호 충돌 효과를 통해 새로운 시적 이미지를 형성하는 방식이 초현실주의적 글쓰기의 한 특징이라고 볼 수 있다. 이러한 초현실주의적 이미지 구성 방식을 통해, 벤야민은《일방통행로》에서 1920년대 후반 독일의 다양한 사회정치 상황을 복합적으로 재구성하였다.

그런데 여기서 문제가 되는 것은,《베를린의 유년시절》을 구성하는 몇몇 텍스트들이 초기 구성 단계에서는《일방통행로》에 포함되어 있었고, 그 역의 경우도 존재한다는 것이다. 즉, 최근까지도 다수의 벤야민 연구자들이 그 영향 관계를 구분하는《베를린의 유년시절》과《일방통행로》는, 실은 그러한 구분을 다소 자의적이고 편의적인 것으로 간주할 수밖에 없게 만들 정도로 서로 얽혀 있는 측면이 있다.[39] 이는 벤야민이 프루스트의 비의지적 기억과 초현실주의적 이미지를 이해하는 고유한 방식 내지 역사적 관점을 파악한다면 자연스러운 것이기도 하다.《잃어버린 시간을 찾아서》에서 무의지적 기억이

---

[39] 《베를린의 유년시절》과 프루스트,《일방통행로》와 초현실주의를 연결 짓는 구분법에 대한 일반적인 정리는, cf. Jean Lacoste, "Préface," *Sens unique précédé d'Une Enfence berlinoise, op.cit.*, pp. 9-24.

발생하는 우연한 계기와 그 과정에서 부상하는 선명한 유년의 이미지들은, 사실 초현실주의적 이미지에 대한 기본적인 정의에도 부합하는 측면이 있다. 이를 이해하기 위해서《초현실주의 선언Manifeste du surréalisme》의 이미지에 대한 정의를 다시 환기하면 다음과 같다.

> 이미지는 비교가 아니라 다소간 떨어져 있는 두 현실들의 교접에서 탄생할 수 있다./ 교접된 두 현실의 관계가 멀면서도 정확하면 할수록, 이미지는 보다 강력할 것이며-이미지는 정서적으로 더 강한 힘과 시적 현실을 획득하게 될 것이다… 등등.[40]

이러한 초현실주의적 이미지에 대한 정의는, 사실상 프루스트의 비의지적 기억을 통해 발생하는 이미지에도 포괄적으로 적용 가능하다. 프루스트의 이미지는, 시공간적으로 서로 멀리 떨어져 있는 현실들이, 비의지적 기억을 통해 우연한 계기에 순간적으로 '접합'되면서 발생한다. 게다가 비의지적 기억의 우연성이라는 프루스트의 시간론과 인식론은, 앙드레 브르통Andre Breton의 '객관적 우연hasard objectif'이라는 초현실주의의 핵심 개념과 상당한 친연성을 가지고 있다. 초현실주의적 이미지가 형성되는 계기는 전적으로 우연적이나, 그렇다고 해서 이러한 우연성이 전적으로 자의적인 것은 아니라는 것, 이러한 우연의 발생 가능성은 주체에게 망각의 형태로 의식의 수면 아래에

---

[40] 〈Elle ne peut pas nâitre d'une comparaison mais du rapprochement mais du rapprochement de deux réalités plus ou moins éloignées. / Plus les rapports des deux réalités rapprochées seront lointains et justes, plus l'image sera forte-plus elle aura de puissance émotive et de réalité poétique...etc.〉, André Breton, *Manifeste du surréalisme*, Paris: Gallimard, 1962, p. 31.

잠복해 있으며, 따라서 주체의 관점에서 보자면 이 우연은 어떤 필연성을 내포한다는 것이 객관적 우연 개념의 요지다. 결국 비의지적 기억과 객관적 우연 개념, 프루스트의 시적 이미지에 대한 기본 관점과 초현실주의의 시적 이미지에 대한 기본 정의는, 벤야민의 '꿈과 깨어남의 변증법'과 '알레고리적 이미지' 개념을 통해 역사적 연속성을 부여받는다. 《잃어버린 시간을 찾아서》의 공간적 배경과는 달리 보다 진전된 프랑스 자본주의사회의 대도시 파리를 주요한 공간적 배경으로 삼은 초현실주의는, 어떤 의미에서 프루스트의 비의지적 기억과 시적 이미지 개념을 보다 급진적인 형태로 이론화하고 실천하였다고 볼 수 있다. 즉, 초현실주의적 이미지의 창조는, 아우라의 상실에 대응하는 1920~30년대적인 새로운 문학예술적 방법론이라고도 할 수 있다. 초현실주의자들 스스로가 초현실주의적 이미지에 부여한 사회정치적 함의는, 이미지를 통한 시간성의 역사적 재구성 과정이, 개개인의 해방과 공동체적인 혁명적 정치의 전망을 새롭게 확보하는 과정이 되는 것이었다. 벤야민의 이론은 20세기 전반기 프랑스 문학예술의 이러한 전개 과정을, 그 사회정치적인 차원까지 아우르며 훨씬 선명하게 포착하는 것을 가능하게 한다.

이 글은 프루스트에서 초현실주의로 이어지는 20세기 전반기 프랑스문학사의 역사적 전개 과정을 발터 벤야민의 미학과 역사철학을 통하여 재구성할 수 있는 가능성을 탐색하기 위하여 작성되었다. 이를 위해 알레고리와 아우라의 상실 개념을 중심으로 보들레르와 프루스트의 문학사적 연결고리를, 그리고 초현실주의적 이미지 개념을 중심으로 프루스트와 초현실주의의 연결고리를 정리하였다. 이 과정에서 벤야민의 미학관과 역사철학 및 정치철학이, 마르크스주의적 역사유물론만큼이나 프랑스 근현대 문학사의 대표 작가들에게도 상당 부분 영향을 받았다는 점을 해명하고자 하였다. 꿈과 깨어남의 변증법, 시간의 흐름을 급진적으로 정지시키는 역사적 계기에 대한 철학적 성찰과 역사적 사건에 대한 정치철학적 규정 등, 벤야민의 이론을 구성하는 주요 요소들은 정치적인 동시에 예술적이라는 점을 이를 통해 분명히 하고자 하였다. 이는 또한 20세기 전반기 프랑스문학사의 한 흐름을, 공동체적 차원의 새로운 정치적 전망과 문학예술의 사회정치성이 접점을 형성하는 방식에 관련된 구체적인 역사적 사례라는 관점에서 정리하는 작업이기도 하다.

본 글에서 입증하고자 하였듯이, 벤야민의 주요 개념들은 그 자체로 역사성을 가지는 개념들, 즉 역사의 특정 국면과 구체적인 결합을 통해서만 실질적으로 작동할 수 있는 개념들이다. 가령 우리는 아우라의 상실이라는 개념이, 19세기 중후반 보들레르와 20세기 초의 프루스트 및 1920~30년대 초현실주의에 대한 분석에 있어서, 각각의 새로운 개념과 형식에 접합되는 방식으로, 즉 각각의 역사적 국면에서 매 순간 새롭게 구성되는 방식으로만 작동한다는 점을 확인하였다. 그렇다면 이는 오늘날의 문학예술과 사회, 그리고 정치를 이해하는 데 있어서도 마찬가지일 것이다. 벤야민의 미학과 역사철학 및 정치철학은, 당대에 대한 구체적 개입과 분석을 중심으로 매 순간 역사를 재구성해야만 한다는, 사유의 방법론적이고 윤리적인 근본 원칙을 우리에게 제시한다. 이는 당대의 문학예술이 새로운 역사성과 전망을 확보하는 방식이, 항상 '현재'에 대한 집중과 이를 통한 새로운 미적 형식의 창조에 있다는 점을 시사하는 것이기도 하다. 이는 역으로, 현재가 항상 문학예술적으로나 사회정치적으로 '망각된 역사' 전체를 응축하고 있음을 의미한다. 망각과 기억의 변증법, 꿈과 깨어남의 변증법은 따라서 궁극적으로 문학예술과 정치의 현재적 전망을 열기 위한 여전히 유효한 하나의 기본 지침일 것이다.

그럼에도 불구하고 글을 마치면서 하나의 질문을 남겨 놓고자 한다. 벤야민의 역사철학과 정치철학 및 문학예술사에 대한 재구성 방식은, 위에서도 보았듯이 그의 핵심적인 이론적 개념들을 중심으로 서로 분리 불가능하게 연동되어 있다. 이러한 벤야민의 이론 체계와 관련하여 일반적으로 제기되는 비판적 질문이 있다. 즉 그의 '신학적 메시아니즘'이 내포하는 '관념적 조급증'과 역사에 대한 '종말론적 사유 방식'에 대한 질문이 그것이다. 이 질문은 구체적인 대답을 필요로 하는 중요하고도 근본적인 질문이라는 것이 필자의 입장이다. 이 질문에 대한 대답은 아마도 세 가지 정도의 보다 세분화된 문제를 내포할 수밖에 없을 것이다.

첫째, 일단 본 글의 핵심 주제와 관련하여, 과연 근대 이후의 문학예술사를 역사적 격변기의 급진적인 인식론적 전환 및 이에 연동된 새로운 미적 형식을 매개로 재구성하는 것이, 문학예술사를 재구성하기 위한 충분조건인가라는 질문이다. 가령 일찍이 아리스토텔레스의 《시학》을 기반으로 발전하였다고 간주되는 '전통적인 서사'는, 오늘날도 여전히 강력하고 '현대적'이며 다양하다. 전통적인 서사를 일방적으로 전통적인 관점에서 이해하는 것은 타당한? 전통이란 과연 무엇인가? 이는 자연스럽게 두 번째 질문, 즉 벤야민의 사유방법론 일반이 내포하는 문제와 연동된다. 시간의 일상적인 흐름의 급진적 정지, 즉 '혁명적인 정치적 사건'을 중심으로 한 역사의 재구성은, 사회의 역사적 변화가 내포하는 복합적이고 모순적인 성격을 포착하는 데 충분히 적절하고 효율적인가라는 질문이 그것이다. 《역사철학테제》에서 다시 가시화되는 벤야민적 사유방법론의 메시아주의적 측면은, 비록 역사적 관점에서 재규정된 '역사적 메시아니즘'이라 하더라도, 파시즘의 전 유럽적 확산과 제2차 세계대전의 발발이라는 역사의 특정 국면을, '종말론적 절망'과 '구원의 간절함'이라는 초월론적인 서사적 구성에 의지하여 '극화'하고 있지는 않은가? 유대교적 메시아니즘의 두드러진 역사적 사유 방식이, 그렇다고 해서 유대교를 초월적 메시아니즘이 아닌 다른 무엇이 되게 하는가? 이어지는 세 번째 질문은, 그렇다면 우리는 과연 벤야민의 모든 텍스트들 및 각 텍스트들의 연결고리들을 충분히 총체적이고 종합적으로 고려하고 있는가이다. 즉, 벤야민의 역사철학과 정치철학 및 문학예술사적 관점을 최종적으로 '급진적 종말론'으로 재구성한 것은 벤야민 자신인가, 아니면 사회의 '혁명적' 변화에 대한 '종말론적인 초조함' 때문에 벤야민의 특정 텍스트들을 특정한 방식으로 부각시킨 후대의 연구자나 활동가들인가? 벤야민의 '마르크스주의적인 역사유물론'에 대해서도, 아마도 유사한 질문이 제기될 수 있을 것이다. 마르크스의 역사관을 '역사의 필연적 발전법칙', 즉 단선적인 목적론적 역사관, 바꾸어 말해서 역사주의적 종말론으로 일방적으로 각색 내지 재구성한 것은 누구이며 왜인가? "개개인의 자유로운 발전이 만인의 자유로운 발전의 조건인 연합체"[41]라는 《공산당선언》의 그 유명한 구절이, 적어도 질문이지 결론은 아니라는 점은 분명하지 않은가? 이 점을 명백하게 의식하고 있었던 벤야민에게, 그렇다면 보다 구체적으로 마르크스주의는 무엇인가? 조만간 이 질문들에 대답하고자 한다.

---

[41] ⟨une association dans laquelle le libre développement de chacun est la condition du libre développement de tous⟩, Karl Marx & Friedrich Engels, *Manifeste du parti communiste*, Paris: Flammarion, 1998(1972), p. 102.

참고문헌

■ 발터 벤야민의 저작과 편지의 프랑스어 번역본

Charles Baudelaire, Un poète lyrique à l'apogée du capitalisme, Paris: Payot, 1979.

Journal de Moscou, Paris: L'Arche, 1983.

Origine du drame baroque allemand, Paris: Flammarion, 1985.

Trois pièces radiophoniques, Paris: Christian Bourgois, 1987.

Œuvres, Paris: Gallimard, 2000, 3 vol.

Paris, capitale du XIX siècle. Le Livre des passages, Paris: Cerf, 2006(1989).

Sens unique précédé d'Une Enfence berlinoise, Paris: Maurice Nadeau, 2007.

Sur Proust, Caen, Nous, 2010.

L'Œuvres d'art à l'époque de sa reproductibilité technique, Paris: Allia, 2011.

Enfence berlinoise, Paris: L'Herne, 2012.

Petite histoire de la photographie, Paris: Allia, 2012

Baudelaire, Paris: La Fabrique, 2013.

Correspondance, Paris: Aubier-Montaigne, 1979, 2 vol (1910-1928, 1929-1940).

Walter. Benjamin & Theodor W.Adorno, *Correspondance 1928-1940*, Paris: Gallimard, 2006.

Walter. Benjamin & Gershom. Scholem, *Théologie et utopie. Correspondance 1933-1940*, Paris: L'Éclat, 2011.

■ 마르셀 프루스트와 초현실주의 인용 참고 텍스트

마르셀 프루스트, 《스완네 집 쪽으로》 1, 2, 김희영 옮김, 서울: 민음사, 2012.

앙드레 브르통, 《초현실주의 선언》, 황현산 옮김, 파주: 미메시스, 2012.

André Breton, *Manifeste du surréalisme*, Paris: Gallimard, 1962.

_____, *Nadja*, Paris: Gallimard, 1928.

Louis Aragon, *Le Paysan de Paris*, Paris: Gallimard, 1926.

Marcel Proust, *À La recherche du temps perdu*, Paris: Gallimard, coll.«Pléiade», 1987~1989, édition publié sous la direction de Jean-Yves Tadié, 4 vol.

■ 관련 연구논문 및 연구서와 기타 참고문헌
게오르그 루카치, 《역사와 계급의식》, 박정호 옮김, 서울: 거름, 1999.
에드먼드 윌슨, 《악셀의 성》, 이경수 옮김, 서울: 문예출판사, 1997.
정의진, 〈발터 벤야민의 알레고리 론의 역사 시학적 함의〉, 《비평문학》 제41호, 한국비평문학회, 2011.
_____, 〈발터 벤야민의 루이 아라공 비판이 제기하는 문제들〉, 《인문학논총》 제30집, 경성대학교 인문과학연구소, 2012.
_____, 〈발터 벤야민의 역사 유물론적 문학예술론이 제기하는 예술과 정치성의 문제〉, 《서강인문논총》 제40집, 서강대학교 인문과학연구소, 2014.
_____, 〈20세기 초반 프랑스문학의 현대성과 사회역사성에 대한 발터 벤야민의 문학비평: 마르셀 프루스트와 초현실주의에 대한 역사시학적 연구 (1)〉, 《프랑스어문교육》 제60집, 한국프랑스어문교육학회, 2018.
Catherine Bidou-Zachariasen, *Proust sociologue. De la maison aristocratique au salon bourgeois*, Paris: Descartes & Cie, 1997.
Edmund Wilson, *Axel's Castle. A Study in the Imaginative Literature of 1870-1930*, New York: Charles Scribner's Sons, 1931.
Gershom Scholem, *Benjamin et son ange*, Paris: Payot & Rivages, 1995(1983).
_____, *Walter Benjamin. Histoire d'une amitié*, Paris: Calmann-Lévy, 1980(1975).
Giorgio Agamben, *Enfance et histoire*, Paris: Payot, 1989(1978).
Jacques Dubois, *Pour Albertine: Proust et le sens du social*, Paris: Seuil, 1997.
Jean Lacoste, *L'Aura et la rupture*, Paris: Maurice Nadeau, 2003.
Karl Marx & Friedrich Engels, *Manifeste du parti communiste*, Paris: Flammarion, 1998(1972).
Pascale Fravalo-Tane, *À la recherche du temps perdu en France et en Allemagne(1913-1958)*, Paris: Honoré Champion, 2008.
Robert Khan, *Images, passages: Marcel Proust et Walter Benjamin*, Paris: Kimé, 1998.

Marco Piazza, "Proust et Benjamin: Le critique rédempteur et son phare," *Marcel Proust 8: lecteurs de Proust au XXsiècle et au début du XXI, La Revue des lettres modernes*, Caen, Lettres modernes minards, 2010, pp. 11-40.

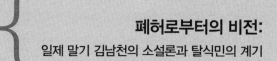

폐허로부터의 비전:
일제 말기 김남천의 소설론과 탈식민의 계기

차승기

이 글은 《민족문학사연구》 제61권(2016.8)에 게재된 원고를 수정 및 보완하여 재수록한 것이다.

> *"차안此岸의 몰락은 확실하지만*
> *건너뛰어야 할 피안彼岸의 세계는 나타나 있지 아니하다.*
> *전환기가 가지고 있는 위기의 하나는*
> *이 피안의 결여에 있지는 아니한가."*[1]

정치적 행위로서의 문학

중일전쟁 발발 후 식민지/제국 전체를 포섭해 간 전시 총동원체제가 제국주의와 식민주의를 부정하고자 한 모든 정치적·문화적 활동에 결정적인 철퇴를 가한 것은 틀림없는 사실일 것이다. 지하에서나마 단속적으로 이어지던 공산주의운동은 식민지/제국의 치안유지법에 의해 파괴될 대로 파괴되었고, 10여 년간 유지되어 온 사회주의적 문학운동은 그 제도적 기반이 되었던 조직도 매체도 잃어버리게 되었다. 더욱이 중일전쟁기 초반 승승장구하는 일본의 군사적 위력 앞에서, 그동안 제국주의와 식민주의의 외부를 지향했던 지식인들 중 적지 않은 이들이 그 동력을 상실하고 체제 내부로 사고와 판단의 '방향을 돌렸다(轉向).' 사상검열이 보다 치밀하게 강화되고 '쓰고자 하는 것'과 '쓸 수 있는 것' 사이의 간극을 더욱 억압적으로 절감할 수밖에 없는 이 같은 상황에서 사회주의적 지향을 가졌던 문학가들이 비관적인 위기감과 패배감을 느꼈으리라는 것은 능히 짐작할 수 있는 일이다.

---

1 김남천, 〈소설의 운명〉, 《인문평론》 1940년 11월호: 정호웅·손정수 엮음, 《김남천 전집 I》, 박이정, 2000, 667쪽. 강조는 인용자. 이하 《김남천 전집》에서 인용할 경우, 《전집 I》 또는 《전집 II》로 약칭.

하지만 이러한 '위기'와 '패배' 앞에서 문학가들이 취하는 저마다의 태도는 그렇지 않은 환경에서는 잘 보이지 않았던, 결코 사소하지 않은 입장 차이를 드러낸다. 예컨대 최소한의 정치적 행위도 불가능해 보이는 억압적 전시체제의 도래 앞에서 임화와 김남천은 이렇게 비슷하지만 조금 다른 진술을 남기고 있다.

물론 과학적 예술학은 작가의 세계관이 결정적으론 작가의 사회적 실천에서 확립되고 실천의 장구한 과정으로 통하여 주체적으로 혈육화됨을 말하고 있다.

이 명제는 어느 때일지라도 변하지 않는 진리다. 동시에 현재 우리 작가들이 생활실천을 통하여 자기 주체를 재건한다는 사업이 불가능에 가까우리만치 절망적이란 것도 전술한 바와 같다.

남은 것은 한 가닥 작가적 실천의 길뿐이다.[2]

(…) 대체 문학자에게 있어서의 생활적 실천이란 무엇이며 작가에게 있어서의 사회적 실천이란 무엇일 것이냐? 나는 그것을 **문학적 예술적 실천**이라고 말하려고 하며 또한 **이것 이외에는 있을 수 없다고 단언**한다.[3]

언뜻 보면 임화도 김남천도 현재의 상황에서 문학가에게 가능한 것은 문학적 실천뿐이라고 말하는 것으로 읽히지만, 문학적 실천을 선택하는 두 사람의 어조는 사뭇 다르다. 분명히 임화에게 문학적

---

2 임화, 〈주체의 재건과 문학의 세계〉, 《동아일보》 1937년 11월 12일. 강조는 인용자. 이하 원문에서 인용할 경우 모두 현대표기법으로 수정.
3 김남천, 〈자기분열의 초극〉, 《조선일보》 1938년 2월 2일; 《전집 Ⅰ》, 329쪽. 강조는 인용자.

실천은 사회적 (또한 생활적) 실천이 불가능한 상황에서 '유일하게 남겨진' 영역으로 상정되어 있고, 김남천에게 그것은 사회적 (또는 생활적) 실천과 구별될 수 없는 영역으로 놓여 있다. 요컨대 임화에게 문학적 실천은 사회적 (생활적) 실천이 제거되고 남은 **부분**이지만, 김남천에게 문학적 실천은 곧 **전체**다. 물론 임화 역시 변증법적 논리를 통해 각 실천의 상호 연관성을 언급하고 있어서 위 진술만을 지나치게 단순화하거나 과장하는 것은 위험하다. 하지만 위 인용문을 통해 진보적 정치-문화 운동이 차단된 위기 속에서 '문학적 실천'을 선택하는 자들의 입장 차이를 징후적으로 읽을 수는 있지 않을까.

세계와의 변증법적 상호작용을 통해 주체를 재건할 다양한 길들이 막혔기 때문에 수세적으로 문학적 실천을 선택하고 있는 듯한 임화의 태도와는 달리, 김남천은 문학적 실천이야말로 문학가의 사회적 (생활적) 실천이고 그 외에는 있을 수 없다는 입장을 분명히 한다. 임화와 달리 김남천은 문학적 실천과 문학 외적 실천을 철저하게 일원론적 입장에서 이해한다.[4] 그러나 반복하지만, 임화와 김남천의

---

4 김남천은 이른바 〈물〉 논쟁'을 통해서도 철저한 문학-정치 일원론의 관점을 드러낸 바 있다. 물론 〈물〉 논쟁' 시기의 일원론은 차라리 '정치적 실천의 결정론'에 가깝다고 해야 할 것이다. 그러나 카프 해산, 전향, 중일전쟁 발발 등으로 이어지는 '전환기'의 한가운데에서 "예술의 정치성"(김남천, 〈프로예맹공판 견문기〉, 《조선중앙일보》 1935년 10월 31일)을 심각하게 재인식하면서 그의 문학-정치 일원론은 '글쓰기 (소설 쓰기)의 정치성'에 근거하게 된다. 김남천의 문학-정치 일원론의 변모와 소설 쓰기의 관계에 대해서는, 김동식, 〈텍스트로서의 주체와 '리얼리즘의 승리'〉, 《한국현대문학연구》 34집, 2011, 207쪽 참조. 특히 김동식의 논문은 김남천의 글쓰기 행위('창작 과정')가 "몸(신체)의 차원에서 사고하고 감각하고자 하는 것"(같은 쪽)과 직결되어 있음을 밝히고 있다는 점에서, 이 글의 문제의식 형성에 중요한 시사를 주었다. 한편 이보다 앞서 일찍이 일제 말기 김남천의 리얼리즘론에 있어서의 신체성의 의의를 주목해 "육체성의 리얼리즘"이라는 개념으로 포착하고자 한 서영인, 〈김남천 문학연구〉, 경북대 박사논문, 2003도 참고.

차이를 지나치게 기계적으로 이해해, 김남천에게서 일원론적 입장을 읽어 내듯이 임화에게서 이원론을 찾으려 해서는 안 될 것이다. 여기서 초점을 맞춰야 할 부분은, 문학적 실천의 선택을 전시체제의 대두와 더불어 더더욱 자유가 박탈되어 가는 상황의 결과로 이해하는가, 상황의 불리함과 무관하게 문학가의 필연적인 실천으로 이해하는가이다. 다시 말해 김남천의 일원론적 관점으로부터, 문학 외적인 사회적 실천이 가능하든 불가능하든 **문학적 실천은 언제나-이미 사회적 실천**이라는 점을 읽어 내는 것이 중요하다.

문학적 실천이 언제나-이미 사회적 실천—나아가 정치적 실천[5]—이라는 명제가 굳이 총동원체제가 구축되어 가는 시기에 재확인되는 것을 왜 주목해야 하는가. 어쩌면 정치적 실천이 불가능한 상황에서 일종의 '정신승리'의 자기위안처럼 보일 수도 있는 태도에 어떤 의의가 있는가. 차라리 정치적이고 문화적인 금지와 억압으로 인해 실천 가능한 영역이 협소해지고 있다고 말하는 것이 사실에 부합할 뿐만 아니라, 비판적 언설을 생산하기 위해 갖춰야 할 주체적 무장武裝의 태도가 아닌가. 그렇다면 김남천 식의 진술은 한낱 자기기만에 불과한 것은 아닌가.

하지만 이렇게 생각해 볼 수 있지 않을까. 불리한 정세로 인해 선택 가능한 실천의 영역이 현저히 축소되어 이제 문학적 실천밖에 남지 않았다고 보는 입장에서 본다면, 마땅히 이 같은 상황에서 문학적 실천은 그 자체로는 언제나 불완전하거나 결여된 것일 수밖에 없

---

5 "문학자는 문학적 실천을 가지고 문학적 생활을 가지고 이 가운데로 간다는 것만이 유일의 진리이고 또한 예술과 생활, 문학과 정치와를 통일하는 유일의 일원一元이다." 김남천, 〈자기분열의 초극〉; 《전집 I》, 330쪽.

다. 다양한 사회적·생활적·정치적 실천 속에서 주체의 세계관이 형성·단련되고 그것이 다시 경험과 결합되어 구체화되는 곳에서 문학적 실천이 이루어진다고 본다면, 전자의 실천이 부재한 곳에서 후자의 실천이 제대로 이행될 수 없는 것은 당연하다. 이 시기 주체 붕괴의 위기를 반복적으로 환기시키며 소설에 있어서의 '세태'와 '내성'의 분열을 그 징후로 거론한 임화의 발언들은 이런 맥락에서 나온 것이 아니었을까.

이에 반해 문학적 실천이 언제나-이미 사회적·정치적 실천이라고 보는 김남천의 입장에서는 이 불리한 정세와 위기를 맞은 주체 자체가 문학에 의해 포착되어야 할 대상이 된다. 억압적인 전시체제 하에서의 주체와 세계 사이의 불화不和, 압도적인 현실의 위력 앞에서 분열하는 주체들의 모습이야말로 문학(소설)이 드러내고 탐구해야 할 대상이며, 이러한 문학(소설)의 실천(쓰기)이야말로 저 불화와 분열을 직시하면서 세계와의 새로운 관계를 모색하는 가장 정치적 행위이다. 그러므로 그가 볼 때, "과학적 세계관으로 주체를 재건"함으로써 비로소 만들어 낼 수 있다는 "거대한 역사적·실천적 의의를 갖는 인간적 형상"과 "다이나믹한 골격을 가진 대문학大文學"[6]에의 비전이야말로 현재의 위기와 불화와 분열에서 고개를 돌려 버리는 "허영"과 "허세"[7]에 불과하다.

이 글에서는 문학적 실천과 문학 외적 실천을 일원론적 입장에서 이해하고 '소설 쓰기'를 통해 주체와 세계의 관계를 재구성할 뿐만 아니라 무엇보다 주체의 '개조'를 시도하고자 했던 김남천의 소설론

---

6 임화, 〈주체의 재건과 문학의 세계〉, 1937년 11월 16일.
7 김남천, 〈자기분열의 초극〉, 1938년 1월 30일;《전집 Ⅰ》, 325쪽.

을 고찰한다. 고발-모럴-풍속-관찰 등으로 이어지는 그의 소설론은 장편소설을 통해 세계의 구조와 주체화의 메커니즘을 포착하려는 시도였을 뿐만 아니라, '소설 쓰기'를 작가(쓰는 자) 자신이 주체-세계 관계와 자아-타자 관계를 변형시켜 가는 과정으로서 정립시키고자 하는 이론적 탐구이기도 했다. 특히 이 후자의 측면에서 '자기'의 신체성을 전환해 가는 행위의 정치적 의의를 발견할 수 있는데, 이를 통해 식민지/제국 생명-권력의 통치가 고도화되는 시점에 모색되었던 탈식민주의 실천의 계기를 음미해 보고자 한다.

변신: 몰아성과 탈주권성

카프 해산 이후 (자기)고발문학론을 제기하며 프롤레타리아 문학운동이 생산한 '주체'의 허구성을 비판하고자 했던 김남천은, '모럴-풍속' 개념에 천착하면서 문학적 실천의 정치성을 본격적으로 탐구하기 시작한다. 유물론 철학자 도사카 준戸坂潤에게서 깊이 영향받은 '모럴-풍속' 개념[8]은 과학과 문학, 사회와 개인, 보편성과 개별성, 개념적인 것과 구체적인 것 등 사이의 매개 관계를 사유할 수 있게 해주는 도구라고 할 수 있는데, 특히 그 매개를 환원 불가능한 개별자의 신체성 차원에서 포착하려는 시도의 산물이라는 점에 주목할 필요가 있다.

---

[8] 김남천은 도사카 준과 오카 쿠니오岡邦雄가 함께 쓴《唯物論全書 道德論》(三笠書房, 1936)에서 '모럴' 개념을, 도사카 준의《思想と風俗》(三笠書房, 1936)에서 '풍속' 개념을 가져오고 있다.

'개인'을 아무리 특수화하여도 '자기'는 나오지 않았다. 이리하여 과학의 개념과 공식은 인식 추구를 종료하고 도덕은 '자기'의 것으로 되어 비로소 문학의 영역으로 넘어온다. 과학의 기능을 가지고는 '자기'의 문제를 주아주의主我主義에 빠지지 않고는 도저히 처치할 수가 없기 때문이다. '자기'의 성격, 성품, 취미, 교양 등등에 기基하여 움직이는 모든 활동을 처리하는 기능은 문학의 소유물이다. 이러한 '자기'에 붙은 것을 가질 때, 다시 말하면 모든 문제를 자기의 일신상의 과제로 하여 풀어 버릴 수 있는 입장에 이르러서 비로소 개념은 완전히 주체화되고 도덕, 모럴은 하나의 문학적 관념이 된다.[9]

'개인'은 과학이 인격적 개별성을 포착할 수 있는 최대한의 개념에 해당된다. 그러나 '개인'은 결코 "이 모 '자신'과 구별되는 김 모 '자신'"[10]이라는 의미에서의 '자기'[11]가 될 수 없다. 따라서 '개인'에서 '자기'로 넘어가기 위해서는 어떤 비약이 필요하다. 김남천이 말하고 있듯이 '개인'을 아무리 특수화한다고 한들 그곳에서 '나'는 결코 도출해 낼 수 없기 때문이다. "개념과 공식"을 통해 존재의 영역에 질서를 부여하는 과학은 실상 그 존재 앞에서 좌절한다. 존재의 우연성과 특이성으로 충만한 '자기'의 세계에서 과학은 침묵하고, 대신에 문학이 발화하기 시작한다. 그러나 과학과 문학, 또는 '개인'과 '자기'라는 이 공약 불가능한 세계는 상호 분립된 상태로는 결코 진리에 다가갈 수 없다. 개념적이고 일반적인 것이 '일신상의 진리'로 신

---

9   김남천, 〈일신상 진리와 모럴〉, 《조선일보》 1938년 4월 24일; 《전집 Ⅰ》, 360쪽.
10 김남천, 〈도덕의 문학적 파악〉, 《조선일보》 1938년 3월 12일; 《전집 Ⅰ》, 348쪽.
11 도사카 준은 '자기 자신' 또는 '나'라는 의미의 '自分'이라는 용어를 사용한다. 戸坂潤, 《戸坂潤全集》第四卷, 勁草書房, 1966, 254~268쪽 참조.

체화될 때 비로소 세계의 진리에 접근할 수 있는 통로가 열린다. '개인과 구별되는 자기'라는 맥락에서 신체란, 단순히 가시적인 경계를 갖는 단일한 물질로서의 몸이 아니다. 물질성으로서의 몸을 포함해 세계 및 타자와의 감각적·의식적·권력적 관계 속에서 구성되는 '나'의 유동적인 운동, 그 특이성들singularities의 결합체를 신체라고 할 수 있다. 따라서 "개념과 공식"이 이 특이성들의 결합체에 직접 작용하는 것은 불가능하다. 이 신체화의 과정을 김남천은 '모럴'로서 포착하고자 한다. "일방으로 '제도'를 말하는 동시에 타방他方으론 '제도의 습득감'을 의미"[12]하는 '풍속'이 '모럴'의 연장선에서 신체화된 제도와 그 효과를 지칭하고 있음은 말할 필요도 없다.

개념적이고 일반적인 것, 또는 사회적이고 제도적인 것이 신체화되는 측면을 주목한다는 것이 왜 중요한가. 이는 단순히 '문학적 인식'의 특수성을 강조하는 것과는 다르다. 문학적 인식의 독자성은 과학과 문학의 공약 불가능성을 상기시키며 이미 언급한 바 있기도 하거니와, 신체성의 차원이 부상하는 이곳에서는 '인식'보다는 오히려 '존재'와 '생성'이 문제가 되고 있기 때문이다. 나아가 이러한 신체화는 단순한 제도의 '각인' 또는 규율화의 차원만을 부각시키는 것도 아니다. 제도 안에서 구성되는 신체지만 그것은 동시에 어떤 '개인'으로도 환원될 수 없는 '자기'로 구체화되어야 하기 때문이다. 중요한 것은 '모럴-풍속'을 통해 개념적·제도적인 것과 개별적인 것의 공약 불가능한 두 영역을 연결시키고자 한다는 것, 나아가 그 연결의 접점을 신체에서 찾는다는 것이다. 따라서 신체는 언제나 구성되고 재구성되는 과정 속에 유동적으로 존재하게 된다.

---

12   김남천, 〈일신상 진리와 모랄〉, 《조선일보》 1938년 4월 22일; 《전집 Ⅰ》, 359쪽.

특히 모럴론에서 과학 대 문학이라는 대립항은 1930년대 중반 창작 방법 논쟁에서 줄곧 키워드가 되어 왔던 세계관 대 창작 방법이라는 대립항을 함축하고 있다는 점에서, '신체화'의 측면에 대한 강조는 작가가 만들어 내는 인물의 생동성에만 국한되는 것이 아니라 오히려 작가 자신의 신체성의 전환과 관련되어 있다. "과학적 진리가 작가의 주체를 통과하는 과정"[13]에서 형성되는 것이 모럴이기 때문이다. '일신상의 진리'는 개념적 인식의 결과와 제도적 조건에 대한 파악이 작중 인물의 구체적 형상으로 개별화되어야 한다는 것을 뜻할 뿐만 아니라, 우선 작가가 글쓰기 실천 속에서 '일신상의 진리'로서의 모럴을 가져야 한다는 것을 의미한다. 이 주체는 규범적 의미에서의 '근대적 주체'와 명백히 다르다. 근대적 주체에게는 무엇보다 신체성이 소거되어 있기 때문이다. 근대적 주체의 개념에서는 그가 흑인인가 여성인가는 전혀 문제 자체를 구성할 수 없으며, 오직 그가 인식한 진리의 보편타당성 여부만이 문제가 된다. 즉, 진리를 인식할 수 있는 이성적 능력만이 긍정될 뿐, '누가' '어디에서' 인식하는가는 애당초 고려할 변수가 되지 못한다. 그러나 포스트콜로니얼 연구들이 다양한 사례와 분석을 통해 알려 주듯이, 근대적 주체의 이 같은 투명한 신체에는 언제나-이미 '서양-백인-남성'의 보편적 현전이 은폐된 채로 보존되어 있다.

이에 비춰 볼 때 '일신상의 진리'로서의 모럴의 주체는 윤리적 의미를 갖는 '자기'로서 스스로를 의식하지 않을 수 없을 뿐만 아니라, 무엇보다 사회적인 것, 개념적인 것, 제도적인 것 속에서 구성되고 재구성되면서도 그 일반성으로 환원되지 않는 '신체'로서 떠오른다.

---

13 김남천, 〈도덕의 문학적 파악〉, 《조선일보》 1938년 3월 12일; 《전집 Ⅰ》, 347쪽.

'세계관과 창작 방법'의 맥락에서도, 단순히 과학적 세계관으로서의 마르크스주의를 일방적으로 적용하는 것이 아니라 그 세계관을 "일신상의 근육으로 감각화"[14]하는 데까지 나아간다. '세계관을 (신체적으로) 감각화한다'는 말은 뼛속까지 세계관을 주입해야 한다는 교조적 명령이 아니라, 정반대로 이념은 감성적 세계의 시련을 견딜 때에만 '자기'의 사상思想이 될 수 있다는 뜻을 함축하고 있다.

따라서 '일신상의 진리'로서의 모럴의 주체에게 인식 또는 '앎'이란 규범적 의미에서의 근대적 인식주체의 앎과 전혀 다른 차원에 존재한다. 이 주체에게 앎은, 범주와 개념을 대상에 적용하고 반성하는 과정을 통해 형성되는 지식도 아니고 주체의 목적지향적인 관심 아래 대상을 배치하는 정보 습득도 아니며, 차라리 자기 자신의 변화에 가깝다.[15] 다시 말해 일반적인 것과 개별적인 것, 또는 개념과 사실 사이의 공약 불가능한 간극을 도약하는 행위, 이 도약에 수반되는 시련—일차적으로는 일반적인 것이 개별적인 것 앞에서, 개념이 사실 앞에서 좌절하는 시련—을 겪음으로써 얻어지는 것이 앎이며, 따라서 이 앎은 모럴의 주체에게 신체화되면서 그 자신을 변화시킨다. 김남천에게 문학적 실천, 특히 소설 쓰기란 작가 자신의 **변신**metamorphosis의 계기를 함축하고 있다.

김남천이 일련의 발자크 연구에 기초해 '관찰문학론'을 전개해 갔던 것은, 그리고 리얼리즘의 핵심을 '몰아성沒我性'에서 찾았던 것은

---

14 김남천, 〈세태 · 풍속묘사 기타〉, 《비판》 1938년 5월호; 《전집 Ⅰ》, 362~363쪽.
15 전시체제기에 근대적 '지성'에 대한 비판적 논의들이 전개된 바 있는데, 그 맥락에서 김남천은 감성적 세계와 만나는 인식 능력이 "시민사회의 관습의 시멘트 속에" 갇혀 버린 상황을 비판하며 '지성의 개조'와 새로운 앎의 형식을 요청하기도 했다. 김남천, 〈전환기와 작가〉, 《조광》 1941년 1월호; 《전집 Ⅰ》, 684~685쪽 참조.

어쩌면 이 '변신'의 계기를 더욱 극단적으로 밀어붙인 결과였는지도 모르겠다. 엥겔스의 발자크론에서 촉발된 김남천의 발자크 연구의 핵심은 "관찰자의(작자의 주관의) 관찰 대상(현실 세계)에 대한 종속"[16]으로 특징 지어지는 강렬한 '묘사'의 의의를 발견한 데 있다. 즉, 발자크가 정치적으로 왕당파의 세계관을 견지하고 있었음에도 불구하고 자신이 경멸하는 부르주아계급의 승리의 현실을 볼 수 있었던, 이른바 '리얼리즘의 승리'의 결정적 요인을 김남천은 관찰 대상에 스스로 굴복하는 묘사의 정신에서 찾았다. 이 철저한 객체 우위의 관점은 작가 주체를 대상 속에서 소멸시키게 할 만큼 급진적인 것이었다.[17]

(…) 후자(묘사하려는 정열 – 인용자)에 있어서는 **문학작품을 떠나서는 아무것도 없어질 것**이다. 그러므로 그는 끝까지 작품의 속에서만 살려고 하고, 그곳에서 한 보를 물러서면 자기는 전혀 무의미하여져도 후회

---

16 김남천, 〈관찰문학소론 (발자크 연구 노트 3)〉, 《인문평론》 1940년 4월호; 《전집 I》, 598쪽.

17 김남천이 세계관과 방법을 분리시키는 방식으로 엥겔스의 발자크론을 전유한 맥락에 대해서는 장성규, 〈김남천의 발자크 수용과 '관찰문학론'의 문학사적 의미〉, 《비교문학》 45집, 2008 참조. 하지만 엥겔스의 발자크론을 '세계관/창작 방법의 분리'로 오독/전유(?)한 것이 김남천만은 아니었다. 그런 오독/전유(?)는 이미 1930년대 전반기부터 러시아, 일본, 조선으로 이어지는 초경계적 프롤레타리아 문학장에서 수년간 진행되었던 세계관/창작 방법 논쟁이 엥겔스의 발자크론을 읽는 방식 중의 하나(리얼리즘에 대한 이른바 '인식론주의적' 관점)였다. 더욱이 '세계관/창작 방법의 분리'는 일본과 조선의 프롤레타리아 문학장에서는 전향의 알리바이로 활용된 바도 있다. 김남천의 발자크론이 가지는 특이성과 관련해서는, 김남천의 발자크론이 단지 엥겔스를 경유한 독해로 환원되지 않으며, 오히려 김남천이 발자크와 자신이 함께 처해 있던 '전환기' 상황을 의식하고 있었음에 주목하는 손미란의 연구가 시사적이다. 손미란, 〈전환기 작가 김남천의 도덕의식 연구〉, 《한민족어문학》 71집, 2015, 573~574쪽 참조.

하지 않으려 할 것이다. 그가 사회적으로 생존한다는 이유를 우리는 그의 문학작품을 떠나서는 알아볼 건덕지가 없을 것이다.

(…) 그에게는 자기의 문제보다 대상을 관찰 묘파描破하는 것이 중요하였고, **자기를 무無로 하여 대상 가운데 침잠沈潛**하는 것만이 소중하였기 때문이다.[18]

변신의 계기를 함축한 모럴의 주체는 여기 몰아적 주체에 와서는 '다른 것 되기becoming others'로서의 성격을 보다 뚜렷하게 드러낸다. 관찰에 몰두하는 작가는 곧 자신이 관찰하는 대상 속으로 들어가 대상 자체가 되고, 자신이 구성하는 텍스트 속에 용해되어 텍스트 자체가 된다. 흔히 관찰 또는 관조라고 하면 대상으로부터 거리를 둔 채 관계의 현실적 변화에는 무관심한 (비)행위처럼 여겨지지만, 사실 관조theoria는 대상 속에서 자기를 망각할 정도로 존재자에 순수하게 참여하는 '적극적 수동성'의 실천에 다름 아니다.[19] 주체가 자신의 의지를 대상의 영역에까지 침투시키고자 하는 (상식적인 의미에서의) 행위가 정작 주체 자신은 불변인 채로 남아 있으려는 지향을 내포하고 있다면, 대상 속에서 자기를 소멸시키고자 하는 관찰은 관찰 주체의 신체성에 변화를 초래하며 새로운 형태의 앎으로 이끌어 간다. 김남천은 발자크의 단편소설 〈파치노 카네〉의 일부를 인용하며 '다른 것 되기'가 발자크에게 얼마나 근본적인 것이었는지를 보여 준다.

---

18 김남천, 〈체험적인 것과 관찰적인 것 (발자크 연구 노트 4)〉, 《인문평론》 1940년 5월호; 《전집 I》, 601쪽. 강조는 인용자.

19 한스-게오르그 가다머, 《진리와 방법 I》, 이길우 외 옮김, 문학동네, 2000, 224쪽 참조.

관찰은 나에게 관찰을 받는 개인 개인의 생활을 할 수 있는 능력을 주었다. 마치 저 천일야화千一夜話의 회회교回回教 승려가 어떤 사람에 관해서 주문을 읽으면 그 어떤 사람의 육체와 영혼과를 즉각으로 빼앗아 올 수 있었다는 것처럼, **내가 그 개인 개인으로 되어 버리는 것**이었다. (⋯)

그들의 희망도 요구도 모두 나의 혼 속에 옮아 와서, 나의 혼이 그대로 홈빡 그들의 혼 속에 묻혀 버리고 말았다. 그것은 눈뜬 사람의 꿈이었다. 나는 그들과 함께 그들을 박대하는 공장주에 대해서, 그리고 그들의 돈을 지불치 않는 고약한 점주店主에 대해서 격앙하고 노여워했다. 자기의 습관을 떠나는 것, 정신적 능력의 명정酩酊으로 해서 **자기로부터 다른 사람이 되는 것**, 마음대로 이러한 장난에 취할 수 있는 것, 이것이 나의 즐거움이었다.[20]

김남천이 발자크의 진술에서 주목하는 것은, 관찰이 결코 대상과의 비대칭적 관계를 전제하는 냉담한 '눈'의 행위가 아니라 '다른 것 되기'라는 미메시스적 변신의 활동이라는 점이다. 대상에 대한 개념적 파악을 넘어서 그 '개별성' 자체에 도달하기 위해 관찰하고, 동시에 그 개별성이 어떤 제도와 장치에 의해 주체로 생성되는지를 관찰하는 문학적 실천 과정에서 작가 스스로 자신의 신체성의 전환을 경험한다.[21]

---

20 김남천, 〈체험적인 것과 관찰적인 것 (발자크 연구 노트 4)〉, 《전집 I 》, 605~606쪽. 강조는 인용자.

21 필자는 일찍이 임화와 김남천의 일제 말기 소설론을 비교하면서 김남천의 '관찰'이 지닌 문학적 · 사상적 의의를 적극적으로 평가하면서도 그 안에 내재된 기술주의적 성격으로 인해 '미메시스적 주체'가 결국엔 "기술記述하는 기술가技術家" 이상이 되지 못했다는 결론으로 귀착한 바 있다(차승기, 〈임화와 김남천, 또는 '세태'와

물론 이 '경험'은 충분히 의심스러운 것일 수 있다. '다른 것 되기'란 어쩌면 자기부정의 계기를 생략한 채 '다른 것이 될 수 있다'고 자신하는 주체의 오만한 포용력 안에서 가공된 환상일 수도 있기 때문이다. 하지만 김남천은 반복해서 **묘사의 정신**을 강조한다. 리얼리즘의 본질은 "세부적인 진실성 이외에 전형적인 환경에 있어서 전형적 성격의 충실한 재현"에 있다고 한 엥겔스의 말, 마르크스주의 문학론에서 '전형' 개념을 특권화하는 근거로 반복적으로 사용되어 온 이 말도 김남천은 굳이 '세부적인 진실성'에 강조점을 두며 읽으려 한 바 있다.

'전형적 정세'의 묘출과 '디테일의 진실성'의 묘사라는 점을 제작 상 실제에서 생각해 보면, 적지 않은 질적 차이에도 불구하고, 그것이 다분히 '세태 묘사' '사실(현실) 묘사' '일상생활의 묘사' 등의 대상하는 바와 공통성이 있는 듯이 보인다는 대목이다.

아닌 게 아니라, 이 양자 간의 차이는 결코 물과 기름과의 사이는 아닌 것 같다. 전형적 정세의 묘출은 생활에 대한 면밀한 관찰에서 생기는 것이며 '디테일의 진실성'이란 것도 사실을 극명하게 그리되 사실을

'풍속'의 거리〉,《현대문학의 연구》, 25집, 2005, 110~111쪽 참조). 이 부분에 대해서는, 이 같은 결과론적 평가가 김남천이 강조했던 "주체의 비판적 능력"을 전혀 고려하지 않은 것이라는 이진형의 적절한 비판이 있었다(이진형, 〈김남천의 소설 정치학〉,《현대문학의 연구》 31집, 2007, 253~255쪽 참조). 다만 '기술하는 기술가'라는 표지標識는 김남천이 '비판'에 대한 의식이 있었는가 없었는가에 따른 평가라기보다는, '관찰'과 미메시스적 전략의 의의를 퇴색하게 만들었던 1941년 태평양전쟁 발발 이후 조건의 변화에 입각한 판단이었다는 점은 밝혀 둔다. 이 글에서는 김남천의 문학적·사상적 실험을 결과론적으로 판단하기보다, 그 실험의 의식이 작동했던 순간의 잠재성을 음미하는 데 집중하고자 한다.

사실 이상으로 파악하는 데 의하여 가능한 것이다.[22]

　'전형적 상황'의 제시와 '디테일의 진실성'이 이른바 '세태 묘사'라는 부정적 지표와 혼동되어서는 안 된다고 말하면서도, 결국 정밀한 관찰과 묘사야말로 '진실'에 다가갈 수 있는 통로임을 강조하고 있다. 묘사의 정신에 투철할 때 글쓰기(소설 쓰기)에서 전경화되는 것은 묘사하는 자가 아니라 묘사되는 자, 특히 그 신체성이다. 신체가 세계 및 타자와의 감각적·의식적·권력적 관계 속에서 구성되는 특이성들의 결합체라면, 그리고 김남천에게 관찰과 묘사가 몰아적인 경지를 함축하고 있다면, 타자의 신체성을 드러낸다는 것은 다른 누구도 아닌 개별자로서의 타자의 감각과 의식으로 세계를 경험하기 위해 몰두한다는 것을 뜻한다. 관찰과 묘사의 정신에 충실한 작가가 이렇게 개별자로서의 타자의 감각과 의식으로 세계를 경험하기 위해 몰두할 때, 그 자신의 신체성에 변이가 생기지 않을 수 없다. 그 작가는 대상과 요소들을 배치하여 특정한 세계를 구성하는 특권적 자리에서 내려와 배치되고 구성되는 대상과 요소의 위치로 부단히 접근해 가기 때문이다. 이런 의미에서 몰아적 주체에게 대상을 묘사한다는 것, 대상을 안다는 것은 그 자신이 대상이 된다는 것과 가깝다.

　묘사 대상 속에 스스로를 용해시키는 몰아성의 개념에서도 추정할 수 있듯이, 풍속의 파악에 이르기까지 개별적 존재를 철저하게 묘사하고자 하는 정신은 상대적으로 서사적 주권성을 약화시킨다. 물론 서사적 주권성의 약화가 곧바로 서사의 약화로 이어지는 것은 아니다. 그러나 묘사를 통해 세계의 구조와 주체화의 메커니즘을 포

22　김남천, 〈세태와 풍속〉, 《동아일보》 1938년 10월 25일; 《전집 Ⅰ》, 420쪽.

착하는 것에 장편소설의 본질이 있다고 여기는 김남천이, 작가가 소설 텍스트 내에서 주권성을 확립하거나 발휘하는 장치들에 의존하는 것에 대해 부정적이었음은 틀림없다. "적극적 주인공이나 또는 구성력 같은 것이 사회의 문학 형식인 소설의 미학적인 본질로서 전혀 부당한 것"[23]이라고 보는 김남천에게는, 작가가 소설 구성을 통해 주관적 기획을 관철시키려는 시도는 오히려 반反소설적인 것이었다. 장편소설(로만)의 장르적 본질은 극적인 구성이 아니라 "전체성의 제시, 다양성의 포용"[24]에 있기 때문이다.

'장편소설 개조' 또는 산문성의 재활성화

서사적 주권성의 해체로 이어지는 김남천의 '장편소설'론에 대해서는 좀 더 살펴볼 필요가 있다. 세계의 구조와 주체화의 메커니즘을 포착하는 문학, '전체성의 제시'와 '다양성의 포용'을 본질로 하는 문학에 대한 그의 집요한 탐구는 다름 아닌 장르로서의 장편소설을 대상으로 하고 있기 때문이다.

우선 헤겔과 루카치의 해석을 이어받아 장편소설을 **역사적 장르**로서, 즉 '부르주아 시대의 서사시'로서 규정하고 있다는 점에서, 그의 장편소설론은 조선 근대문학의 특수성을 근대의 역사적 시간성 속에 자리매김해야 하는 과제를 회피할 수 없었다.[25]

---

23 김남천, 〈소설문학의 현상〉,《조광》1940년 9월호;《전집 Ⅰ》, 634쪽.
24 같은 글,《전집 Ⅰ》, 637쪽.
25 특히 고발-모럴론에 대한 자기비판을 거치면서, 발자크 연구와 더불어 리얼리즘에서 장편소설 장르가 갖는 중요성에 대한 인식이 심화되는 맥락은 장문석, 〈소설의 알바이트화, 장편소설이라는 (미완의) 기투〉,《민족문학사연구》46집, 2011, 225~226쪽 참조. 다만, 김남천의 이러한 장르의식의 심화를 "주인공에서 구성력으

마르크스주의적인 유물론적 역사의식을 가지고 있던 다른 작가나 비평가들과 마찬가지로, 김남천이 볼 때 조선에서 근대적 장편소설은 '사산死産'될 운명에 처해 있었다. 부르주아가 역사 발전의 주체로 대두하던 시대의 서사적 장르라고 할 수 있는 장편소설이, 조선에는 "이미 시민사회가 점진적인 노후와 증대되는 사회적 갈등을 수반하고 임페리얼리즘에의 이행을 시작한 뒤"[26]에야 도래했기 때문이다. 전근대의 신분적 질곡과 봉건적 특권을 재생산하는 정치적·제도적 울타리들을 무너뜨리며 등장했을 때 부르주아는 탈관습화된 시선으로 사물들을 바라볼 수 있었고, 따라서 현실에 대한 리얼리즘적 인식에 도달할 수 있었다. 장편소설은 부르주아의 그러한 역사적 성격이 반영된 서사 장르였다. 그러나 조선에 장편소설이 도래한 시기는 이미 자본주의가 제국주의 단계에까지 이르러 부르주아가 역사의 반동으로 타락한 시대였다. 동시대에 서양에서는 이미 시대적 의의를 상실한 장편소설이 붕괴되거나 의지적으로 해체되는 경향이 나타나고 있었다. 이미 그 역사적 소임을 다했다고 할 수 있는 장편소설이 조선에서는 비로소 시작되고 있던 것이다. 그것도 결코 역사의 주체로 떠오를 수 없는 식민지 소부르주아 지식인들의 주도하에.

김남천은 장편소설이라는 장르 발전의 불균등성을 역사 발전의 불균등성과 더불어 뚜렷하게 의식하고 있었다. 하지만 문제는 여기서부터다. 장편소설의 역사적 기능이 소진되고 바야흐로 붕괴되려고 하는 때 뒤늦게 "겨우 자기의 시민권을 주장"[27]하기 시작한 조선

로의 전회"(같은 글, 229쪽)라고 포착하는 것은 재고의 여지가 있다. 김남천에게 '구성력'은 오히려 장편소설 장르의 본질에 반하는 것으로 이해되고 있었기 때문이다.

26 김남천, 〈조선적 장편소설의 일고찰〉, 《동아일보》 1937년 10월 21일; 《전집 Ⅰ》, 282쪽.
27 같은 글, 같은 쪽.

의 장편소설은 어디로 가야 할 것인가. 이미 장르의 붕괴가 예정된 길을 뒤처진 채로 정해진 코스처럼 따라가야 할 것인가, 아니면 동시대성을 의식하며 장르 붕괴에 참여할 것인가. 김남천에게는 그 어느 쪽도 길이 아니었다. 전형적으로 근대적인 역사적 시간표상을 받아들이는 전자의 길은 '아시아적 정체성'을 보편적(이라고 여겨지는) 역사적 시간의 '과거'에 배치시킴으로써 그 특수성을 해소시키고자 하는 근대주의자의 비전이라고 할 수 있다. 이에 반해 후자의 길은 코스모폴리탄의 비전이라고 할 수도 있지만, 동시대성에 참여하고자 하는 의지와 상관없이 사실로서 조선에서도 나타나고 있는 현상이다. 김남천의 관점에서 볼 때 두 가지 길 모두 반反리얼리즘적이라는 점, 즉 조선 장편소설이 자리 잡아야 할 조선의 현실과 괴리되어 있다는 점에서는 동일한 것이었다. 이 두 가지 길을 모두 비판하면서 김남천은 장편소설 장르의 **원천**Ursprung[28]을 재생하고자 했던 것으로 보인다.

역사적 장르 규정을 따르자면 장르의 붕괴를 받아들여야 하고, 그럼에도 불구하고 장편소설을 계속 써야 하고 쓸 수 있다고 말하기 위해서는 역사적 장르라는 규정을 배반해야만 하는 딜레마 앞에서,

---

28 여기서 김남천의 독특한 시간의식을 엿볼 수 있기에 '원천'이라는 개념을 사용한다. 즉, 어떤 존재나 현상의 발생을 그것의 연대기적인 출현 지점으로 환원시키는 '기원'이라는 개념 대신 그 존재나 현상이 발생하는 순간에 형성되었던 가능성과 잠재성까지 포괄하기 위해 '원천'이라는 개념을 구별적으로 사용하고자 한다. 김남천은 '모럴-풍속'의 문학적 파악이 당대 조선문학이 가져야 할 근본적인 임무인 "아세아적 정체성의 극복"(김남천, 〈모랄의 확립〉,《동아일보》1938년 6월 1일;《전집 Ⅰ》, 373쪽)과 관련된다고 진술하고 있는데, 그가 말하는 '아시아적 정체성의 극복' 역시 서구적 근대 장편소설의 모델을 모방하는 것이 아니라 그 장편소설의 '원천'이 함축하고 있던 잠재성을 재생하는 것에 의해 가능하다고 생각했던 것이 아닐까.

김남천은 장편소설이라는 "장르 그 자체의 변질과 개조"[29]의 길을 제안한다. 장르의 '변질'과 '개조'란 무엇을 뜻하는가. 그가 글을 쓰고 있던 중일전쟁기는 서구적 근대를 지탱해 왔던 '보편주의적' 근거들이 의심받으며 가치의 전도가 발생하고 있는 한편으로, 새로운 세계 구성의 원리를 자임하며 복수複數의 이념들이 경쟁하고 있던 '전환기'였다. 물론 식민지/제국 체제 안에서 제국주의와 식민주의를 은폐하며 '동양/동아'를 단위로 한 권력적 언설이 횡행하고 있었지만, 정작 어떤 원리에 기초한 세계가 장차 형성될지 예측하기 어려운 '유동하는 불안'이 팽배한 시기였다.

동서에 걸쳐서 지금 지구 위에는 커다란 전쟁이 진행되고 있다. 설령 영불英佛이 승리하는 일이 있더라도 기성의 민주주의적 질서가 그대로 유지되어 가리라고는 믿을 수 없게 되었다. 모든 사람들의 **주관적인 희망을 무시해 버리고** 역사는 자기의 길을 걸어 나갈 것이다. 이리하여 그것이 어떠한 형태를 갖추는 것이든 간에, 지구상에는 구질서에 대代하는 새로운 질서가 복잡한 도정을 거쳐 가면서 도래하고 있다.[30]

김남천은, 이렇듯 혼란스런 '전환기'의 상황에서야말로 장편소설이라는 장르가 원천적으로 내포하고 있는 리얼리즘의 계기에 집중해야 한다고 주장한다. '모럴-풍속-관찰' 등으로 이어지는 그의 소설론적 탐구는 바로 이 '전환기'의 국면에서 어떤 세계 구성의 원리

---

29 김남천, 〈조선적 장편소설의 일고찰〉, 1937년 10월 23일;《전집 Ⅰ》, 288쪽.
30 김남천, 〈명일에 기대하는 인간 타입〉,《조선일보》1940년 6월 11일;《전집 Ⅰ》, 611쪽. 강조는 인용자.

와 주체화의 형식들이 형성되는가를 문학적으로 포착하기 위한 것이었고, 서사적 주권성을 약화시키며 대상 속에 침잠하는 묘사의 열정을 강조한 것도 결국 모든 '주관적인 희망을 무시해 버리고' 진행되는 역사적 과정 자체를 직시하기 위한 것이었다. 그러므로 이 시기야말로 장편소설이 장르로서 등장하고 기능했던 그 원천의 장면을 음미해야 할 때다. 발자크가 그 자신의 세계관에도 불구하고 당대의 풍속과 주체화 과정을 포착할 수 있게 만들었던 관찰의 정신이야말로 장편소설을 성립하게 만든 근본 동력이고, 또한 장편소설을 부르주아 시대를 대표하는 역사적 장르로 만든 힘이었기 때문이다. 이렇게 볼 때, 그의 '로만 개조'론, 즉 장편소설 장르를 '변질'시키고 '개조'해야 한다는 주장은, 제도화되고 양식화된 장르 규범의 틀을 넘어서 장편소설의 원천, 즉 주관적 목적을 망각하고 의도를 배반할 정도로 집요하게 대상에 침잠하는 관찰의 정신을 재생해야 한다는 주장으로 해석될 수 있다.

이렇게 장편소설의 원천으로서 관찰의 정신을 근본적으로 여기는 입장이었기 때문에, 그는 텍스트 내의 요소들을 극적으로 배치하는 주관적 '구성plot'을 비본질적인 것으로 배척했고, '주인공-성격-사상'을 중심에 두는 소설론을 반리얼리즘적인 것으로 비판[31]했다. 김남천에게 장편소설은 모티프들의 긴장감 있는 구성, 그 긴장을 이끌고 가는 적극적 주인공, 그리고 그 주인공에 투사된 작가의식 등과

---

[31] 이는 당연히 임화의 소설론에 대한 비판이다. 그는 "주인공=성격=사상'의 공식이 표시하는 일련의 전혀 편파偏頗한 의견이 문학에 있어서의 사상, 내지는 예술 방법으로서의 리얼리즘을 적지 않게 왜곡시키고 있다는 것은 감출 수 없는 사실"이라고 비판하고 있다. 김남천, 〈토픽 중심으로 본 기묘년의 산문 문학〉, 《동아일보》 1939년 12월 21일; 《전집 Ⅰ》, 561쪽.

는 거리가 먼 것이었다. 그와는 전혀 다르게, 몰아적인 관찰의 정신이 만들어 내는 장편소설은 "사물의 질서 전체"[32]를 반영하는 방식으로 세계의 **산문성**을 재현한다.

'사회의 문학형식'으로서의 장편소설의 산문성은, 장편소설이 근대의 산문적 세계와 상동적 관계를 맺고 있음을 의미하는 것이기도 하고,[33] 투철한 관찰을 통해 대상 세계의 구조와 주체화 과정을 포착하는 리얼리즘 정신의 중요성을 강조하는 것이기도 하다. 뿐만 아니라 김남천은 장르로서의 장편소설이 '극적인 것'이 아니라 무엇보다 '산문적인 것'임을 재확인한다.

성격의 발전, 사회의 계층성을 각층의 전형을 통하여서 다양적으로 제출할 수 있는 것. 이것은 성격 문제에 있어서 극이 가질 수 없는 장편소설의 특권이었다.[34]

(…) 모순을 묘파描破하려고 하지 않고 중간의 타협을 의식한 아이디얼리스틱한 모든 노력은 언제나 현실을 왜곡하였다. 주인공을 영웅으로 만들어서 모순을 은폐하려는 노력, 구성을 극의 미학에 준거하여 서사성을 구속하려는 기도가 한가지로 실패하였다는 것은 《소설의 미학》의 저자인 알베르 티보데도 인정하고 있다.[35]

---

32   김남천, 〈아메리칸 리얼리즘의 교훈〉, 《조선일보》 1940년 7월 29일; 《전집 I》, 623쪽.
33   김남천은 리얼리즘 문학을 "'인간사회와의 상사(相似)'를 의욕하는 것"으로 설명하며 장편소설과 사회의 상동적 관계를 사고하고 있다. 김남천, 〈관찰문학소론 (발자크 연구 노트 3)〉, 《인문평론》 1940년 4월호; 《전집 I》, 597쪽.
34   김남천, 〈소설문학의 현상〉, 《조광》 1940년 9월호; 《전집 I》, 636쪽.
35   김남천, 〈소설의 운명〉, 《인문평론》 1940년 11월호; 《전집 I》, 663~664쪽.

김남천은 이곳에서 '극적인 것'과 '산문적인 것'의 구별을 통해 장르로서 장편소설의 특성을 분명히 하고자 하는데, 앞서 그가 '구성'이 장편소설에 비본질적인 것임을 강조했던 맥락을 이곳에서 확인할 수 있다. 즉, 사건을 주제적으로 집약시켜 가는 긴장의 구성, 그리고 그러한 구성에 필수적인 적극적 주인공의 형상은 차라리 극 장르에 어울리는 것이다. 이러한 구성이 강하면 강할수록 독자는 작가가 주제적 목적 하에 배치해 놓은 일종의 서스펜스적 경로를 따라가게 되는데, 이 경로는 텍스트 내의 사건들을 주인공 중심의 단일한 시간 속으로 집약시키며 '최종적인 말'에 대한 기대를 증대시킨다. 김남천이 볼 때, 장편소설은 이러한 서스펜스적 구성과는 반대로 사회의 여러 차원과 연결되어 있는 다양한 인물들의 삶과 의식을 관찰하면서 그들 삶의 뒤얽힘을 통해 세계의 구조를 탐구하는 산문적 작업을 수행해야 한다. 그래서 김남천은 티보데Albert Thibaudet를 따라 '구성' 대신에 "'총화'라는 산문적인 술어"[36]를 장편소설의 핵심어로 채택한다. 여기서 '총화'는 물론 '총체성'의 다른 표현이기도 하지만, 완결성을 갖는 작품 내에서 전체의 유기체적 조화가 실현되어야 한다는 이념을 표현하기 위해서가 아니라 오히려 종결되지 않는 산문성을 강조하기 위해 사용된다.[37] 주지하다시피 김남천은 자신의 소설적 실험을 통해 형식적 완결성을 파괴하면서까지 이 산문적 세계의 '총화'를 재현하려 시도한 바 있다. 그가 쓴 소설들 각각이 '작품'

---

36 같은 글, 664쪽.
37 이진형은 김남천이 참조하고 있는 티보데의 '총화-소설'이라는 개념이 '탈구조화된 형식'으로서의 장편소설의 특질을 지시하고 있다는 점에 주목한 바 있다. 이진형,《1930년대 후반 식민지 조선의 소설 이론》, 소명출판, 2013, 235~236쪽 참조.

으로서 완결되지 않았다는 사실,[38] 이 비완결적이고 개방적인 텍스트들의 연작 형식을 통해 '전환기'의 세계를 몽타주하려 했다는 사실은 이러한 산문성의 이해와 연결되어 있다.

산문성과 관련해 또 하나 주목해야 할 것은 '인물(성격)'에 대한 그의 견해이다. 여기에서 그는 마르크스주의 문학론의 '전형典型' 개념을 전유하는데, 이를 통해 궁극적으로 장편소설의 '산문성'에 대한 강한 의식이 어떤 정치성과 연결되는지가 좀 더 분명히 드러난다.

> 그러면 우리의 취할 바 길은 어디 열려 있는 것일까. '전형적 성격'에 대한 별개의 해석을 가져야 한다고 나는 대답한다. 다시 말하면 전형적 성격 내지 타입이란 것을 한 사람의 피라미드의 상층으로 이해하지 말고 당해 시대가 대표하는 각층의 각 계층의 타입으로 파악할 필요가 있다고 생각한다. 지도자나 사상가나 돌격대원만을 시대정신의 구현자라 보지 말고 그리고 이러한 한 사람의 주인공의 운명을 통하여서만 사상을 읽으려 하지 말고 역사적 전환기가 산출하는 각층의 대표자의 개별적 성격 창조를 통하여 역사적 법칙의 폭로에 도달하는 문학의 방법을 배워야 할 것이다. 햄릿은 그러한 인물이다. 돈키호테도 또한 그러한 인물이었다. (…)
> 그러나 발자크에 이르면 더욱 철저하다. 그에게 있어서는 작품의 하

---

38 이는 실제로 그가 '미완성'의 장편소설을 남겼다는 것을 뜻하는 것이 아니라, 개개의 소설이 다루는 인물과 세계가 유일무이한 하나의 '작품'으로 모조리 환원되지 않는다는 것을 의미한다. 한편 발자크가 소설을 쓸 때 "인물 묘사의 물리적, 정신적, 역사적 요소들을 아무렇게나 섞어서 묘사할 뿐이며 일정한 계획을 따르지 않는다"는 아우얼바하의 평가도 장편소설의 산문성 및 반反플롯적 성격을 이해할 때 다르게 해석될 수 있다. 에리히 아우얼바하, 《미메시스 근대편》, 김우창 · 유종호 옮김, 민음사, 1994, 180쪽 참조.

나하나 또는 작중 인물의 주인공이란 것도 무의미하여진다.[39]

김남천은 마르크스주의 리얼리즘론에서 핵심적인 의의를 갖는 전형의 '대표성'이 피라미드의 정점처럼 이해되지 말아야 한다는 점을 강조한다. 전형적 상황의 전형적 성격을 그려야 한다는 과제가 리얼리즘의 목적이 될 때 그 '전형성'을 결정하는 심급에는 이른바 역사 발전의 합법칙성이 자리잡는다. 선취된 미래로부터의 전망에 따라 상황의 전형성이 규정되고, 전형적 성격은 현재에 존재하는 미래의 대표자가 된다. 그러므로 그 모델이 도식적인가 유연한가의 차이가 있을지언정, 현재의 뿌리에서 출발해 (선취된) 미래에 가장 가까이 다가가 있는 '전위'까지 역사적·가치론적 위계가 형성되지 않을 수 없다. 김남천은 이렇게 이해되는 전형을 '피라미드' 모델로 간주하고 비판한다.

그러나 전환기의 혼란을 관찰함으로써 그 내부로부터 세계의 구조와 주체 구성 과정을 포착하고자 하고, 또한 이 과제를 수행하기 위해 장편소설의 '원천'을 재사유하고자 하는 김남천에게, 전형은 전환기를 겪고 있는 다양한 계급·계층의 전형, 즉 다수의 대표들이어야 하며, 나아가서는 이 대표들도 미래를 앞당겨 오는 적극적 성격이 아니라 좌충우돌하며 현재를 살아가고 있는 '소극적 성격'이어야 했다. 적극적 주인공은 소설 속의 시간을 자기 중심으로 회수해가는 반면에, 소극적 주인공들이야말로 다양한 관계에 의해 규정받으며 세계를 경험하고 여러 방향으로 분산되어 가는 복수의 시간성 속에

---

[39] 김남천, 〈명일에 기대하는 인간타입〉, 《조선일보》 1940년 6월 12일; 《전집 Ⅰ》, 614~615쪽.

서 '현대의 풍속'을 전경화시킬 수 있기 때문이다. 그러므로 "소설이 적극적 주인공을 창조하지 못한다는 것은 소설로서 하등의 부끄러워할 이야깃거리도 되지 못할" 뿐만 아니라 오히려 "소설이 그의 정신을 유지하기 위하여 그것은 피치 못할 사태의 하나"[40]가 된다. 이 정신이 다름 아닌 '산문정신'임은 물론이다.

일종의 '나무 모델'과 흡사한 '피라미드' 모델을 비판하면서 복수의 다양한 전형들의 파악을 요청하고 있다는 점에서, 나아가 "작품의 하나하나 또는 작중인물의 주인공이란 것도 무의미"할 정도로 다수의 소극적 인물들의 관계를 통해 산문적 세계를 포착하고자 한다는 점에서 김남천의 '성격' 개념은 '리좀Rhyzome 모델'을 닮아 있기도 하다.[41] 그 정도까지는 아니라 할지라도 산문성을 철저하게 이해하고자 한 김남천에게 장편소설이 민주주의적 형식으로 이해되고 있었음은 부정할 수 없다.

폐허로부터의 탈식민주의

'고발-모럴-풍속-관찰' 등으로 이어지는 김남천의 소설론, 특히 장편소설 장르의 원천을 음미하면서 전환기에 대한 문학적 대응을 모색해 간 그의 사유의 모험은 결과적으로는 명백한 한계를 드러냈다. 실제로 그의 글쓰기(소설 쓰기)의 산물이 이러한 사상적 모험에

---

40 김남천, 〈소설문학의 현상〉, 《조광》 1940년 9월호: 《전집 I》, 635쪽.
41 이와 관련해 발자크의 서사에서 '탈중심화'의 계기에 주목하는 제임슨의 지적도 참고할 만하다. "발자크 서사의 '탈중심화'는 (…) 돌아가면서 인물 각자에게서 특권적 지위를 박탈하는, 인물 중심들의 순환rotation에서 찾을 수 있다…" 프레드릭 제임슨, 《정치적 무의식》, 이경덕·서강목 옮김, 민음사, 2015, 106쪽.

상응할 만큼 현실의 근본적 차원을 드러내는 데 성공했는가 여부도 상당히 의심스럽지만, 무엇보다 언어에 대한 의식이 희박하다는 사실은 그의 논의 전체에 결코 무시할 수 없는 한계를 부여했다. '주인공-성격-사상'을 중심으로 하는 이상주의적 소설론을 거부하고 신체성 전환의 계기를 몰아성의 경지에까지 극단화하며 객체 우위의 사고를 전개한 그로서 '언어 안에서 인식하는 자'로서의 자의식이 뚜렷이 드러나지 않는다는 것은 치명적이다. 관찰자와 관찰 대상 사이의 필연적인 언어적 관계를 의식하지 않을 경우, 대상 속에서 자기를 망각하는 '적극적 수동성'의 실천이라는 것도 언어라는 장치의 일반화 메커니즘을 외면한 채 꾸는 '직접성의 꿈'에 불과할 수도 있기 때문이다. 더욱이 신체성의 전환 또는 '다른 것 되기'에서 글쓰기 실천이 갖는 근본적 의의를 떠올릴 때, 어떻게 언어 안에서 '보편적 개별자'[42]를 살아 있게 할 수 있는가에 대한 성찰은 결코 건너뛸 수 없는 과제이다.

비록 결과도 빈약하고 여러 가지 문제도 품고 있는 시도였지만, 결과나 한계보다 중요한 것은 김남천의 사상적·문학적 모험이 그것을 촉발했던 상황의 조건과 만났던 구체성 속의 의의이다. 말하자면, 중일전쟁 발발을 전후해 식민지/제국 전체에 총동원체제가 구축되고 강압적인 '탈정치'의 상황이 만들어지는 한편 기존의 근대적 주체-세계 관계를 부정하는 다른 질서들의 도래가 불길한 예감 속에서 추측되는 상황에서, 김남천이 문학(장편소설)에 대한 이론적 사

---

42 이도연, 〈창작 과정에 있어 '주체화'의 문제〉, 《한국학연구》 36집, 고려대 한국학연구소, 2011, 215쪽. 이도연은 알랭 바디우의 개념을 빌려, 김남천의 '일신상의 진리'와 모럴의 위상을 '보편적 개별자universal singularity'로 특징 짓고 있다.

유와 함께 글쓰기(소설 쓰기)를 통해 이 불안한 '전환기' 내부에서 새로운 주체-세계 관계를 모색해 간 모험의 의의를 사고하는 것이 중요하다.

김남천은—피안彼岸을 결여한—'전환기'가 어떤 질서, 어떤 주체-세계 관계를 낳게 될 것인지를 탐색하기 위해 세계의 구조와 주체화의 메커니즘을 '묘사'할 것을 요청했고, 또 '묘사'하고자 했다. 그가 묘사하고자 한 주체화의 메커니즘이란—랑시에르의 개념을 빌리자면—'치안police', 즉 "행위 양식들과 존재 양식들 및 말하기 양식들 사이의 나눔을 정의하는 신체들의 질서"[43]의 효과를 지시한다고 말해도 좋을 것이다. 치안의 질서 아래에서 개별적인 "신체들이 그것들의 이름에 따라 일정한 장소에서 일정한 과제를 부여"[44]받는 것이 주체화라면, 김남천은 바로 이 주체화의 메커니즘을 문학적으로 대상화하고 가시화함으로써 치안의 효과를 탈신비화·탈자연화하고자 했다고 말할 수 있다. 이미 고발문학론을 제창하며 일련의 소설적 실험을 행했던 시기부터 '주체'라는 것이 하나의 이데올로기적 장치의 산물임을 폭로하고자 했던 김남천이 '고발'을 "과학적 정신"을 갖기 위해 행해지는 "면밀한 신체검사"[45]로서 요청했음을 상기한다면, 모럴-풍속-관찰로 이어지는 문학적 탐구를 세계의 구조와 주체화 과정의 탈신비화를 위한 실천 과정으로 이해하기에 어렵지 않을 것이다.

---

43 자크 랑시에르, 《불화》, 진태원 옮김, 길, 2015, 63쪽.
44 같은 글, 같은 쪽.
45 김남천, 〈유다적인 것과 문학〉, 《조선일보》 1937년 12월 17일; 《전집 Ⅰ》, 310쪽.

"'짓테Sitte'[46]와 '게뮤트Gemüt'가 상극하는",[47] 따라서 '일신상의 진리'로서의 모럴이 문제가 되는 '전환기'의 혼란 속에서 주체화 과정을 탈자연화하며 새로운 주체-세계 관계를 모색하고자 한 김남천의 사상적·문학적 모험의 의미심장함은 좁은 의미에서의 이른바 '문학사적 의의'를 벗어난다. 그보다 이 모험은, 진보적 정치운동과 문학운동이 좌절된 시점에서, 제국주의와 식민주의가 가장 고도로 집중된 상황에서, 식민주의를 내적으로 탈출할 수 있는 계기를 발견하고 있다는 데서 더 큰 의의를 갖는다.

프롤레타리아 해방을 위한 이념조차 자명한 것으로 여기지 않고 '자기'의 신체성 전환의 시련을 요청하는 자가 식민지 당국에 의해 주어진 정책적 슬로건을 자명한 것으로 받아들일 수 없으리라는 것은 두말할 필요도 없다.[48] 그러나 김남천의 사상적·문학적 모험이 지니는 탈식민주의적de-colonialist 의의는 단순히 식민지 당국의 지배 정책을 비판하거나 거부하는 것으로 축소되지 않는다. 더욱 의미심장한 탈식민주의의 계기는 몰아적인 신체성의 전환에 있다. 대상 속에서 자기를 망각하는 몰아적 주체는 스스로가 그 대상이 될 만큼 관찰을 밀어붙이면서 신체성의 전환에 스스로를 개방한다. 부단히 상이한 타자들의 신체성을 드러내기 위해 몰두하면서, 즉 상이한 타자들의 신체적 세계 경험이 곧 자신의 경험이 되도록 몰입하면서, 몰아적 주체는 그 자신의 신체에 새겨진 주체화의 메커니즘으로부

---

46 여담이지만, 관습과 도덕적 질서를 뜻하는 '짓테Sitte'는 일상적 독일어에서 '풍속경찰'을 지시하는 비어로 사용되기도 한다.

47 서인식, 〈문학과 윤리〉, 《인문평론》 1940년 10월호; 차승기·정종현 엮음, 《서인식 전집 Ⅱ》, 역락, 2006, 257쪽.

48 김남천의 몰아적 관찰이 일제 말기 전시체제 하의 국책문학 강요를 우회할 수 있는 논리이기도 했음을 주목한 것으로 장성규, 앞의 글, 88~89쪽 참조.

터 이탈할 수 있다. 식민주의가 삶의 모든 국면을 포섭해 가고 있던 '전환기'의 주체화 메커니즘은 기본적으로 식민주의적인 것이었고, 따라서 생명의 자기보존 욕망조차 식민주의적 자기통치로 회수되곤 했다. 이런 조건에서 몰아적 주체가 내포한 신체성 전환의 계기는 식민주의적 주체로부터의 해방을 예감하게 하는 의미심장한 힘으로 현실화될 수 있다.

물론 몰아적 주체가 다른 존재로 전환되는 일이 실체적인 차원에서 발생하기를 기대하기란 어려울 것이다. 주목해야 할 것은 이렇듯 집요한 관찰과 글쓰기 실천을 통해 주체의 존재적 차원이 환기되는 순간이고, "저쪽 끝에서부터 또 다른 현실이 현세화現勢化하기 시작하는 사태"[49]를 경험하는 순간이다. 이 순간이야말로 '자기'가 특정한—예컨대 자본주의적, 식민주의적—제도와 장치 속에서 주체로 (재)구성되어 왔음이 드러나는 지점이고, 또한 다른 주체를 (재)구성하기 위해 다른 제도와 장치를 상상하기 시작하는 지점이다.

여기서 신체성 전환이 가질 수 있는 오해의 여지를 최소화하기 위해 일제 말기 변동된 '치안'의 조건을 잠시 떠올릴 필요가 있겠다. 사실 '치안'이 곧 신체들의 질서의 부단한 구축이듯이, 전시체제기 고도국방국가를 목표로 재조정된 식민지/제국의 '치안'은 식민지 조선인들에게 다른 의미에서 '변신'을 강요했다고도 볼 수 있기 때문이다. 어떤 의미에서 '내선일체'의 생명정치야말로 피식민자들의 욕망을 체제 내부로 방향 전환(전향)시켰을 뿐만 아니라, '일본인 되기'의 실천을 통해 현실적인 신체성의 전환을 요구하고 있었다. 그러나 '일본인 되기'는 그 '되기'의 최종 목적이 강압적으로 전제되어 있

---

49 도미야마 이치로, 《유착의 사상》, 심정명 옮김, 글항아리, 2015, 19쪽.

었기 때문만이 아니라, 실상 '다른 것 되기'의 포즈 안에 자기보존의 욕망을 더욱 강하게 집중시키게 만드는 장치였기 때문에도 스스로를 개방하는 방식의 전환이 될 수 없다는 것은 명백하다. 이러한 '되기'란 궁극적으로 신체성 전환의 '도약'과 주체화의 비밀을 은폐함으로써 완수되는 복속에 다름 아니다.[50] 이에 반해 몰아적 관찰과 글쓰기(소설 쓰기)를 통해 시도되는 신체성의 전환은 주체화의 메커니즘 또는 '치안'의 효과를 전시한다. 식민주의적 포섭이 극에 달한 '전환기', 전쟁 효율성이 삶의 모든 차원을 회수해 가는 혼란 속에서 형성·변형되어 가는 다양한 신체들을 몰아적으로 관찰하고 묘사함으로써 세계와의 감각적·의식적·권력적 관계 속에 움직이는 '자기'들을 드러내는 작업은, 신체성을 (재)조직하는 식민주의적 질서를 전시함으로써 성찰하게 한다.

좁은 의미에서 식민주의는 한 국가가 다른 국가(민족, 지역)를 자신의 주권적 폭력 아래 복속시키고 그로부터 자국의 이익을 추구하는 목적과 실천의 체계를 지칭한다. 만일 식민주의를 이런 좁은 의미 속에 국한시킨다면, 한 국가(민족, 지역)가 자신을 복속시켰던 타 국가의 주권적 폭력에서 벗어난다면, 그래서 그 스스로 주권적 폭력을 행사할 수 있는 독립된 주체가 된다면 식민주의로부터 해방되었다고 할 수 있을 것이다. 그러나 이렇게 주권적 폭력에 의해 유지되는 국가 또는 사회는 과연 식민주의로부터 해방되었는가. 오히려 주권적 폭력 자체가 식민주의의 일부분은 아닌가. 우리는 식민주의적 지

---

50 '일본인되기' 식의 신체성의 전환은 이른바 '위장 전향'의 형태로 나타날 때는 물론, (그것이 가능하다 할지라도) '성공적으로' 일본인이 될 때조차 더 이상의 전환 또는 다른 전환이 발생하지 않는다는 의미에서 전환의 실패다.

배로부터의 외재적인 이탈이 식민주의로부터의 해방을 보장하지 않는다는 사실을 반복적으로 확인해 온 역사를 가지고 있지 않은가.

식민주의를 좀 더 포괄적인 의미에서, 배타적으로 정립된 주체─이 주체는 국가일 수도 '개인'일 수도 있다─가 자기 확장과 재생산과정에 타자의 시간-공간과 삶을 복속시키는 실천의 체계로 정의할 수 있다면, 식민주의로부터의 해방은 이러한 주체이기를 거부할 때만 가능할 수 있다. 우리는 입신출세의 목표에 따라 조직되는 삶에서 오늘날의 호모에코노미쿠스에 이르기까지 자기 확장과 보존에 몰두하도록 만들어지는 주체에게서 식민주의적 신체를 발견할 수 있을 것이다. 그런 의미에서 신체성의 전환 없는 탈식민주의란 없다.

카프 해산, 전향, 전쟁 등의 사태가 압도해 오며 기존의 질서도 붕괴되고 기존의 이념도 급격하게 빛을 잃게 된 상황, 즉 '전환기'를 '자기의 현실'로 의식하며 사상적·문학적 모험을 시도해 간 김남천은, 폐허가 된 자기의 세계를 폐허로서 직시했기에 섣불리 어떤 이념이나 이상 아래로 들어가지 않고 폐허가 '복구'[51]되어 가는 과정을 관찰하려 했던 것이 아닐까. 주체를 만들어 내는 제도와 질서가 뒤흔들리는 혼란을 혼란으로 직시함으로써 비로소 지배적인 개념의 세계를 넘어, 지배적인 주체화의 형식을 넘어 '다른 존재'를 신체로 감각하려 했던 것이 아닐까. 식민지/제국의 통치권력이 모든 삶을 획일적인 방향으로 동원해 가던 시기에 몰아沒我라는 '적극적 수동성'의 실천이 식민주의적 신체로부터의 해방의 계기를 함축하고 있다는 역설은, 모든 삶을 경제적 의미에서의 '생존'으로 몰아가는 오

---

51 폐허의 '복구' 과정이란 당연히 폐허가 던진 문제를 다시 땅 밑에 묻는 과정, 혼란을 야기하는 문제를 은폐하고 질서를 재구축해 가는 과정이다.

늘날의 통치성 아래 (재)생산되는 식민주의적 신체로부터 해방을 상상할 때 뜻깊은 시사를 준다.

참고문헌

■ 자료

《동아일보》,《조선중앙일보》

정호웅 · 손정수 엮음,《김남천 전집 Ⅰ · Ⅱ》, 박이정, 2000.

차승기 · 정종현 엮음,《서인식 전집 Ⅰ · Ⅱ》, 역락, 2006.

戶坂潤,《戶坂潤全集》第四卷, 勁草書房, 1966.

■ 논문

강지윤,〈'재현'의 위기와 김남천의 리얼리즘〉,《사이間SAI》3집, 2007.

구재진,〈카프 문학과 윤리적 주체: '물' 논쟁을 중심으로〉,《비평문학》39호, 2011.

김동식,〈텍스트로서의 주체와 '리얼리즘의 승리': 김남천 비평에 관한 몇 개의 주석〉,《한국현대문학연구》34집, 2011.

류동일,〈전환기 김남천 소설비평의 향방〉,《현대문학이론연구》59집, 2014.

서영인,〈김남천 문학연구: 리얼리즘의 주체적 재구성과정을 중심으로〉, 경북대 박사논문, 2003.

_____,〈근대인간의 초극과 리얼리즘: 김남천의 일제말기 비평 연구〉,《국어국문학》137집, 2004.

손미란,〈전환기 작가 김남천의 도덕의식 연구〉,《한민족어문학》71집, 2015.

이도연,〈창작 과정에 있어 '주체화'의 문제〉,《한국학연구》36집, 고려대 한국학연구소, 2011.

이진형,〈김남천의 소설 정치학〉,《현대문학의 연구》31집, 2007.

장문석,〈소설의 알바이트화, 장편소설이라는 (미완의) 기투〉,《민족문학사연구》46집, 2011.

장성규,〈김남천의 발자크 수용과 '관찰문학론'의 문학사적 의미〉,《비교문학》45집, 2008.

차승기,〈임화와 김남천, 또는 '세태'와 '풍속'의 거리〉,《현대문학의 연구》25집, 2005.

황지영, 〈김남천 소설의 통치성 대응 양상: 전시 총동원 체제와 정치적 내면의 형
    성을 중심으로〉, 《어문연구》 43권 2호, 2015.

■ 단행본
이진형, 《1930년대 후반 식민지 조선의 소설 이론》, 소명출판, 2013.
한스-게오르그 가다머, 《진리와 방법 Ⅰ》, 이길우 외 옮김, 문학동네, 2000.
에리히 아우얼바하, 《미메시스 근대편》, 김우창 · 유종호 옮김, 민음사, 1994.
프레드릭 제임슨, 《정치적 무의식》, 이경덕 · 서강목 옮김, 민음사, 2015.
도미야마 이치로, 《유착의 사상》, 심정명 옮김, 글항아리, 2015.

〉〉〉〉〉〉 2부

모바일 테크놀로지와
텍스트 미학

미래주의에 나타난 움직임과 속도의 재현:

포토다이너미즘에 미친 크로노포토그라피의 영향

이경률

이 글은 《현대사진영상학회 논문집》 제19권 3호(2016.7)에 게재된 원고를 수정 및 보완하여 재수록한 것이다.

사진은 오랫동안 시간의 순간성과 싸우면서 그 흔적을 기록하는데 매달려 왔다. 19세기 사진의 역사가 기술적 혁신과 그 결과에 따른 종속적인 역사라고 할 때, 1880년대 순간 포착을 가능하게 한 '젤라틴 취화은 건판gelatine Silver bromide'의 출현은 그때까지 한 번도 경험하지 못한 또 다른 재현의 세계를 열었다. 다시 말해 순간 포착 이전의 촬영이 공간 연출을 위한 부동의 재현이라고 할 때, 순간 포착 이후의 촬영은 인간의 눈에 보이지 않는 세계의 흔적을 보여 주는 움직임의 재현이라 할 수 있다.

특히 사진의 순간 포착 혁명 이후 일어나는 일련의 변화들, 즉 아마추어 사진, 영화, 큐비즘cubism, 미래주의futurism, 포토다이너미즘 photodynamism, 포토저널리즘photojournalism 등은 20세기 모더니즘의 길목에서 이전의 전통적 재현과는 다른 새로운 패러다임으로 나타나는데, 그것은 우선 시간과 속도의 재현을 말한다. 바로 이러한 재현의 혁명 한가운데에 에티엔-쥘 마레Étienne-Jules Marey의 크로노포토그라피chronophotographie[1]가 있었다.

에티엔-쥘 마레가 만든 연속통합그래픽은 20세기 초 숨 가쁘게 몰아치는 산업사회의 급변과 그 예술적 진보에 많은 영향을 미쳤다: "20세기 반박할 수 없는 마레의 영향과 그 증거들, 엄청나게 빠른 시네마토그래피cinematography, 항공학의 다이너미즘dynamism, 유체 메커니즘, 이탈리아 미래주의자들의 포토다이너미즘, 1960년대 키네틱 아트 Kinetic Art, 컴퓨터 동영상의 시퀀스 등 모두 그에게 빚지고 있다."[2]

---

1 용어 크로노포토그라피chronophotographie는 오늘날 동체사진술로 번역되지만 19세기 당시 동체사진술의 정확한 의미를 살리기 위해 프랑스어 그대로 표기하였다. 왜냐하면 통시언어로서 현재 영어에는 존재하지 않는 프랑스어이기 때문이다.

2 *Marey, Pionnier de la synthèse du mouvement*, Musée Marey, Beaune, 1995, p. 21.

그런데 마레의 크로노포토그라피는 단순히 움직임에 대한 흔적의 통합이 아니라 움직임의 흔적을 통해 암시되는 어떤 형이상학적 존재를 재현하기도 한다. 이 경우 움직임의 재현은, 기술적 요인에 의해서 결정되는 과학적인 결과(실험, 임상, 통계, 아카이브 등)와는 달리, 창작자에게는 움직임을 재현하는 조형적 도구가 되고 응시자에게는 움직임을 상상하게 하는 일종의 조건반사가 된다.

특히 재현의 영역에서 조형적 도구로 활용된 움직임의 시각화와 그 그래픽적인 흔적은, 움직이는 실체의 과학적 기록이 아니라 움직임의 인상이나 효과로 나타난다. 이러한 효과를 가장 잘 활용한 예술적 운동은 이탈리아를 중심으로 일어난 미래주의다. 1910년부터 미래주의자들이 그들의 급진적 의식을 드러내기 위해 활용한 가장 효과적인 매체는 사진과 영화이며, 특히 연속동작의 그래픽으로 나타나는 크로노포토그라피는 미래주의자들의 작업에서 공통된 조형적 언어가 되었다. 다시 말해 마레의 크로노포토그라피는 특히 20세기 초 이탈리아 미래주의자들의 그림이나 사진에서 공통적으로 움직임의 점진적 소멸과 흔적을 보여 주는 에너지의 흔적, 즉 동력학을 암시하는 움직임의 궤적으로 나타난다.

그러나 여기서 말하는 연속동작의 그래픽은 움직임의 흔적과 속도를 기록하고 시간의 지속과 변화된 흔적을 재현하는 예술적 효과일 뿐이다. 왜냐하면 미래주의자들이 지향하는 시간의 재현은 움직이는 물체의 궤적을 측정하는 과학적 기록도 아니며 다시는 돌아올 수 없는 순간을 포착하는 앙리-카르티에 브레송Henri-Cartier Bresson의 결정적 순간the decisive moment도 아닌 모든 것이 움직이고 지속하는 역동성의 재현이기 때문이다.

움직임의 재현과 사진

19세기 회화에서 많은 화가들이 움직임을 재현했다. 그들의 그림 중 빠른 속도로 달리는 물체의 재현, 예컨대 에드가 드가Edgar Degas의 말이나 토마스 에이킨스Thomas Eakins의 마차는 사실상 상상으로 그린 것이다. 왜냐하면 달리는 물체의 정확한 자세나 포즈 그리고 그 연속적인 동작은 인간의 눈으로 볼 수 없기 때문이다. 그들은 사진을 참조했다. 엄밀히 말해 그들의 그림은 인간의 눈으로 관찰하면서 그린 테오도르 제리코Théodore Géricault의 〈엡솜의 경마〉와는 달리 갤럽으로 달리는 말의 연속 순간들을 보여 주는 이드위어드 머이브리지Eadweard Muybridge의 시퀀스(1878)를 드로잉의 출발점으로 했다. 그것은 곧 움직임의 정확한 묘사를 위한 시각적 참조로서 처음으로 인간의 안구로 볼 수 없는 안 보이는 세계를 열어 준 것이었다.

그러나 움직임의 물리적 흔적 그 자체의 재현보다 그러한 흔적을 통해 주제의 동작, 속도, 운동, 불안, 동요, 리듬, 패턴 등을 재현하려는 작가들에게는 연속 순간들의 그래픽적인 통합, 즉 크로노포토그라피가 훨씬 더 효과적인 방식이 되었다. 원래 마레의 크로노포토그라피는, 1860년대부터 마레가 자신의 생리학 연구를 위해 고안한 운동 분석기구들에서 진화시킨 생리학 측정 기구였다. 생리학자였던 그는 사람의 손이나 눈의 도움 없이 신체의 외부와 내부의 움직임을 기록하는 그래픽 기구를 자신의 실험에 적용했는데, 그 첫 번째 측정 기구로 스피그모그래프sphygmographe라는 맥박계를 제작했고, 두 번째 측정 기구로 신체 근육 수축의 속도와 단계들을 측정하는 미오그래프myographe를 만들었다. 크로노포토그라피는 바로 이 측정 기구에 종이 실린더 대신 사진판을 기록 도구로 대체한 움직임의 새로운 측정 기구였고, 이후 몇 번의 기술적 혁신을 통해 1895년 뤼미에르 형제frères Lumière가 만든 시네마토그래피cinematography의 원조가 된다.

1882년 그는 처음으로 리볼버 총 실린더 모양의 작은 원통에서 영감을 얻어 '사진 총'을 직접 제작하였는데, 이 측정 기구는 초당 12장의 순간사진을 얻을 수 있는 감광 유리판 디스크를 가졌다.[3] 이후 마레는 자유롭게 움직이는 물체가 규칙적인 속도로 돌아가는 큰 사진판에 직접 기록되는 크로노포토그래피를 만들어 새의 날갯짓, 추락하는 고양이, 걸어가는 사람, 뛰는 동작 등의 움직임을 한 장의 사진판에 서로 겹쳐진 연속적 순간들(〈그림 1〉)로 기록했다. 크로노포토그래피의 연속 시퀀스는 당시 과학적 영역뿐만 아니라 재현의 영역에서도 시간에 따른 움직임의 느낌을 주는 파장 효과[4]로 활용되었

〈그림 1〉 에티엔—쥘 마레, 〈걷는 어린아이〉, 1887년경.

---

3 마레의 사진 총은 그가 해마다 휴가를 가는 나폴리에 체류할 때인 1881년에 제작되어 1882년 1월에 처음으로 사용되었다. 그래서 처음으로 사진판에 움직임을 기록한 연도는 1882년이다.
4 하나의 정해진 구도 속에서 동일한 주제를 그 움직임에 따라 계속적으로 묘사하는 방법을 말한다. 아론 샤프, 《미술과 사진》, 문범 옮김, 미진사, 1986, 309쪽.

다. 이 효과는 그래픽적인 형태로 시간과 공간을 하나의 평면에 통합시키면서 시간의 경과와 지속을 재현하는 새로운 시각적 언어로 나타나는데, 특히 미래주의자들에게 생명과 활력의 원천으로서 가장 중요한 재현 방식이 된다.

1880년대 이후 20세기 초 이탈리아 미래주의자들을 제외하고 그림에 연속적 순간을 재현한 가장 좋은 예는, 움직임을 크로노포토그라피 방식으로 분해하고 통합한 점묘파 그림과 입체파 그림이다. 대표적으로 인상주의 화가 쇠라Georges Pierre Seurat의 점묘화 〈샤위 춤 Chahut〉(1889~1890)(〈그림 2〉)은 춤추는 무희들이 움직이는 흔적을 시각화한 그림으로, 언뜻 보아도 마레의 크로노포토그라피를 떠오르게 한다.

당시 마레의 크로노포토그라피는, 1882년 사진 총제작 이후 이미 여러 잡지와 신문을 통해 과학자·화가·조각가들에게 잘 알려져 있었고, 이 그림이 그려진 1889년에는 크로노포토그라피에 셀룰로이드 롤필름(1888년 코닥 카메라)이 사용되면서 곧 만들어지는 뤼미에르 형제의 시네마토그래

〈그림 2〉 쇠라, 〈샤위 춤〉, 1890년.

피와 거의 유사한 형태를 가진다. 이러한 상황에서 쇠라는 당시 과학적 지식과 빛의 현상을 그림에 결부시키는 데 집착하였고, 직접적이든 간접적이든 마레의 크로노포토그라피는 그의 그림에 많은 영

향을 미쳤다.

그림에서 무용수들의 겹쳐진 행렬, 연속적인 발동작, 연속된 줄무늬 치마 그리고 일렬로 늘어선 조명은 마레의 그래픽적인 패턴과 유사하게 나타나며, 이러한 패턴이 만드는 경쾌한 장면은 춤추는 무희바로 앞에서 순간 포착한 연속사진의 인상을 주기에 충분하다. 게다가 무용수들의 발 아래 연속적으로 겹쳐져 있는 신발 그림자는 무도회의 생동감을 더욱 증폭시키고 있다. "4명의 무용수들 중 2명은 남자인데도 다리의 모습은 전부 여자들의 것으로 그려 놓은 것은 그다리 동작의 시각적 연속성을 표현하고자 했던 것인가?"[5] 물론 우연일 수도 있겠지만 적어도 쇠라는 전통적 그림의 장면이 아니라 의도적으로 카메라의 순간 포착과 움직임의 생생함을 재현하려는 목적으로 마레의 크로노포토그라피를 참고했다.

그 증거로 아론 샤프Aron Sharf는, 1890년 3월 9일 빈센트 반 고흐가 형 테오반 고흐에게 보낸 편지에 이러한 사실을 함축하는 내용이 있다고 언급했다: "쇠라가 매우 이상한 그림을 보여 주고 있어요. (…) 그러한 그림들 속에서 그는 선들의 방향성을 이용해서 사물을 표현해 내려고 노력을 기울이고 있답니다. 그는 분명히 움직임의 인상을 보여 주고 있어요."[6] 또한 그는 최근 르누아르와 관계된 책에서도 이러한 연계를 암시하는 내용이 있다고 했다: "쇠라가 사진을 통해서 움직이는 것을 공부할 수 있다고 믿고 있었으며 또한 마레의 포토그래픽 건(사진 총)에 많은 관심을 가지고 있었다고 밝혔다."[7]

---

5 아론 샤프, 《미술과 사진》, 277쪽.
6 아론 샤프, 《미술과 사진》, 277쪽.
7 아론 샤프, 《미술과 사진》, 277쪽, 주63.

쇠라는 사실 초기에 색채와 광선의 밝은 효과에 관심을 가졌지만 점점 움직임에 관한 공학적인 현상에 주의를 기울이게 되는데,[8] 그 결정적인 계기는 1886년 친구 샤를르 앙리Charles Henri와의 만남이었다. 특히 〈샤위 춤〉을 그리기 바로 1년 전 출간된 앙리의 《색채순환론》이 큰 영향을 미쳤고, 거기서 "인간 신체의 부분적인 기관이 움직이는 속도와 관절 운동의 패턴 등을 논하면서 그는 그 분야에 관한 마레의 작업을 참조했다. 그는 특별히 마레가 1885년 과학아카데미에 제출한 보고서 내용 중에서 입체경 사진에 의해서 움직임의 궤적을 기록하는 기법을 묘사해 놓은 것에 대하여 언급했다."[9]

순간 포착의 그래픽적 통합을 참고하여 제작된 또 다른 그림은 입체파 방식으로 그려진 유명한 작품 마르셀 뒤샹Marcel Duchamp의 〈계단을 내려오는 나부裸婦〉(1911~1912)(〈그림 3〉)다. 이 그림은 입체파 형식과 크로노포토그라피가 조합되고 과학적 담론과 모더니즘 미학이 교차하면서 20세기 초 예술의 새로운 규범을 세우는 상징적인 작품이 된다. 이는 곧 오랫동안 회화를 지배해 온 캔버스로부터 비물질적인 시간의 재현과 탈공간의 오브제 미술로 이동하는 상징적인 제스처로 이해된다. 장면에서 계단을 내려오는 나부의 연속동작과 그것이 만드는 그래픽적 통합 그리고 오늘날 슬로 모션이나 이중 인화와 같이 서로 중첩된 기계적인 움직임의 궤적들은 마레의 크로노포토그라피와 밀접한 관련이 있다.

---

8 쇠라는 헬름홀츠Helmholtz, 브뤼케Brucke, 루우드Rood, 쉐브레이Chevreul, 샤를르 크로Charles Cros, 샤를르 앙리 등의 과학자들과 관계를 맺었다. 그는 특별히 그들이 언급하는 물질과 광학적 현상에 관심을 가졌고 언제나 거기서 언급되는 사진에도 상당한 관심을 가졌다.

9 아론 샤프, 《미술과 사진》, 275쪽.

〈그림 3〉 마르셀 뒤샹, 〈계단을 내려오는 나부〉, 1911~1912년.

뒤샹은 여기서 시간과 속도의 그래픽적 재현을 위해 시기적으로 다소 늦었지만 마레의 크로노포토그라피를 도입한다. 당시 "뒤샹은 여러 번에 걸쳐 자신의 그림이 주로 마레의 사진들이나 그런 종류의 다른 사람들 사진에서 비롯된 것이라고 거리낌 없이 말했다. 그는 또한 1912년경 파리의 미술가 그룹들이 '회전속도계, 다중노출, 초고속 사진들에 자극을 받았다'고 말한 적이 있다."[10] 아마도 당시 대부분의 미술가들에게 사진술과 영화 기법을 활용한 시간과 속도의 재현은 결코 낯선 조형적 언어가 아니었다.

가장 분명한 크로노포토그라피 형태로 그리고 가장 확실한 미래주의 형식으로 제작된 이 그림은, 움직이는 인간과 기계가 공존하고 2차원적 시간과 3차원적 공간이 혼재하면서 어딘가 모르게 미묘한 중성적인 측면을 보여 준다. 이러한 중성적인 재현은 "입체파 작가들에 의해 창안된 양-차원적인 세계의 언어가 새로운 신체를 만들고, 과학적으로 정확하고 게다가 시적인 마레의 이미지는 (…) 입체

10   아론 샤프, 《미술과 사진》, 310쪽.

파적인 병치의 정적주의statisme를 초월하면서 주제의 운동학적이고 감성적인 차원을 표현하는 신호 시스템으로서 적용되었다."[11] 사실상 입체파적인 분해 방식은 엄밀히 말해 시간적인 연속보다 오히려 다차원적인 공간의 동시성에 관계하는 언어가 된다.

그럼에도 불구하고 "크로노포토그라피는 사실상 신체를 비물질화시키고, 운동학적인 에너지를 발산시키기 위해 (…) 신체를 이중적 차원에서 다이내믹하게 서로 겹쳐지고 꾸불꾸불한 리듬으로 펼친다."[12] 결국 마레의 크로노포토그라피는 움직임 효과와 속도의 재현을 위한 새로운 재현 도구가 됨과 동시에, 미래주의자들의 그림에서 볼 수 있듯이 지나치게 경직되고 구속된 그림에 생명을 불어넣는 새로운 활력소가 된다.

그런데 뒤샹의 이 그림은 처음부터 세심하게 의도적으로 기획된 것으로, 한편으로는 입체파 형식의 그림으로부터 또 한편으로는 생리학적이고 해부학적인 그래픽으로부터 진화된 것이다. 전자의 그림은 그가 1911년 가을에 그린 작품 〈서로 다른 평면 위에 그려진 한 여인의 다섯 개의 실루엣〉으로 〈계단을 내려오는 나부〉를 위한 습작이다. 그림은 반복적이고 중복된 이중 인화 이미지와 움직이는 인물의 휘어진 다리와 그 궤적 등이 크로노포토그라피 방식으로 그려져 있지만 전통적 그림의 입체파적인 구성을 보여 준다.

후자의 경우는 이 그림이 그려지기 훨씬 전인 1895년 크로노포토그라피 방식으로 제작된 폴 리쉐Paul Richer의 〈계단을 내려오는 사람의 그래픽〉(〈그림 4〉)이다. 이 그래픽은《인간 신체의 새로운 예술적

---

[11] Marey, *Pionnier de la synthèse du mouvement*, Musee Marey, p. 35.
[12] Marey, *Pionnier de la synthèse du mouvement*, Musee Marey, p. 36.

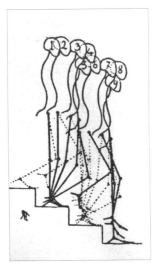

해부학》에 수록된 도판들 중 하나로 원래 1895년 리처드 롱드Richard Londe가 파리 셀페트리에Salpêtrière 병원에서 히스테릭 환자를 위해 촬영한 사진판을 바탕으로 제작된 것이다. 이 도판은 마레의 크로노포토그라피가 보여 주는 연속적 움직임의 그래픽적 분석으로 나타나는데, 놀라울 정도로 뒤샹의 〈계단을 내려오는 나부〉와 거의 같은 구성과 형태를 보여 준다.

〈그림 4〉 폴 리쉐, 〈계단을 내려오는 사람의 그래픽〉, 1895년.

미래주의와 생명의 도약

미래주의는 1910년 주창자 필리포 마리네티Filippo Marinetti에 의해 프랑스 신문《르 피가로Le Figaro》에 선언문 형식(〈미래주의 선언문〉)으로 나타난 예술운동으로, 이탈리아를 중심으로 자코모 발라Giocomo Balla, 움베르토 보치오니Umberto Boccioni, 지노 세베리니Gino Severini, 카를로 카라Carlo Carrà, 안톤 줄리오와 아르투로 브라가글리아 형제Anton Giulio et Arturo Bragaglia 등의 예술가들을 결집시켰다.

미래주의 작가들은 특징적으로 산업적 노동, 폭동, 전차, 야경 등 현대성을 가지는 주제로 급진적 예술을 강조하고, 당시 주류였던 피카소와 브라크의 입체파에 큰 영향을 받았다. 근대주의적 기계 숭배와 세기말 환상을 드러낸 미래주의자들은 베르그송 철학과 니체 철학에 유혹되고 자동차나 비행기 같은 물질적 진보에 매료되어 그 다이내믹한 감각 자체로서 움직임과 속도를 재현하였는데, 영화 촬영기술과 함께 특히 사진의 크로노포토그라피에 많은 관심을 가졌다.

미래주의는 흔히 내적 분열에 의해 반사적으로 형성되는 다른 예술적 경향들과는 다르게 형성된다. 이 운동의 결성은 특별히 세 가지 배경을 가진다. 우선 미래주의는 이탈리아의 불안한 정치 상황에서 야기된 일종의 집단적 히스테리로 이해된다. 19세기 말부터 누적되어 온 이탈리아의 정치적 불안과 극심한 빈부 격차는 노동자 계급을 중심으로 무정부주의자, 민족주의자, 그리고 실용적 타협과 현실주의를 비난하는 극단적 사회주의자들을 집결시켰다. 그들에게 전쟁과 사회적 통합은 국가를 다시 재건시키는 가장 큰 원동력이었다.

또한 "이러한 역동적인 이데올로기에 매료된 젊은 지식인과 예술가들은 졸리티의 극렬한 반대파가 되었으며, 그들의 조바심과 좌절을 표현할 정치적 이념과 문화적 형식을 추구했다."[13] 이를 위해 그들은 의도적으로 무정부주의를 지향하면서 과거의 것과 낡은 것을 부정하고 새로운 것, 속도, 기계, 전쟁 등을 찬양하였다. 게다가 그들은 현실 정치의 불만과 미래에 대한 불안에서 파격적인 선언과 과격한 행동을 했다.

그래서 미래주의는 미래의 진보와 기계주의를 지향하는 물질적 유토피아가 아니라, 오히려 과거를 부정하고 현실을 전복하려는 경향을 가졌다: "그들의 선도자인 마리네티와 많은 동료들이 '미래주의'라는 말로 의미하고자 했던 바는 과거에 대한 거부만큼이나 미래의 불길한 예감을 맹목적으로 숭배하는 것이었다. 그들에게 미래주

---

13 리처드 험프리스, 《미래주의》, 하계훈 옮김, 열화당, 2003, 14쪽.

의는 수많은 압력을 거부하면서 삶에 대한 고도로 정치화한 철학을 의미했으며, 그들은 이러한 압력이 이탈리아의 성장과 근대화에 해롭다고 믿고 있었다."[14]

결국 그들의 과격한 행동은 "정치적 · 문화적 · 심리적 무기력 상태를 치유하는 수단으로 여겨졌다."[15] 게다가 그들은 전쟁을 통해 세상을 정화할 수 있으리라고 생각했기 때문에 오히려 전쟁을 찬양했고, 실제 전쟁이 발발하자 기꺼이 전쟁에 참가하게 된다.

미래주의의 두 번째 형성 배경으로 당시 현실의 모든 물질적 진보를 지향하는 유럽의 '속도 지상주의'를 들 수 있다. 이를 위해 미래주의자들은 현실의 정체된 부동의 장면을 거슬러 언제나 약동하는 다이너미즘을 지향했다. 그들이 실행한 속도의 재현은 19세기 후반 통신과 철도의 발달은 물론이고 팽창하는 대도시와 급속한 산업화와 결코 무관하지 않았다. 이 시기 수천 킬로미터 밖에서 일어난 것을 바로 경험하게 하는 무선전신과 전화, 세상을 하나로 연결하는 우편 통신망, 목적지에 한걸음으로 달려가게 해 주는 기차와 자동차, 특히 시베리아횡단열차의 개통은 당시 사람들의 시간과 거리 개념을 바꾼 엄청난 사건들이었다. 게다가 미지의 세계에 대한 새로운 경험과 정보를 주는 활동사진과 영화는, 점진적으로 계층 간의 벽을 허물면서 대중의 욕구와 의식을 획일화하고 집단화시켰다.[16]

19세기 말 "기술과 문화 속의 일련의 대대적인 변화가 시간과 공간에 대해 생각하고 경험해 보는 독특한 양식을 창조했다. 전화, 무

---

14 리처드 험프리스, 《미래주의》, 14쪽.
15 리처드 험프리스, 《미래주의》, 15쪽.
16 *Le Temp d'un mouvement, cat*., Paris, CNP, 1986, p. 60.

선전신, 엑스레이, 영화, 자전거, 자동차 그리고 비행기를 포함한 기술적 혁신은 이러한 방향 선회에 물질적 토대를 구축했다."[17] 기술적 진보에 의한 의식의 변화는, 또한 개인의 입장에서 바라본 주관적 시간을 모든 것이 표준화되고(1884년부터 그리니치천문대를 기점으로 동일 시간대 구축) 자동화되는(노동을 위한 표준화된 측정 시스템) 객관적 시간으로 이동시켰다. 그 결과 당시 사람들의 시간 개념은 단순한 지리적 개념에서 급속히 속도 개념으로 바뀌게 되었다.[18] 의심할 바 없이 집단의 표준화된 시간과 속도지상주의는 미래주의자들에게 상당한 영향을 미쳤고, 또한 이러한 개념들은 그들의 작업에 직접 나타났다.

미래주의자들을 하나로 집결시킨 또 다른 배경은 그들이 가진 공통된 철학적 신념이었다. 한편으로 미래주의자들은 니체의 '신의 죽음'으로 요약되는 니힐리즘nihilism을 추종하고 특히 니체가 제시한 초인Übermensch(독) 개념을 실천하려 했다. 그러나 그들은 초인의 '권력에의 의지La volonté de la Puissance"(프)를 오히려 급진적 변혁과 강압적이고 물리적인 권력으로 번역하면서, 자신들의 목적 달성을 위해 원래의 권력이 지시하는 의미를 왜곡했다.

또 한편으로 그들은 베르그송Henri Bergson의 창조적 진화Évolution créative(프), 즉 모든 것이 생성-변전devenir-forme(프)의 방식으로 끝없이 이루어지는 진화 개념과, 시간이 공간 속으로 흘러가는 것이 아니라 끝없이 기억과 관계를 가지면서 응축되는 지속 개념을 선호했다. 이러한 배경에서 그들은 "예술가들의 직관적인 능력과 역동적으로 흘

---

17 리처드 험프리스, 《미래주의》, 14쪽.
18 *Le Temp d'un mouvement*, p. 61.

러가는 새로운 형태의 예술이 되는 가능성"[19]을 탐색했는데 거기서 중요한 것은 모든 존재의 근원이 되는 '생명의 도약'이다. 당시 베르그송의 지속, 직관, 진화, 생명, 약동 등의 용어들이 예술가와 이론가들 사이에서 열렬한 토론 대상이 되었다. 그러나 대부분의 미래주의자들에게 이 개념들은 원래의 형이상학을 넘어 현실을 부정하면서 오로지 급진적 변혁의 이론적 토대로 활용되었다.

움직임과 크로노포토그라피

〈미래주의 선언문〉을 기초한 마리네티는 "영화적인 이미지를 높이 평가했는데, 그것은 인간의 간섭 없이 사물들을 분해하고 재구성하면서 움직이는 행위를 반전시키고, 뛰어가는 인물의 속도를 '시간당 200마일 정도까지 높일 수 있다'고 하면서 찬사를 아끼지 않았다."[20] 이와 같이 움직이는 궤적의 통합으로서 마레의 크로노포토그라피는 마리네티로부터 시작된 초기 미래주의의 미적 프로그램에 가장 이상적인 재현 도구가 되었다.

그런데 당시 미래주의자들이 그들의 그림에 과학적인 연구를 위해 창안된 사진의 그래픽적인 도표나 영화적인 방식을 도입하는 것은 그 자체로도 비난의 대상이 되었다. "당시 비평가들은 공정하지는 못하지만 정확하게 미래주의 작가들을 '사진적이다' 영화 같다' 라는 식의 어처구니없는 표현으로 비난하였다."[21] 또한 "어떤 사람은

---

19 리처드 험프리스, 《미래주의》, 15쪽.
20 아론 샤프, 《미술과 사진》, 308쪽.
21 아론 샤프, 《미술과 사진》, 308쪽.

조형적인 문제를 조각나고 분절된 선과 양감의 공식 제작으로 축소시켜 가면서 움직임을 묘사하고 동작을 분석하며 리듬의 환상을 창조해 내려 한다는 것은 엄청난 실수라고 말했다."[22]

당시 비평가들은 미래주의자들을 가리켜 사진사들, 반미술가들, 영화제작자들이라고 비난하면서 특히 1910년 〈미래주의 회화 테크닉 선언〉에서 "달리는 말의 다리는 4개가 아니라 20개다"라는 보치오니의 주장에 관해 다음과 같이 공격했다: "달리는 말은 20개의 다리를 가지고 있다. 이와 같은 엉터리 주장은 순간적인 사진에서부터 비롯된 것이다. 순간적인 사진과 그것의 철저한 계승자인 영화는―이것은 우리의 인생을 무모하고 단조로운 리듬 속으로 집어넣어 분해시켰다―아마도 새로운 고전이 된 것 같은데, 미래주의자들은 이러한 것에 힘입어 박물관에 있는 대가들의 작품을 추방하려고 한다."[23]

입체파를 지지하던 사람들조차 미래주의자들이 사진과 영화를 활용하는 것 자체를 부정적인 행위로 생각했다. 그러나 미래주의자들은 결코 동요하지 않았다. 1913년 이탈리아 미래주의의 선구자 보치오니는 다음과 같이 그들의 비난을 일축했다: "우리는 사진이 미술의 영역 밖에 있다는 이유만으로 그것을 경멸하고 저주하는 입장에 반대해 왔다. 사진은 대상을 객관적으로 재생하고 모사해 냄으로써 리얼리티를 정확하게 재생해야 한다는 회화적인 구속으로부터 미술가들을 완전히 자유스럽게 해 주는 데 성공했기 때문에 가치가 있는 것이다."[24]

---

22 아론 샤프,《미술과 사진》, 308쪽.
23 아론 샤프,《미술과 사진》, 309쪽.
24 아론 샤프,《미술과 사진》, 308쪽.

미래주의 작가들은 움직임의 흔적과 생명의 약동을 시각화하는 방식으로 다이너미즘(역동주의)을 표명하였다. 그들은 마레의 크로노포토그라피의 반복, 머이브리지의 시퀀스, 마흐Mach의 다이내믹그래피dynamicgraphy 혹은 지나간 자리의 흔적인 흰 줄무늬 등을 생생히 살아 있는 생명의 신호로 번역했다. 초기 이탈리아 화가들에게 당시 널리 알려진 마레의 크로노포토그라피는 가장 확실한 다이너미즘 효과로 인식되었다.[25] 특히 자코모 발라와 보치오니는 자신들이 화가임에도 불구하고 다이너미즘을 표방하기 위해 움직임 사진의 그래픽적 효과에 대단한 관심을 가졌다.

"그러나 미래주의자들의 아이디어는 움직임의 분해에 국한되지 않았다. 왜냐하면 오히려 그림, 생생한 에너지, 모더니즘적인 동요, 속도 효과의 활용은 궁극적으로 작품을 만드는 데 있기 때문이다"[26] 다시 말해 그래픽적인 분해 혹은 통합을 통해 움직임을 시각적으로 재구성하는 것은 그들에게 별로 중요하지 않았다. 그들에게 중요한 것은 예컨대 보치오니의 〈공간에서 연속동작의 형태〉(1913)(〈그림 5〉)나 자코모 발라의 〈줄에 묶인 개의 다이너미즘〉(1912)(〈그림 6〉)에서와 같이 움직임의 강렬함을 생생하게 환기시키는 것, 즉 움직임의 시각적 효과였다.

브론즈로 제작된 전자의 작품은 추상적인 형태의 무엇이 연속적으로 비상하는 장면을 환기시킨다. 이 작품은 첫눈에 마레의 크로노

---

25 마레는 이탈리아에 체류한 적이 있는데, 거기서 투린Turin대학의 생리학자 안젤로 모소Angelo Mosso와 교류했다. 게다가 그는 1892년부터 자신의 크로노포토그라피를 밀라노 잡지에 소개했다. 이 잡지를 통해 사람들은 마흐와 머이브리지의 이미지들을 연구했다.

26 Michel Frizot, *Nouvelle histoire de la photographie*, Paris: Bordas, 1994, p. 143.

포토그라피를 생각하게 하지만, 엄밀히 말해 2차원적인 마레의 크로노포토그라피로부터 진화된 움직임에 대한 3차원적 해석이다. 작품이 보여 주는 것은 형태에서 드러나는 시각적인 움직임이 아니라 내부로부터 환기되는 다이너미즘이다. "그의 이론적 핵심은 '역동성' 개념인데 (…) 보치오니의 '절대적인 운동'은 사물의 내적인 힘을 의미하는데, 이것은 작가가 상대적 운동 즉 우주 속의 움직임과 관련하여 제시하고 있다."[27] 또한 "그는 다이내믹을 포착하기 위해, 운동적인 에피소드보다 훨씬 더 주제의 내부적인 리듬을 환기시킬 수 있는 전체적인 형상을 통하여 시공간의 형태들을 분명히 분절시킨다."[28] 보치오니의 조각작품은 결국 마레의 크로노포토그라피로부터

창안된 속도의 아이디어, 즉 추상적인 형태로부터 다이너미즘을 환기시키는 세련된 조각으로 나타난다.

그런데 브론즈로 제작된 보치오니의 조각은 역시 브론즈 모형으로 제작된 마레의 〈실제 나는 새〉와 적어도 3차원적 움직임의 분해라는 관점에서 비교할 수 있다. 왜냐하면 마레는 오래전부터 새가 비상하는 동작을 연구해 왔고, 또 그것을

〈그림 5〉 보치오니, 〈공간에서 연속동작의 형태〉, 1913년.

27 리처드 험프리스, 《미래주의》, 27쪽.
28 *Le Temp d'un mouvement*, p. 63.

위해 자신의 크로노포토그라피를 활용했기 때문이다. 1887년 "연구 결과를 실제로 나타내 보이기 위해서 마레는 몇 장의 사진을 가지고 조각품을 만들었다. 날고 있는 한 마리 갈매기 날개의 연속적인 동작의 모습을 보여 주는 여러 개의 브론즈로 된 조각품들이었는데, 이것은 1887년 3월 21일에 과학아카데미에서 처음 공개되었다. (…) 9월 5일 1/50초 간격으로 촬영된 사진을 보고 만들어 낸 새의 조각품들을 조에트로프zoëtrope를 사용하여 보여 주는데, 그 속에서 그 새 조각품은 계속해서 움직이는 모습으로 나타났다. 마레는 이것을 '비행의 운동학'이라고 불렀다."[29] 물론 보치오니는 자신의 브론즈를 만들 때 마레의 크로노포토그라피를 참조했지만 마레의 브론즈 새는 알지 못했고 또 그 원본 크로노포토그라피도 보지 못했다.

그러나 마레가 만든 브론즈 새 모형들은 비행 항공학의 근본을 이루는 과학적인 연구인 반면, 보치오니의 브론즈 조각은 더 이상 현실의 리얼리즘이 아닌 추상적인 형태로부터 발산하는 움직임과 속도의 다이너미즘을 목적으로 한다: "공간 속에서 움직이는 형태의 영속성을 조각으로 표현할 수 있는 방법을 갈구하던 보치오니는 '순수한 조형의 리듬'에 관해서 언급했다: 형체를 만드는 것이 아니라, 그 형체의 행위를 만드는 것이다."[30] 이는 곧 공간에서 움직임을 재현하는 것이 아니라 그러한 효과를 위한 역동적인 연속성을 창조하는 것이며, 게다가 그는 자신의 〈미래주의자 선언문〉 속에서 이미 이러한 역동적 이론을 암시했다.

후자의 그림 자코모 발라의 〈줄에 묶인 개의 다이너미즘〉에 보이

---

29 아론 샤프, 《미술과 사진》, 309쪽.
30 아론 샤프, 《미술과 사진》, 308쪽.

는 개의 다리는 정확히 보치오니가 선언한 "말의 20개 달린 다리"를 상기시키면서, 개 줄에 묶여 꼬리를 흔들며 열심히 달리는 개를 시각적으로 생생히 보여 준다. 이러한 재현은 단순한 움직임의 재현이 아니라 망막의 잔상과 안 보이는 세계의 상상력을 자극하고 있다. 그래서 "다이너미즘"은 단순한 사진의 크로노포토그라피 모델에 국한되지 않고 오히려 활동사진이나 영화의 연속적인 장면과 같이 응시자의 상상과 기억을 자극하는 형태로 나타난다.

초기 젊은 미래주의자들의 정신적 지주였던 발라는 1912년 로마를 기반으로 움직임을 과학적으로 분석하면서 파산자, 정신병자, 노동자 계급에 대한 인물 묘사에 몰두했다. 거기서 발라는 움직임의 새로운 조형적 언어를 발견했다. 그는 화가지만 카메라에 별로 흥미가 없었던 다른 화가들과 달리 자신의 그림에 움직임을 도입하는 방법으로 사진을 활용하였으며, 게다가 마레의 크로노포토그라피를 조형적 언어로 번역한 탁월한 화가였다.

예컨대 1912년 V자형의 특이한 흑백 프레임을 사용한 발라의 또

〈그림 6〉 자코모 발라, 〈줄에 묶인 개의 다이너미즘〉, 1912년.

다른 그림 〈바이올리니스트의 리듬〉(〈그림 7〉)[31] 역시 크로노포토그라피의 움직임의 통합을 활용한 작품이다. "작품의 구성에서 나타나는 효과는 바이올린을 위로 향하는 동작과 활과 연주자의 손이 강조되어 있다. 분할주의 점들을 길게 늘여 정교하게 채색된 훌륭한 선들은 연속 촬영된 사진의 형태를 연상시킨다."[32] 이 작품에 영감을 준 것은 아마도 1911년 이후 안톤 줄리오 브라가글리아의 포토다이너미즘이었을 것으로 짐작되며, 제목이 암시하듯이 보는 이로 하여금 즉각적으로 바이올린 연주자의 손 떨림을 상상하게 한다.

또한 1912년 발라의 〈발코니에서 달리는 소녀〉도 언뜻 보기에 거의 비슷한 시기에 그려진 마르셀 뒤샹의 〈계단을 내려오는 나부〉(1911)를 상기시키면서 마레의 크로노포토그라피와 아주 유사한 구성과 패턴을 보여 준다. 장면은 점묘화법 형태로 형체가 중복되고

〈그림 7〉 자코모 발라, 〈바이올리니스트의 리듬〉, 1912년.

---

31 이 그림은 1912년 뒤셀도르프 아르투르와 그레테 로웬슈타인 부부의 집을 장식하고 가구를 디자인해 달라는 주문을 받고 그린 그림이다.
32 리처드 험프리스, 《미래주의》, 28쪽.

겹쳐지는 방식으로 걸어가는 소녀의 움직임을 생동감 있게 재현하고 있다. 움직임의 그래픽적 통합을 활용하는 발라의 그림처럼 "원칙적으로 움직임의 사진적 분해를 기반으로 나타나는 모든 미래주의자들의 그림들은 마레의 '기하학적인' 크로노포토그라피에 가장 가깝다."[33]

포토다이너미즘과 속도의 재현

다이너미즘을 표명하는 미래주의 작가들 중 특별히 사진의 그래픽적인 역동성, 즉 포토다이너미즘을 표명하는 작가는 안톤 줄리오와 아르투로 브라가글리아 형제이다.[34] 사진작가인 그들은(안톤 줄리오는 곧 영화감독이 된다) 마레의 크로노포토그라피를 출발점으로 움직임의 재현을 다양한 형태로 실험했는데, 1910년부터 엄격한 형식주의를 뛰어넘어 역동, 생명, 도약, 혁신, 새로움 등 미래주의 그림이 지향하는 정신적인 것을 추구했다.

이를 위해 그들은 움직임의 다양한 효과를 활용하는 포토다이너미즘에 몰두하는데, 1913년 6월 안톤 줄리오 브라가글리아는 이와 같은 효과로 만든 자신의 작품을 전시한 후 곧바로 《미래주의의 포토다이너미즘》을 출간한다. 이 책은 곧 '미래주의 포토다이너미즘의

---

33 Michel Frizot, op. cit., p.143.
34 1910년 미래주의 선언 이후 미래주의자들은 생명의 도약이라는 큰 틀에서 개념적이고 조형적인 역동성에 관계하는 다양한 작품들을 추구했다: 마리네티의 '자유로운 다이너미즘', 보치오니의 '회화적인 다이너미즘', 프라텔라Pratella의 '음악적인 다이너미즘'이 이미 실행되고 있었다. 이러한 상황에서 브라가글리아 형제가 집중한 '포토다이너미즘' 역시 새로운 조형적 언어로서 당시 미래주의 화가들에게 큰 영향을 미쳤다.

표명'으로 마레의 크로노포토그라피와 비교하여 작품의 독창성과 차별성을 강조하면서 발라, 보치오니 같은 당시 미래주의 화가들에게 큰 파장을 불러일으켰다.

포토다이너미즘이 마레의 크로노포토그라피와 구별되는 가장 큰 특징은, 움직임의 분해가 사라지고 역동적인 다양한 효과들이 나타나는 것이다. "안톤 줄리오 브라가글리아에 따르면 포토다이너미즘은 '사진에 미래주의의 미적 교리'를 적용하는 것"이라고 한다. 이러한 관점에서 두 형제의 포토다이너미즘은 엄격하게 움직임의 분석적 해체décomposition analytique(프) 방식을 보여 주는 마레의 크로노포토그라피와 대립한다."[35] 이를 위해 그들은 순간 포착과는 반대로 느린 셔터와 장노출을 활용한다. 왜냐하면 그들의 눈에 크로노포토그라피의 활용은 나비의 움직임을 보다 더 잘 연구하기 위해 나비를 핀으로 고정시키는 것과 같이 오히려 움직임을 죽이기 때문이다.[36]

또한 그들은 "마레의 육상선수들은 생생한 도약이 박탈되고 (…) 외적 기계장치에 의한 꼭두각시 운동학의 주제들이었다"고 비평했다.[37] 다시 말해 장면에서 순간 포착은 오히려 모든 움직임의 동력을 박탈한 죽음의 신호인 반면, 긴 줄무늬를 보여 주면서 움직임을 암시하는 느린 셔터의 사진은 생생한 약동을 보여 주는 힘찬 장면이 된다는 것이다. 그래서 그들은 "로댕의 논쟁을 다시 언급하면서 마레의 '연속적인 단계들' 대신에 역동적인 연속을 강조한다. (…) 우리는 근본적으로 살아 있는 제스처를 위축시키는 회화적인 순간사진

35　*Le Temp d'un mouvement*, p.61.

36　*Le Temp d'un mouvement*, p.61.

37　*Le Temp d'un mouvement*, p.61.

을 몹시 싫어하면서 인정하지 않는다."[38]

    역동적 연속을 보여 주는 포토다이내믹의 예로 브라가글리아 형제의 〈첼로 주자〉(1911)(〈그림 8〉)를 들 수 있다. 장면은 좌우로 혹은 위 아래로 움직이는 첼로 주자의 양손을 생생히 보여 주고 있다. 이 장면은 마레의 크로노포토그라피와 비교해 볼 때 순간사진의 연속적 단계를 제거하고, 오히려 긴 줄무늬로 설명되는 역동적인 움직임을 재현하고 있다. 또한 장면의 검은 배경은 마레의 생리학을 위한 크로노포토그라피의 실험에서 온 것이 아니라 생명의 증거로서 움직임의 흔적과 궤적을 효과적으로 기록하기 위한 목적을 가진다.─ 일반적으로 화가들은 기하학적인 선과 면으로 생명을 사실적으로 재현한다.

    그러나 이때 하얀 선들로 나타나는 이동 궤적은 움직임의 흔적 그

〈그림 8〉 브라가글리아 형제, 〈첼로 주자〉, 1911년.

---

38   Michel Frizot, *Nouvelle histoire de la photographie*, p.143, note 22.

이상의 진행을 암시한다. 그들은 "출발점과 도착점뿐만 아니라 (…) 어떤 중재된 지점에서 순간 포착된 것에서 그 '이동 궤적'을 우선으로 한다: 그러나 연속적인 방식으로 처음부터 끝까지 나타나는 포토다이내믹적인 것은 '제스처의 진행 상태les états inter-movementaux(프)'로 번역할 수 있다."[39]

　포토다이너미즘의 또 다른 특징은 언제나 움직임의 다양한 효과로 암시되는 생명의 도약에 있다. 그러나 "많은 미래주의자들의 연구 기반이 되는 힘, 에너지, 속도, 생명은 포토다이너미즘의 시각적인 측면이 아니라 정신적인 아이디어에 있다."[40] 브라가글리아 형제의 포토다이너미즘은 이론적으로 분절과 분화 그리고 창조적 진화의 모든 근본이 역동적 에너지 즉 생명의 도약으로 설명되는 베르그송 철학의 영향을 받게 되는데, 그 결과 그들은 의도적으로 생명의 약동을 암시하기 위해 비유적으로 사진의 점진적 소멸이나 사라지는 안개 효과 혹은 이중 인화 등을 활용한다.

　예컨대 안톤 줄리오 브리가글리아의 〈포토다이내믹한 타자기 치기〉(1911년)(〈그림 9〉)는 첫눈에 역동적으로 움직이는 타자수의 빠른 손놀림을 보여 준다. 여기서 움직이는 손은 타자기 뒤 검은 배경으로 안개와 같이 사라지는 중복 인화의 형태로 나타나지만 응시자의 망막에서 결코 사라지지 않는다. 오히려 역동적인 손의 모호한 흔적은 망막의 잔상에서 보이지 않는 생명의 파장을 만든다. 이 작품이 보여 주는 실질적인 메시지는 사라지는 손의 흔적으로부터 암시되는 생명의 도약과 그 속도의 재현이다. 결국 안톤 줄리오 브라가

39　Michel Frizot, *Nouvelle histoire de la photographie*, p.141, note 23.
40　Michel Frizot, *Nouvelle histoire de la photographie*, p.141, note 23.

〈그림 9〉 안톤 줄리오 브리가글리아, 〈포토다이내믹한 타자기 치기〉, 1911년.

글리아의 하루살이 같은 연구는 "운동학적 사건의 즉각성을 번역하는 형태의 점진적 소멸"(G. Lista)에 의해 (다른 작품과 분명히) 구별된다. 거기서 중요한 것은 크로노포토그라피가 아니라 계속되는 제스처의 점진적 소멸로 다이너미즘을 번역하려는 긴 노출이다."[41]

움직임의 점진적 소멸과 흔적을 보여 주는 안톤 줄리오 브라가글리아의 또 다른 작품은 1912년에 제작된 포토다이너미즘 〈끈에 묶인 개의 다이너미즘 앞에 선 발라〉(〈그림 10〉)이다. 이 작품은 특이하게 그의 친구 발라의 그림 〈줄에 묶인 개의 다이너미즘〉과 그 옆에 흰 가운을 입고 서 있는 발라를 동시에 촬영한 사진인데, 비교적 선명하게 나온 그림과는 달리 친구 발라의 모습은 거의 형체를 알아볼 수 없을 정도로 희미하게 나타난다. 왜냐하면 다중 이미지의 효과를 위해 장노출 촬영 도중에 모델이 의도적으로 움직였기 때문이다. 여기서 안톤 줄리오 브라가글리아는 그들이 예전에 추방했던 움직임

41 Michel Frizot, Nouvelle histoire de la photographie, p. 141, note 23.

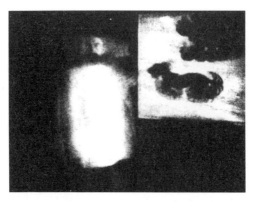

〈그림 10〉 안톤 줄리오 브라가글리아, 〈끈에 묶인 개의 다이너미즘 앞에 선 발라〉, 1912년.

효과에 의존했는데, 이는 일상의 무기력한 존재를 살아 움직이게 하는 삶의 역동성과 그 가능성을 보여 준다.

결과적으로 순간사진의 그래픽적 통합인 크로노포토그라피의 고착된 운동학에 거슬러 포토다이너미즘은 "이상적인 진실이나 하루살이 같은 출현에서 포착되는 삶의 이미지를 표현하는 데 꼭 필요한 아우라 파괴의 책임자로 나타났다."[42] 이러한 관점에서 "브라가글리아 형제의 미래주의 작품은 현대의 기술과 과학으로 설명할 수 없는 현상들과 삶에 통합된 예술 개념을 포용하는 것이었다."[43]

그러나 브라가글리아 형제의 포토다이너미즘은 이미지가 소멸하고 형태가 모호하다는 이유로 미래주의 운동에 동참하는 대부분의 작가들 특히 입체파 화가들의 지지를 얻을 수 없었다. 왜냐하면 화가들은 적어도 작품의 성립 조건으로서 형태가 필요하기 때문이다.

---

[42] *Le Temp d'un mouvement*, p. 61.
[43] 리처드 험프리스, 《미래주의》, 29쪽.

결국 그들은 1913년 미래주의로부터 추방되고 안톤 줄리오 브라가글리아는 그때 연출과 영화로 전향한다.

끝으로 움직임과 속도는 또한 항공사진에서 다시 재현된다. 1930년대 초 이탈리아 곡예 비행사인 필로포 마조에로Pilippo Masoero는 항공기에 카메라를 싣고 비행하는 동안에 나타나는 장면들을 촬영하면서 '미래주의 항공사진'의 영역을 개척했다. 비행기에서 촬영한 사진들은 특별한 형태를 보여 주는데, 포토다이너미즘의 연장선상에서 항공사진은 속도와 움직임의 효과를 극대화하면서 시적 영감을 불러일으키는 중복된 장면을 보여 준다.

마조에로는 과감하게 수직하강하는 장면과 비스듬한 장면 그리고 거꾸로 보이는 역동적인 풍경을 장노출로 기록했다. 그의 작품에 나타난 도시는 어떤 조형적인 덩어리들이 순간적으로 가루가 되어 방사되고 회오리치고 나선형으로 감기는 역동적 이미지를 보여 주는데, 그것은 사진으로 실행하는 일종의 액션 페인팅으로 나타난다.

20세기 초 이탈리아 미래주의자들의 그림이나 사진에서 공통적

〈그림 11〉 필로포 마조에로, 〈항공사진〉, 1935년.

으로 활용된 에티엔-쥘 마레의 크로노포토그라피는 과학적 측면에서 도입된 생리학적 자료가 아니라, 당시 암울한 현실에 거슬러 미래지향적인 개혁을 요구하는 그들의 공통된 정신을 재현하는 조형적 도구로 활용된다. 미래주의자들은 20세기 초 사회적 혼동과 정치적 불안이 교차하는 격동의 시대에 당시 민중이 요구한 새로운 세계의 변혁과 혁신을 갈구하였고, 또 그들의 예술적 행위가 새로운 유토피아를 건설할 수 있다고 믿었다. 초기 미래주의자들의 작업에서 움직임을 재현하기 위해 활용된 사진은 연속동작을 보여 주는 시퀀스 형식이었지만 점진적으로 움직임의 점진적 소멸과 흔적을 보여 주는 에너지의 흔적, 즉 동력학을 암시하는 그래픽적인 궤적으로 나타난다.

그러나 여기서 중요한 것은 움직임을 기록하고 연속적 단계로 분석하는 것이 아니라 진행 중인 행위로서 다이내믹한 이미지와 그것이 만드는 상황적인 인상이다. 또한 마레의 크로노포토그라피는 움직임의 물리적 흔적 그 자체보다 그러한 흔적을 통해 주제의 동작, 속도, 운동, 불안, 동요, 리듬, 패턴 등을 재현하는 효과적인 도구가 된다. 움직임의 느낌을 주는 파장 효과는 그래픽 형태로 시간과 공간을 하나의 평면에 통합시키면서 시간의 경과와 지속을 재현하는 새로운 시각적 언어로 나타난다. 이러한 방식은 점묘파나 입체파 그림에서도 잘 나타나는데 거기서 크로노포토그라피는 속도를 재현하고 움직임을 분해하고 통합한다.

미래주의는 우리가 물질적 유토피아로서 미래의 진보와 기계주의를 지향하는 것으로 알려져 있지만, 오히려 과거를 부정하고 현실을 전복하려는 급진적 경향을 가진다. 이러한 경향은 이탈리아 미래주의자들의 작품에서 그래픽적인 조형 언어로 재현되고, 사회 변혁을 통한 새로운 세계를 건설하려는 야심이 사진의 그래픽적인 역동성, 즉 포토다이너미즘으로 나타난다. 미래주의 화가들의 눈에 다이너미즘은 생생히 살아 있는 생명의 신호로 간주되어 움직임의 흔적과 생명의 약동을 시각화하는 재현 방식이 된다. 결과적으로 미래주의는 그 어떤 다른 예술적 운동보다 움직임과 속도의 재현에 충실히 남았고, 특히 마레의 크로노포토그라피를 적극 활용하는 포토다이너미즘은 제1차 세계대전 이후 포토몽타주, 레이요그램, 키네틱 아트, 이미지 중복, 미장센 등 아방-가르드의 새로운 기법으로 다시 한번 꽃을 피우게 된다.

참고문헌

E. H. 곰브리치,《서양미술사》, 백승길 · 이종숭 옮김, 예경, 1995.

제임스 H. 루빈,《인상주의》, 김석희 옮김, 한길아트, 2001.

아론 샤프,《미술과 사진》, 문범 옮김, 미진사, 1986.

폴 스미스,《인상주의》, 이주연 옮김, 예경, 2002.

이택광,《세계를 뒤흔든 미래주의 선언》, 그린비, 2008.

가브리엘레 크레팔디,《인상주의》, 하지은 옮김, 마로니에북스, 2009.

지젤 프로인트,《사진과 사회》, 성완경 옮김, 눈빛, 2006(Gisèle Freund, *Photographie et société*, Points Histoire, 1974).

리처드 험프리스,《미래주의》, 하계훈 옮김, 열화당, 2003.

BERGHAUS, Günther, *Italian Futurist,Theatre 1909-1944*, Oxford, 1998.

BLUM, Cinzia Sartini, *The Other Modernism:F.T.Marinetti's Futurist Fiction of Power*, California, 1996.

BRAUN, Marta, Picturing Time, The Works of *E.J. Marey (1830-1904)*, Chicago/Londres, Chicago University Press, 1992.

DAGOGNET, François, *E.J.Marey*, Paris, éd. Hazan, 1987.

EITNER, Lorenz, *La peinture du XIXè siècle en Europe*, Hazan, 1993,

FEIST, Peter H., *L'impressionnisme en France* (trans.), Taschen, Köln, 1995.

FOSCA, François, *La Penrure française au XIX eme*, Ed. Pierre Tisné, Paris, 1956.

FRIZOT, Michel, *Nouvelle histoire de la photographie*, Paris, Bordas, 1994.

Rosenblum, Naomi, *Une histoire mondiale de la Photographie*, Paris, Edition Abbeville, 1992.

TAYLOR, Christina, *Futurism:Politics,Painting and Performance*, Ann Arbor, 1979.

WHITE, John J., *Literary Futurism: Wings of the First Avant-Garde*, Oxford, 1990.

Dictionnaire de la photo, Larousse, Paris, 2002.

E.J. Marey, la photographie du mouvement, exposition au CNAC, Centre
Georges Pompidou, Paris 1977.

Marey, Pionnier de la synthèse du mouvement, Musee Marey, Beaune, 1995.

La Passion du mouvement au XIX ème siècle. Hommage à Etienne-Jules Marey,
cat. Beaune, Musée de Marey, 1991.

La Révolution de la photographie instantanée 1880-1890, B.N.P, Paris, 1996.

La Revue du Musée d'Orsay, n°4 printemps, le musée d'Orsay et la Réunion des
musées nationaux, Paris, 1997.

이 글은 《현대유럽철학연구》 제45집(2017. 4)에 게재된 논문 〈디지털 매체 시대의 읽기와 해석학의 과제〉를 수정하여 재수록한 것이다.

물음의 시작: 매체의 변화는 텍스트 쓰기와 읽기를 어떻게 바꾸는가?

보르헤스Jorge Luis Borges의 〈삐에르 메나르, 《돈키호테》의 저자〉는 존재하지 않는 저자의 존재하지 않는 책을 비평하는 방식으로 만들어진 허구의 이야기이다. 이 소설에서 가상의 작가 삐에르 메나르는 20세기 초에 300년 전 세상에 나온 세르반테스의 작품을 복원하려고 계획한다. 그리고 그는 오랜 시도 끝에 하나의 텍스트를 (재)생산한다. 그 텍스트는 세르반테스의 그것과 정확하게 동일하고 글자 하나 다르지 않다. 보르헤스는 이렇게 (재)생산된 텍스트가 세르반테스의 것과는 "완전히 다른 작품"이라고 말한다. 17세기의 세르반테스와 20세기의 메나르가 속한 세계의 신념 체계와 문학적 형상화 방식, 글쓰기 공간이 완전히 다른 만큼, 이 두 작품은 설령 그 문자기호의 배열이 완전히 동일하다 해도 전적으로 다른 작품일 수밖에 없다는 것이다.[1]

캐서린 헤일스N. Katherine Hayles는 보르헤스가 이 소설에 담은 아이디어를 가지고 오늘날의 '매체 번역'에 대해 묻는다. 《돈키호테》 텍스트가 전혀 다른 시대로 옮겨진 것처럼, 이 텍스트가 "새로운 매체로 옮겨졌다고, [다시 말해] 컴퓨터 스크린에 배열된 말이 세르반테스의 원래 인쇄본과 똑같다고 가정"한다면 어떨까? 메나르의 《돈키호테》가 세르반테스의 것과 '완전히 다른 작품'인 것처럼, 전자 버전의 《돈키호테》도 인쇄 버전과는 완전히 다른 어떤 것이 될까?[2] 인쇄된

---

1 루이스 호르헤 보르헤스, 《픽션들》, 황병하 옮김, 민음사, 2002, 81쪽.
2 캐서린 헤일스, 《나의 어머니는 컴퓨터였다》, 이경란·송은주 옮김, 아카넷, 2016, 139~140쪽.

책과 같은 내용을 담은 전자 매체의 텍스트를 우리는 동일한 것으로 보아야 하는가? 아니면 다른 어떤 것으로 보아야 하는가? 매체가 바뀌면, 텍스트는 달라지는가? 매체의 변화가 텍스트 읽기를 어떻게 변화시키는가? 이 글은 이런 물음들로부터 시작한다.

디지털 디바이스로 텍스트를 읽거나 이메일과 짧은 메시지를 주고받고, 컴퓨터로 글을 쓰고 고치고, 인터넷의 검색엔진으로 전 세계의 자료를 찾고, 그 자료가 표시하는 대로 링크된 또 다른 자료들에 접속하면서, 우리의 텍스트 읽기와 쓰기는 변화했고, 변화하고 있다. 전자 매체가 인쇄된 책을 완전히 대체하지는 못했지만, 도서관의 서가 사이를 움직이며 책 표지를 만져 보고 꺼내 읽는 대신 인터넷을 통해 자료를 찾아 모니터 상의 '페이지'들을 훑어보게 되면서, 우리는 확실히 무언가를 획득하는 동시에 무언가를 잃고 있다. 텍스트 읽기와 해석 및 이해의 문제를 다루는 철학적 해석학은 이제까지 텍스트의 내용과 의미와 주제를 다룰 뿐, 그것의 물질성이나 전달 매체에 대해서는 크게 주의를 기울이지 않아 왔다. 그러나 이제 텍스트의 물질성과 매체가 해석이론에 포함되어야 하는 것이 아닐까? 디지털 매체가 글쓰기 테크놀로지를 지배하게 되면서 우리는 읽기의 과정에서 무엇을 읽고 무엇을 얻고 있는가? 이제 이 물음을 살펴야 하는 것 아닌가? 이제 매체 변화가 "읽기와 쓰기 아래 놓여 있는 [기존의 전통적인] 전제들에 대해 무엇을 드러내는지 [또 무엇을 감추는지] 철저하고 정확하게 살펴보는 일"이 필요해 보인다.[3]

텍스트와 텍스트 해석이론에 대한 우리의 이해는 여전히 문자와

3　캐서린 헤일스, 《나의 어머니는 컴퓨터였다》, 140쪽.

인쇄 매체라는 전통적 전제에 매여 있다. 오늘날 전자 텍스트성의 도래는 해석이론이 직면하는 새로운 도전이다. 이 도전에 응답하기 위해 이 글은 매체와 테크놀로지의 변화가 야기하는 쓰기와 읽기의 구조적 변화를 추적해 볼 것이다. 디지털 매체의 도입은 선형線形적인 문자 텍스트를 비선형적이고 개방적인 하이퍼텍스트hypertext 형태로 바꾸어 놓았다. 그리고 정보통신 기술의 발달, 컴퓨터와 스마트폰과 같은 디지털 디바이스 사용의 일반화와 더불어 하이퍼텍스트성 hypertextuality은 점점 더 깊숙이 우리의 일상적 읽기 경험을 지배하게 되었다.

하이퍼텍스트가 가져온 읽기 방식의 변화와 도전은 다음의 두 가지 사실을 확인할 수 있게 한다. 첫째, 매체의 물질성이 변화하는 것은 단지 외재적 형식의 문제가 아니라 텍스트의 내용, 텍스트 쓰기와 읽기 방식 모두를 변화시키는 문제라는 점, 둘째, 이러한 변화로 인해 텍스트 읽기를 둘러싼 시간 경험도 근본적으로 변화하고 있다는 점이다. 따라서 이 두 가지 사실은 하이퍼텍스트 시대에 맞는 해석이론이 새롭게 구성되기 위해서 반드시 함께 고려되어야 할 부분들이다. 이러한 사항들을 고려하면서 이 글은 전통적인 텍스트 읽기와 하이퍼텍스트 읽기 사이의 차이를 살펴보고, 이 둘이 교차하는 지점에서 요청되는 새로운 해석이론의 가능성을 찾아보려고 한다.

글쓰기 테크놀로지의 변천

담화와 글쓰기의 차이

리쾨르Paul Ricœur는 텍스트를 "글쓰기에 의해 고정된 모든 종류의 담화discourse"로 정의한 바 있다.[4] 말로 표현되는 담화는 시간의 흐름 안에서 사라진다. 담화는 오직 글로 씌어졌을 때에만 고정될 수 있다.[5] '글쓰기'는 흘러가는 시간 안에서 사라질 말-소리를 고정된 공간 안에 잡아 두고, 그 말이 소리로 존재하던 '흘러가며, 사라지는, 살아 있는 현재'로부터 그 담화 내용을 분리한다.[6] 글쓰기의 매체인 문자, 특히 표음문자는 "변해 가는 소리의 세계를 정지된 반半영구적인 공간의 세계로 변형시킨다."[7] 돌이나 나무에 새기든, 종이에 쓰거나 인쇄하든 글쓰기는 그렇게 시간적 소멸로부터 담화의 내용을 보호하는 공간적 고정이다. 그렇게 글쓰기는 담화를 청각적 대상에서 시각적 대상으로 전환한다.

말소리를 공간 안에 고정하고 시각적 대상으로 사물화하여 객관화하는 글쓰기는 담화를 질서 지우고 배열하면서, 그와 동시에 사고체계도 변화시킨다. "말로 된 자료를 공간 속에 시각적으로 제시하는 데에는 그 자체의 특유한 조직체계economy가 있으며, 그 움직임과 구조에 관한 특유한 법칙이 있다."[8] 글로 쓰인 텍스트는 오른쪽에서 왼쪽 또는 왼쪽에서 오른쪽으로 한 방향을 따라 읽히고, 각각 신체의 머리, 몸통, 발에 유비되는 제목heading, 본문body, 각주footnote 등으로 이루어진 하나의 구조적 단위를 이룬다. 그런가 하면, 글쓰기는 사유를 행별로 정돈한다. 그렇게 공간적 배치에 맞춰 글로 써지면서 머리를 맴돌면서 순환하던 생각은 선형적linear으로 배열된다. 글

4 폴 리쾨르 , 《텍스트에서 행동으로》, 박병수 · 남기영 편역, 아카넷, 2002, 161쪽.
5 폴 리쾨르, 《해석이론》, 김윤성 · 조현범 옮김, 서광사, 1998, 61쪽.
6 월터 J. 옹, 《구술문화와 문자문화》, 이기우 · 임명진 옮김, 문예출판사, 1996, 129쪽.
7 월터 J. 옹, 《구술문화와 문자문화》, 142쪽.
8 월터 J. 옹, 《구술문화와 문자문화》, 154쪽.

쓰기를 통해 생각을 꺼내 놓고 일시적 담화였던 것을 주체와 분리된 고정적 객체로 만들게 되면서, 생각과 담화는 객관적 성찰의 대상이 되어 다듬어질 수 있게 된다. 말은 뱉어지면 돌이킬 수 없지만, 글은 숙고의 과정을 거쳐 다듬고 보충하고 삭제하고 다시 쓸 수 있다.

우리는 흔히 텍스트를 말의 기록이라고 생각하지만, 문자로 쓰인 텍스트는 말하기와는 범주적으로 다르다. 말하기는 말하고 듣는 대화의 당사자들이 동시에 현존하는 담화 상황에 의존한다. 말의 지시적 의미는 바로 이 구체적이고 직접적인 담화 상황과 연결된다. 대화 당사자들은 묻고 답할 수 있고, 의미를 지시하고 가리킬 수 있다.[9] 반면, 문자 텍스트는 저자 없이, 저자를 떠나 독립적으로 생존한다. 텍스트를 생산하는 쪽과 수용하는 쪽, 양자는 전혀 다른 시간과 공간에서 각기 독립적으로 텍스트와 관계 맺는다. "독자는 글쓰기 행위에 부재하고, 작가는 글 읽기 행위에 부재한다."[10]

따라서 텍스트 읽기는 말하기의 대화적 상황과 달리 일방적이다. 텍스트는 그것을 생산한 저자와는 떨어져 있고, 텍스트의 내용은 과거에 쓰인 대로 고정되어 있다. 《파이드로스》에서 소크라테스는 문자를 부적절한 기술techne이라고 경계하면서 대화 상황이나 논쟁의 맥락적 차이에 무감각한 문자 텍스트의 고집스러움을 지적한다. 말하기와 달리 글은 어떤 질문을 던지든 무겁게 침묵하고 질문과 상관없이 언제나 같은 말만 되풀이한다. "일단 글로 쓰이고 나면, 모든 말은 장소를 가리지 않고 그것을 이해하는 사람들 주변과 그 말이 진

---

9   뱅베니스트Émile Benveniste는 이것을 '담화의 시간'이라고 부른다. 에밀 뱅베니스트, 〈언어활동과 인간 경험〉, 《일반 언어학의 제 문제 II》, 황경자 옮김, 민음사, 1992.
10   이와 같은 상황은 리쾨르는 '이중의 소멸double eclipse'이라고 부른다. 폴 리쾨르, 《텍스트에서 행동으로》, 162쪽.

혀 먹히지 않는 사람들 주변을 똑같이 맴돌면서, 말을 걸어야 할 사람들과 그렇지 않은 사람들을 가려 알지 못한다."[11] 텍스트는 질문에 답하지 못하고 논쟁에 참여하지 못하면서 자기 주장을 반복한다. 따라서 "텍스트를 직접 반박할 방법은 없다. 완벽하게 반박할지라도 텍스트는 그 뒤에도 여전히 전적으로 전과 같은 것을 계속 말한다."[12] 반박과 논쟁은 텍스트 안으로 침투하지 못하고 언제나 바깥에 있다. 특히 어떤 책이 정전正典 · canon이 되고 나면, '책에 이렇게 씌어 있다'라고 말하는 것이 곧 '이것이 진리이다'라고 말하는 것과 같은 의미로 받아들여지게 된다. 인쇄 기술은 이러한 텍스트의 폐쇄성을 더욱 부추긴다. 인쇄된 책은 완성된 형태로 주어지고, 동일한 것으로 대량생산되어 보급된다. 그렇게 "인쇄된 텍스트는 저자의 말을 결정적인, 혹은 '최종적인' 형태로 나타낸다고 여겨진다. 왜냐하면 인쇄는 최종적인 형태로 나타낸 것이어야 충족된다고 여겨지기 때문이다."[13]

글쓰기 테크놀로지의 변천

기원전 3500년 문자가 처음 발명된 이래로 문자의 역사에서 글쓰기 매체와 테크놀로지는 지속적인 변천을 겪어 왔다. 가장 오래된 글쓰기 테크놀로지였던 파피루스는 양피지와 종이로 대체되었고, 15세기 유럽에서 도입된 활판인쇄 기술은 글쓰기를 혁명적으로 변화시켰다. 19세기 후반에 접어들면서 타자기와 같은 글쓰기 기계

---

11   플라톤, 《파이드로스》, 조대호 옮김, 문예출판사, 2008, 143~144쪽.
12   월터 J. 옹, 《구술문화와 문자문화》, 124쪽.
13   월터 J. 옹, 《구술문화와 문자문화》, 200쪽.

가 등장했고, 오늘날에는 전자 매체가 글쓰기 테크놀로지를 지배하고 있다. 전자 매체의 지배적 영향력에도 불구하고 여전히 우리에게 내면화된 글쓰기 테크놀로지의 전형은 '인쇄된 책'이다. 인쇄 기술은 문자 텍스트 일반이 가지고 있던 언어의 공간화, 텍스트의 선형성, 반복 가능성, 그리고 고정성 같은 특징들을 완성했다.[14]

인쇄된 텍스트는 저자와 그가 속해 있던 구체적 상황에서 떨어져 나와 시각적 대상물로 익명의 독자와 글을 읽을 줄 아는 미래의 잠재적 독자들에게 말을 건넨다. 리쾨르는 저자와 담화 상황이 지워진 텍스트의 '이중적 소멸' 공간에서 해석이 시작된다고 강조한다. 저자가 자신의 담화 내용을 확인해 줄 수 없고, 독자가 담화의 상황적 지시 관계를 확인할 수 없을 때, 의미론적 자율성을 지닌 문자기호들은 해석을 기다리는 대상이 된다. 지시적 의미나 구체적 맥락이 사라진 곳에서 텍스트는 풀어야 할 수수께끼처럼 주어진다.

'텍스트text'는 어원적으로 직물織物을 의미한다. 그리고 우리에게 주어지는 텍스트는 "미완의 직물이다: 그것들은 수평적 일직선들('날실')로만 구성되어 있고, 완성된 직물과 같은 수직적 실들('씨실')로는 짜여 있지 않다. 문자 기록물(텍스트들의 우주)은 하나의 반제품이다."[15] 이 반제품을 완성하는 것이 '읽기'이다. 잠재적 가능성으로 주어진 텍스트의 의미는 읽히는 순간에만 활성화된다. "읽히지 않은 텍스트는 하나의 빈 형식일 뿐이며, 실현되지 않은 가능성으로만 머물게 된다. 텍스트는 그러므로 활성화되기 위해 시간적 과정이며 시

---

14   제이 데이비드 볼터, 《글쓰기 공간: 컴퓨터와 하이퍼텍스트 그리고 인쇄의 재매개》, 김익현 옮김, 커뮤니케이션북스, 2010, 34쪽.
15   빌렘 플루서, 《디지털시대의 글쓰기: 글쓰기에 미래는 있는가》, 윤종석 옮김, 문예출판사, 1998, 75쪽.

간적 사건인 독서를 요청한다."[16]

텍스트 쓰기와 읽기의 시간성

리쾨르는 텍스트 쓰기와 읽기에 개입된 시간성의 의미를 이해하는 데 중요한 통찰을 제공한다. 리쾨르에게 텍스트 쓰기는 곧 시간의 형상화configuration를 의미한다.[17] 리쾨르에게 '텍스트'란 하나의 내적 배열, 하나의 연관성, 하나의 내적 짜임새를 갖는 작품을 말한다.[18] 분산된 개별 사건들은 텍스트가 구성하는 하나의 줄거리 안에 정돈되면서 하나의 윤곽, 하나의 경계, 하나의 범위, 시작과 중간과 끝으로 이루어진 논리적이고 시간적인 질서를 갖게 된다. 리쾨르에 의하면, 그렇게 '작품의 시간'이 생겨난다. 작품 안에서 시간은 구조화되고, 텍스트의 세계는 자기만의 고유한 시간 질서를 갖는다.

이와 유사하게 플루서Vilém Flusser는 문자의 발명 이후에야 인류에게 역사의식이 출현하게 되었다고 주장한다. "역사는 글쓰기 행위의 한 기능이자 스스로를 글쓰기 행위 속에서 표현하는 의식의 기능이기도 하다."[19] 글쓰기가 어떻게 인류에게 연대기적 시간 의식, '역사

---

16 김애령, 〈시간의 이해, 이해의 시간: 리쾨르의 시간의 재형상화 논의〉, 《해석학 연구》, 2002, 171쪽.

17 폴 리쾨르, 《시간과 이야기 1. 줄거리와 역사 이야기》, 김한식 · 이경래 옮김, 문학과 지성사, 1999 참조.

18 Ricœur, P., *Hermeneutik und Strukturalismus. Der Konflikt der Interpretationen I*, München, 1973, S. 83.

19 빌렘 플루서, 《디지털시대의 글쓰기》, 25쪽. 반면 글쓰기와 달리 기술적 장치가 매개된 '기술적 영상'은 '탈역사적'이다. "역사적으로 볼 때, 전통적인 그림은 전前역사적이고, 기술적인 영상은 '탈脫역사적'이다." 플루서에 따르면, 기술적 영상은 비상징적이고, 객관적이다. 그것은 그림이 아니라 창문으로 간주된다. 그것은 해독을 필요로 하지 않는다. "기술적 영상은 그것의 의미와 동일한 현실 표면 위에 놓여 있는 것처럼 보인다. 따라서 우리가 표면 위에서 보고 있는 것은 우리가 해독해야 할

의식'을 가능하게 했을까? 문자의 발명이 어떻게 시간적 연쇄 안에서 '사건'이라는 의식을 가능하게 했을까?[20] 문자기록이 시간 경험을 공간적으로 가시화하게 되면서, 시간의 흐름을 객관적 선후관계로, 또 인과적이고 연쇄적인 사건으로 의식하는 것이 가능해졌다. 문자 텍스트는 개별 사건들을 하나의 연쇄적인 전체로 구조화할 수 있다.

문자 텍스트가 기록한 시간적 사건들은, 그것이 아직 읽히지 못하는 한 잠재적인 기호의 상태로 잠들어 있다. 텍스트는 독서 활동을 통해서만 온전한 의미를 획득하면서 깨어날 수 있다.[21] 읽기는 독자가 텍스트의 시간을 다시 활성화하는 새로운 사건이다. 리쾨르에 따르면, 텍스트 이전의 시간적 사건은 텍스트 안에서 텍스트의 시간으로 형상화되고, 텍스트로 형상화된 시간은 해석을 기다리는 잠재적 기호의 상태로 독자에게 주어진다. 독자는 읽기라는 새로운 사건화를 통해 텍스트의 시간을 재형상화한다. 이 과정의 각 활동은 시간이라는 틀 안에 자리 잡는다. 텍스트 쓰기는 우연적 사건을 하나의 연쇄로 기록하고, 텍스트 읽기는 잠들어 있던 텍스트의 시간을 일깨워 활성화한다.

그러나 리쾨르의 해석이론이 제시한 텍스트 쓰기와 읽기의 시간

상징이 아니라 세계의 징후이며, 비록 간접적이기는 하지만 그 징후를 통해 세계가 간파될 수 있다." 빌렘 플루서, 《사진의 철학의 위하여》, 윤종석 옮김, 커뮤니케이션북스, 1999, 11쪽; 12쪽.

20 "문자의 발명 이전에는 아무것도 역사적으로 일어나지 않았고 모든 것은 단지 그저 사건으로서 터졌기ereignen 때문이다. 어떤 것이 일어날 수 있기 위해서는, 그것은 어떤 의식에 의해서 일어난 일(과정)로서 지각되고 파악되어져야만 한다. (…) 비로소 문자의 발명과 더불어, 즉 역사의식의 출현과 더불어, 일어나는 일Geschehenis이 가능하게 된다." 빌렘 플루서, 《디지털시대의 글쓰기》, 24쪽.

21 폴 리쾨르, 《시간과 이야기 3. 이야기된 시간》, 김한식 옮김, 문학과지성사, 2004, 306쪽.

성은 인쇄 매체에 적합한 것이다. 디지털 매체의 글쓰기는 인쇄 매체가 하는 것처럼 선형적이고 고정된 텍스트를 생산하지 않고, 디지털 매체에서 읽기의 시간은 선형적으로 흐르지 않는다. 뒤에서 더 자세히 다루게 될 디지털 매체에서의 읽기에는 인쇄 매체 읽기와는 달리 시간적 '간격interval'의 경험이 없다.

디지털 매체의 글쓰기 테크놀로지

디지털 글쓰기

80년대 이래 컴퓨터 워드프로세싱, 데이터베이스, 이메일, 월드와이드웹, 컴퓨터 그래픽 등 디지털 매체가 점차 인쇄 매체를 대체하고 있다. 이러한 사실에 주목하면서, 볼터Jay David Bolter는 오늘날을 '후기 인쇄 시대'라고 명명했다.[22] 여전히 인쇄가 글쓰기와 텍스트에 대한 우리의 인식을 강하게 지배하고 있지만, 인터넷과 컴퓨터 사용이 일상화되면서 인쇄 텍스트에 대한 우리의 사회적·문화적 태도와 사용 방식은 빠르게 변하고 있다. 그러나 이 변화는 급진적이기보다는 과정적이고, 단절적이기보다는 매개적이다. 디지털 글쓰기는 한편으로는 전통적 글쓰기를 연속하여 강화하고, 다른 한편으로는 전적으로 다른 글쓰기 공간을 개시한다. 연속성의 차원에서 디지털 글쓰기는 인쇄 책자의 생산 향상을 위해 빠르고 다루기 쉬운 워드프로세서나 전자 식자로 사용된다. 반면 전환의 차원에서 디지털 글쓰기는 인쇄 텍스트의 한계와 문자의 물질성을 뛰어넘는 새로운

---

22 제이 데이비드 볼터, 《글쓰기 공간: 컴퓨터와 하이퍼텍스트 그리고 인쇄의 재매개》, 김익현 옮김, 커뮤니케이션북스, 2010, 3쪽.

가능성을 연다.

무엇보다도 전자 텍스트는 문자 텍스트의 폐쇄성을 극복할 수 있는 글쓰기 공간을 연다. 문자 텍스트는 인쇄되고 나면 변형이 불가능하다. 따라서 인쇄된 텍스트는 선형적인 읽기를 강요하면서 변경할 수 없는 소수의 경로만을 따르도록 요구한다. 전통적 의미의 '모범적 읽기'는 텍스트 안에 담긴 '본래 뜻'을 해석하는 것을 목적으로 해 왔다. 그리고 그 올바른 해석을 매개로 "고정된 인쇄 텍스트는 문화적 통일성을 증진시키기 위해 문화적인 정전을 만들 수 있다."[23] 그러나 전자 매체를 이용한 글쓰기 테크놀로지는 인쇄 매체와 달리 텍스트의 통일된 목소리를 주장하지 못하게 한다. 인쇄 텍스트의 폐쇄성, 선형성, 그리고 지정된 방향으로 읽기라는 규범은 디지털 매체가 연 새로운 글쓰기 공간에서 해체되고 있다. 그것을 디지털 매체 글쓰기의 하이퍼텍스트성이라고 말할 수 있다.

하이퍼텍스트의 특징

디지털 매체의 글쓰기 공간은 '하이퍼텍스트'이다.[24] "하이퍼텍스트는 텍스트 덩어리—바르트가 렉시아lexia라고 부른 것—와 그것을 연결해 주는 전자적 링크로 구성된 텍스트를 의미한다." 하이퍼텍스트의 가장 일반적인 형태는 인터넷이 연결된 컴퓨터 화면 상에서 특정

---

23 제이 데이비드 볼터, 《글쓰기 공간》, 17쪽.
24 '하이퍼텍스트'라는 용어는 1960년 초반 테드 넬슨Ted Nelson이 처음 만든 것이다. 그는 하이퍼텍스트를 "비선형적인 글쓰기와 글읽기"로 정의했다. 그가 구상했던 것은 "글을 쓰는 사람이 텍스트들을 언제라도 다시 고칠 수 있고 또 다양한 텍스트들을 동시에 비교할 수 있으며 이미 작업한 텍스트라도 다시 불러 올 수 있는 시스템"이었다. 《하이퍼텍스트: 디지털미학의 키워드》, 연세대학교출판부, 2003, 19쪽. 넬슨이 구상했던 이 '네트워크 글쓰기'를 실현해 준 것은 컴퓨터였다.

한 문구들이 다른 페이지로 링크되어 연결되는 방식으로 활용된다. 링크되는 것은 텍스트만이 아니다. 지도나 다이어그램 같은 각종 시각 정보, 사진, 소리, 동영상 등 온갖 형태의 데이터 소스source들을 첨가해 하이퍼텍스트는 **하이퍼미디어**로 확장될 수 있다. 데이터 소스들은 모두 디지털 코드로 전환되어 저장되고 연결되고 제공된다. 한마디로 "하이퍼텍스트는 언어적, 비언어적 정보를 링크하는 정보 매체를 지칭한다."[25]

하이퍼텍스트가 실현한 링크 걸기는 어떤 의미에서 이미 수백 년 동안 인쇄 책자에서 사용되어 왔던 주석 달기의 전자적 변형으로 볼 수도 있다. 그러나 인쇄 책자의 주석과 디지털 텍스트의 전자적 링크 사이에는 중대한 질적 차이가 있다. 하이퍼텍스트의 링크는 주석과 달리 단지 한 층위 깊은 설명이나 부수적 정보 텍스트를 제공하는 데 머물지 않고, 링크된 새로운 페이지로 이동할 수 있게 한다. 그 페이지는 또 다시 링크로 연결되는 문구들을 포함할 수 있으며, 이 문구들은 독자를 또다시 다른 새로운 페이지로 인도할 수 있다. 이 과정이 전자 텍스트 공간 안에서의 무한정한 이동을 보장한다.[26] 이 이동은 양방향으로도 가능하다. 또한 인쇄 매체의 주석은 원 텍스트에 종속적이지만, 인터넷상에서는 "링크를 눌러 나타나는 [어떤] 페이지도 처음 [또는 이전] 페이지에 종속적일 필요가 없다." 모든 페이지들은 개별적으로 동등한 중요도를 갖는 네트워크를 형성한다. 우리는 "이런 네트워크 [자체]를 하이퍼텍스트라고 부른다."[27] 이렇게

---

[25] 조지 P. 란도, 《하이퍼텍스트 3.0》, 김익현 옮김, 커뮤니케이션북스, 2009, 4쪽.
[26] 제이 데이비드 볼터, 《글쓰기 공간》, 41쪽. 현실적으로는 아닐지라도 원칙적으로는 '무한정한' 이동이 보장된다.
[27] 제이 데이비드 볼터, 《글쓰기 공간》, 42쪽.

하이퍼텍스트는 인쇄 텍스트와 달리 **비선형적, 반ᵗ위계적 구조**를 가지고 있다.

　다른 한편 하이퍼텍스트는 인쇄된 문자 텍스트와 달리 독자의 개입에 개방되어 있으며 텍스트와 독자 사이의 **상호작용**에 열려 있다. 하이퍼텍스트의 연결 안에서 독자는 읽기의 경로와 텍스트를 읽는 순서를 자유롭게 선택할 수 있다. 인쇄된 텍스트에서는 소수의 경로만이 제시되고 독자들의 읽기 순서는 상대적으로 제한되지만, 네트워크로 확장될 수 있는 하이퍼텍스트는 무수히 다른 읽기 경로의 선택 가능성을 포함한다. "인쇄 책의 기본적인 순서는 페이지로 정해지며, 다른 요소들은 부차적인 위치에 머무는 반면, 하이퍼텍스트는 어떤 표준 순서를 가질 필요가 없다."[28] 경로를 선택할 수 있는 자유가 주어지면서, 하이퍼텍스트 읽기는 단일한 의미 해석을 지향할 수 없게 된다. "하이퍼텍스트의 기본적인 특징 중 하나는 조직의 중심축이 따로 없이 링크로 연결된 텍스트 몸체들로 구성되어 있다는 점이다."[29] 따라서 독자는 자신의 관심에 따라 능동적으로 경로를 만들어 가며 읽을 수 있다. 그렇게 만들어진 읽기의 경로들이 동일할 수 없으므로 "네트워크 텍스트는 단일한 의미를 갖지 않을 것이다. 그것은 어떤 것이 우월한 지위를 갖지 않은 채 다중성을 유지할 수 있다."[30] 그렇듯 하이퍼텍스트 읽기는 **탈중심적**이다.

28　제이 데이비드 볼터, 《글쓰기 공간》, 54쪽.
29　조지 P. 란도, 《하이퍼텍스트 3.0》, 87쪽.
30　제이 데이비드 볼터, 《글쓰기 공간》, 54쪽.

하이퍼텍스트 읽기

하이퍼텍스트 읽기가 개방한 가능성과 곤경

전통적 방식으로 인쇄된 텍스트가 폐쇄적인 읽기와 하나의 '정당한' 의미 해석을 강요한다고 비판하는 비평이론의 관점에서 보자면,[31] 하이퍼텍스트는 다양한 읽기의 가능성을 개방한다는 점에서 독서 방식의 근본적 변화를 기대할 수 있게 한다. 하이퍼텍스트는 하나의 읽기 경로를 강요하지 않기 때문에 독자는 (원칙적으로) 자유롭게 능동적으로 자기만의 경로를 만들어 가며 텍스트를 읽을 수 있다.

그러나 다른 한편 하이퍼텍스트가 제공하는 이와 같은 가능성이 텍스트를 읽는 경험을 곤경에 빠뜨리기도 한다. 무엇보다 가장 먼저 "하이퍼텍스트를 읽으면서 느끼는 방향 상실의 문제"가 있다. "하이퍼텍스트로 이루어진 문서나 소설을 읽을 때, 우리는 전체적인 조망을 상실한다는 인상을 자주 받는다."[32] 그 이유는 첫째, 연상을 통한 링크가 연속되면서 계속 새로운 페이지들로 연결될 때, 우리는 우리가 처음 어디에서 어떤 생각으로 출발했는지, 어떤 경로를 거쳐 왜 이 자리에 도달하게 되었는지, 생각의 끈을 잃어버릴 수 있다. 전통적인 인쇄 매체의 글쓰기에서 서술은 순차적인 구조를 가지고 있어서 전체적인 줄거리plot 안에서 지금 벌어지는 읽기의 지형적 위치를 쉽게 발견할 수 있다. 그러나 하이퍼텍스트의 웹 구조는 "다양한 표

---

[31] 란도는 바르트, 푸코, 바흐친, 데리다 등이 이미 비평이론 안에서 '링크, 웹, 네트워크, 짜임' 같은 하이퍼텍스트의 용어들을 선취해 사용해 왔음을 지적한다. 이들은 이 용어들을 통해 텍스트의 세계에 포함된 권력, 위계, 선형성 등을 비판했다. 조지 P. 란도, 《하이퍼텍스트 3.0》, 3쪽; 81쪽.

[32] 유현주, 《하이퍼텍스트: 디지털미학의 키워드》, 26쪽.

현 방법과 결합 방식을 자랑하지만 일관성을 잃어버릴 위험성을 포함한다."[33] 둘째, 하이퍼텍스트의 링크들로 이루어진 지시 관계는 의미론적이기보다는 기계적이다. "하이퍼텍스트의 객체들은 의미론적으로 구별되지 않고 단지 정보를 담은 하나의 용기容器로만 파악되기 때문이다. 다시 말하면, 기계는 아직 컨텍스트를 읽을 수 없다."[34] 따라서 링크를 통해 접하게 되는 정보들은 논리적·유기적으로 연결되어 있지 않으며, 산발적이고 분산적인 형태로 다가온다. 인터넷 웹 서핑 중에 우리가 느끼게 되는 "사이버 공간에서 길 잃기lost in Cyberspace"는 바로 이러한 방향 상실의 경험을 말한다.[35]

하이퍼텍스트가 제공하는 선택권의 이면

하이퍼텍스트의 이면에는 그것을 구성하는 코딩coding이 있다. 하이퍼텍스트가 독자에게 무한한 경로의 선택권을 제공할 수 있으려면, 그 텍스트를 설계하는 작가는 모든 가닥들과 결과들의 데이터를 미리 만들어 두어야 한다. 따라서 독자의 선택권은 '가상적'이다. 하이퍼텍스트가 제공하는 풍요로움은 "이 모든 가능성이 컴퓨터에 저장되어 있어서 재배열하고, 삽입하고, 전개하는 작업을 할 수 있을 때에만 가능"하다. 따라서 하이퍼텍스트의 선택 가능성을 높이기 위해서는 더 촘촘하게 데이터가 저장되고 경로가 준비되어야 한다. "높은 레벨에서 유동성이 생기고 그 결과 내러티브가 모호성을 가지려면, 낮은 수준에서는 엄밀성과 정확성이 요구된다."[36]

---

33 같은 곳.
34 유현주, 《하이퍼텍스트: 디지털미학의 키워드》, 28쪽.
35 같은 곳.
36 캐서린 헤일스, 《나의 어머니는 컴퓨터였다. 디지털 주체와 문학 텍스트》, 89쪽; 이

디지털 매체의 텍스트는 단지 문자 텍스트를 종이에서 디지털 장치에 옮겨 놓은 것이 아니다. "무엇보다 먼저, 전자 텍스트 생성 과정은 컴퓨터 코드를 조작하는 것과 관련된 문제이기 때문에 독자-작가가 화면에서 접하는 모든 텍스트는 가상 텍스트이다." 그 가상 텍스트를 만드는 프로그램은 문자라는 낡은 글쓰기 테크놀로지의 안정성에 비해 불안정하고 가변적이다. 하이퍼텍스트를 생산하는 프로그램들이 끊임없이 빠른 속도로 변화하고 데이터를 저장하는 장치의 포맷 양식도 쉼 없이 진화하고 있기 때문에, 하이퍼텍스트로 창작된 어떤 소설들은 안정적으로 계속 읽히기가 어렵다.

디지털 매체로 인한 읽기의 변형: 세 가지 유형의 읽기

텍스트에 가변성과 개방성을 부여한 디지털 매체는 읽기를 어떻게 변형하는가? 니콜라스 카Nicholas Carr는 디지털 매체가 텍스트 읽기에 집중하는 정도와 빠져드는 정도에 심각한 영향을 미친다는 사

제는 더 이상 인터넷상에서 그 흔적을 찾을 수 없는 《디지털 구보 2001》은 지금은 사라진 전자책 업체 '북토피아'가 인터넷MBC와 공동 제작한 '한국 최초의 본격 하이퍼텍스트 소설'이었다. 이 소설의 시도와 그것이 드러낸 한계는 '하이퍼텍스트'의 가능성 자체에 대한 생각거리를 남긴다. 여러 명의 작가들과 프로그래머들의 공동 작업으로 10개월의 제작 기간을 거쳐 만들어진 이 소설은 온전한 의미의 하이퍼텍스트라고 할 수 없다는 평가를 받았다. "실제 이 작품의 플롯은 세 화자를 병렬시켜 놓았을 뿐이지, 이야기의 분기점을 설정해 놓고 독자에게 자기가 원하는 플롯을 선택하게 하는 하이퍼텍스트의 본래 구상과는 동떨어졌다는 약점이 있다"는 것이다. 하이퍼텍스트 소설이 성공하기 위해서는 플롯의 병렬이 아니라, 독자가 경로 선택을 통해 움직일 수 있는 많은 가닥들, 연결점들을 만들어 두어야 하는데, 이 소설은 그런 점에서 충분히 성공적이지 못했던 것이다. 김명석, 〈하이퍼텍스트소설 《디지털 구보 2001》의 서사분석〉, 《현대문학의 연구》, 20권, 2003 참조. 그러나 이러한 사정은 그만큼 여러 갈래의 플롯 전개가 가능하도록 촘촘하게 짜임을 구성하고 다양한 읽기의 열린 가능성을 미리 만들어 두는 작업이 쉽지 않고, 그만큼 많은 고려를 필요로 한다는 것을 알려준다.

실에 주목한다. 인터넷으로 접근할 수 있는 자료의 양과 범위는 엄청나게 확대되었고, 우리는 아주 쉽게 웹상에서 모든 종류의 정보를 찾고 이용할 수 있다. 그러나 이런 용이성의 이면에서 "문서에 대한 집중력은 더욱 약해지고 일시적인 것이 되었다. 검색 또한 온라인 저작물의 분절화를 초래했다."[37] 하이퍼텍스트 읽기에 익숙해지면서 우리는 점차 인터넷에서 찾은 자료를 처음부터 끝까지 꼼꼼히 읽지 않게 되었다. 우리는 화면상의 전자 텍스트를 천천히 행별로 읽기보다 빠르게 전체적으로 훑는다. 텍스트 파편들의 네트워크 안에서 집중적인 독서는 점점 더 어려워진다. 카는, 컴퓨터와 디지털 디바이스, 인터넷을 이용한 하이퍼텍스트 읽기의 길지 않은 역사가 텍스트에 대한 태도와 읽기 방식을 급격히 변화시켰을 뿐 아니라, 집중력이나 기억력, 깊은 주의력 등의 사고 능력 자체를 변화시키고 있다고 주장한다. 더불어 글쓰기 스타일, 텍스트의 길이와 호흡 등도 함께 변화하고 있다는 것이다.

우리는 어떻게 읽는가? 어떤 텍스트들을 어떻게 읽고 있는가? 인쇄된 텍스트를 읽는 것과 전자 텍스트를 읽는 것 사이에는 어떤 차이가 있는가? 지난 20년간 전반적으로 종이책 또는 인쇄된 텍스트 읽기가 감소하는 대신, 스크린상의 텍스트 읽기가 점증하고 있다. 디지털 기술과 정보통신 기술이 급격히 발전하면서 컴퓨터와 인터넷을 이용한 하이퍼텍스트 읽기는 일상화되고 있다. 그렇다면 이 모든 변화가 읽기 활동 전반에 어떤 영향을 미치고 있는가?

헤일스에 따르면, 오늘날 우리는 읽기의 세 가지 유형 사이를 오가고 있다. 그 첫 번째 유형은 전통적인 인문학 연구에서 권장되어

37　니콜라스 카, 《생각하지 않는 사람들》, 최지향 옮김, 청림출판, 2011, 138쪽.

온 '꼼꼼히 읽기close reading'이다. '꼼꼼히 읽기'는 인문학 연구의 정수 essence로 받아들여져 왔다.[38] 전통적인 인문학 교육은 이 읽기 방식에 정향되어 있지만, 이 방법은 인쇄 텍스트와 책에 더 부합한다. 그러나 오늘날의 젊은 학생들에게는 전자 텍스트 읽기가 훨씬 더 친숙하다. 문학 공부를 하는 학생들에게조차 책 한 권을 다 읽게 할 수 없을 만큼,[39] 젊은 사람들은 디지털의 방향으로 돌진하고 있다. 그들에게 더 중요하고 일차적인 읽기의 학습은 디지털 문해력literacy 습득으로부터 시작한다. 그리고 디지털 매체의 읽기는 '꼼꼼히 읽기'와는 전혀 다른 읽기 전략을 필요로 한다.

디지털 텍스트 읽기에 적합한 전략은 두 번째 유형인 '하이퍼 읽기hyper reading'이다.[40] 헤일스는 소스노스키James Sosnoski가 정의한 대로, '하이퍼 읽기'를 "독자가 통제하는reader-directed, 스크린에 기반한 screen-based, 컴퓨터가 지원하는computer-assisted 읽기"로 규정한다.[41] '하이퍼 읽기'에는 검색, 키워드로 거르기, 훑어 보기, 하이퍼링크, 건너뛰기, 조각 내기 등이 포함된다. '하이퍼 읽기'는 하이퍼텍스트 읽기에만 한정되는 읽기 전략은 아니지만, 전형적인 인쇄 텍스트 읽기와는 확연히 다르다. 하이퍼 읽기는 인쇄물 읽기와는 다른 뇌 기능들

---

[38] Hayles, N. K., *How We Think: Digital Media and Contemporary Technogenesis*, The Chicago University Press, 2012, p. 58.
[39] "캐서린 헤일스 교수는 '더 이상 학생들에게 책 한 권을 다 읽게 할 수 없어요'라고 고백했다. 헤일스는 영문학을 가르치고 있다. 즉, 그녀가 말하는 이 학생들이란 바로 문학 전공자들이라는 얘기다." 니콜라스 카, 《생각하지 않는 사람들》, 25쪽.
[40] 헤일스와 푀츠시의 대담을 번역한 문강형준은 hyper reading을 '초과 독해'로 번역한다. 홀거 푀츠시 · N. 캐서린 헤일스, 〈포스트휴머니즘, 기술생성, 디지털 기술〉, 문강형준 옮김, 《문학동네》, 23권 2호, 2016.
[41] Hayles, N. K., *How We Think: Digital Media and Contemporary Technogenesis*, p. 61. 헤일스가 말하는 '하이퍼 읽기'는 하이퍼텍스트 읽기보다 넓은 개념이다. 하이퍼텍스트를 포함한 전자 매체 읽기 모두를 포괄한다.

을 활성화한다. 그러나 오늘날 이것은 더 이상 선택의 문제가 아니다. 오늘날의 디지털 환경에서 웹상의 정보 폭발을 경험하는 우리에게 '하이퍼 읽기'는 필수적인 것이 되었고,[42] 인문학 연구에서도 이러한 사실을 피할 수 없다.

헤일스가 지적하는 세 번째 읽기 유형은 '기계 읽기machine reading'이다. 컴퓨터로 하여금 읽고 찾아내게 하는 '기계 읽기'는 "인간이 다 읽기에는 그 용량이 너무나 방대한 문학이라는 대상에 양적인 방법을 통해 접근하는 새로운 연구 분야를 열어젖힌다."[43] 그러나 디지털 매체가 만들어 낸 '기계 읽기'가 '꼼꼼히 읽기'와 같은 전통적 실천을 완전히 대체하거나 폐기할 수는 없다. 오히려 보다 적극적으로 생각해 보아야 할 것은, '기계 읽기'와 '하이퍼 읽기'로 전통적인 읽기 방식을 보충하면서, 그 기술적 기반과 가능성 위에서 인문학적 통찰에 새로운 상상력과 가능성을 제공할 수 있기를 기대할 수 있다는 점이다. 헤일스는 불가피한 독서 환경의 변화를 수용하고, 디지털 매체가 제공한 새로운 가능성을 가늠하면서 조정할 새로운 읽기와 새로운 읽기 교육을 탐색해야 한다고 주장한다.[44] 그렇다면 이 세 유형의 읽기의 조화로운 균형은 어떻게 가능한가? 디지털 매체 환경에서 다시금 깊은 주의력을 요구하는 꼼꼼히 읽기를 어떻게 살려 내고 실천할 수 있을까?

---

[42] Hayles, N. Katherine, *How We Think: Digital Media and Contemporary Technogenesis*, p. 62.

[43] 홀거 쾨츠시 · N. 캐서린 헤일스, 〈포스트휴머니즘, 기술생성, 디지털 기술〉, 356쪽.

[44] "넓은 관점에서 '꼼꼼히 읽기', '하이퍼 읽기', 그리고 '기계 읽기'는 각각 결정적인 장점과 한계를 갖는다. 이 읽기 방식들은 결코 겹치지 않고 따라서 서로 상승하도록 상호작용할 수 있다." Hayles, N. K., *How We Think: Digital Media and Contemporary Technogenesis*, p. 74.

디지털매체 시대의 해석이론

하이퍼텍스트 읽기의 시간성

하이퍼텍스트 읽기의 실행이 해석의 문제에 던지는 가장 큰 도전은 '시간'의 차원에서 발생한다. 하이퍼텍스트가 읽기의 시간에 던지는 첫 번째 도전은 디지털 매체로 인한 시공간적 경험 구조 자체가 변화하고 있다는 점에서 기인한다. 예를 들어 디지털 매체의 가상성은 시간 경험의 의미 자체를 바꾼다. 디지털 매체가 만들어 내는 "가상성Virtualität은 기술적 매체의 공통적인 원리, 즉 실제적이고 가상적인 체험의 기술적 시뮬레이션으로 이해되어야 한다."[45] 컴퓨터 시뮬레이션은 더 이상 있지 않은 것(그러나 실제였던 것), 그리고 아직 있지 않은 것(그러나 실제가 될 수 있는 것)뿐 아니라, 있지 않은 것(그러나 가상적으로는 가능한 것)을 시뮬레이션한다. 그러면서 "지속적으로 과거를 매체성의 현재로 변화시키고, 미래를 컴퓨터 시뮬레이션의 현재로 변화시키면서, 우리는 점점 간격 없는 순간들의 인위적 현존 안에서 살고 있다."[46] 확대된 현존적 순간들 안에서 경험의 시공간적 간격은 수축되고 경로는 가속화된다. 시공간의 간격은 차이를 인지하게 하는 조건이다. 그런데 디지털 매체의 가상성 안에서 시공간의 간격이 소멸되면서, 각각의 시간과 공간이 지니고 있던 특이성들은 평준화된다.[47]

---

[45] Krüger, O., *Virtualität und Unsterblichkeit: Die Visionen des Posthumanismus*, Freiburg, 2004, S.9.

[46] Großklaus, G., *Medien-Zeit. Medien-Raum. Zum Wandel der raumzeitlichen Wahrnehmung in der Moderne*, F/M: Surhkamp, 1997, S.45.

[47] Großklaus, G., *Medien-Bilder*, F/M: Surhkamp, 2004, S.170.

그로스클라우스Götz Großklaus는 이와 같이 시간의 간격을 사라지게 만드는 기술적 매체가 우리의 읽기의 시간도 변화시키고 있다고 지적한다. 사실 모든 매체 시스템은 그 시스템에 걸맞은 시간 간격의 질서를 가지고 있다. 전통적인 인쇄 매체도 특정한 시간 간격을 산출해 왔다. 인쇄 매체의 텍스트를 읽을 때 발생하는 "읽기의 창조적 과정에서 읽는 시간의 간격Intervall은 필수불가결한 사이시간Zwischenzeiten이다. 이 〔독서의 사이시간〕 안에서 언제나 다시금 텍스트의 '빈자리'가 채워지고 점거될 수 있다."[48] 바로 이 시간 간격에서 이야기의 심층 공간이 개시될 수 있다. 그런 의미에서 기술적 매체에 의한 시공간 간격의 제거는 전통적 의미의 읽기를 어렵게 만든다. 사이시간이 말소되면서 읽기는 시간 간격이 개입하는 창조적 과정이 아니라 순간적인 현재적 활동이 된다.

하이퍼텍스트가 해석의 시간에 던지는 두 번째 도전은 하이퍼텍스트가 약속하는 텍스트 읽기 경로 선택의 무한한 자유로부터 기인한다. "하이퍼텍스트는 ① 고정된 연속성, ② 명확한 시작과 끝, ③ 이야기의 '규모의 명확한 한계', ④ 이 모든 다른 개념들과 관련되는 통일성이나 전체성이라는 개념에 대해 의문을 제기한다."[49] 하이퍼텍스트 안에서 글쓰기 테크놀로지는 다른 텍스트들과 관련 맺는 상호텍스트성을 장착한다. 그와 같은 연결 가능성을 통해 텍스트는 내부적으로 확장된다. 그러면서 하이퍼텍스트 읽기는 선형적 재구성, 즉 시간의 새형상화 활동이 아니라, 지속적으로 개입하면서 상호작용하고 선택하면서 머무르거나 떠나는 자유롭고 '질서를 벗어나는'

---

[48] Großklaus, G., *Medien-Bilder*, S.172.
[49] 조지 P. 란도,《하이퍼텍스트 3.0》, 325쪽.

과정이 된다. 그런 의미에서 하이퍼텍스트 읽기는 무한히 확장 가능한 것이 된다. 그리고 바로 그렇기 때문에 그 읽기는 앞으로 흘러가지는 못하는, 시간적 정체를 경험하게 한다. 끊임없는 연결은 플롯의 진행을 방해하고, 구조적 망 안에 맴돌게 한다. "A라는 책을 찾기 위해 먼저 A가 있는 장소를 지시하고 있는 B라는 책을 참조한다. B라는 책을 찾기 위해 먼저 C라는 책을 참조한다. 그리고 그렇게 영원히…."[50] 이와 같은 참조들의 연결이 무한 증식한다. 하이퍼텍스트 읽기가 경로들을 선택할 가능성이 많으면 많을수록, 웹상에서 링크를 타고 이 페이지에서 저 페이지로 연결되어 넘어가고 건너뛰고 갔다가 되돌아오는 이동이 지속되면 될수록, 읽기의 시간은 연결 가능성들을 엮어 놓은 그물망 안을 맴돌며 그 표면 위를 계속 미끄러지게 된다.

　이와 같은 디지털 매체에 의한 시간적 간격의 말소, 순간의 증폭, 흐르지 않는 시간이라는 변형에 맞서, 우리는 어떻게 다시금 읽기를 통한 텍스트 짜기를 완성할 수 있을까? 디지털 매체의 하이퍼텍스트 읽기가 기존의 인쇄 매체 텍스트 읽기를 잠식하는 듯이 보이는 현실에서, 전통적인 해석이론은 어떻게 조정되어야 하는가?

50　루이스 호르헤 보르헤스, 《픽션들》, 황병하 옮김, 민음사, 2002, 140쪽. 온전한 하이퍼텍스트의 세계를 상상한다면, 그것은 아마도 보르헤스의 '바벨의 도서관' 같은 모습일 것이다. 유한한 공간 안에 무한히 연결되는 네트워크로 이루어진 도서관처럼, 하이퍼텍스트의 가장 이상적인 링크는 이렇게 이어질 것이다. "디지털 매체에서 책을 서지학적으로 **완벽하게** 코딩하려면 보르헤스의 바벨의 도서관에 해당되는 디지털 도서관을 상상해야 할 것이다.(원저자의 강조)" 캐서린 헤일스, 《나의 어머니는 컴퓨터였다. 디지털 주체와 문학 텍스트》, 150쪽. 헤일스는 디지털 매체와 책의 차이를 지적하면서, 물리적 객체인 책이 지닌 가죽 장정, 종이 냄새 등과 같은 감각적 현상은 디지털 매체 안에 결코 온전히 재현될 수 없음을 지적한다. 그리고 이 감각적 현상은 읽기에 결코 부차적인 요소가 아니다.

기술적 매체의 시간이 연대기적 시간의 흐름을 사라지게 하고 시간의 간격을 소멸시켜 전통적 의미의 읽기, 즉 창조적으로 심층적 의미 세계를 발견하는 읽기를 어렵게 만든다고 주장하면서도, 그로스클라우스는 이 손실의 대가로 얻게 되는 소득Gewinn에 대해 언급한다. 그것은 집중된 시간 안에 경험하는 '순간적 심화Vertiefung des Augenblicks'이다.[51] 이것은 비연대기적이고 비선형적인, 아주 새로운 시간 표상이다. "이것은 '끝없는 역사적 과정'이라는 생각을 떠난, 두텁고 집중적인 지금 시간Jetzt-Zeit으로, 문자 너머 완전히 새로운, 상징적이고 미학적인 자유의 유희 공간이 도래하는 것을 의미할 수 있다."[52] 이 자유의 유희 공간으로서의 '지금 시간'을 하이퍼텍스트 해석의 출발점으로 삼아 볼 수 있다.

하이퍼텍스트 읽기를 통한 시간의 재형상화

하이퍼텍스트는 인쇄 텍스트가 지닌 폐쇄성과 선형성을 극복하면서 개방적 · 비선형적 · 반위계적 상호작용의 시간과 공간을 개시했다. 이 획득의 이면에서 텍스트를 '읽는 시간'은 곤경에 빠진다. 이제까지의 읽기가 하나의 총체로 주어진 텍스트의 시간성을 재형상화하는 작업이었다면, 하이퍼텍스트의 토대가 되는 디지털 매체의 시간은 그렇게 하나의 총체화된 선형적 시간을 재구성할 수 없다. 따라서 이제 하이퍼텍스트 읽기는 선형적이고 연대기적인 작품의 시간을 총체적으로 재구성하는 과정이 아니라, 순간적인 집중과 심화

---

51 Großklaus, G., *Medien-Bilder*, S.185. '순간의 심화'는 비릴리오Paul Virilio가 도입한 은유이다.
52 Großklaus, G., *Medien-Bilder*, S.186.

를 통해 자유롭게 놀이하는 새로운 시간 경험으로 이해되어야 한다.

그러나 다른 한편, 하이퍼텍스트가 어떤 형태로든 놀이 공간으로 진입하기 위해서는, 일차적으로는 미완성의 짜임으로 주어진 텍스트 파편들을 하나의 짜임으로 완성할 씨실을 짜 넣을 수 있어야 한다.[53] 모든 텍스트 읽기는 어떤 의미로든 시간의 재형상화 안에서만 완성된다. 하이퍼텍스트들이 연결하는 각각의 파편적 텍스트 조각들조차 시간의 재형상화 없이는 이해 가능한 이야기로 존립하지 못하기 때문이다. 그리고 텍스트 읽기의 경로 만들기는 시간을 재형상화하는 줄거리 구성을 통해서만 의미를 발생시킨다. 따라서 하이퍼텍스트 읽기가 직면하는 곤경을 해결하기 위해서, 먼저 전적으로 새로운 시간 표상, 즉 수축하고 압축하며 폭발하는 '지금 시간' 안에 주어진 그 텍스트 조각들을 바탕으로, 시간 축의 씨실을 짜 넣을 수 있어야 한다.

하이퍼텍스트 읽기의 곤경을 어떻게 헤쳐 나갈지, 하나의 텍스트를 예로 들어 생각해 보자. 하버마스Jürgen Habermas는《탈형이상학적 사유》에서 "원본은 존재하지 않으며 오직 그것들의 흔적들만이 존재하고, 어떤 텍스트도 없고 단지 독서 방식들만이 있으며, 하나의 현실이 대립할 수 있는 어떤 허구적 세계들도 존재하지 않는다는 사실"을 형상화한, 해체주의적 소설 작품의 예로 이탈로 칼비노Italo

---

53 문장 기호로부터 세계를 형상화하는 것이 텍스트 읽기다. 그런 의미에서 어떤 문자 텍스트 읽기도 '하이퍼텍스트적인' 링크를 요청한다. 다만 인쇄된 문자 텍스트 읽기의 하이퍼텍스트적 선택은 주어진 텍스트 덩어리들과 연결되는 것이 아니라, 읽기의 체험이 만들어 내는 상상인 것이다. 독자는 자기의 읽기 체험 안에서 상상력을 통해 텍스트의 세계와 자신의 현실적 경험 세계를 하이퍼링크한다. "소설 읽기는 환각과 비슷하다." 읽기의 매력은 "독자들이 장면, 행동, 인물을 '환각처럼 떠올릴' 수 있도록 하는 능력"에 있다. 캐서린 헤일스,《나의 어머니는 컴퓨터였다》, 20쪽.

Calvino의 《어느 겨울밤 한 여행자가》를 다루었다.[54] 그리고 바로 이 소설은 칼비노 자신에 의해 '하이퍼 소설'이라고 불렸다.[55]

이 소설 《어느 겨울밤 한 여행자가》는 액자 형식을 이루고 있다. '너'로 불리는 남성 독자와 한 '모범적인' 여성 독자가 한 권의 책을 찾아가는 과정이 바탕의 플롯이다. 그리고 이 소설을 구성하는 중요한 두 번째 층위는 이 플롯이 진행되는 과정에서 '너'가 만나게 되는 열 개의 서로 다른 소설의 도입부들이다. 하버마스는 이 소설의 시도를 서사의 종말이자 의미를 지향하는 서사 텍스트 읽기의 해체로 보았다. 정말 그러한가? 먼저 이 소설은 인쇄된 책의 형태를 띠고 있지만 디지털 매체 시대의 글쓰기를 상호매개intermediation하고 있다.[56] 또한 형식의 차원에서 이 소설은 하이퍼텍스트 글쓰기의 한 전형으로 해석되기도 한다.[57] 인쇄 매체로 씌었지만 하이퍼텍스트 양식을 차용한 《어느 겨울밤 한 여행자가》는 전통적 의미의 텍스트 읽기를 교란하고 있음이 분명하다. 그러나 이 새로운 방식의 글쓰기는 역설

---

54 위르겐 하버마스, 《탈형이상학적 사유》, 이진우 옮김, 문예출판사, 2000, 275~276쪽.
55 이 소설에 대해 칼비노는 〈작품해설〉에서 다음과 같이 말한다. "나는 《어느 겨울밤 한 여행자가》에서 '하이퍼 소설'의 전형을 보여 주려고 했다. 나의 의도는 열 개의 '시작'으로 시작되는 소설 속에서 소설의 정수를 보여 주는 것이었다. 각각의 시작은 공통된 핵심을 축으로 전혀 다른 방향으로 전개되어 나가며, 그 시작들을 결정짓기도 하고, 시작 자체가 결정에 영향력을 미치기도 하는 틀 안에서 움직이게 된다." 이탈로 칼비노, 《어느 겨울밤 한 여행자가》, 이현경 옮김, 민음사, 2014, 323쪽.
56 디지털 매체의 글쓰기가 인쇄 매체의 글쓰기와 완전히 단절적이지는 않다. 새로운 매체가 등장하면 낡은 매체를 완전히 대체하는 것이 아니라, 익숙한 옛 매체의 방식은 새로운 매체에 적용되고 새로운 매체 기술은 이전 매체의 양식을 개조한다. 제이 볼터Jay Bolter와 리처드 그루신Richard Grusin은 이 과정을 '재매개 remediation'라고 불렀다. 헤일스는 새로운 매체와 이전 매체 사이의 복잡한 상호관계를 설명하기 위해 이 개념을 변형하여 '상호매개intermediation'라는 개념을 제안한다. 캐서린 헤일스, 《나의 어머니는 컴퓨터였다》, 56~57쪽.
57 이현경, 〈이탈로 칼비노의 《어느 겨울 밤 한 여행자가》에 나타난 하이퍼텍스트성 연구〉, 《세계문학비교연구》 제39집, 2012.

적으로 하이퍼텍스트 읽기도 독자의 서사 복원으로부터, 즉 그것이 던지는 시간의 재형상화라는 과제로부터 그 길을 찾아야 한다는 것을 반증하며, 그런 의미에서 디지털 매체 시대에 직면한 해석이론의 새로운 가능성을 생각해 볼 수 있게 한다.

읽기가 채워야 하는 것

《어느 겨울밤 한 여행자가》는 첫 페이지부터 '너'를 호명하면서, 독자를 부른다. '너'는 작중의 특정한 인물인 남성 독자를 부르는 대명사이기도 하지만, 동시에 바로 우리, 이 글을 읽기 시작한 독자를 호명하는 것이기도 하다. '너'로 불리며 텍스트와의 상호작용에 초대받은 독자는 텍스트를 읽는 '지금', 즉 텍스트 밖의 '지금'이라는 경험적 시간을 의식하게 된다. 그리고 이렇게 초대된 독자에게 서로 연결되지 않는 10개의 소설 도입부들이 제시된다. 이 도입부들은 서로를 참조할 뿐 연결되지는 않는다. 소설 전체를 이끌어 가는 다른 한 겹의 서사—남성 독자 '너'와 또 다른 중심 인물 '여성 독자'의 이야기—가 이 열 개의 도입부 제시와 병렬되어 있지만, 이 텍스트의 하이퍼텍스트성을 결정하는 중요한 축은 스토리의 전개 없이 던져진 10개의 조각난 도입부들이다. 이 조각들은 완결되지도, 연결되지도 않은 채 제시된다. 이러한 소설의 구조는 처음-중간-끝이라는 작품의 논리적이고 시간적인 질서에 의해 지배되는 하나의 총체성, 즉 '작품의 시간'을 여지없이 무너뜨린다. 플롯 구성을 통해 에피소드적 시간을 형상화된 시간적 전체성으로 연결하는 텍스트 쓰기[58]는 작

---

58 폴 리쾨르, 《시간과 이야기 1. 줄거리와 역사 이야기》, 김한식·이경래 옮김, 문학과
　 지성사, 1999, 149쪽.

동하지 않는다. 그런 의미에서 이것은 하버마스의 분석대로 "서사의 종말, 서사 텍스트 읽기의 해체"로 읽힐 수 있다. 과연 그렇다면 이 텍스트 읽기에서는 시간의 재형상화라는 읽기의 활동이 더 이상 작용할 수 없는가? 파편화된 시간들, 플롯의 구성을 방해하는 에피소드들의 병렬 안에서 전통적인 해석이론은 완전히 무기력해지는가?

《어느 겨울밤 한 여행자가》는 매번 읽기를 좌절시키는 10개의 미완성 이야기를 던진다. 그러나 그 각각의 좌절된 읽기 안에서도 독자는 매번 각기 다른 이야기의 세계들을 추적하게 된다. "폭풍우가 몰아치는 깜깜한 밤이었다."[59]라는 단 하나의 문장만으로도 곧바로 사건이 벌어질 수 있는 시공간적인 세계 깊숙이에 독자를 초대할 수 있다. 사실 독자의 읽기가 재구성해야 할 것은 한 권의 책이 총체성으로 품고 있는 '작품의 시간'이 아니다. 오히려 단 하나의 문장으로부터 시작된 폭발의 순간에 하나의 세계와 만날 수 있는 자유로운 유희 공간이 읽기를 가능하게 한다.

하이퍼텍스트가 던지는 도전에 직면하여, 사실 어떠한 읽기도 시간의 재형상화를 요청한다는 사실이 재확인된다. 그러나 이때 재형상화되는 시간은 연대기적 시간이 아니라, 폭발적 현재에 집약된, 그러나 심층적으로 하나의 세계를 구성하기를 포기하지 않는, 그런 시간이다. 그런 의미에서 《어느 겨울밤 한 여행자가》는 시간적으로 '다른' 읽기의 가능성을 가시화한다. 이 텍스트가 포함하는 각각의

---

[59] "내 책상 앞쪽 벽에는 누군가에게 선물로 받은 포스터가 걸려 있다. 강아지 스누피가 타자기 앞에 앉아 있는 포스터로, 말풍선에 이런 문장이 쓰여 있다. '폭풍우가 몰아치는 깜깜한 밤이었다…'. (…) 이 모두의 비인칭성은 한 세계에서 다른 세계로, 이곳의 시간과 공간에서 이제 쓰인 페이지의 시간과 공간으로의 통로를 열어 놓은 듯이 보인다." 이탈로 칼비노, 《어느 겨울밤 한 여행자가》, 220쪽.

이야기는 '미완성'이지만, 각각의 이야기는 읽기를 통해 각기 다른 이야기의 세계를 획득한다. 그리고 그 세계는 '지금 시간'의 읽기가 발견하고 구축하는 세계이다.

미래의 읽기

하이퍼텍스트는 전통적인 읽기에 반드시 요청되던 시간의 간격을 소멸시켰다. 하이퍼텍스트 읽기가 개방했던 가능성, 즉 독자가 경로를 선택하고 읽기 순서를 스스로 정할 수 있는 가능성은 그것이 확대되면 될수록 읽기를 정체시키고 일정한 네트워크 안을 맴돌게 하는 문제를 야기한다. 경로를 선택하면서 링크를 따라가는 하이퍼텍스트 읽기는 텍스트의 시간과 읽기의 시간을 분리하던 시간적 '거리'를 소멸시켜, 읽기를 일종의 담화로 환원한다. 따라서 하이퍼텍스트의 시간은 과거와 현재와 미래의 질적 차이가 사라진, '순간' 위에 놓인 인위적 (가상적) 현존의 시간이다. 디지털 매체의 하이퍼텍스트 읽기가 텍스트 읽기의 일반적 실천에 영향을 주면서, 깊은 주의력을 바탕으로 한 꼼꼼한 읽기가 점점 어려워진다는 탄식은 이와 같은 사정을 반영한다.

디지털 매체의 도입을 통해 우리의 읽기는 무엇을 잃었는가? 그리고 그 손실의 대가로 무엇을 얻었는가? 디지털 매체의 하이퍼텍스트는 텍스트의 폐쇄성을 극복할 수 있는 보다 많은 자유를 주었다. 그 자유로운 유희 공간은 텍스트 읽기가 터 잡고 있던 '사이시간'을 상실하면서 얻은, 집약된 '지금 시간'의 열린 공간이다. 이 '지금 시간', 이 순간이 바로 새로운 유형의 읽기를 폭발시킬 수 있는 집약의 유희 시간이다. 그러나 '지금 시간'의 읽기도 어떤 의미로든 이야기의 세계나 그 세계의 시간적 재형상화를 성취해야 한다. 짧고 단편적인 텍스트 조각일지라도 읽는 동안 독자가 하나의 세계를 창조하지 못한다면, 무언가를 읽어 내는 일 자체가 불가능해질 것이기 때문이다.

　디지털 매체의 영향력이 더 확대되면 인쇄된 책은 사라지게 될까? 하이퍼텍스트의 쓰기와 읽기가 일반화되면 서사는 어떻게 달라질까? 웹상의 검색과 링크로 점철된, 파편화된 텍스트 읽기가 모든 종류의 텍스트 읽기를 대체할 수 있을까? 그 미래를 예측할 수는 없다. 미래에 대한 상상과 예측은 적중하는 만큼 빗나갈 것이고 충족되는 만큼 배반당할 것이다. 그러나 우리가 상상하는 미래는 언제나 현재의 미래이다. 따라서 변화하는 현실을 외면하지 않는다면, 우리는 어떤 형태로든 이미 도래해 있는 미래를 발견할 수 있다. 한 가지 확실한 사실은, 하나의 매체가 다른 매체를 완전히 대체할 수는 없다는 것, 신구新舊의 매체들은 서로 얽히고 스며들면서 서로를 변형한다는 것, 그리고 그렇게 서로 얽히고 스며든 매체들 사이의 경계나 차이가 완전히 사라지지 않는다는 것이다. 따라서 하이퍼텍스트로 인해 변형된 읽기 안에서도, 텍스트 읽기에 필요한, 그리고 텍스트 읽기가 성취해야 할 시간 경험의 차원은 여전히 남겨질 것이다.

참고문헌

■ 단행본

구본권,《로봇 시대, 인간의 일》, 어크로스, 2016.

니콜라스 카,《생각하지 않는 사람들》, 최지향 옮김, 청림출판, 2011.

빌렘 플루서,《디지털시대의 글쓰기: 글쓰기에 미래는 있는가》, 윤종석 옮김, 문예출판사, 1998.

_____,《사진의 철학을 위하여》, 윤종석 옮김, 커뮤니케이션북스, 1999.

월터 J. 옹,《구술문화와 문자문화》, 이기우 · 임명진 옮김, 문예출판사, 1996.

위르겐 하버마스,《탈형이상학적 사유》, 이진우 옮김, 문예출판사, 2000.

유현주,《하이퍼텍스트: 디지털미학의 키워드》, 연세대학교출판부, 2003.

N. 캐서린 헤일스,《나의 어머니는 컴퓨터였다. 디지털 주체와 문학 텍스트》, 이경란 · 송은주 옮김, 아카넷, 2016.

이탈로 칼비노,《어느 겨울밤 한 여행자가》, 이현경 옮김, 민음사, 2014.

제이 데이비드 볼터,《글쓰기 공간: 컴퓨터와 하이퍼텍스트 그리고 인쇄의 재매개》, 김익현 옮김, 커뮤니케이션북스, 2010.

조지 P. 란도,《하이퍼텍스트 3.0》, 김익현 옮김, 커뮤니케이션북스, 2009.

폴 리쾨르,《해석이론》, 김윤성 · 조현범 옮김, 서광사, 1998.

_____,《시간과 이야기 1. 줄거리와 역사 이야기》, 김한식 · 이경래 옮김, 문학과지성사, 1999.

_____,《시간과 이야기 3. 이야기된 시간》, 김한식 옮김, 문학과지성사, 2004.

_____,《텍스트에서 행동으로》, 박병수 · 남기영 편역, 아카넷, 2002.

플라톤,《파이드로스》, 조대호 옮김, 문예출판사, 2008.

호르헤 루이스 보르헤스,《픽션들》, 황병하 옮김, 민음사, 2002.

■ 국내논문

김명석, 〈하이퍼텍스트소설《디지털 구보 2001》의 서사분석〉,《현대문학의 연구》 20권, 2003.

김애령, 〈시간의 이해, 이해의 시간: 리쾨르의 시간의 재형상화 논의〉,《해석학 연구》, 2002.

유봉근, 〈하이퍼텍스트 문학과 작가의 전략〉, 《독일문학》 제99집, 2006.

에밀 뱅베니스트, 〈언어 활동과 인간 경험〉, 《일반 언어학의 제 문제 II》, 황경자 옮김, 민음사, 1992.

이현경, 〈이탈로 칼비노의 《어느 겨울 밤 한 여행자가》에 나타난 하이퍼텍스트성 연구〉, 《세계문학비교연구》 제39집, 2012.

홀거 쿼츠시 · N. 캐서린 헤일스, 〈포스트휴머니즘, 기술생성, 디지털 기술〉, 문강 형준 옮김, 《문학동네》 23권 2호, 2016.

■ 외서

Großklaus. Götz, *Medien-Zeit. Medien-Raum. Zum Wandel der raumzeitlichen Wahrnehmung in der Moderne*, F/M: Surhkamp, 1997.

_____, *Medien-Bilder*, F/M: Surhkamp, 2004.

Hayles. N. Katherine, *How We Think: Digital Media and Contemporary Technogenesis*, Chicago: The Chicago University Press, 2012.

Krüger. Oliver, *Virtualität und Unsterblichkeit: Die Visionen des Posthumanismus*, Freiburg: Rombach Litterae, 2004.

Ricœur. Paul, *Hermeneutik und Strukturalismus. Der Konflikt der Interpretationen I*, München: Kösel Verlag, 1973.

디지털 테크놀로지의 시대, 21세기 한국 소설의 새로운 지형도

김소륜

이 글은 《대중서사연구》 제24권 4호(2018.11)에 게재된 원고를 수정 및 보완하여
재수록한 것이다.

변화하는 시대 속 '문학'의 자리

창조경제 시대의 도래는 미래의 과학기술 인재 양성을 통해 기술 혁신을 이끌어 낸다는 프레임을 내걸고 거침없는 행보를 이어가고 있다. 이런 가운데 "문송합니다(문과라 죄송합니다)"라는 신조어가 생겨날 만큼 인문계 학생들의 취업문은 더욱 좁아지고, 대학 평가를 앞세워 국문과를 폐지하는 움직임도 더 이상 새로운 논란거리가 되지 않고 있다. 물론 인문학과 공학을 연계하는 다양한 시도들이 진행 중이고, 21세기 부가가치 산업으로 각광받고 있는 문화콘텐츠 시장에서 문화원형 탐색을 위한 설화와 민담류의 고전서사에 대한 관심도 꾸준히 높아지고는 있다. 그러나 문제는 이러한 현상이 과연 문학 본질에 대한 탐색으로 이어지고 있는가이다.

한국콘텐츠진흥원에서 발행한 《2017 콘텐츠 교육기관 및 인력수요 현황조사》에 따르면, 2012년 1,190개였던 콘텐츠 관련 학과는 2017년 1,483개로 증가했음이 확인된다. 이는 같은 시기 전체 학과가 2만 6,233개에서 2만 6,093개로 감소한 것과 비교할 때 중요한 의미를 갖는다.[1] 이 가운데 일부 대학의 국문과는 '한국언어문화'라는 큰 틀로 통폐합되었고, 이제 국문학은 학문적 연구 대상이 아닌 미디어 콘텐츠를 구성하기 위한 이야기 소스source 정도로 그 의미가 축소되어 가는 듯하다.

이러한 현실 속에서, 오늘날의 한국 현대문학은 상당히 애매한 지

---

1 KOCCA 연구보고서 17-15, 《2017 콘텐츠 교육기관 및 인력수급 현황조사》, 한국콘텐츠진흥원, 2017, 14쪽, 최종접속일: 2018년 09월 14일(http://www.kocca.kr/cop/bbs/view/B0000147/1835036.do?menuNo=200904#)

점에 발을 딛고 있다. 학계에서 연구 대상으로 삼고 있는 작품 대부분은 여전히 해방 전후를 맴돌고 있는 반면, 일반 대중은 웹소설을 기반으로 다양한 장르 소설들을 폭발적으로 소비하고 있기 때문이다. 이러한 간극 속에서 90년대 말 불거졌던 '문학의 위기'는 이제 더 이상 논의의 대상마저 되지 못한다는 인상을 남긴다. 그러나 다른 한편으로는 우리가 지칭하는 문학, 소설의 개념 자체가 달라져야 하는 것이 아닌가라는 질문도 제기된다. 인터넷 공간을 통해 소비되는 소설들 역시 문학의 범주 안에 포함된다면, 오늘날 폭발적인 성장세를 보여 주는 '웹소설' 시장이야말로 문학의 위기를 극복한 성공적인 사례로 설명될 수 있기 때문이다. 물론 그러기에는 여전히 인터넷 소설과 기존의 정통 소설을 지향하는 순문학과의 경계는 견고하기만 하다. 그런데 문제는 이러한 구분이 문학의 순수성, 그 '순수純粹'를 무엇으로 규정할 것인가라는 질문으로 다시금 이어진다는 점이다.

그러나 무엇보다 분명한 것은, 디지털 매체의 등장이 이야기를 소비하는 방식에 뚜렷한 변화를 가져왔다는 사실이다. 스마트폰과 태블릿PC의 상용화는 웹툰·웹소설·웹드라마라는 새로운 장르를 생산해 냈고, '팬픽fanfic'이라는 2차 창작을 통해 독자들이 또 하나의 창작자가 될 수 있는 길을 열어 주었다. 뿐만 아니라 최근에는 AI가 쓴 소설이 문학상 공모전에서 예심을 통과함은 물론,[2] 디지털 스토리텔

---

[2] 일본에서는 지난 2016년에 인공지능 프로젝트가 창작한 단편소설이 문학상 공모전 예선을 통과하는 사례가 있었다. 이는 창작이 더 이상 인간 고유의 영역이 아니라는 메시지를 던져 준 사건으로 평가된다. 그러나 해당 소설이 100퍼센트 인공지능의 힘으로 이루어졌다고 보기는 어렵다. 이는 구체적인 스토리와 상황을 설정하는 것은 어디까지나 인간의 영역이었기 때문이다. 실제로도 해당 연구진은 인간의 비중이 소설 창작의 약 80퍼센트를 차지했다고 설명하였다.

링 지원 도구인 '스토리헬퍼'류의 프로그램을 통해 누구나 이야기를 창작할 수 있는 시대가 열렸다.[3] 그렇다면 디지털미디어 시대를 표방하는 오늘날 우리 사회에서 생산되고 있는 문학작품과 작가, 그리고 그것을 소비하는 독자에 대해서도 새로운 관점과 개념 규정이 요구되어야 할 것이다. 새로운 매체가 등장하고, 새로운 개념이 형성되었다면, 그것을 해석하고 바라보는 틀 역시 새로워져야하기 때문이다. 따라서 더 이상 정통 소설에 비해 빈약한 주제의식과 다듬어지지 않은 문체를 구사한다는 점에서, 인터넷 소설이 한국 문학 전반의 질적 저하를 야기할 것이라는 비관적인 전망을 넘어설 필요가 있다. 이를 위해서는 새로운 매체의 등장 속에서 분명한 변화를 맞이한 소설의 다양한 양상들을 조명하고, 그에 관한 내용을 구체적으로 살펴보는 작업이 진행되어야 할 것이다. 이에 본 글은 뉴미디어와 정통 소설의 결합이 가져온 변화를 주목하고, 이를 통해 야기된 다양한 문제 제기들을 기존의 연구 동향을 통해 파악해 보고자 한다. 더불어 21세기 한국 현대소설의 위치를 구체적인 사례들을 중심으로 살펴봄으로써, 앞으로 우리 소설이 나아갈 방향성에 관한 탐색을 진행하고자 한다.

---

3 국내에서 2013년에 처음 서비스를 시작한 '스토리헬퍼'는 콘텐츠 제작을 위한 아이디어를 도출하고, 스토리 완성을 지원하는 소프트웨어라고 볼 수 있다. 이에 관한 세부 내용은 'STORY HELPER' 홈페이지(http://www.storyhelper.co.kr/)에 있는 〈스토리헬퍼 2015 이용가이드 VERSION 1.0〉을 통해 살펴볼 수 있다. 이외에도 '스토리헬퍼'의 후속작에 해당하는 '스토리타블로'는 이미지 기반의 사용자 참여형 시나리오 저작 도구로, 협업을 통한 창작 가능성을 제시한다.

뉴미디어의 등장, 소설의 변화를 향한 시선들

오늘날 우리 사회는 인터넷을 기반으로 한 다양한 매체의 탄생과 변화가 급속도로 빠르게 진행 중이다. 이러한 변화에 맞춰 '소설' 역시 인터넷을 통한 새로운 존재 가치를 구축하려는 발걸음을 재촉하고 있다. 대표적인 예로 '인터넷 소설 공모전'을 살펴볼 수 있다. 정통 소설에 비해 문학적 완성도가 떨어진다는 이유로 비판의 대상이 되었던 '인터넷 소설'이 현대사회의 새로운 부가가치 산업으로 큰 주목을 받고 있기 때문이다. 이에 각종 '공모전' 형식을 통해 꾸준히 그 영역을 확장해 나가고 있다. 국내에서 최초로 이루어진 인터넷 소설 공모전은 2000년 동아닷컴과 YES24가 주최한 '제1회 디지털 문학공모전'이며, 가장 폭발적인 주목을 받은 것은 2004년에 실시된 '제1회 SBSi 인터넷 소설 공모전'으로 알려져 있다. 당시 인터넷 소설에 관한 사회의 부정적 시각에도 불구하고 무려 1만 3,610명의 응모자가 몰린 것은, 변화하는 미디어 시대의 단초를 보여 주는 상징적 사례로 평가된다.[4] 그리고 이러한 관심은 현재 1년에 2차례 정기적으로 이루어지고 있는 네이버 웹소설 공모전을 비롯하여 대한민국 웹소설 공모대전, KT 웹소설 공모전, 77페스티벌 웹소설 공모전, 저스툰 웹툰/웹소설 공모전, 원스토어 북스 웹소설/웹툰 공모전 등으로 활발하게 이어지고 있다. 여기에 카카오페이지, 조아라, 문피아, 북팔, 레진코믹스,웹소설me소설 등의 업체들이 진행하는 공모전

---

4 권기태, 〈인터넷소설 응모 13,610명 몰려…사상 최대 규모〉, 《동아일보》, 2004년 11월 22일., 최종접속일: 2018년 9월 19일(https://news.naver.com/main/read.nhn?mode=LSD&mid=sec&sid1=103&oid=020&aid=0000271718)

까지 합한다면, 우리 사회에서 인터넷 소설의 영향력이 얼마나 막강해졌는지를 가늠해 볼 수 있다. 그러나 인터넷 소설의 특징은 이러한 공모전 형태의 등단으로 한정되지 않는다. 누구나 인터넷 공간에 글을 올리고, 누적 조회수를 바탕으로 인기 작가가 될 수 있는 기반이 마련되었음이 핵심이다.

이러한 변화는 기존의 출판 환경에도 막대한 변화를 가져왔다. 그래서인지 뉴미디어와 문학에 관한 논의 대부분은 출판과 유통, 그리고 전자책으로의 전환 문제에 집중되어 있는 편이다. 조정미와 최희수[5]는 디지털 기술의 발전과 전자책의 진화에 대한 사례를 연구하며 종이책의 디지털 재현에서 뉴미디어 출판에 관해 나름의 단계별 접근을 제시한 바 있다. 20세기 말 디지털 기술의 도입 이후, 전통적인 종이 편찬이 디지털화되어가는 과정에서 드러난 변화를 총 3개의 단계로 구분하고 있는 것이다. 그 내용은 기존 종이책의 디지털 재현, 종이책 출판을 대체하는 새로운 출판의 도구로 사용된 디지털 출판, 종이책을 넘어서는 뉴미디어 출판이라는 세 단계로의 구분이다. 오늘날은 제일 마지막 단계에 속하는 시점으로, 실제로 2018년에 출간된 서적들 중에는 전자책으로만 발행한 것들도 상당수를 차지한다.

한편, 대부분의 연구자들이 주목하는 것은 스마트폰의 등장과 각종 SNS의 상용화가 '읽기'를 '보기'로 대체하였다는 사실이다. 따라서 앞으로 아날로그 미디어인 '책'을 대상으로 하는 독서 시장의 입

---

5 조정미·최희수, 〈디지털 기술의 발전과 전자책의 진화에 대한 사례 연구: 종이책의 디지털 재현에서 뉴미디어 출판에 이르기까지〉, 《글로벌문화콘텐츠학회 학술대회》 제2016권 제12호, 글로벌문화콘텐츠학회, 2016.

지는 더욱 좁아질 것으로 예상된다. 또한 그동안 비주류 문학으로 분류되었던 로맨스· 무협· 판타지와 같은 장르가 전자책과의 결합을 통해 지속적으로 출간됨으로써 순수문학 계열 문학도서의 위치 역시 더욱 위태로워질 것으로 전망되고 있다.[6]

이외에도 최근에는 달라진 출판 환경이 가져온 구조적 변화뿐 아니라, 문학 내부의 문제에 해당하는 작가와 독자의 의미에 관한 연구도 꾸준히 늘어 가고 있다. 대표적으로 김기태의 논의를 주목할 수 있다. 김기태는 작가의 개념 자체가 과거와 크게 달라졌음을 언급하며, 우리가 '작가' 혹은 '시인'으로 부르던 문학가의 범주가 인터넷 작가와 스토리텔링 전문가를 포함하는 개념으로 확대되고 있음을 지적하였다.[7] 더불어 문학의 생산방식도 인터넷을 기반으로 다양한 디지털 매체와의 결합을 통해 이루어지고 있으며, 판타지 중심의 장르문학을 소비하는 10대 이용자들이 생산 및 유통 영역에까지 영향력을 행사하는 절대 세력으로 부상하고 있음에 주목해야 한다고 강조한다.[8]

이때 주목되는 것이 바로 '독자'의 문제이다. 대표적으로 이지원은 디지털 다매체 환경을 통해 촉발된 독자 변화의 핵심을 세 가지 측면에서 제시한다. 독자들이 더 이상 선형적 질서로서의 책 읽기가 아닌 '하이퍼텍스트적'인 읽기를 하고 있으며, 다양한 매체를 통해 새로운 융합 텍스트를 생산하는 재전유 방식을 추구함으로써 새로운 배

---

6 김기태, 〈국내 문학도서의 베스트셀러 요인 분석 연구〉,《한국문예창작》 제14권 제2호, 한국문예창작학회, 2015, 246쪽.
7 김기태, 〈국내 문학도서의 베스트셀러 요인 분석 연구〉, 227쪽.
8 김기태, 〈국내 문학도서의 베스트셀러 요인 분석 연구〉, 226쪽.

급자이자 유통의 주체로 자리를 옮겨 가고 있다는 것이다.[9] 비슷한 맥락에서 안미영 역시 문학 독자의 외연과 내포를 확인함으로써 소설의 정체성을 확인할 필요성이 있다고 강조한다.[10] 실제로도 인터넷 문학의 가장 큰 특징은 독자들이 미디어 매체를 통해서 정보를 폭발적으로 흡수하고, 원창작자와 쌍방향으로 소통하며 자신들만의 이야기를 증식해 나간다는 점에 있다. 그 결과 "저자의 경계는 모호해지고, 다변적이고 참여적인 형태의 서사"가 등장하게 되었다.[11]

이외에도 뉴미디어 시대 문학의 변화가 적극적으로 다루어지지 않는 근본적인 이유를 문학 내부에서 찾는 논의도 늘어 가고 있다. 문학이 엘리트주의적 관점을 벗어나야 하며, 이전과는 다른 새로운 시각을 가져야 한다는 목소리가 점차 커지고 있는 것이다.[12] 이용욱은 "AI가 소설을 창작하고 딥러닝 기술이 예술의 알고리즘을 학습하는 디지털 시대에, 문학 연구는 왜 새로운 학문 영역을 개척하지 못하고 여전히 '이광수와'와 '일제강점기'에 머물고 있는지"를 반성해야 한다고 강조한다.[13] 그런 면에서 문학을 위축시키는 요인으로 지적되는 문화산업이 오히려 문학의 새로운 가능성을 여는 기회가 될 수 있다는 박상천의 의견을 주목할 수 있다. 문화야말로 문화산

9 이지원, 〈디지털 다매체 환경과 문학의 새로운 유통 양상—바이럴(Viral) 문학의 가능성을 중심으로〉, 《인문콘텐츠》 제46권, 인문콘텐츠학회, 2017, 157~158쪽.
10 안미영, 〈뉴미디어시대 '문학 독자'의 위상과 소설의 방향성〉, 《스토리&이미지텔링》 제4권, 건국대학교 스토리앤이미지텔링연구소, 2012, 71쪽.
11 김소륜, 〈AI(artificial intelligence) 시대 속 한국 문학, '창조'하는 작가에서 '배치'하는 작가로의 이행〉, 《현대소설연구》 제68호, 한국현대소설학회, 2017, 18쪽.
12 박상천, 〈디지털 시대의 문학의 확장 가능성〉, 《한국언어문화》 제31집, 한국언어문화학회, 2006, 14쪽.
13 이용욱, 〈한국 현대문학의 재영역화와 연구 방향〉, 《어문연구》 제95권, 어문연구학회, 2018, 300~301쪽.

업의 핵심적인 내용물이며 특히 문학은 문화의 핵심에 놓여 있는 까닭이다.[14]

한편 유현주[15]가 디지털 공간에서의 '새로운' 미학 전략을 언급하며, 이를 브레히트의 '생소화 효과'와 연결 짓고 있음이 주목된다. 의도적인 흐름의 중단과 이질적인 요소의 삽입이라는 브레히트의 장치가 관객의 몰입을 방해함으로써 수용자와 대상 간의 비판적 거리를 확보했다면, 이와 반대로 오늘날은 현실과 가상 간의 경계가 무너짐으로써 관찰하는 주체와 대상 간의 거리가 실종되어 버렸다는 것이다. 따라서 이러한 거리를 가상적으로 복원하는 것이야말로 하이퍼미디어 문학이 추구해야 할 예술적 목표가 되어야 한다고 강조한다. 즉, 새로운 매체 안에서 다양한 문학적 실험을 시도하자는 것이다. 이는 "문화산업은 팽창할 것이고 문학 시장은 갈수록 축소될" 것이며, 이러한 조건 아래에서는 "문학이 '문학적으로' 살아남을 수 있는 방법"을 찾아야 할 것이라고 언급한 김형중의 의견을 떠올리게 한다.[16]

이상에서 살펴본 바와 같이 최근에는 소설과 디지털 매체와의 결합, 그리고 인터넷 문학에 관한 인문학적 및 비평적 접근이 점차 늘어 가고 있는 추세이다.[17] 따라서 뉴미디어 시대에 발맞춘 출판 시장

---

14 박상천, 〈디지털 시대의 문학의 확장 가능성〉, 19쪽.

15 유현주, 〈하이퍼미디어 문학의 미학전략—디지털 문학에서의 생소화 효과〉, 《브레히트와 현대연극》 제17권, 2007.

16 김형중 외 3인, 〈뉴미디어 시대 문학의 새로운 지형을 말한다〉, 《문학동네》 제11권 제3호, 문학동네, 2004, 14쪽.

17 김상훈, 〈"본격문학 작가들이 웹소설을 쓸 수 없는 이유란?" 이용희 작가와의 인터뷰〉, 《뉴스페이퍼》, 2018년 1월 7일, 최종접속일: 2018년 9년 16일(http://www.news-paper.co.kr/news/articleView.html?idxno=22181)

의 변화, 작가와 독자의 개념 변화에 관한 연구자들의 관심은 앞으로도 지속될 것은 물론, 연구 범위도 점차 확장되어 갈 것으로 기대된다. 이에 새로운 미디어의 등장이 가져온 우리 소설의 다양한 양상들을 구체적으로 살펴보고자 한다.

뉴미디어와 결합, 소설을 향한 새로운 이름들

스크린셀러와 미디어셀러

2018년 당시, 영화화를 두고 논란을 불러온 〈82년생 김지영〉(감독 김도영)은 조남주 작가의 동명 소설을 원작으로 삼고 있다. 또한 같은 해 3월에 개봉한 영화 〈7년의 밤〉(감독 추창민) 역시 정유정 작가의 동명 소설을, 2017년 9월에 개봉한 영화 〈살인자의 기억법〉(감독 원신연)도 김영하의 동명 소설을 영화화한 것이다. 이외에도 소설을 원작으로 영화와 드라마가 제작된 사례는 일일이 나열할 수 없을 만큼 다양하다. 이때 해당 작품들은 대부분 원작소설의 인기에 힘입어 영화화가 이루어진 작품이라는

2016년 출간된 문유석의 《미스 함무라비》(문학동네)의 표지에는 2018년 5월에 방영된 드라마 〈미스 함무라비〉(JTBC) 주연 배우들의 사진이 실려 있다.(사진: 인터넷 교보문고.)

공통점을 갖는다. 이러한 현상은 TV와 영화라는 영상 매체의 등장 이후 지속적으로 이루어진 작업들의 결과이다.

그러나 최근에는 영화화 이후, 제목을 영화와 동일하게 바꾸거나 영화의 스틸 컷을 표지로 삼아 영화 개봉에 맞춰 출간하는 소설들도

늘어나고 있다. 이처럼 드라마와 영화의 흥행 성공으로 주목받게 된 원작소설을 의미하는 '스크린셀러screen-seller'[18]의 등장은 뉴미디어 시대에 나타난 새로운 현상으로 주목할 만하다. 대중이 소설을 접근하는 방식에서 나타난 분명한 변화를 보여 주기 때문이다. 즉, 더 이상 대중은 인쇄 매체로 출간된 소설 작품을 일방적으로 소비하지 않는다. 대신 영상 매체를 접하고, 그 뒤에 선택적으로 소설 작품에 접근하는 양상을 보이는 것이다.

비슷한 맥락에서 파급력이 큰 미디어와 책의 만남을 통틀어 지칭하는 '미디어셀러mediaseller'를 살펴볼 수 있다. 예를 들면, 예능 〈숲속의 작은집〉(tvN)에 소개된 사노 요코의 《죽는 게 뭐라고》(마음산책)는 방영 다음날 무려 1천 부 가까이 팔려 나갔고,[19] 또 다른 예능 〈알아두면 쓸데없는 신기한 잡학사전 1〉(tvN)에 출연했던 김영하와 유시민의 작품은 출연진이 언급한 서적들과 함께 방송 이후 베스트셀러에 오르는 기록을 세웠다. 이외에도 드라마와 영화 속에서 노출된 소설들이 방영 이후 놀라운 판매량 급증을 보여 주는 사례를 찾기란 결코 어렵지 않다. 이는 미디어가 출판 시장에 가져온 분명한 변화라고 볼 수 있다.

그러나 이러한 '스크린셀러'와 '미디어셀러'는 결국 영상 미디어의

---

[18] 영화를 뜻하는 '스크린screen'과 '베스트셀러bestseller'를 합친 신조어. 영화로 성공한 작품이 소설화되는 경우가 늘어나면서 등장한 말로, 영화가 개봉한 뒤 주목받게 된 원작을 가리키는 말로 쓰이기도 한다. 〈시사상식사전〉, 검색어, '스크린셀러', 최종접속일: 2018년 9월 18일(https://terms.naver.com/entry.nhn?docId=936038&cid=43667&categoryId=43667)

[19] 박성은, 〈출판시장에 새바람 '미디어셀러' 아시나요〉, 《연합뉴스》, 2018년 7월 9일, 최종접속일: 2018년 9월 15일(http://www.yonhapnews.co.kr/bulletin/2018/07/05/0200000000AKR20180705106200797.HTML?input=1195m)

'강력함'과 책의 '미약함'을 방증한다는 점에서 분명한 우려 대상이 되고 있다.[20] 이는 "오늘날 베스트셀러는 작품성 또는 독자층에 의한 자연스러운 현상으로 이해되는 것이 아니라 대중적 미디어와의 결탁에 의한 산물이라는 불명예스러운 이미지"를 가질 수밖에 없다는 김기태의 의견과 맞닿는다.[21] 또한 이들 소설들은 영상물을 통해 독자에게 재인식되는 특성을 지니지만, 작가에 의해 하나의 완성된 세계를 제공받는다는 점에서 기존의 소설들과 변별되는 차이를 발견하기도 어렵다. 즉, 전통적인 종이 편찬을 통해 출판이 이루어지고 있다는 점에서, 디지털 문화를 반영하는 내용이나 형식적 차별점이 발견되지 않는다는 것이다. 그럼에도 불구하고, 스크린셀러와 미디어셀러는 뉴미디어가 기존 출판 시장에 판매와 유통 면에서 어떠한 변화를 가져왔는지를 가늠할 수 있는 중요한 시사점을 제공한다는 점에서 반드시 주목하고 넘어가야 할 대상이 된다.

인터넷 연재소설

새로운 미디어의 등장은 기성 작가들로 하여금 글쓰기 방식에 많은 변화를 가져왔다. 원고지가 아닌 노트북을 통해 창작하고, 인쇄 매체가 아닌 디지털 매체를 통해 소설을 발표하는 시대를 연 것이다. 이는 창작 방식의 변화만이 아니라 소설을 유통하는 방식에도 다양한 변화를 가져왔다. 그리고 이러한 변화는 동일한 인터넷 매체 안에서도 지속적으로 진행 중이다. 이를 두고 안미영은 공간의 이

---

20 조석남, 〈'양날의 칼' 미디어셀러〉,《독서신문》, 2015년 6월 16일, 최종접속일: 2018년 9월 15일(http://www.readersnews.com/news/articleView.html?idxno=54675)

21 김기태,〈국내 문학도서의 베스트셀러 요인 분석 연구〉, 250쪽.

동, 연재 주체의 변화에 따라 인터넷 연재소설을 크게 세 시기로 구분한 바 있다. 인터넷 연재소설 1기는 이우혁과 이영도로 대표되는 PC통신 세대, 2기는 '귀여니' 열풍이 보여 준 인터넷 아마추어 소설, 3기는 2007년부터 시작된 기성 작가의 인터넷 연재소설로 구분된다는 것이다. 실제로 2010년대를 전후로 정통 소설을 창작하던 많은 작가들이 인터넷을 통해 작품을 연재하고 출간하는 사례가 늘어났음을 확인할 수 있다. 그런데 문제는 이들에게서 발견되는 소설이 과연 인터넷이라는 새로운 매체의 특성을 반영한 글쓰기로 이어지는가라는 질문이다. 이는 대부분의 소설이 기존의 소설적 특징을 그대로 유지한 채, 작품을 연재하는 매체만을 인터넷으로 전환했다는 인상을 주기 때문이다. 따라서 인터넷을 통해 연재한 작품들을 모아 책으로 출간하는 방식은 대표적인 종이 매체인 '신문' 연재소설의 특징과 뚜렷한 변별점을 보여 주지 않는다. 이는 작가가 원고지로 쓴 작품을 출판사에서 인터넷 매체에 타이핑하는 방식으로 연재를 진행한 김훈의 사례를 떠올릴 때 더욱 분명해진다. 기존의 종이 매체를 통해 출간된 소설이 작가의 메시지를 일방적으로 전달받는 경향이 강했다면, 인터넷 매체를 통해 이루어지는 소설 연재의 핵심은 독자와의 쌍방향 소통에 있을 것이다. 이른바 '골방'에서 혼자만의 글쓰기에 몰두하던 작가들이 인터넷을 통해 수많은 독자와 소통하는 '광장'으로 옮겨 왔다고 볼 수 있다. 그러나 실제로 인터넷 소설이 작가와 독자와의 쌍방향 소통을 반영하고 있는지는 미지수이다.

그럼에도 불구하고 인터넷 연재소설은 정통 소설이 디지털 테크놀로지와 결합하여 보인 첫 번째 형식적 전환이라는 점에서 주목할 만하다. 이때 짚고 넘어갈 점은 본 글에서 언급하는 '인터넷 연재소설'의 범위이다. 그동안 순문학으로 분류되었던 작가들의 작품이 인터넷이라는 매체를 통해 소개된 것으로, '귀여니'류의 인터넷 소설과는 구별된다. 즉, 전문작가로서 원고료를 받고 정기적으로 인터넷에 작품을 연재한 경우로 한정한다고 할 수 있다.

전문작가로서 최초로 인터넷에 작품을 연재한 주인공은 박범신이다. 그는 지난 2007년, 네이버 블로그를 통해 장편소설《촐라체》를 총 102회에 걸쳐 연재하였다. 이후에도《당신-꽃잎보다 붉던》과《유리》를 각각 네이버 문학동네 카페와 카카오페이지를 통해 연재하였다. 이후로는 김훈의《공무도하》, 김언수의《설계자들》, 백영옥의《비정상 로맨스》, 심상대의《나쁜 봄》, 은희경의《소년을 위로해줘》, 황석영의《개밥바라기별》등이 네이버 카페를 통해 연재되어 대중의 주목을 받았다. 이들 가운데 상당수는 인터넷 연재를 진행하는 가운데 보여 준 독자들의 반응에 실시간으로 응답하고, 댓글을 통해 독자와 소통하는 모습을 보여 주었기 때문이다. 이런 식의 '관계 맺음'은 '작가와의 대담' 혹은 '저자 사인회' 정도로 한정되어 있던 독자와 작가의 관계 확장을 보여 주는 명확한 변화점이다. 그러나 이러한 변화가 과연 작품의 내용이나 형식에 실질적인 변화를 가져왔는지는 확인하기 어렵다. 일종의 '팬카페' 분위기를 연상시키는 작가와 독자의 소통 속에서, 작가가 독자의 의견을 받아들여 내용을 수정하거나 형식에 변화를 가했다는 증거를 찾기란 결코 쉽지 않기 때문이다.

그런데 비교적 최근에는 독자의 의견을 반영하여 소통적 글쓰기를 시도하는 작가들이 늘어 가고 있다. 그 예로 소설의 내용을 바꾸어 달라는 독자의 의견을 반영하여 죽음을 맞이한 주인공의 수명을 연장하겠다는 의사를 밝힌 김언수의 사례를 들 수 있다.[22] 작가가 독

---

22 해당 예는 신종락의 〈전자책과 인터넷 글쓰기로 인한 문학 패러다임의 변화와 영

자의 의견을 적극적으로 경청하고, 이를 수용하는 자세를 보인 것이다. 이를 통해 독자는 일방적으로 작품을 소비하는 수동적 존재에서 벗어나, 협업을 통해 '함께' 이야기를 만들어 가는 위치로 전환한다. 인터넷 소설이 갖는 특징이 바로 여기에 있다. 독자와 작가의 경계가 모호해지고, 독자는 원창작자의 작품을 능동적으로 소비함으로써 또 하나의 창작자로 옮겨 가는 것이다.

그러나 작가의 권위를 강조하는 문단의 보수적인 관점에서 바라봤을 때, 독자의 요구에 의해 작품을 수정할 수 있다는 발상 자체를 비판적으로 보는 시각도 분명 존재한다.[23] 그러나 독자의 반응을 실시간으로 확인하고 이를 작품에 반영할 수 있다는 것 자체가 인터넷 연재소설이 갖는 특징이라는 점에서, 기존의 인터넷 소설이 단순히 소설을 전달하는 매체의 변화로만 치부되어서는 곤란하지 않을까 한다. 작가와 독자에 관한 고전적 의미에 관한 새로운 개념 규정이 요구된다는 점에서, 인터넷 연재소설을 새롭게 바라볼 필요성이 제기된다.

웹소설

KT경제경영연구소에 따르면 2013년 형성된 웹소설 시장의 규모는 매해 2배씩 성장세를 보이고 있으며, 업계는 연간 매출액 1억 원 이상을 기록하는 작가가 1백 명을 넘을 것으로 추산하고 있다.[24] 이

향)《코기토》제71권, 부산대학교 인문학연구소, 2012.)을 통해 구체적으로 살펴볼 수 있다.
23 임대근, 〈한국에서 '트위터 문학'은 가능한가?: 뉴미디어의 등장과 새로운 문학의 출현에 관한 시론〉,《외국문학연구》제53호, 한국외국어대학교 외국문학연구소, 2014, 293쪽.
24 이윤주, 〈출판사들도 잇달아 진출⋯진격의 웹소설〉,《동아일보》, 2017년 2

처럼 최근 몇 년 새 무서운 성장을 보여 주는 웹소설은 뉴미디어를 통해 등장한 새로운 문학 양식, 그 가운데에서도 소설의 가장 극적인 변화를 보여 준다. 그 결과 최근 학계에서는 웹소설을 대상으로 삼는 학문적 접근이 점차 확대되어 가고 있다. 2018년에만 약 5편의 학위논문[25]이 발표되었고, 웹소설에 관한 소논문도 다양한 방면에서 꾸준히 축적되고 있다. 연구 내용으로는 웹소설 창작방법론에 관한 논의, 웹소설 재매개 양상에 대한 연구, 웹소설의 서사 가운데에서도 로맨스 웹소설의 구조 서사 연구, 한국 웹소설의 특징에 관한 연구 등을 들 수 있다. 이외에도 국외 웹소설의 현황과 특성을 살펴보는 연구들도 발견되는데, 이는 현재 한국의 웹소설 시장이 다른 국가에 비해 상대적으로 높은 위치를 점유하고 있는 까닭으로 이해된다. 실제로 2014년 일본에서 출간된 웹소설 관련 비평서에서는 한국에서 인기를 끄는 웹소설이라는 장르가 일본에서 어떻게 시장 진입을 할 것인지를 논하고 있으며, 중국에서는 이미 한국의 웹소설이 큰 인기를 얻고 있기 때문이다.[26] 현재 국내 웹소설은 중국 시장은 물론이고 태국, 인도를 비롯한 북미 지역으로의 진출을 추진 중이다.[27] 그런 의미에서 웹소설은 더 이상 인터넷 소설 초기에 유행했던

월 23일, 최종접속일: 2018년 9월 19일(http://www.hankookilbo.com/News/Read/201702230454197893)

25 해당 논문의 목록을 살펴보면 다음과 같다(가나다순). 김명기, 〈한국 웹소설의 특성 연구〉, 한양대 석사논문, 2018; 서용원, 〈모바일 웹소설의 문학성 연구〉, 이화여대 석사논문, 2018; 손지은, 〈모바일 문학의 대화성 연구〉, 서강대 석사논문, 2018; 이용희, 〈한국 판타지 소설의 역사와 의미 연구〉, 한양대 석사논문, 2018; 최재현, 〈한국 웹소설의 유형에 관한 연구〉, 청주대 석사논문, 2018.

26 김봉석, 〈K-literature 해외 진출 전략수립을 위한 이슈체크 4: 도약하는 웹소설 시장을 잡아라〉,《'한류 NOW '한류심층분석보고서》제22권, 한국문화산업교류재단, 2018, 54쪽.

27 김수인, 〈조아라, 태국 콘텐츠 플랫폼 욱비(Ookbee)에 웹소설 5개 작품 공급〉,

10대 여학생 취향의 '귀여니' 소설이 아닌, 전 세계적으로 그 영향력을 확장해 나갈 문화산업의 핵심 요소로 접근되어야 할 것이다.

물론 '귀여니'류의 소설이 갖는 의미도 주목할 만하다. 이는 인터넷에 관한 대부분의 연구가 디지털 매체에 의한 문학 유통 및 변화의 단서를 2001년의 '귀여니' 소설을 통해 접근하고 있음을 통해 증명된다. 중요한 것은 작품성 자체만이 아니라, 그것이 갖고 온 변화의 틀에 있는 까닭이다. 이에 이지원은 "PC문학, 통신문학, 사이버문학 등의 새로운 문학 담론이 활발하게 논의되던 시기에 나타난 '귀여니 신드롬'은 10대 아마추어 작가의 인터넷 대중소설이 엘리트주의적 문학 지형을 위협했다는 면"에서 의미를 갖는다고 강조한다.[28] 인터넷 청소년 소설가가 '등단'이라는 "기존의 권위적 제도를 배제하면서 스스로 작가가 될 수 있음"은 물론, "기존의 문학 생산 방식에 균열"을 낼 수 있음을 보여 주었다는 것이다.[29] 임대근 역시 '귀여니'를 문학 환경 내부로의 새로운 진입 방식을 보여 준 상징적인 사례라고 설명한 바 있다.

이처럼 대표적인 인터넷 소설로 분류되는 웹소설의 가치는 '등단'이라는 기존의 권위적 제도에 균열을 가하고, 누구나 작가가 될 수 있다는 새로운 문화를 창출해 냈다는 점에서 찾을 수 있다. 즉, 신춘문예나 각종 신인문학상이라는 폐쇄적 절차를 거치지 않고도 '누구나 작가가 될 수 있다'는 가능성이 기존의 문학 생산 방식은 물론,

---

《thewebdaily》, 2018년 09월 04일, 최종접속일: 2018년 9월 20일(http://news.webdaily.co.kr/view.php?ud=201809041049454451939302b8b8d_7)

28 이지원, 〈디지털 다매체 환경과 문학의 새로운 유통 양상—바이럴(Viral) 문학의 가능성을 중심으로〉, 158쪽.

29 이지원, 〈디지털 다매체 환경과 문학의 새로운 유통 양상—바이럴(Viral) 문학의 가능성을 중심으로〉, 159쪽.

유통의 흐름에까지 변화를 가져온 것이다. 그 결과 최근에는 순수문학으로 분류되었던 작가들도 웹소설 시장으로 그 활동 영역을 넓혀가고 있다. 김연수, 성석제, 장강명, 전경린, 천관명 등의 국내 유명 소설가들이 웹소설을 통해 초단편 소설을 발표하고 있는 것이다.[30] 이처럼 웹소설에 관한 소설가들의 달라진 태도는 출판계에도 변화를 가져왔다. 민음사의 장르문학 브랜드인 황금가지는 온라인 소설 플랫폼 '브릿G'를, 출판사 위즈덤하우스는 웹소설과 웹툰을 연재하는 온라인 사이트 '저스툰'을, 교보문고는 웹소설 플랫폼 '톡소다'를 만들어 운영 중이다.[31]

이를 통해 웹소설은 더 이상 빈약한 주제의식과 다듬어지지 않은 문체를 구사하는 통속소설이 아닌, 문학의 새로운 유형으로서 그 가치가 재정의될 필요성이 제기된다. 실제로 2015년에는 순문학 작가들의 요청으로 '웹소설' 강연이 추진된 바 있다.[32] '전자출판과 장르문학의 문법을 배우고 싶다'며 특강을 요청한 것이다. 다음 표는 당시 강의를 진행한 이문영 편집주간(장르소설 출판사 파란미디어)이 밝힌 '웹소설 쓰기 10계명'으로, 웹소설이 기존의 정통적인 소설과 어떤 점에서 변별되는지를 파악할 수 있는 보기를 제시한다.

---

30 최광, 〈저명 소설가도 참여한 웹소설 플랫폼 만든 사람〉, 《jobsN》, 2018년 9월 10일, 최종접속일: 2018년 09월 18일(https://m.post.naver.com/viewer/postView.nhn?volumeNo=16676035&memberNo=27908841&searchKeyword=%EC%9B%9C%EC%86%8C%EC%84%A4&searchRank=1)

31 이윤주, 〈출판사들도 잇달아 진출⋯ 진격의 웹소설〉, 2017년 2월 23일.

32 해당 강연은 지난 2015년 9월 4일, 전자책 업체 리디북스에서 개최한 '전자책 스토리텔링 강연회'를 가리킨다. 관련 내용은 다음의 기사를 참고하였다. ─김윤종, 〈똑 똑 똑⋯ 순문학 작가들 장르문학 문을 두드리다〉, 《donga.com》, 2015년 9월 8일, 최종접속일: 2018년 9월 20일(http://news.donga.com/3/all/20150908/73488724/1)

웹소설 작가와 전자책 출판사 관계자들이 밝힌 웹소설 쓰기 10계명
① 독자가 모바일 기기로 소설을 본다는 사실을 절대 잊지 마라.
② 문장은 최대한 짧게 써라.
③ 문단 개념을 잊어라.
④ 한 문장마다 줄을 바꾸고, 한 줄을 띄어 써라.
⑤ 이야기는 서사 대신 대화 형식으로 진행하라.
⑥ 영화 시나리오와 유사하게 써라.
⑦ 독자들은 화면을 내렸다가 다시 올리는 걸 귀찮아한다는 걸 명심하라.
⑧ 스토리는 시간순으로 전개하고 문장은 이미지가 떠오르게 작성하라.
⑨ 한 회는 5500자면 족하다. 단, 한 회 분량 내에서도 기승전결을 갖춰라.
⑩ 드라마처럼 마지막 부분에는 다음 회가 궁금하도록 끝내라.

위의 표에서 확인할 수 있듯이, 웹소설은 단순히 웹상에서 연재된다는 것뿐 아니라 형식과 내용 면에서 기존의 정통 소설과 분명한 차별점을 보여 준다. 순문학에서 요구되는 것이 작품의 구성력, 개연성, 완결성, 문체미학에 있다면, 웹소설은 "기존 출판계에서 만족할 수 없던 새로운 상상력과 재미가 우선시"되어야 한다는 것이다.[33] 그런 면에서 웹소설은 디지털미디어 시대 변화를 반영한 새로운 소설로서 가장 주목받을 분야라고 볼 수 있다.

그러나 이때 요구되는 '기존에 볼 수 없던 새로움'이란 무엇이며, 그것을 판단하는 기준을 무엇으로 삼을 것인가는 결코 쉽게 답을 내릴 수 없는 질문들이다. 무엇보다 점차 영향력이 커져 가는 웹소설의 입지를 떠올린다면, 단순히 인터넷이라는 매체를 통해 제공되는 소설이 아니라, 웹소설 자체가 함의하는 장르적 특성에 관한 개념 규정 역시 적극적으로 이루어져야 하기 때문이다. 그런 점에서 웹소설의 정확한 명칭부터 재정립할 필요성이 제기된다. 장르문학 작

---

33 이윤주, 〈출판사들도 잇달아 진출… 진격의 웹소설〉, 2017년 2월 23일.

가이자 비평가인 이융희는 웹소설이라는 명칭이 2013년 1월 인터넷 포털 사이트인 네이버가 '네이버 웹소설'이라는 이름으로 공모전을 개최하면서 보편화되었다고 설명하였다. 그러나 이전에도 유료로 거래되는 편 단위의 소설 형태가 존재했으며, 이를 사이버 소설 또는 인터넷 소설 등의 명칭으로 혼용하여 왔다고 덧붙인다. 따라서 오늘날 우리가 사용하는 웹소설이라는 용어는 "학문적 입법 과정을 쓴 명칭"도 "비평적으로 조어된 용어"도 아닌, "시장에서도 단순히 보급된 명칭"이라는 지적이 의미심장하게 다가온다.[34] 그렇다면 최근 늘어가는 웹소설 연구에 관한 관심은 웹소설을 무엇으로 규정할 것인가라는 논의로부터 출발해야 한다는 문제 제기를 남긴다.

초단편소설

앞서 언급한 바와 같이 최근에는 순수문학으로 분류되었던 전문 작가들이 웹소설을 통해 소설을 발표하는 사례가 늘어 가고 있다. 웹소설의 형식에 맞게 기존 단편소설보다 짧은 '초단편소설'을 창작하고 있는 것이다. 대부분 2백 자 원고지 7매부터 30매 내외에 해당하는 짧은 소설들로, 문예지에서 발표되던 기존의 단편소설들이 2백 자 원고지 80매 내외라는 점을 떠올릴 때 파격적인 분량 축소라고 볼 수 있다.[35] 그러나 웹상에서 제공되는 초단편소설이 모두 웹소

---

34 이융희, 〈한국 웹소설의 마스터 플롯 연구: 모험 서사의 변이로 본 '차원 이동' 연구"에 대한 토론문〉,《제62회 국어국문학회 전국 학술대회:제4차 산업혁명 시대를 위한 국어국문학(1)》, 국어국문학회, 2018, 257쪽.
35 "최근 소셜미디어를 통한 문화 콘텐츠 소비가 일상화되며 길이는 짧지만 장편 이상의 긴 여운을 남기는 초단편소설 붐이 일고 있다. 초단편소설은 책 5쪽 내외의 짧은 분량을 가졌으나 하나의 독립적인 이야기로 완결성을 갖고 있는 것이 특징이다. 이러한 가운데 문학·출판업계에서도 초단편·단편작품을 통해 순문학의 매력을

설을 의미하는 것은 아니다. 오프라인상에서도 초단편소설이 지속적으로 출간되고 있기 때문이다.

현재 초단편소설과 같은 짧은 소설은 "엽편葉篇소설, 손바닥소설, 스마트소설, '플래시픽션', 그밖에 미니픽션, 서든픽션, 마이크로픽션, 마이크로스토리, 쇼트쇼트스토리, 엽서소설, 프로즈트리Prosetry, 담배쨤소설, 커피잔소설 등"으로 다양하게 불리고 있다.[36] 아직 명확하게 용어 정립이 이루어지지 않았지만, 이들은 한결같이 신속함, 명료함, 간결함, 영상문화와의 유연한 결합 등을 공통된 특징으로 삼고 있다.[37] 이 가운데 '스마트폰'이라는 환경에 적합하다는 의미에서 따온 '스마트소설'이라는 용어를 주목할 수 있다.[38]

2012년부터 매해 발간되고 있는《스마트소설, 박인성문학상 작품집》에서는 '스마트소설'을 두고 "달라진 전자 환경 시대에 어울리는 방향으로 문학을 변화"시킬 필요성에 관한 응답이라고 설명하고 있다.[39] 무엇보다 '스마트소설'이란 스마트폰 환경과 소설이라는 장르의 결합을 시도하는 "새로운 변환의 문학 장르"로서, "짧은 분량·

알리려는 시도가 이어지고 있다." 서영준, 〈네이버, 모바일홈서 작가 15인의 초단편 소설 소개〉,《파이낸셜뉴스》, 2017년 4월 6일, 최종접속일: 2018년 9월 17일(http://cn.moneta.co.kr/Service/stock/ShellView.asp?ArticleID=2017040610525500723&LinkID=532&NewsSetID=5617&Title=파이낸셜뉴스)

36 배영수, 〈단편소설(小說)보다 더 '작은' 소설이 온다〉,《인천in.com》, 2018년 7월 23일, 최종접속일: 2018년 11월 10일(http://www.incheonin.com/2014/news/news_view.php?m_no=1&sq=44717&thread=001001000&sec=2)

37 이동하, 〈'아코디언북 짧은 소설 프로젝트' 원고지 30매 내외 10편 수상작〉,《인천일보》, 2018년 7월 23일, 최종접속일: 2018년 9월 20일(http://www.incheonilbo.com/news/articleView.html?idxno=819638#08hF)

38 석현주, 〈바쁜 현대생활 짧은 초단편 소설이 "대세"〉,《경상일보》, 2017년 2월 20일, 최종접속일: 2018년 9월 20일(http://www.ksilbo.co.kr/news/articleView.html?idxno=579533)

39 주수자 외,《스마트소설 박인성 문학상: 2013 수상작품집》, 문학나무, 2012, 7쪽.

빠른 소통·강렬한 시사성을 핵심 가치"로 내세운다는 특징을 지닌
다.[40] 그러나 과연 새로운 미디어 매체의 요구가 단순히 짧은 분량에
만 있을까라는 의문이 제기된다.

최근 문단에서는 초단편소설의 출간이 매우 활발하게 진행 중이
고, 이러한 현상은 앞으로도 지속될 것으로 예측된다.[41] 그러나 오프
라인상에서 발표된 일련의 소설들이 과연 뉴미디어의 특징을 반영
한 소설의 형식적 전환이라고 볼 수 있을지는 미지수이다. 짧은 분
량의 소설이 주목하는 것은 스마트폰 사용에 익숙해진 대중들이 소
화할 수 있는 호흡의 글쓰기라는 데 있다. 그런데 이것이 단지 분량
상의 축소만을 의미하지는 않을 것이다. 그러나 현재 발표되고 있는
대부분의 초단편소설들은 분량의 차이만이 있을 뿐, 기존의 정통적
인 소설 창작과 출간 방식에서 큰 차이를 드러내지 않는다. 이는 일
본의 휴대폰소설과 비교할 때 더욱 분명하게 확인된다.

일본의 '휴대폰소설'이란 휴대폰으로 창작한 소설을 "휴대폰소설
전용 사이트에 올리고, 다시 독자들이 휴대폰으로 내려받아 읽는 소

---

40 김소륜, 〈AI(artificial intelligence) 시대 속 한국 문학, '창조'하는 작가에서 '배치'하
   는 작가로의 이행〉, 41쪽.
41 최근 3~4년 사이에 발표된 국내 초단편소설집의 목록을 살펴보면 다음과 같다(가
   나다 순). 김남숙 외 21인, 《이해 없이 당분간》, 걷는사람, 2017; 김솔, 《망상, 어》,
   문학동네, 2017; 박인 외 6인, 《네 여자, 세 남자》, 문학나무, 2016; 박희팔, 《풍월주
   인》, 뒷목문화사, 2018; 백가흠, 《그리스는 달랐다》, 난다, 2017; 성석제, 《사랑하는,
   너무도 사랑하는》, 문학동네, 2017; 안영실, 《화요앵담》, 헤르츠나인, 2016; 양진채,
   《달로 간 자전거》, 문학나무, 2017; 이기호, 《웬만해선 아무렇지 않다》, 마음산책,
   2016; 이응준, 《소년을 위한 사랑의 해석》, 문학과지성사, 2017; 임상태, 《나의 유흥
   문화 답사기》, 몽트, 2018; 임정혁, 《미래가 왔어》, 부크크, 2016; 장주원, 《ㅋㅋㅋ》,
   문학세계사, 2014; 정이현, 《말하자면 좋은 사람》, 마음산책, 2014; 조경란, 《후후후
   의 숲》, 스윙밴드, 2016; 주수자, 《빗소리몽환도》, 문학나무, 2017; 최민석, 《미시시
   피 모기떼의 역습》, 보라빛소, 2016.

설"을 의미한다.[42] 소설의 창작과 유통, 그리고 소비가 모두 휴대폰이라는 매체 안에서 이루어진다는 특징을 갖기에 '셀폰소설'이라고도 표현된다. 현재 휴대폰을 통해 공유된 '셀폰소설'은 인쇄 매체로 출간되고 있으며, 이는 일본에서 베스트셀러 반열에 오를 만큼 높은 인기를 누리고 있다.[43] 최근에는 국내에서도 일본의 휴대폰소설에 관한 비평적 담론이 늘어 가고 있는데, 이는 일본의 문화적 특징이 국내에서도 적용될 가능성이 점차 커지고 있는 까닭이라고 판단된다. 이에 휴대폰소설의 서사 분석에 관한 연구를 통해 해당 소설의 특징을 살펴보면 다음과 같다.

강현구[44]는 일본의 '휴대폰소설'이 갖는 서사적 특징을 분석하며 "휴대폰소설 사이트의 이용자가 가장 많이 접속하는 시간이 밤 11시에서 새벽 2시까지"라는 점을 들고, 독자들은 가장 고요한 자신만의 시공간 속에서 마치 자신에게 걸려온 통화를 받듯이 이야기를 읽어 나간다는 특징을 제시하였다. 또한 휴대폰소설에서 발견되는 서사적 특징으로 개인의 '내밀한 상처'를 고백하는 솔직함을 강조한다.[45] 즉, 휴대폰소설이란 개인의 내밀한 상처가 고백되는 문학이라는 점에서 고백의 수사를 주된 특징으로 삼는다는 것이다. 또한 휴대폰소

---

[42] 강현구, 〈뉴미디어 시대의 휴대폰 소설: 일본 휴대폰 소설의 서사적 특성을 중심으로〉, 《대중서사연구》 제20호, 대중서사학회, 2008, 77쪽.

[43] Norimitsu Onishi, "Thumbs Race as Japan's Best Sellers Go Cellular," *The New York Times*, 2008, 최종접속일: 2017년 10월 10일(http://www.nytimes.com/2008/01/20/world/asia/20japan.html?em&ex=1200978000&en=9275f067f59eb69c&ei=5087%0A)

[44] 강현구는 휴대폰소설을 두고 "휴대폰으로 쓰여지고 휴대폰으로 읽혀지는 소설을 협의의 휴대폰소설로, 다시 이 소설을 책으로 출간한 경우를 광의의 휴대폰소설로 정의"한다. 강현구, 〈뉴미디어 시대의 휴대폰 소설: 일본 휴대폰 소설의 서사적 특성을 중심으로〉, 78쪽.

[45] 강현구, 〈뉴미디어 시대의 휴대폰 소설: 일본 휴대폰 소설의 서사적 특성을 중심으로〉, 79쪽.

설은 자전적 사실을 유난히 강조하는데, 무려 1백만 편 이상의 소설이 게시되어 있는 '마법의 i랜드'라는 일본의 유명 휴대폰소설 사이트의 작가 대부분이 전문 작가 혹은 문학적 수련을 거치지 않은 일반인이라는 점을 근거로 제시한다.[46] 이에 따르면 일본의 휴대폰소설은 내밀한 자기고백의, 자전적 서사라는 특징을 지닌다고 볼 수 있다.

그렇다면 국내의 경우는 어떠할까? 국내의 경우는 일본의 휴대폰소설과 같은 독특한 서사적 특징을 발견하기 어렵다. 대부분 스마트폰을 활용한 글이 아닌, 스마트폰 환경에 부합하는 짧은 소설들이 지면을 통해 발표되고 있기 때문이다. 이는 휴대폰이 아니면 읽는 것 자체가 불가능하다는 독일의 휴대폰소설과 비교해서도 아쉬움으로 남는다.[47] 즉, 국내의 초단편소설은 마치 박희팔[48] 소설의 부제처럼 "스마트폰으로 읽을 만한" 짧은 분량의 소설들이라는 특징만을 보여 주기 때문이다.

그러나 다른 한편으로는 신문소설의 인기가 장편소설의 부흥을 이끌어 낸 것처럼, 모바일 매체의 등장이 초단편소설의 유행을 이끌어 내고 있다는 분석도 가능해진다. 그런 면에서 초단편소설의 의의는 오늘날 우리 사회에 새롭게 등장한 매체와 소설의 상관관계를 드러내는 분명한 근거를 제시한다는 데 있을 것이다. 이에 앞으로 이 둘의 상관관계에 관한 보다 적극적인 논의가 이루어져야 할 것으로

---

46 강현구, 〈뉴미디어 시대의 휴대폰 소설: 일본 휴대폰 소설의 서사적 특성을 중심으로〉, 88쪽.
47 이정준, 〈휴대폰 소설—새 매체 속의 새로운 문학 장르〉, 《독일문학》 제116집, 한국독어독문학회, 2010, 204쪽.
48 박희팔, 《풍월주인: 스마트폰으로 읽을 만한 짧은 소설》, 뒷목문화사, 2018.

기대된다.

라이트 노벨Light novel

지난 2018년 6월 23일, '2018 서울국제도서전'에서는 새로운 미디어 시대 '책이란 무엇인가'를 재정의하며 '라이트 노벨 페스티벌'이라는 이벤트가 진행되었다. 이는 국내 출판 시장에서 최근 몇 년 새 급부상하고 있는 소설 장르인 '라이트 노벨'의 위상을 보여 주는 사례라고 볼 수 있다. 실제로 라이트 노벨은 국내 도서 시장에서 5~6퍼센트의 비중을 차지할 만큼 높은 영향력을 행사하고 있다. 이에 국내 주요 온라인 서점 사이트에 접속하면 '라이트 노벨'이라는 카테고리를 쉽게 마주할 수 있다.[49] 이러한 영향 때문인지 2018년 서울국제도서전에서는 "라이트 노벨, 한 번 읽어 보지 않겠어요?"라는 주제로 라이트 노벨의 특징과 창작, 시장 가능성에 관한 강연이 진행된 바 있다.

'라이트 노벨'이란 일반적으로 일본 내 10대 중고생이 많이 읽는 소설의 한 장르로, 만화 애니풍의 일러스트를 사용하는 오락소설이라고 정의되고 있다. 국내에서는 이러한 '라이트 노벨'을 '장르소설' 또는 '웹소설'이라는 이름 안에 포괄적으로 포함하고 있으나, 〈네이버 웹소설〉에서는 '라이트 노벨'을 '로맨스, 판타지, 무협, 미스터리, 역사&전쟁, 퓨전' 등과 동일한 하위 갈래로 분류하고 있다. 또한 '라이트 노벨' 가운데에도 로맨스 · 학원물 · 판타지 · SF 등의 다양한 장르가 포함되어 있으며, 일러스트가 아예 없거나 만화풍이 아닌 경

---

49   백종모, 〈라이트 노벨 열풍… 독자를 모으는 힘은 어디서 오는가〉, 《엑스포츠 뉴스》, 2018년 6월 24일, 최종접속일: 2018년 9월 17일(http://www.xportsnews.com)

우도 존재한다. 그런 면에서 특정한 장르나 형식에 구애되기보다는 스스로 '라이트 노벨'을 표방한 소설을 '라이트 노벨'이라고 보는 것이 적합하다는 의견이 지배적이다. 이는 아직 '라이트 노벨'에 관한 명확한 정의가 이루어지지 않고 있음을 보여 주는 사례라고 볼 수 있다.

이에 《월간 채널예스》에서는 '웹소설'과 '라이트 노벨'이 어떤 점에서 다른지를 비교하여 설명하는 기사가 실리기도 하였다.[50] 이 글에 따르면 기본적으로 '웹소설'은 웹에서 발생했으나, '라이트 노벨'은 출간을 기본 형식으로 삼는다는 특징을 갖는다. '웹소설' 독자는 단행본이 나와도 전자책으로 구매하는 편이라면, '라이트 노벨' 독자는 문고 단행본 구매를 선호한다는 것이다. 그러나 최근에는 점차 그 경계가 허물어지고 있는데, 문고판 출판 형식이 기본이었던 라이트 노벨이 점차 전자책으로 전환하여 웹상에 올라오고 있기 때문이다. 그 결과 웹에 올라온 라이트 노벨 또한 사실상 웹소설의 범주에 포함시킬 수 있다는 주장이 가능해진다.

또한, 라이트 노벨이 주목받는 이유로 스토리와 캐릭터성을 동시에 갖추고 있다는 점을 들 수 있다. 즉, 만화·애니메이션·게임 등 여러 매체로 옮겨 가기 용이하다는 특징을 갖는다. 하나의 작품이 다수의 미디어를 통해 등장함으로써 새로운 핍진성이 발생한다는 것이다. 매체 간의 변환이 다채롭게 이루어질 수 있다는 가능성, 이것이야말로 디지털미디어 시대에 부합하는 가장 중요한 특징이라고 볼 수 있다. 이는 새로운 참여문화 현상에 해당하는 '트랜스미디어

---

50 권혁, 〈웹소설VS라이트노벨〉, 《월간 채널예스》, 2018년 6월호 특집, 채널예스, 2018, 최종접속일: 2018년 9월 18일(http://ch.yes24.com/Article/View/36242)

스토리텔링trans-media storytelling'이라는 개념을 떠올릴 때 더욱 분명해
진다. 헨리 젠킨스가 제안한 '트랜스미디어 스토리텔링' 개념은 "스
토리가 다양한 미디어 플랫폼을 통해 공개되며, 각각의 새로운 텍스
트가 전체 스토리"에 기여한다는 특징을 지닌다.[51] 즉, 하나의 스토
리가 영화·텔레비전·게임·놀이공원 명소 등으로 경험되며, 각각은
독립된 서사를 충족시킨다는 것이다. 라이트 노벨이 이러한 트랜스
미디어 스토리텔링의 특징을 지닌다는 점에서, 21세기 부가가치 산
업으로서의 가능성에 대한 기대 역시 점차 높아지고 있다. 그래서인
지 최근 국내에서는 라이트 노벨을 전문으로 하는 출판사가 생겨나
고 있으며, 한국형 라이트 노벨을 만들고자 하는 작가들도 점차 늘
어 가고 있기에 자체적인 발전이 기대된다.

디지털 테크놀로지 시대, 소설의 새로운 도약

지식의 전달과 보존이 제대로 이루어질 수 없던 구술문화 시대를
살아가던 인류는 문자의 발명, 그리고 인쇄 매체의 등장을 통해 새
로운 문명의 시대를 열었다. 그리고 21세기인 오늘날, 과거와는 비
교할 수조차 없는 막대한 정보량와 폭발적인 파급력을 앞세운 디지
털 테크놀로지의 등장이 우리의 삶을 매순간 혁명에 가깝게 전환시
키고 있다. 물론 인터넷 문화는 걸러지지 않은 정보와 조작된 여론
조성 등의 문제로 "지식의 쓰레기장"이라는 오명을 쓰고도 있지만,
다른 한편으로는 "풍부한 자료와 자기검열로 점차 지식의 백과사전
으로서의 역할"을 수행해 가는 자정 단계에 들어서고 있음도 사실이

---

51 헨리 젠킨스, 《컨버전스 컬처》, 김정희원·김동신 옮김, 비즈앤비즈, 2008, 149쪽.

다.[52] 이처럼 인터넷 문화 내부에는 수많은 균열과 세밀한 층위가 공존한다. 이러한 균열은 미디어 테크놀로지의 발전이 소설에 미친 영향 속에서도 고스란히 반복되고 있다. 이에 본 글은 오늘날 현재, 우리 현대소설이 마주한 다양한 변화의 면모를 살펴보고 각각의 가능성을 탐구하는 데 초점을 두고 있다.

이를 위해 주목한 대상은 스크린셀러, 미디어셀러, 인터넷 연재소설, 웹소설, 초단편소설, 라이트 노벨 등이다. 기존의 정통 소설과 구분되는 새로운 이름들로 분류했지만, 사실상 넓게 보면 이들은 각각 독립적으로 구분되기보다는 일정한 교집합 속에서 맞물려 있다고 볼 수 있다. 예를 들면 기성 작가들의 작품은 인터넷상에서 웹소설 형태로 발표되고 있지만, 동시에 초단편이라는 새로운 형식으로 출판되고 있기 때문이다. 또한 웹소설 내에서도 라이트 노벨로 분류되는 작품들이 존재하고, 내용 면에서도 철학적 사유와 인문학적 소양을 지향하는 작품들이 꾸준히 발표되고 있다. 그런 의미에서 본 글에서 언급한 한국 현대소설을 지칭하는 다양한 이름들은 그 자체로 고정적이라기보단, 유동적 분류에 해당한다고 할 것이다. 이는 대표적으로 웹소설이라는 용어를 통해 접근되는 지점이다. 이는 앞에서 언급한 바와 같이, 오늘날 우리가 사용하는 웹소설이라는 용어가 "학문적 입법 과정을 쓴 명칭"도, "비평적으로 조어된 용어"도 아니기 때문이다.[53] 따라서 웹소설은 어떤 식으로 접근하느냐에 따라 그 개념과 정의가 달라질 수밖에 없다. 우선 웹소설을 하나의 하위 범

52　최혜실,《문자문학에서 전자문화로》, 한길사, 2007, 23~24쪽.
53　이융희, 〈"한국 웹소설의 마스터 플롯 연구: 모험 서사의 변이로 본 '차원 이동' 연구"에 대한 토론문〉, 257쪽.

주화된 '장르'로 볼 것인지, 단순히 인터넷에서 제공되는 매체적 형태로만 볼 것인지부터 명확히 구분해야 할 것이다. 그러나 이 역시도 웹소설이라는 현상 자체가 '현재진행형' 속에 놓여 있으며, 그 속에 다양한 정체성이 혼재되어 있다는 점에서 결코 손쉽게 규정할 수 없는 성질의 문제라고 볼 수 있다. 이러한 현상은 기성 작가들이 창작한 소설이 웹상에 소개된다는 이유만으로 그들의 작품을 웹소설이라고 분류할 수 없는 상황과 맞닿는 부분이다.

또한 기성 작가들이 뉴미디어 플랫폼 안으로 진출하는 이유가 단지 인터넷 소설의 가치가 증폭되어 가는 현실적 상황의 반영이 아니라, 인터넷 소설만으로는 채워지지 않는 공백을 채우기 위한 미디어 플랫폼의 적극적인 요청일 수 있다는 가능성도 고려되어야만 한다. 뿐만 아니라 영상물을 통한 접근성이 현대사회의 피할 수 없는 현실이라는 점에서, 해당 영상물을 통해 노출된 서적을 찾아서 읽는 독자층의 존재에 대한 주목도 간과해서는 곤란하다. 이는 중국 웹소설 시장의 성장 배경이 활자와 책에 익숙한 중국인의 독서 습관과 연관된다는 분석을 떠올릴 때 더욱 분명해진다. 이는 인쇄 매체와 전자 매체가 더 이상 대립항이 아닌 상호 보완의 관계임을 유추하도록 이끈다. 따라서 뉴미디어와의 결합을 통해 생성된 소설들과 기존의 정통 소설들을 더 이상 대척점에 놓인 관계로 규정해서는 곤란할 것이다.

무엇보다 인터넷을 통한 소설 연재는 독자들과의 실시간 소통을 통해 의견을 교류하고, 독자들이 원작자의 작품을 토대로 나름의 새로운 작품들을 창작해 나갈 수 있다는 가능성을 제시한다는 점에서 의미를 갖는다. 그러나 여전히 문단 내부에서는 독자의 의견을 반영해서 작품 내용을 수정하는 것을 부정적으로 바라보는 분위기가 존재한다. 그 예로 '트위터 문학'에 관한 질문에서 작가가 작품으로 독자와 소통해야 하는 것은 인정하지만, 그것은 어디까지나 인간으로서의 소통이지 작가로서는 곤란하다는 이문열의 발언을 살펴볼 수 있다. 그는 "작가의 권위를 버려 단기적으로는 환영을 받겠지만 길게 보면 땅에 떨어진 작가의 권위가 문학을 버림받게 만들 것"이라고 경고하였다.[54] 이러한 발언은 작가를 권위를 지닌 존재로 상정하고 있는 기성 문인들의 사고 일부분을 드러낸다. 물론 작가의 창작자로서의 위치는 존중받아야 마땅하다. 그러나 새로운 미디어의 등장은 대중이 소설을 소비하는 방식에 분명한 변화를 가져왔다. 일방적으로 작가가 창조한 글을 수용하는 것이 아니라, 그것을 능동적으로 변용하고 창조하며 독자가 스스로 작가가 되는 위치로 옮겨 가는 현실을 주목해야만 한다. 이는 '등단'이라는 기존의 권위적 제도에 균열을 가하고, 누구나 작가가 될 수 있다는 새로운 문화를 창출해 냈다는 점에서 큰 의의를 갖는다. 따라서 앞으로 인터넷 소설은 빈약한 주제의식과 다듬어지지 않은 문체를 구사하는 하위문화가 아니라, 우리 문화산업을 선도하는 핵심 주체로서 새로운 정의를 요구받아야 할 것이다. 실제로도 뉴미디어 플랫폼의 활성화는 기존의 문학, 작가와 독자의 개념을 보다 다층화하고 있기 때문이다.

전반적으로 한국 현대문학의 흐름을 살펴보면, 50~60년대는 분단과 전후戰後의 문학, 70~80년대는 산업화 시대의 문학, 90년대는 포스트모던 시대의 문학으로 여성문학, 환상문학, 내면성의 문학 등의 다양한 담론을 형성해 왔다. 그런데 2000년대 문학을 돌아보면,

---

54 이한우, 〈조선 인터뷰 이문열〉, 《조선일보》, 2010년 9월 6일, A33면, 임대근, 〈한국에서 '트위터 문학'은 가능한가?: 뉴미디어의 등장과 새로운 문학의 출현에 관한 시론〉, 293쪽에서 재인용.

뚜렷한 경향으로 묶일 만한 특정 작가군의 형성조차 쉽지 않다는 의견이 지배적이다.[55] 그렇다면 2000년대 이후 문학이 갖는 경향은 작품의 주제적 특징이 아니라, 그것이 가져온 형식의 변화에서 찾을 수 있을 것이다. IMF 이후 야기된 출판 시장의 위축과 문학의 위기는 어쩌면 2000년대를 주도하는 디지털 테크놀로지와의 결합을 통해 새로운 전환점을 맞이하였다고 볼 수 있다.

실제로 지난 2018년 4월, 1인 창작자를 위한 웹소설 플랫폼인 '블라이스'를 런칭한 KT 인사이트는 한국콘텐츠진흥원 후원으로 AI 알고리즘 기반으로 쓰여진 웹소설 공모전을 개최한다고 발표하였다. 알고리즘 개발 역량을 보유한 개인과 스타트업 등 누구나 참가할 수 있다는 점에서 소설 창작이 더 이상 인간 고유의 영역이거나, 작가 1인의 고유한 창작물이 되어야 한다는 사고에 균열을 가하고 있는 것이다. 새로운 디지털 매체의 등장과 그를 통한 뉴미디어와 소설의 결합은 점차 다양한 양상으로 전개되어 나갈 것이다. 그 가운데 작가와 독자, 나아가 소설의 개념 역시 새로운 정의를 통해 접근되어야만 한다. 그리고 이러한 변화가 우리 문학이 마주한 위기가 아니라, 새로운 도약을 가능하게 할 전환점이 될 수 있음을 주목해야 할 것이다. 이제 우리는 변화하는 서사의 흐름 속에서 이전과는 전혀 다른 소설의 새로운 가치를 가늠할 필요성을 적극적으로 논의해야 할 시점에 서 있다.

---

55 김형중 외 3인, 〈뉴미디어 시대 문학의 새로운 지형을 말한다〉, 2쪽.

참고문헌

■ 논문

강현구, 〈뉴미디어 시대의 휴대폰 소설: 일본 휴대폰 소설의 서사적 특성을 중심
　　으로〉, 《대중서사연구》 제20호, 대중서사학회, 2008, 75~106쪽.

김기태, 〈국내 문학도서의 베스트셀러 요인 분석 연구〉, 《한국문예창작》 제14권
　　제2호, 한국문예창작학회, 2015, 225~254쪽.

김소륜, 〈AI(artificial intelligence) 시대 속 한국 문학, '창조'하는 작가에서 '배
　　치'하는 작가로의 이행〉, 《현대소설연구》 제68호, 한국현대소설학회, 2017,
　　5~35쪽.

김봉석, 〈K-literature 해외 진출 전략수립을 위한 이슈체크 4: 도약하는 웹소설
　　시장을 잡아라〉, 《'한류 NOW' 한류심층분석보고서》 제22권, 한국문화산업
　　교류재단, 2018, 48~54쪽.

김형중 외 3인, 〈뉴미디어 시대 문학의 새로운 지형을 말한다〉, 《문학동네》 제11
　　권 제3호, 문학동네, 2004.

박상천, 〈디지털 시대의 문학의 확장 가능성〉, 《한국언어문화》 제31집, 한국언어
　　문화학회, 2006, 5~28쪽.

신종락, 〈전자책과 인터넷 글쓰기로 인한 문학 패러다임의 변화와 영향〉, 《코기
　　토》 제71권, 부산대학교 인문학연구소, 2012, 435~466쪽.

안미영, 〈뉴미디어시대 '문학 독자'의 위상과 소설의 방향성〉, 《스토리&이미지텔
　　링》 제4권, 건국대학교 스토리앤이미지텔링연구소, 2012, 68~98쪽.

유현주, 〈하이퍼미디어 문학의 미학전략―디지털 문학에서의 생소화 효과〉, 《브
　　레히트와 현대연극》 제17권, 브레히트와 현대연극, 2007, 167~184쪽.

이용욱, 〈한국 현대문학의 재영역화와 연구 방향〉, 《어문연구》 제95권, 어문연구
　　학회, 2018, 295~313쪽.

이정준, 〈휴대폰 소설―새 매체 속의 새로운 문학 장르〉, 《독일문학》 제116집, 한
　　국독어독문학회, 2010, 189~214쪽.

이지원, 〈디지털 다매체 환경과 문학의 새로운 유통 양상: 바이럴(Viral) 문학의 가
　　능성을 중심으로〉, 《인문콘텐츠》 제46권, 인문콘텐츠학회, 2017, 153~173쪽.

임대근, 〈한국에서 '트위터 문학'은 가능한가?: 뉴미디어의 등장과 새로운 문학의 출현에 관한 시론〉,《외국문학연구》제53호, 한국외국어대학교 외국문학연구소, 2014, 285~301쪽.

조정미 · 최희수, 〈디지털 기술의 발전과 전자책의 진화에 대한 사례 연구: 종이 책의 디지털 재현에서 뉴미디어 출판에 이르기까지〉,《글로벌문화콘텐츠학회 학술대회》제2016권 제12호, 글로벌문화콘텐츠학회, 2016, 237~243쪽.

■ 단행본

주수자 외,《스마트소설 박인성 문학상: 2013 수상작품집》, 문학나무, 2012.

최혜실,《문자문학에서 전자문화로》, 한길사, 2007.

헨리 젠킨스,《컨버전스 컬처》, 김정희 원 · 김동신 옮김, 비즈앤비즈, 2008.

KOCCA 연구보고서 17-15,《2017 콘텐츠 교육기관 및 인력수급 현황조사》, 한국콘텐츠진흥원, 2017.

■ 기사

권기태, 〈인터넷소설 응모 13,610명 몰려…사상 최대 규모〉,《동아일보》, 2004.11.22.

권혁, 〈[웹소설 특집] 웹소설VS라이트노벨〉,《월간 채널예스》, 2018년 6월호 특집, 채널예스, 2018.

김상훈, 〈"본격문학 작가들이 웹소설을 쓸 수 없는 이유란?" 이융희 작가와의 인터뷰〉,《뉴스페이퍼》, 2018.01.07.

김수인, 〈조아라, 태국 콘텐츠 플랫폼 욱비(Ookbee)에 웹소설 5개 작품 공급〉,《thewebdaily》, 2018.09.04.

김윤종, 〈똑 똑 똑… 순문학 작가들 장르문학 문을 두드리다〉,《donga.com》, 2015.09.08.

박성은, 〈출판시장에 새바람 '미디어셀러' 아시나요〉,《연합뉴스》, 2018.07.09.

박원득, 〈스마트폰으로 돈 벌 수 있는 소자본 비즈니스, 전화 통해 글 전송 '셀폰 소설 작가' 인기직종 급부상〉,《LA중앙일보》, 2010.10.18.

배영수, 〈단편소설(小說)보다 더 '작은' 소설이 온다〉,《인천in.com》, 2018.07.23.

백종모, 〈라이트 노벨 열풍…독자를 모으는 힘은 어디서 오는가〉,《엑스포츠 뉴스》, 2018.06.24.

서영준, 〈네이버, 모바일홈서 작가 15인의 초단편 소설 소개〉,《파이낸셜뉴스》,
    2017.04.06.

석현주, 〈바쁜 현대생활 짧은 초단편 소설이 "대세"〉,《경상일보》, 2017.02.20.

이동하, 〈'아코디언북 짧은 소설 프로젝트' 원고지 30매 내외 10편 수상작〉,《인
    천일보》, 2018.07.23.

이윤주, 〈출판사들도 잇달아 진출… 진격의 웹소설〉,《동아일보》, 2017.02.23.

조석남, 〈'양날의 칼' 미디어셀러〉,《독서신문》, 2015.06.16.

최광, 〈저명 소설가도 참여한 웹소설 플랫폼 만든 사람〉,《jobsN》, 2018.09.10.

Norimitsu Onishi, "Thumbs Race as Japan's Best Sellers Go Cellular," *The
    New York Times*, 2008.01.20.

〉〉〉〉〉〉 **3부**

**임/모빌리티의
텍스트적 구현**

근대 유럽의 여행 텍스트와 모빌리티

박경환

이 글은 《문화역사지리》 제30권 2호(2018.6)에 게재된 논문을 수정 및 보완하여 재수록한 것이다.

모빌리티 시대의 여행기

여행은 모빌리티의 한 형태이다. 여행은 시간적·공간적 스케일에서 매우 넓은 범위를 포괄하는 지리적 실천으로서, 출퇴근과 쇼핑에서부터 장거리 여행이나 세계일주에 이르는 다양한 범위와 목적의 모빌리티를 포괄한다. 따라서 여행은 특정 장소에 도달하려는 목적, 공간적 이동의 패턴, 특정 장소에 머무르는 지속의 정도에 따라 매우 다양한 여행'들'을 포함한다.[1] 이런 측면에서 여행이란 '지금 이곳을 떠나 다른 곳을 향하는 공간적 이동'이라고 광범위하게 정의할 수 있다. 그러나 이처럼 '지금 여기'를 일시적으로 떠나는 모든 공간적 모빌리티의 행태를 여행이라고 한다면, 여행을 분석 대상으로 삼아 특정하거나 범주화하는 것은 그리 쉽지 않다. 왜냐하면 모든 인간의 활동은 끊임없는 여행의 연속이며, 여행 없는 인간의 삶은 상상할 수 없기 때문이다.

반면, 여행기는 여행자의 특정한 의도와 목적을 동반하는 특정한 사회·공간적 실천이다. 다양한 텍스트 중 여행기의 특성은 세 가지가 있다. 우선, 여행기라는 텍스트는 여행의 주체가 특수한 목적 하에 특정 청중을 대상으로 생산한 의식적인 의사소통의 매개물이다. 여행기 속의 여행은 특정 지점으로의 공간적 이동만을 의미하기보다는, 여행에 대한 욕망의 실현과 여행자의 의도적인 가치 부여가 전제되어 있다. 이런 맥락에서 여행기 속의 여행은 즐거움과 호기

---

[1] Duncan, J. and Gregory, D., "travel writing," in *The Dictionary of Human Geography*(5th Edition), eds., D. Gregory, R. Johnston, G. Pratt, M. Watts, and S. Whatmore, London: Wiley-Blackwell, 2009, pp. 774~775.

심, 과학적 탐험과 조사, 즐거움과 쾌락, 또는 여가와 휴식 등 '여행이라는 공간적 실천 그 자체를 목적으로 하는 여행'이다.

둘째, 여행기 속의 여행은 일상적, 반복적 여행이라기보다는 '지금 여기'라는 익숙한 곳을 벗어나 낯설고 새로운 '저기 멀리'를 찾아서 다니는 여행이다. 따라서 여행기는 여행 그 자체를 목적으로 하는 여행으로서 의도적으로 기획, 수행되는 프로젝트다. 따라서 여행은 여행 프로젝트를 수행하기 위한 목표 설정과 여행 기획, 여행단 조직, 세부 일정의 수립, 여행에 필요한 자원의 확보와 동원, 또는 현지민의 제휴와 협력 등 다양하고 포괄적인 실천들이 동반된다. 따라서 여행기가 탄생하게 된 목적, 배경, 과정에는 여행과 여행자를 둘러싼 담론, 제도, 권력 등 당대의 복잡한 관계적 지리가 개입되어 있다.

셋째, 여행기의 여행은 여행 주체의 입장에서 볼 때 목적지에 도달하는 (그리고 귀환하는) 과정이 목적지 그 자체만큼이나 각별한 의미를 갖는다. 그렇기 때문에 여행기에서의 여행 '주체'는 여행 과정에서 여행 대상을 인식의 거울로 삼아 고향 및 모국의 사회와 자기 자신에 대해 끊임없이 성찰하게 된다. 따라서 여행 주체는 확고하고 고정된 자아감이 지속, 반복되기보다는 여행의 전체 과정에서 끊임없이 변동하는 '성찰적 주체'이다. 따라서 항상적으로 내적 의심, 갈등과 모순, 분열과 타협, 또는 새로운 자아 관념의 형성에 노출되어 있다. 끊임없이 이동하는 유목민이 자아를 끊임없이 탈영토화하고 재영토화하는 것처럼 여행 주체는 근본적인 의미에서 유목민적이다.[2]

오늘날 지역과 국경을 초월한 일반 대중의 여행기는 가히 여행 산

---

2   Deleuze, G. and Guattari, F., *Nomadology: the War Machine*, New York: Semiotext(e), 1986, pp. 12-34.

업이라고 일컬을 수 있을 정도로 크게 번성하고 있다. 특히, 여행을 위한 경제적·문화적·시간적 자본을 갖춘 선진국의 중상류층을 중심으로 한 글로벌 여행자들은 과거 그 어느 때보다도 빈번히 여행을 다니고 있고, 인터넷 동영상이나 블로그 등 다양한 미디어를 통해 생동감 넘치는 여행담을 생산하고 있다. 이런 여행 주체의 이른바 '욕망하는 생산'은 서점을 채우고 있는 세계 도처의 여행안내서와 여행기의 왕성한 소비를 통해 확대, 재생산되고 있다.[3] 여기에는 교통·통신의 발달에 따른 시공간 압축과 모빌리티의 향상, 개인소득의 증대와 여가 시간의 확대, 관광 및 여가 산업 기반의 확충과 관련 산업의 성장, 지역의 독특성에 기반을 둔 활발한 장소마케팅 등 글로벌, 로컬 스케일 모두에서의 구조적 변동이 영향을 끼쳤다.[4] 여전히 오늘날의 여행과 여행기를 향유하는 능력은 이른바 '여가계급 leisure class'의 전유물로, 개인의 경제적·사회적·문화적 지위를 나타낸다.[5] 오늘날 여전히 과학적 조사와 탐구 자체를 목적으로 하는 여행은 다른 이름으로 불리지만,[6] 대중이 생산·소비하는 여행기의 핵심부에는 이를 향유할 수 있는 집단의 지리적 호기심과 즐거움이 핵심 모티브로 자리 잡고 있는 것이다.

---

3   Deleuze, G. and Guattari, F., *Anti-Oedipus: Capitalism and Schizonphrenia*, Minneapolis: University of Minnesota Press, 1983, p. 304.
4   Duncan, J. and Gregory, D., eds., *Writes of Passage, Reading Travel Writing*, London: Routledge, 1999.
5   Veblen, T., *The Theory of the Leisure Class: An Economic Study of Institutions*, New York: The Modern Library, 1934. pp. 1~48.
6   19세기 이후 근대 지리학에서는 탐사, 탐험, 답사, 연구, 현지 조사라는 이름이 여행을 대신해 왔다. 왜냐하면 지리학자들이 다른 지역으로 여행을 떠나기 위해서는 왕실·정부·기업 등으로부터 재정적 후원을 받아야 했고, 자신의 여행을 정당화하기 위해서는 과학적·학술적인 성격의 여행이어야 했기 때문이다.

이러한 여행기의 번성으로 인해 최근 지리학을 포함한 인문·사회과학 분야에서도 여행기에 대해 각별한 관심이 부흥하고 있다. 특히, 1990년대 이후 사회과학의 문화적 전환과 포스트모더니즘 사조의 영향으로 인해 여행기를 매개로 한 공간 및 문화 재현에 대한 관심이 부상하면서, 여행기에 대한 관심도 부흥을 맞이하게 되었다. 왜냐하면 여행기는 자크 데리다Jacques Derrida의 '차연差延' 개념에 비추어 볼 때 단순한 텍스트라기보다는 '여행하기'와 '글쓰기'라는 '공간적 실천'의 산물이자 물질적 결과이기 때문에,[7] 여기에는 계급, 젠더, 인종과 민족집단, 섹슈얼리티 등 여행 주체의 다중적 위치성이 반영되어 있다. 또한, 이는 당대의 광범위한 권력관계와 욕망의 구조로 둘러싸여 있다. 여기에는 1978년 에드워드 사이드의 《오리엔탈리즘》이후 지리적 상상 및 재현 그리고 이에 동반된 권력에 초점을 두는 포스트식민 이론의 부흥과, 이에 따른 서양 지식-권력에 대한 비판적 서사의 부상이 큰 영향을 끼쳤다. 아울러, 여행 주체의 권력과 욕망에 대한 포스트구조주의와 제3세계 페미니즘의 비판, 초국가주의와 디아스포라에 대한 관심의 고조와 유목민적 · 혼성적 주체의 정치적 재발견 등 최근의 비판사회이론의 학술적 진전은 기존의 여행기를 비판적으로 이해할 수 있는 풍부한 인식론적 틀을 제공하고 있다.[8]

---

7   데리다는 세계는 텍스트와 같으며 세계의 의미는 고정된 것이 아니라 차연, 곧 차이의 지속적인 연기일 따름이라고 이해한다. 이런 의미에서 데리다는 글쓰기를 "공간 두기spacing"의 실천으로 이해한다. 이에 대해서는 박경환 옮김, 《지리사상사》, 시그마프레스, 2016, 97~102쪽을 참조할 것.

8   포스트식민 개론서로서 박종성, 《탈식민주의에 대한 성찰: 푸코, 파농, 사이드, 바바, 스피박》, 살림, 2006 및 고부응 편, 《탈식민주의: 이론과 쟁점》, 문학과지성사, 2003. 을 참조할 것.

특히 1990년대 이후 여행기 연구는 18~19세기 유럽에서 출간된 여행기에 주목하면서 포스트식민주의와 페미니즘과 같이 주체에 대한 일련의 탈중심적, 탈근대적 관점에서 접근해 왔다. 이는 근대 유럽에서 여행하기와 여행기 쓰기라는 공간적 실천이 역사적으로 특정한 집단이 특수한 목적을 성취하는 과정에서 타자에 대해 배타적이었기 때문이다. 가령, 18세기 이후 영국의 왕립지리협회를 비롯한 유럽의 많은 지리협회들은 백인 남성 탐험가들이 다른 백인 남성 후원가의 지원을 받을 수 있는 구조를 만들어 냈고, 남성주의에 기반을 둔 식민주의적 활동에서 여성을 비롯한 사회의 소수자들은 철저하게 배제되었다. 뿐만 아니라 근대 여행기는 문명 진화 담론과 선형적 역사관, 식민주의 정복과 지배, 인종 담론과 유색인에 대한 인종차별 등을 복잡하게 내재하고 있는 정치적 산물이다. 이처럼 최근의 여행기 연구는 여행 텍스트 자체에 골몰하기보다는 모더니티의 형성이라는 역사적 맥락에서 여행 서사에 재현된 여행자와 여행 대상 간의 지식-권력 관계와 욕망의 정치에 관심을 둔다.

본 글에서는 근대 여행기의 공간적 서사 및 재현과 이와 관련된 지식-권력 관계 및 욕망의 정치를 읽을 수 있는 주요 이론적 접근과 개념을 제시한다. 주요 내용은 크게 세 가지이다. 첫째로 식민 지배 권력과 여행 수사의 관계를 고찰할 것인데, 이는 18세기 이후 근대 자연과학이 성립되는 과정에서 여행기의 식민주의적 수사가 비유럽 세계의 주민과 지리적 환경을 어떻게 서양의 과학, 인종, 문명 담론 속으로 포섭하는지에 초점을 둔다. 또한, 현대 여행기에 대한 개괄적 분석을 통해 18~19세기의 여행 서사가 오늘날 대중 여행기에도 어떻게 계승, 유지되고 있는지를 살펴본다. 둘째는 포스트식민 페미니스트인 프랫Mary Louis Pratt의 여행기 분석을 중심으로 여행 주체와 여행 대상 간의 상호관계에 있어서 로컬 지리의 중요성에 대해 살펴보고자 한다. 특히, 여행지가 여행 주체가 활동하는 수동적 대상이 아니라, 여행 주체와 대상 간의 지식-권력 관계에 영향을 주는 역동적·능동적 환경임을 제시하고자 한다. 마지막으로 여행이라는 실천의 양면성이나 여행 주체의 위치성이 어떻게 지배적 담론에 대한 비판적 공간을 제시할 수 있는지를 설명할 것이다.

포스트식민 여행기 읽기

지난 수십 년 동안 여행기 연구는 여행의 '관계적 지리'와 여행기의 재현의 정치에 초점을 두고, 포스트식민성에 대한 비판적 성찰을 발전시켜 왔다. 포스트식민 이론에 입각한 여행기 연구는 대체로 세 가지 차원과 관련되어 있다. 첫째는 공간에 대한 재현으로서의 여행기가 낯선 장소와 사람과 동식물과 기타 자연경관을 어떻게 재현하고 있고, 이러한 재현에 어떠한 강조와 은폐, 과장과 축소, 사실과 허구 등이 개입되어 있는지를 파악하는 것이다. 이는 특히 서양중심주의, 식민주의와 제국주의, 남성중심주의, 진화론과 선형적 역사관, 과학 담론, 인종주의, 오리엔탈리즘 등의 지배적 사고가 타자의 공간과 장소를 어떻게 규정, 해석하는지에 초점을 두어 왔다. 둘째는, 여행기를 미셸 푸코의 관점에서 '지식-권력'의 산물이자 매개물로 파악하는 것이다. 이는 탈정치화된 지식으로서 근대 과학의 형성과 이를 통한 지배권력의 재생산에 초점을 두어 왔다. 여행기는 여행기가 출판되어 유통되는 전 과정에 인간·자본·지식·이데올로기·자료(정보) 등이 개입되어 있는 구조적 산물이며, 이와 동시에 여행기는 독자들의 지리적 상상과 여행에 영향을 미친다는 점에서 권력이 수행되는 매개물이다. 셋째로 여행기는 개인적·집단적 욕망의 결과라는 점에서 여행 주체의 성적 욕망과 억압, 타자에 대한 섹슈얼리티, 젠더 정체성 등이 반영되어 있다.

여행이라는 실천은 그 자체로서 의도하지 않았거나 예상하지 못했던 만남, 발견, 갈등, 상호부조 등의 상호작용을 동반한다. 이런 불확실성은 여행 주체의 시선과 인식의 한계에 도전하기 때문에 여행기에는 주체의 위치성이 드러나면서도 이를 침해하거나 도전하는 양면적·양가적 성찰이 배어 있다. 또한, 여행의 경험은 일시적으로 집을 떠나 있는 디아스포라의 경험을 동반하므로, 여행 주체의 위치성은 이동과 머무름 그리고 소속됨과 배제됨의 선분 위에서 언제나 가변적일 수밖에 없다. 결국, 여행 주체에게 여행 장소는 수동적으로 고정된 공간이라기보다는 역동적인 전이적 공간이자, 여행 주체가 지닌 기존 인식의 가장자리를 침투하는 역閾공간이며, 익숙함(내부)과 낯섦(외부) 사이에 끼어 있는 간閾공간이라고 할 수 있다. 따라서 여행기는 여행 주체의 지배적 수사와 이분법을 (재)생산하고 강화하면서도, 정체성의 경계를 넘음으로써 비판적인 사이 공간in-between space을 제시한다. 포스트식민 이론가인 프란츠 파농Frantz Fanon이 《검은 피부, 하얀 가면》에서 "나는 세계 여행을 통해 끊임없이 내 자신이 창조되고 있다"고 말한 것은 이런 맥락에서이다.[9] 여행기는 여행 주체의 인식에 '사이 공간'을 마련하며, 식민주의적 이분법의 경계를 횡단하고 이를 해체함으로써 포스트식민주의의 문화정치에

---

9   프란츠 파농, 《검은피부 하얀가면: 포스트콜로니얼리즘 시대의 책읽기》, 이석호 옮김, 인간사랑, 1998, 229쪽.

기여할 수 있다.[10] 결국, 여행기는 식민화와 탈식민화의 두 과정 모두와 관련되어 있다.

여행기가 장소를 낭만적인 관점에서 이해하든 아니면 반대로 여행 장소에서 자신의 본국과 주류 문화를 거꾸로 읽든 간에, 여행 서사에 대한 주요 연구는 근대 여행기의 출발점인 18세기 후반 이후의 시기에 주목하고 있다. 왜냐하면 이 시점은 프랫이 그녀의 책 《제국의 시선》에서 언급한 바와 같이 "제국주의의 서사가 막 태동한 지점"으로 비유럽 세계에 대한 광범위한 여행 프로젝트와 여행기의 출간, 유럽 제국주의의 형성과 '타자의 세계'로서 비유럽 세계로의 공간적 팽창, 여행에서 수집된 자료에 힘입은 자연과학을 중심으로 하는 과학의 탄생이 발생한 시점이기 때문이다.[11] 이 시기 여행서적들은 유럽 본국의 독자들에게 "탐험되고 침략되고 투자되고 식민화되고 있는 세계의 저 먼 지역들을 소유하고 명명할 권리와 그것들에 대해 잘 알고 있다는 감각"을 심어 주었을 뿐만 아니라, "호기심, 모험심, 흥분 … 등에 대한 뜨거운 도덕적 품성"을 자극했다.[12] 이와 아울러 여행기 분석에 대한 많은 연구의 이론적 기반이 포스트식민주의 및 페미니즘에 있기 때문에 '유럽'과 '민족'이라는 상상의 공동체가 본격적으로 형성되었던 이 시기가 각별히 주목을 받을 수밖에 없다.

그렇다면, 18세기 중반 이후 유럽의 여행기에 주목하는 것은 오늘날 여행의 범람과 여행기의 대중화 시대에 어떠한 함의를 지닐까?

---

10 Phillips, R., "travel and travel-writing," *International Encyclopedia of Human Geography*, eds., R. Kitchin and N. Thrift, Amsterdam: Elsevier Science, 2009, pp. 476–483.

11 메리 루이스 프랫, 《제국의 시선: 여행기와 문화횡단》, 김남혁 옮김, 현실문화, 2015, 45쪽.

12 메리 루이스 프랫, 《제국의 시선: 여행기와 문화횡단》, 24쪽.

무엇보다도 오늘날 여행기의 전성시대는 서양이 주도하고 있는 신자유주의적 글로벌화를 배경으로 하고 있다는 점, 이런 글로벌화의 본질이 서양 계몽주의와 부르주아지의 고안물인 근대 과학 담론과 자본주의의 공간적 팽창에서 기인한다는 점, 따라서 여전히 21세기의 지구는 경제적·사회적·문화적으로 '서양과 그 나머지'로 구성되어 있다는 점을 상기할 필요가 있다.[13] 오늘날의 여행기는 여행 주체의 고향이 유럽이든 아시아든, 여행의 목적지가 미국의 대도시든 오스트레일리아의 초원이든, 여전히 계급적으로는 대체로 중상류층으로서 타자의 공간과 장소를 여행기로 재현하는 방식에서는 여전히 근대 여행기의 서사 구조에서 자유롭지 않다. 사이드가 《문화와 제국주의》에서 '20세기 후반에도 여전히 제국주의는 끝나지 않았다'고 단언한 것처럼, 오늘날 정치적 탈식민화 시대에 제국주의가 "갑자기 '과거'가 되어 버린 것"은 아니기 때문이다.[14] 이는 프랫과 같은 페미니스트 포스트식민 이론가의 입장에서도 마찬가지다.

계몽의 시대를 살아가던 여행가들이 진기한 물건들과 표본들을 가득 들고 고향으로 되돌아왔던 것처럼, 오늘날 전 세계에 퍼져 있는 노동자들은 이전의 여행가들과는 다른 방향으로 고향으로 되돌아오며 그들의 여행 가방에는 자동차 부속품, 상자로 포장된 가전제품, 이동 경비를 벌충하기 위해서 내다 팔려고 구입한 대형 벌크 제품 등이 채워진다. (…) 이러한 종류의 이동을 우리는 '흐름'으로 생각하도록 종종

---

13 Hall, S., "The west and the rest," *Formations of Modernity*, eds., S. Hall, and B. Gieben, London: Polity Press, 1992, pp. 275-331.

14 에드워드 사이드, 《문화와 제국주의》, 박홍규 옮김, 문예출판사, 2005, 537쪽.

유혹받곤 한다. 흐름은 세계화에 대한 호의적인 비유이다. 흐름으로부터 연상되는 수평적 이미지는 시장을 완전히 평등한 것으로 보이도록 만든다. (…) 그러나 여행 이야기들은 흐름이라는 비유를 (순리적이지 않고) 뒤틀어진 것으로 드러낸다. 트럭 뒤에서 질식한 중국인 노동자들은 흐르지 않았다. 리오그란데강은 흘러갔겠지만, 그곳에서 익사한 젊은이들은 흐르지 않았다. (…) '흐름'은 신자유주의적인 자본주의 세계가 윤리적인 차원을 간직한 사람들의 결정에 따라 작동한다는 바로 그 사실을 숨긴다.[15]

위에서 프랫이 주장하는 것처럼, 우리는 글로벌화를 상상할 때 지표 위에서 지리적 경계를 초월한 자본, 상품, 노동, 지식과 정보의 '흐름'을 생각하지만, 흐름이라는 용어 자체는 글로벌화를 호의적인 것으로 비유함으로써 글로벌화의 현실을 은폐한다. 이런 측면에서 여행은 흐름이 아니라 경계를 넘는 마주침으로서의 공간적 실천이다. 지리학자 매시Doreen Massey가 말한 바와 같이 여기와 거기라는 특수한 공간적 상황과 그에 속해 있는 우리(자신)와 그들(타자) 간의 복잡한 사회관계가 교섭되는 '상호교차'의 지점이다.[16] 또한, 여행기는 개인적 차원에서나 집단적 차원에서나 일종의 공간적 프로젝트로서 '언제나 이미 기획된 여행기'이며, 그렇기 때문에 여행기의 주체는 현실의 다중적 권력관계와 욕망의 지리에서 특정한 위치에 뿌리를 두고 있는 '상황적 주체'일 수밖에 없다.[17] 여행자는 지표면이라는

---

15   메리 루이스 프랫, 《제국의 시선: 여행기와 문화횡단》, 547~548쪽.
16   박경환, 〈교차성의 지리와 접합의 정치: 페미니즘과 지리학의 경계 넘기를 위하여〉, 《문화역사지리》 21(3), 2009, 1~16쪽.
17   Pykett, J., "Recontextualising the brain: geographies of situated subjectivity," *Area*

'매끈한 공간' 위를 자유롭게 이동하는 흐름의 주체가 아니라,[18] 자본주의의 불균등 발전이 프랙털 구조를 이루고 있는 현실 내부에 위치해 있고 그 현실의 일부이기 때문이다.

근대 여행기의 주요 수사

아일랜드의 문예비평가 키버드Declan Kiberd는 '번역'을 뜻하는 영어의 'translate'라는 어휘는 'conquer'에 그 어원을 두고 있다는 점에서, 지식-권력의 네트워크가 '번역'이라는 언어적 · 문화적 교환을 통해 구성된다고 말한 바 있다. 키버드는 자신의 책 《아일랜드의 발견》에서 "로마인들은 그리스만을 정복한 것이 아니라 그리스의 과거를 정복했다. 이러한 제국주의 태도에는 약탈된 문화에는 약탈할 만한 가치가 있다는 인식이 이미 코드화되어" 있었다고 말한다. 그리스의 문화적 위대함은 그리스의 산물이 아닌 로마의 정복자들과 번역자들의 산물이었다는 것이다. 그는 오스카 와일드가 "원본이란 언제나 원본이 번역이 된 이후에서야 비로소 존재한다"고 한 것을 언급하며 번역이란 정복이라고 말한다.[19]

이런 점에서 18세기 이후 근대 유럽의 여행은 비유럽 세계의 지리를 '과학'이라는 언어로 번역해 들여오는 중요한 실천이었다. 곧, 인류의 보편성에 대한 철학적 탐구나 자연 세계의 질서를 탐구하는

48(1), 2016, pp. 122-125.

[18] Deleuze, G. and Guattari, F., *A Thousand Plateaus: Capitalism and Schizophrenia*, Minneapolis: University of Minnesota Press, 1987, pp. 471-505.

[19] Kiberd, D., *Inventing Ireland: the Literature of Modern Nation*, Cambridge: Harvard University Press, 1997, pp. 624-625에서 재인용.

자연과학에 있어서 비유럽 세계로의 여행은 가정이나 이론을 경험적으로 입증하고 이를 과학이라는 객관적·보편적 언어로 정복하는 과정이었다. 이런 측면에서 리빙스턴David Livingstone은 근대 과학의 탄생과 장소의 관계를 추적하면서, 유럽의 '독자적인 과학'이라는 이념은 중국이나 이슬람 등 비유럽 세계의 지식의 번역과 이에 대한 일련의 전략적인 은폐를 대가로 지탱되어 왔다고 지적한다.[20] 가령, 중국의 연금술은 유럽의 의학 발전에 영향을 끼쳤고, 이슬람에서는 율법상 매일 기도를 해야 하므로 신성한 방위를 알기 위한 측지학이 발전했는데 이는 유럽의 천문학 발전에 중요한 역할을 했다. 또한, 바그다드는 고대 그리스의 의학적·과학적 업적이 번역, 전파되는 데에 중요한 역할을 하는 문화 확산의 요람으로서, 아르키메데스의 수학 저술이나 프톨레마이오스의 천문학 및 지리학 저술 등이 그리스, 이탈리아, 스페인을 통해 서양 전역으로 퍼져 나갔다.[21]

과학 지식의 성장은 지리적 이동과 밀접하게 얽혀 왔다. 사상과 이론은 전 지구적으로 이동해 왔다. 기계와 모형은 한 장소에서 다른 장소로 확산되어 왔다. 원격지 해안에서 취득된 정보는 정신과 지도와 소책자 속에 담겨 대양을 가로질러 왔다. 스케치와 표본은 과학적 시각 이전에는 볼 수 없던 것들을 드러냈다. 과학 지식은 이외의 수백 가지 다른 방식을 통한 유통 속에서 확대되어 왔다. 그리고 이러한 부富의 확보는 지식이 어떻게 획득되는지에 대한 중대한 질문들을 제기했다.

---

20 Livingstone, D., *Putting Science in its Place: Geographies of Scientific Knowledge*, Chicago: University of Chicago Press, 2003.
21 중세 시대에 유럽으로 확산되었던 아랍인의 수학과 물리학 모델도 마찬가지다.

왜냐하면 거리와 의심은 언제나 친밀한 동료였기 때문이다. 원격지의 지식은 그곳에 있었던 목격자들에 대한 신뢰도에 의존한다. (…) 발견은 언제나 의심과 협상에 대해 열려 있었다. 과학의 성장에 있어서 공간과 유통이라는 축소 불가능한 현실은, 과학적 앎은 필연적으로 사람과 그 실천이 얼마나 성실한가에 대한 판단과 관련된 사회적 현상이라는 점을 강력하게 일깨워 준다. 지리로 인해 과학적 사업은 불가피하게 도덕적 사업일 수밖에 없다.[22]

위에서 리빙스턴은 과학이 추구하는 정확성, 보편성, 객관성 등은 과학 자체가 선험적으로 추구하는 전제라기보다는 지리적으로 멀리 떨어진 원격지에서의 정보, 사실, 지식을 번역해 들여오는 과정의 산물이라는 점을 강조하고 있다. 이런 점에서 과학은 비유럽 세계의 지식을 유럽의 언어로 번역하고 이를 '계산의 중심'으로 집적시켜 생산한 산물일 뿐만 아니라, 지리적 마찰과 장벽에 따른 여러 사회적·도덕적·해석적 문제를 넘어서기 위해 고안된 기술적 장치와 실천이라고 할 수 있다.[23] 결국, 근대 이후 과학은 유럽의 고안물인 것처럼 인식되어 왔지만, 과학의 역사가 지닌 지리적 뒤엉킴은 유럽의 '독자적인 과학'이라는 관념이 거대한 지리적 상상이자 기획의 결과물이라는 점을 알려 준다.

한편, 여행기에서의 식민 지배 수사는 과학으로서의 인종학 담론을 중심으로 전개되기도 했다. 유럽의 18세기는 비유럽 세계의 인류

---

22 Livingstone, D., *Putting Science in its Place: Geographies of Scientific Knowledge*, pp. 177-178.
23 박경환, 〈글로벌 시대 인문지리학에 있어서 행위자—네트워크이론(ANT)의 적용 가능성〉, 《한국도시지리학회지》 17(1), 2014, 57~78쪽.

와 문명에 대한 경험적 과학이 발아하던 시기로 '인종' 담론을 내포
한 과학 지식이 형성되기 시작했다.[24] 특히 인종적 차이가 기후와 같
은 환경의 산물인지 아니면 생물학적, 자연적 결과인지가 탐험가나
학자들 사이에서 큰 쟁점으로 부각되었다. 이를 확인하는 과정에서
비유럽 세계에 대한 탐험 여행이 활발하게 이루어지고, 이 과정에
서 인체측정학으로서 인류학이 발전하게 된다. 이런 관점에 따라 유
럽인들은 흑인들을 열대가 아닌 다른 지역에 옮겨 놓아도 그 후세의
'흑인성'이 재생산된다는 점을 '발견'하고, 이에 따라 인종은 생물학
적 진실, 곧 '과학'으로 굳어지게 되었다.[25] 따라서 검은 피부는 흑인
의 작은 두뇌, 야만성, 미개함을 상징하는 양식이 되었다. 또한, '인
종'의 과학적 발견은 젠더 차이에 대한 과학적 상상과 결합되기도
했다. 가령, 19세기 중반의 인류학적 연구들은 새로운 과학적 인체
측정법으로서 두뇌를 비롯한 신체의 해부학적 특성에 주목하고, 이
결과 백인 여성은 백인 남성에 가깝기보다는 오히려 아프리카 남성
과 유사하다는 것을 고안해 낸다.

영문학자이자 문예이론가인 스퍼David Spurr는 1993년《제국의 수
사》에서 19세기 후반부터 20세기 중반에 이르는 시기에 출간된 여
행기 및 저널을 분석하여 서양의 여행 서사에 어떠한 지배적 담론이
재현되어 있거나 함축되어 있는지를 제시한 바 있다. 그의 분석에
따르면, 식민 담론은 단순하고 단일한 기술의 체계라기보다는 상호
텍스트성을 통해 다양한 수사들이 나름대로의 역사적 위치 속에서

---

24 Wiley, J., "New and old worlds: The Tempest and early colonial discourse," *Social and
    Cultural Geography* 1(1), 2000, pp. 45–63.
25 조앤 샤프, 《포스트식민주의의 지리: 권력과 재현의 공간》, 이영민 · 박경환 옮김,
    여성문화이론연구소, 2011.

정당화되면서도 이들이 상호 복잡하게 얽혀 있음으로 인해 서로를 지지하는 구조를 갖고 있다. 본 글에서는 스퍼가 제시한 다양한 여행기 수사의 모티브를 여행 주체의 식민 수사, 여행 대상에 대한 이상주의적 수사, 그리고 여행 주체와 대상의 양가적 수사의 세 범주로 나누어 살펴보고, 마지막으로 현대 여행기 몇몇 사례를 통해 유럽의 식민 수사가 오늘날에도 어떻게 이어지고 있는지 간략히 검토한다.

여행 주체의 식민 수사

여행하는 주체의 우월적 권력과 식민 지배와 관련된 수사로 여기에는 감시, 전유, 격하, 분류의 수사를 들 수 있다. 이런 수사에는 대체로 여행 주체의 시선에 문명적 또는 정치적 우월성이 전제되어 있으며, 이런 시선의 빛을 여행 대상 지역의 경관이나 주민에 투영시킴으로써 지배의 정당화를 재생산하는 것을 특징으로 한다.[26] 우선, '감시'의 수사는 여행하는 주체를 여행되는 대상으로부터 분리함으로써 여행하는 주체의 우월적 시선을 지칭한다. 이때 여행 주체는 대상을 조망할 수 있는 높은 지점이나 중심부를 차지하여 시각적 우위(우월성)를 확보하고 조망하는 대상과 일정한 거리를 유지함으로써 '볼 수 있되 보이지 않는' 판옵티콘적panoptic 위치를 차지한다. 이를 통해 여행자는 대상물을 일정한 패턴이나 기준에 따라 분류, 조

---

26 Duncan, J. "Landscapes of the self/landscapes of the other(s): cultural geography 1991-92," *Progress in Human Geography* 17(3), 1993, pp. 367-377; Morphy, H., "Colonialism, history and the construction of place: the politics of landscape in northern Australia," in *Landscape: Politics and Perspectives*, ed., B. Bender, Oxford: Berg Publishers, 1993, pp. 205-243.

직하고 자신의 가치를 부여함으로써 대상의 세계에 질서를 부여한다. 이런 구조에서 대상물, 곧 타자의 시선은 부정되며 부인된다. 스퍼에 따르면 여행자의 시선에 의해 대상화되는 것은 크게 경관, 내밀한 공간, 신체 세 가지이다. 가령, 1871년에 탐험가 리빙스턴을 찾기 위해 아프리카 내륙을 여행했던 영국의 탐험가 헨리 스탠리Henry M. Stanley가 1878년 쓴 여행기 《암흑의 대륙을 건너서》는 그가 현지의 '경관'을 지평선 끝까지 조망할 수 있는 '숭고한 조망점'을 얼마나 중요시했는지가 잘 반영되어 있다. 둘째는 원초적이면서도 이국적이라고 생각되는 이슬람 세계의 하렘이나 알제리의 카스바와 같은 현지의 '내밀한 공간'을 엿보거나 침투해 들어가는 시선이다. 마지막은 비유럽인의 신체 자체에 대한 감시의 시선으로서, 관찰 대상의 신체를 시각적 특성을 중심으로 여행 주체의 인식에 부합하는 방식으로 가치화하는 것인데, 식민 신체의 경우에는 잠재적 노동으로서의 이점, 자연미나 순진무구함, 인종 진화의 열등성, 성적 욕망의 대상으로서 에로틱한 미학 등이 강조 · 재현된다.

둘째, '전유專有'의 수사는 여행 대상인 식민지의 영토와 자원은 이를 발견하고 조사한 여행 주체의 식민권력의 소유 및 관리로 귀속되어야 한다는 서사를 전개시킨다. 비유럽 세계에 존재하는 토지와 각종 식량 및 지하자원 등은 그곳에 거주하는 원주민의 소유가 아니라 지구상에 존재하는 온 인류를 위해 마련된 것이므로, 이런 자원은 (열등한 인종 집단으로부터 벗어나) 이를 극도로 이용할 수 있는 문명적 능력을 지닌 집단에게 전유되어야 하는 것이 마땅하다는 사고를 지칭한다. 가령, 앞서 언급했던 스탠리의 주요 모티브는, 동아프리카 지역의 장엄한 경관이 이를 세계의 모든 인류에게 알릴 식민 지배자의 도착을 기다리고 있다는 서사로 전개된다.

셋째, '격하'는 비서양 세계에서 불결함이나 더러움을 발견함으로써 유럽의 문명적 우월성을 정당화하는 정치적 수사이다. 여기에는 신체적 불결함, 나태한 습관, 거짓말과 기만, 미신, 자기규율의 부족, 무절제한 성욕, 근친상간 또는 난교風交 등의 개인적 격하, 사회적 도덕성의 부재, 비위생적인 식생활, 더러운 주거환경, 질병의 만연 등의 사회문화적 격하, 그리고 무질서한 통치제도, 부족중심주의, 지배층의 부패와 타락, 외국인혐오증, 비합리성 등의 정치적 · 문명적 격하 등이 포함된다. 또한, 격하는 페미니스트 이론가인 크리스테바Julia Kristeva가 1982년《공포의 권력》에서 언급했던 (주체 형성 과정이 동반하는 필연적 타자의 생산을 지칭하는 정신분석학적 개념인) 일종의 '아브젝시옹abjection'으로서, 유럽의 집단적 문명 정체성이 확립되는 과정에서 불결하고 더러운 요소들을 비서양 세계로 내쫓아 버리는 주체 형성 과정의 문화적 주변화의 결과라고 할 수 있다.[27]

마지막으로 '분류'의 수사는 계몽주의 시대 이후 유럽의 근대적 '과학' 담론의 탄생과 관련된 것으로, 여행 주체의 '과학적 시선'을 통해 표면적으로 무질서해 보이는 여행 대상을 담론의 체계 속으로 편입시킨다. 푸코가《담론의 질서》에서 지적한 바와 같이, 근대 유럽의 여행기들은 비유럽 세계를 독해 가능한 표면으로 상정했다.[28] 이에 따라 서양의 여행 주체는 비유럽 세계의 모든 것을 자신들이 고안해 낸 도표, 일람, 목록의 체계와 형식 속으로 분류되어 편입되기를 기다리는 내용으로 치환했다. 이 과정에서 비유럽 세계의 지식 체계가 속한 지리적 · 사회적 맥락은 제국주의적 시선에 의해 제거

---

27 줄리아 크리스테바,《공포의 권력》, 서민원 옮김, 동문선, 2001.
28 미셸 푸코,《담론의 질서》, 이정우 옮김, 새길, 1993.

되었고, 대신 이는 서양의 지식 체계 속에 남겨진 빈칸을 채우기 위한 텍스트적 사실로 조사·기록·분류되었다.

여행 대상에 대한 낭만주의적 수사

서양 여행기의 지배적 수사는 여행 대상 지역을 조감하는 방식을 취하면서도, 역설적이게도 '여행되는 대상'을 낭만주의적 (또는 이상주의적) 관점에서 재현하고 서술해 왔다. 이런 수사는 대체로 여행 대상 지역 및 주민들을 열등하게 바라보면서도 이를 이상시하는 상반된 관점이 아이러니컬하게 공존하는 것을 특징으로 한다. 우선, '심미화'의 수사는 '미개한 아름다움'이라는 수사와 관련된 것으로, 대체로 비유럽 세계 문화의 순수한 이국성, 지리적 풍토, 시·공간적 고립성, 신비성 등으로 표현된다. 클리포드에 따르면 서양의 여행기들이 비서양 세계의 민속이나 수공예품 등의 문화에 가치를 부여하는 방식은 크게 두 가지 축을 중심으로 이루어진다. 첫째는 그 비서양 세계의 문화가 서양의 상품이나 문화의 영향을 받지 않은 '로컬' 특성을 고스란히 가지고 있는지의 여부이고, 둘째는 진짜 예술이 소장되어 있는 유럽의 미술관이나 전람회장보다 민속지民俗誌나 자연사 박물관에 더 부합하는지의 여부였다.[29] 첫째는 문화적 진정성과 가치를 갖고 있는지의 여부이며, 둘째는 서양의 문명 담론 체계에서 서양이 이미 지정해 둔 타자의 위치 그 자체에 얼마나 부합하는지와 관련된 것이었다.

둘째, '비실체화'는 심미화와 유사한 모티브에서 비롯되지만, 여

---

[29] Clifford, J., *The Predicament of Culture: Twentieth-Century Ethnography, Literature, and Art*, Cambridge: Harvard University Press, 1988.

행 지역을 미학적 대상으로서 통일성이나 응집력을 갖춘 실체로 간주하기보다는 여행 주체가 '마치 꿈속의 장면을 보는 것처럼' 시간적 의식을 완전히 초월해서 정신을 잃을 정도로 해방적이고 황홀한 장면이나 분위기를 나타내는 수사이다. 이는《오리엔탈리즘》에서와 같이 중동의 이슬람권이나 인도의 힌두 문화권에 대한 지리적 상상과 관련되어 있다. 가령, 중동 지역이나 북인도에서 우리에게 대마로 잘 알려진 하시시hashish라는 약재를 담배나 식재료로 사용하는 문화, 전통 종교음악 등의 로컬 풍습이 오리엔탈리스트의 여행 서사나 그림 등에 신비하고 몽환적으로 재현되어 있다. 따라서 비실체화는 여행 대상에 대한 낭만주의적 태도와 깊이 관련되어 있다.

셋째, '이상화'는 '낙원에 살고 있는 이방인'이라는 모티브를 기반으로 비유럽 세계의 여행 대상 지역을 에덴동산으로 대변되는 성경적 낙원과 동일시하는 수사이다. 가령, 16세기 프랑스의 사상가 몽테뉴는 1580년《식인종에 관하여》라는 작품에서, 식인종은 순수하고 단조로운 낙원에서 살아가기 때문에 자연법칙에 순응해서 살아가는 미개인으로 묘사되었다. 이런 측면에서 이상화의 수사는 유럽 여행가들의 낭만주의적 식민주의를 강화하는 역할을 한다. 또한, 이는 비유럽 세계의 공간과 주민을, 문명화라는 시간적 과정의 '외부'에 고정되어 있기 때문에 식민 지배적 침략이나 정복이라는 인간의 세속적 활동으로부터 보호되어야 할 대상으로 간주한다. 이른바 유럽의 문명에 의해 더럽혀지지 않은 순수한 상태를 뜻하는 '고결한 야만인'과 같은 표현은, 비유럽 세계의 원주민에 대한 심미화일 뿐만 아니라 이상화의 수사이다.[30]

---

30 '고결한 야만인'은 17세기 후반 영국의 작가 드라이든John Dryden의 1672년《The

넷째, '자연화'는 더 문명화되어 있고 우월한 유럽인들이 미개한 지역과 그 주민들을 식민 지배하는 것을 정당화하는 핵심 수사로서, 여행 대상 지역의 문화적 특징을 사회조직이나 구조의 산물이 아닌 지리적 환경의 결과로 간주한다. 이에 따라 여행 대상의 사회와 문화적 특징은 탈정치화된다. 특히, 이는 여행 대상 지역의 주민이나 사회집단에서 야생성을 찾아내고 이를 자연 및 자연법칙과의 관계 속에서 기술하는 방식과 관련되어 있다. 인류학자 레비-스트로스에 따르면, 토테미즘과 자연화는 동식물이나 자연적 사물이 혈연이나 지연에 기반을 둔 사회집단과 공통의 뿌리나 결합 관계를 갖고 있다는 측면에서는 공통적이지만, 그에 대한 이해의 논리는 양자가 정반대이다. 곧, 토테미즘은 친족관계와 가계家系의 관점에서 자연을 해석하는 것이라면, 자연화는 인간이 형성한 사회집단을 동식물 종種이나 자연의 물리적 대상물로 재현하는 방식이다.

마지막으로 '에로틱화'는 식민지를 에로틱한 섹슈얼리티의 현장으로 재현하는 것으로 관능미와 유혹, 또는 공포와 혐오 등의 수사로 드러난다. 푸코에 따르면, 18세기 서양의 모더니티 담론은 자연으로서의 '신체'를 매개로 여성의 섹슈얼리티를 이해함으로써, 여성의 도덕적 절제나 가족에 대한 헌신과 같은 문명적 발전의 필요성을 창조해 낸다. 이런 측면에서 비유럽 세계 여성들의 신체는 욕망이 절제되지 않은 자연적 상태에 있는 것으로 이해되는 한편, 서양의 남성 여행 주체들이 이들에 대한 에로틱화를 통해 자신의 성적 욕망

Conquest of Granada》에서 처음으로 사용한 용어로 인간이 자연 상태로 태어날 때에 생득적으로 선한 천성을 갖는다는 것을 상징적으로 표현한다. 이후 영국의 소설가 디킨스Charles Dickens이 18~19세기 원시성에 대한 낭만주의의 여성적 감수성을 풍자적으로 비꼬는 모순어법으로 이 표현을 차용하면서 널리 퍼지게 되었다.

을 투사하는 대상물로 전유한다. 가령, 계몽주의 사상가인 디드로의 저작 《부갱빌 여행기 보유》(1796)에서 프랑스 사제와 동침하기를 애원하는 벌거벗은 타히티섬의 여성 원주민의 모습이 이에 해당된다. 에로틱화의 수사는 식민지인들의 자유분방한 성적 욕망과 그 분출을 남성적 시각에서 재현함으로써, 식민 지배를 정당화하는 담론의 (재)생산이 남성중심주의에 근간을 두고 있음을 드러낸다.

여행 주체와 대상의 양가적 수사

마지막은 여행하는 주체와 여행되는 대상 간의 상호관계에 초점을 두거나, 이러한 상호관계에서 비롯된 여행 주체의 양가적이거나 혼성적인 수사이다. 여기에는 부정과 긍정, 그리고 저항의 수사를 포함할 수 있다. 우선 '부정'과 '긍정'은, 동일한 여행 대상 지역을 인간의 손길이 닿지 않은 무無 또는 자연 그 자체로 부정하면서도, 여행 주체를 이러한 부정을 긍정으로 변화시킬 수 있는 능동적 주체로 다룬다는 점에서 양가적인 수사라고 할 수 있다. 부정은 비유럽 세계를 문명이 발달하지 않은 미개척의 암흑 지대나 공허한 불모지 표현하는 수사이다.[31] 스퍼에 따르면 부정의 효과는 크게 두 가지인데, 첫째는 언어나 경험으로는 적절한 해석의 틀을 제시하기 어려운 모호한 대상물을 기각해 버리는 방식이고, 둘째는 특정 공간을 '일시적으로 삭제하는 행위'이다. 부정은 여행 주체의 식민주의적 · 지리적 상상을 펼치기 위한, 그리고 자신의 욕망 추구의 대상물로 만들기 위한 필연적 전제 조건이라고 할 수 있다. 그러나 역설적이게도 여행 대상에 대한 부정은 여행 주체의 부정에 대한 부정으로 전환된

---

31 이런 측면에서 앞서 언급했던 '격하'는 타자의 가치를 부인하는 '부정'의 한 형태이다.

다. 왜냐하면 여행 대상의 부정이 존재하는 이유는 유럽 여행 주체의 문명화 프로젝트에 의해 비유럽 세계의 부정이 부정되어야 하기 때문이다. 긍정의 수사는 여행하는 주체가 해석의 주체이자 권력의 담지체인 자기 자신을 이상화하는 시점에 도달할 때까지 끊임없이 자기긍정과 자기확신을 반복하는 수사로서 최종적으로는 나르시시즘으로 귀결된다.

가령, 앵글로색슨의 식민 지배를 정당화하는 대표적 수사인 이른바 '백인의 책무' 담론은 이러한 본질주의적 나르시시즘의 결과이다 (〈그림 1〉 참조). '백인의 책무'라는 표현은, 인도 뭄바이 태생의 제국주의 영국의 작가인 러드야드 키플링Rudyard Kipling이 1899년에 벌어진 필리핀-미국 전쟁에 대해 쓴 시에서 비롯된 것으로, 인류의 문명사적 책임이 특정 민족 집단이나 인종에 귀속되어 있음을 가정하는 수사이다. 키플링은 '반은 악마이고 반은 어린이'인 필리핀인이 미국의 식민 지배를 받는 것이 정당하다고 주장하면서, 미개한 세계의 원주민들은 가장 문명화된 주체인 백인이 짊어져야 할 운명적 책무라고 역설한다. 이는 지배와 권력을 통한 앵글로색슨 문명의 확산과 이식이 정당하다는 당시 영국과 미국의 식민주의 담론을 대표한다. 또 다른 사례로 찰스 다윈은 1839년 《비글호 항해기》에서 파타고니아를 사람도, 물도, 식생도, 산도 없는 불모의 황무지이면서도 역설적이게도 자신의 기억에 깊이 자리하고 있는 곳이라고 표현했다. 다윈에게 파타고니아는 일종의 인간에게 '금지된 성역'이자 '공허한 곳'이며, 여행 주체의 해석을 기다리고 있는 미지와 신비의 공간이다. 이런 점에서 다윈의 여행기는 과학 지식에 의한 자연 세계의 탐험이 펼쳐져야 할 식민주의적 서사 내부에 속해 있다. 그러나 '백인의 책무' 수사로 대표되는 문명화된 주체와 미개한 객체 간의 이분

〈그림 1〉 백인의 책무: 영국의 화가 빅터 길럼Victor Gillam은 이 삽화를 미국의 보수적 시사잡지인 《Judge Magazine》에 게재했다. 아시아 및 아프리카 원주민들을 짊어지고 문명의 꼭대기를 향해 힘겹게 (그리고 억압, 미신, 무지, 악, 잔인성 등의 바위산을 밟으면서) 올라가고 있는 존 불John Bull과 엉클 샘Uncle Sam의 모습을 담고 있다.(출처: Billy Ireland Cartoon Library & Museum at Ohio State University)

법적 대립은, 다윈 진화론의 핵심 개념인 적자생존과 자연선택에 의해 과학으로 굳어지게 되었다.

둘째는 포스트식민 이론과 관련된 '저항'의 수사로, 여행 서사에 있어서 여행 주체의 지배 담론을 식민지인이 거꾸로 되받아 쓰거나 되돌려 주는 방식에서 나타나는 저항의 효과이다. 이런 저항은 지배 담론 그 자체의 내적 모순에서 비롯된다는 점에서 수동적ㆍ간접적이지만, 지배 담론을 뒷받침하는 전제 조건이나 가정에 근본적으로 도전한다는 점에서 직접적이다. 푸코는 담론은 권력을 생산하고 전달하지만 이와 동시에 그 권력을 침해하고 폭로한다는 측면에서 '저항'을 내재하고 있다고 말한다.[32] 곧, 언어적 이해로 세계를 구조화하는 것은 세계 그 자체를 한정시키는 것이므로, "권력이 있는 곳에는 언제나 저항이 있기 마련이며, 결과적으로 저항이란 권력의 외부에 위치하지 않는다."[33] 이런 측면에서 대화와 다중목소리polyphony에 기초한 인류학적 참여관찰과 이를 기록한 민족기술지는 여행 텍스트와 여행기를 쓴 주체 간의 거리 두기를 통해 주체의 다중성을 드러냄으로써 기술 주체의 의도와는 달리 담론 스스로 자기모순을 드러내도록 하는 효과를 갖는다.[34]

가령, 유럽인은 비유럽 세계 식민지인의 열등성이나 원시성을 '고안해 냄'으로써 선형적 문명 담론을 생산하지만, 유럽인의 육식문화와 고약한 체취에 대한 식민지인의 혐오는 유럽인의 문명화 담론 자체의 모순을 드러낸다. 이 경우 유럽인이 고안한 열등성(또는 원시성) 담론은 비유럽 세계 주민들의 목소리를 통해 재생산되는 자기의 내적 논리에 의해 부정된다. 또 다른 사례로서, 영국의 탐험가이자 장교였던 제임스 쿡의 탐험대는 하와이를 포함한 태평양 일대의 섬을 탐험하면서 원주민들의 식인문화를 발견하고 이를 여행기에 기록으로 남겼다. 그러나 사실 하와이를 포함한 태평양 연안 도서 지역에서는 식인문화가 잘 나타나지 않았다. 오히려 해당 지역에서 식민문화를 발견하고 싶은 쿡 탐험대 일행의 유럽의 집단적 호기심과 욕망이 식민문화에 선행했다고 볼 수 있다. 그 욕망이란 태평양 도서 지

---

32 왜냐하면 언어란 언어적 구조와 현실 사이의 간극으로 인해 늘 자신이 지탱하는 권력관계의 구조 그 자체를 파괴할 가능성을 안고 있기 때문이다. Foucault, M., *The History of Sexuality*, New York: Vintage Point, 1980. 참조.

33 Foucault, M., *The History of Sexuality*, p. 95.

34 Clifford, J., *Routes: Travel and Translation in the Late Twentieth Century*, Cambridge: Harvard University Press, 1997.

역 원주민의 문명적 미개함과 야만성을 입증하려는 욕망이었다. 스리랑카 출신의 인류학자 오베예세케레Gananath Obeyesekere에 따르면, 쿡의 탐험대가 하와이에 도착했을 때 원주민들은 전투에 능한 쿡의 탐험대로부터 위협감을 느꼈을 뿐만 아니라 자신들을 잡아먹을 식인종으로 간주했다고 설명한다. 왜냐하면 쿡 일행은 오랜 항해로 인해 악취 풍기는 몸에 누더기 옷을 입고 굶주린 상태에서 하와이에 하선한 후 원주민들에게 식인풍습에 대해 질의했기 때문에, 하와이 원주민들은 쿡의 탐험대가 자신들을 잡아먹는 식인종이라고 번역했던 것이다. 그 이후 유럽인들의 태평양 도서 지역 원주민 학살은 유럽의 미개함과 잔인함에 대한 역설적인 표징이 되었고, 이로 인해 마오리족의 경우는 유럽인에 맞서기 위해 의도적으로 식인문화를 고안해 냄으로써 유럽인들이 기대하고 있던 잔인함을 재현하고자 했다는 것이다.[35]

현대 여행기의 수사적 특징

앞에서 살펴본 바와 같이, 오늘날 많은 여행기는 100~300년 이전 그들의 선조인 유럽의 제국주의적 여행가들의 여행 서사와 비교할 때, 여행 주체의 관점이나 장소 및 공간에 대한 인식에 있어서 상당한 유사성을 갖고 있다. 달리 말해, 오늘날 글로벌화된 시대의 여행기는 근대가 형성될 무렵인 수세기 전 '유럽에 의한 비근대 세계의 현전現前인 비유럽 세계에 대한 여행'의 연장선상에 있는 것처럼 보

---

35 Obeyesekere, G., *Cannibal Talk: The Man-Eating Myth and Human Sacrifice in the South Seas*, Berkeley and Los Angeles: University of California Press, 2005.

인다. 또한 프랫이 지적한 바와 같이 "오늘날 제국의 시선은 '덜 발전된' 공간들을 향하고"있고,[36] 대중 여행의 시대가 도래한 이후에도 주요 여행 대상 지역은 여전히 아프리카, 아시아, 라틴아메리카의 개발도상국이기 때문에 그곳의 주민과 공간에 대한 여행 서사에서도 이를 적잖이 반복하고 있다.[37]

지리학에서 여행기에 대한 몇몇 연구 또한 이러한 근대 여행 담론의 연속성을 강조해 왔다. 가령, 지리학자 드라이버Felix Driver와 마틴 Luciana Martins의 책《Tropical Visions in an Age of Empire》(2005)에서는 특히 계몽주의 시대 이후 유럽의 열대에 대한 상상의 지리와 이른바 '열대성tropicality' 담론의 사회적 생산에 주목하면서, 어떻게 과학 · 조사 · 탐험이라는 이름을 동반한 지리적 실천이 열대에 대한 유럽의 지식을 생산 · 유통시켜 왔는지를 추적한 바 있다. 이들에 따르면 열대에 대한 상상은 (훔볼트가 스스로 열대에 미쳤다고 표현할 만큼) 근대 자연과학의 탄생에 결정적인 영향을 끼쳤으며, 20세기에 들어서도 여전히 자연과학과 사회과학에 있어서 자연과 인류의 원초적 양식을 탐구할 수 있는 본질이 내재된 곳으로 간주되고 있다. 오늘날에도 여전히 열대는 질병과 식생, 밀림과 폭풍우, 휴양지와 해안가, 도시와 토지에 이르는 유럽의 문명과 대치되는 거의 모든 것들을 연상시킨다.[38]

---

36 메리 루이스 프랫,《제국의 시선: 여행기와 문화횡단》, 13쪽.

37 Fowler, C., Forsdick, C., *Kostova, L., eds., Travel and Ethics: Theory and Practice*, London: Routledge, 2013.

38 Livingstone, D., "Tropical climate and moral hygiene: the anatomy of a Victorian debate," *British Journal for the History of Science* 32(1), 1999, pp. 93-110.; Driver, F. and Yeoh, B., "Constructing the tropics: introduction," *Singapore Journal of Tropical Geography* 21(1), 2000, pp. 1-5.

또한 필립스Richard Phillips는 2009년 포스트식민 관점에 입각하여, 영국의 여행 작가인 얀 모리스Jan Morris의 여행기와 같이 오늘날 대중적으로 널리 소비되는 유명한 여행기와 18~19세기 유럽의 여행기를 상호 비교하면서, 여행의 목적과 기획, 여행기에서의 재현, 여행 주체로서의 자아성찰성에 있어서 어떤 점이 계승되어 왔는지를 비판적으로 검토한 바 있다.[39] 그의 견해에 따르면, 이들은 주로 1인칭 관찰자 또는 주인공 시점에서 여행에 대한 낭만주의적 시각을 견지하고, 자기 자신을 욕망, 충동, 내적 소요를 지닌 주체로서 여행 대상지와 일정한 (공간적이면서도 인식론적인) 거리를 두며, 자신의 '개인적' 상상의 지리를 중시한다는 점에서 공간에 대한 포스트/식민주의적 관점을 공유한다. 또한, 이들의 여행기는 인간으로서의 자유의지와 호기심을 드러낸다는 점에서도 일정한 공통점이 있는데, 이는 여행이라는 실천에 필요한 여러 (금전적, 시간적 자원을 비롯한) 조건에 대해 근심할 필요가 없는 '방랑적 중산층'이기 때문이다. 사이드는 오리엔탈리즘이라는 상상의 지리와 관련하여, 재현의 정치란 단순히 현실에 대한 축소와 과장, 삭제와 가감 등의 왜곡만을 지칭하는 것이 아니라, 의도된 목적을 달성하기 위해서 착상되고 고안된 구성물이라는 점에 주목할 필요가 있다고 주장한다. 이러한 측면에서 많은 학자들은 문학으로서의 여행기는 부르주아 계급을 중심으로 하여 유럽 제국주의의 형성기인 18세기부터 19세기에 본격적으로 등장한 역사적 장르라고 평가한다. 이 시기 동안 여행기는 식민 담론

---

[39] Phillips, R., "travel and travel-writing," *International Encyclopedia of Human Geography*, eds., R. Kitchin and N. Thrift, Amsterdam: Elsevier Science, 2009, pp. 476-483.

의 생산과 이에 대한 이데올로기적 정당화를 위해 비유럽 세계에 대한 대중적 재현과 이의 유통에 있어서 중요한 역할을 했으며, 이러한 여행 주체의 계급적 위치성은 오늘날 글로벌화 시대에도 여전히 유효하다.[40]

한국에도 소개된 바 있는 미국 출신의 전직 신문기자이자 여행 작가인 빌 브라이슨Bill Bryson은 여행 정보가 아닌 '여행의 재미'를 선사하는 것으로 유명한데,[41] 그의 유럽 및 오스트레일리아 여행기는 (심지어 제3세계에 관한 여행기가 아님에도 불구하고) 개별 여행 지역이나 장소의 고립성, 고유성, 야생성, 자연미를 '발굴'하고 '찬양'하는 모험가의 시선으로 구성되어 있다. 브라이슨의 여행담은 18세기 유럽인의 아프리카 탐험기와 같이 장소에 대한 본질주의 시선에 뿌리를 두고 있는데, 저자는 이를 바탕으로 지역 주민의 기질이나 특징을 지역의 자연환경에서 타고난 것으로 바라보거나 지역의 풍토와 역사성 간의 놀라운 상관관계를 보여 주는 통찰력을 발휘한다. 또한, 브라이슨의 여행 시선은 외부 세계를 높은 곳에서 객관적으로 조망하는 여행 전문가의 통찰력에서 기인하지만, 이와 동시에 (거의 대부분의 18~19세기의 여행기가 그랬던 것과 마찬가지로) 뜻밖의 사건이나 일화를 강조함으로써 여행의 사실성을 극대화함과 동시에 여전히 세계의 여행지에는 (전문가인 자신도 예기치 못한) '놀라움과 경이로움과 모험적인 것이 가득'하다는 사실을 독자에게 일깨워 준다.

또한, 오스트레일리아 애버리진의 노랫길Songline에 대한 철학적 여

---

40 Morin, K., 2006, "Geography and travel writing," *Encyclopedia of Human Geography*, ed., B. Warf, Thousand Oaks: Sage, 2006, pp. 503-504.

41 빌 브라이슨,《빌 브라이슨의 발칙한 유럽산책》, 권상미 옮김, 21세기북스, 2008.

행으로 유명한 채트윈Bruce Chatwin의 여행기는, 인간은 정착하도록 태어난 존재가 아니기 때문에 '내가 있는 곳이 아닌 곳에서라면 언제나 행복할 것임'이라는 19세기 유럽의 비유럽 세계의 자연과 문화에 대한 낭만주의를 그대로 계승하고 있다.[42] 아울러 앞서 언급했던 모리스는 여행가, 신문기자로서 거의 일생을 여행과 여행기 쓰기에 몰두하면서 영국을 빛낸 50인의 작가에도 선정된 바 있는데, 그/녀의 대표적 여행기인《50년간의 세계 여행》은 19세기의 여성 여행가 킹슬리의 여행기와 같이 여행 대상을 통해 자아의 위치가 끊임없이 성찰되고 갈등을 겪으며 변화되는 지점을 역동적으로 보여 준다.[43] 모리스는 일생에 걸친 오랜 세계 여행과 여행기 집필 과정에서 스스로 성전환수술을 받아 여성이 되어 '지배적이고 제국주의적인' 남성 주체의 시각을 극복하고자 한 여성이라는 점에서, 유럽 식민주의 시대에 많은 여행기들이 보여 주었던 여행과 주체성의 변화를 극적으로 재연再演한 인물이다. 바로 이런 측면에서 필립스는 모리스의 여행기를 포스트식민성이라는 관점에서 투영하면서, 그의 여행은 그를 "민족주의, 상류층 영웅주의, 남성의 쾌락, 이국적 환경, 장엄한 경관, 미스터리, 장애와 위험" 등의 수사를 중심으로 한 남성중심적이고 제국주의적인 관점으로부터 이탈하게 하여 오히려 웨일스 같은 영국 내부의 '식민지'를 탈중심적인 관점에서 바라보도록 만들었다고 평가한 바 있다.[44] 또한, 필립스는 성전환 이후의 모리스에게서 이른바

---

[42] 브루스 채트윈,《송라인》, 김희진 옮김, 현암사, 2012.

[43] 잔 모리스,《50년간의 세계여행》1 · 2, 박유안 옮김, 바람구두, 2011; 조앤 샤프,《포스트식민주의의 지리: 권력과 재현의 공간》, 이영민 · 박경환 옮김, 여성문화이론연구소, 2011; Phillips, R., "Decolonizing geographies of travel: reading James/Jan Morris," *Social and Cultural Geography* 2(1), 2001, pp. 1-24.

[44] Phillips, R., "Decolonizing geographies of travel: reading James/Jan Morris," p. 10.

'양면성'을 중심으로 하는 포스트식민 정치성을 발견하고 있다.[45] 필립스는 성전환 수술 이후에 집필된 모리스의 여행기들이 탈식민화되었다기보다는 '탈식민화의 과정 중에 있'다고 평가하면서, 여행기저자의 불안정한 위치성이 근본적으로 타자의 지리에 대한 이해와사회적 · 공간적 '경계 넘기'를 추구하는 여행의 비판적 본질에서 비롯된 것으로 파악한다.[46] 이와 관련하여, 또 다른 유럽의 여행 작가의수필집에 실린 내용을 보자.

지리학은 가장 아름다운 학문이다. 지리학은 지식의 교차점에 있어서다른 학문들을 자신에게로 소환한다. 지리학은 각각의 학문들이 그에게보여 주는 것들을 자신의 냄비에 모두 몰아넣은 뒤, 그 재료들을 한데뒤섞어서 정성스럽게 세상에 대한 하나의 독법을 구상한다. (…) 지리학은 현실 시간의 실타래를 풀 수 있게 해 주는 열쇠다. 길에서 권태와 싸우는 여행자에게 소중한 것은 시나 기도보다 지리학적 인식이다. 지리학적 인식이 있는 여행자는 무엇을 보든 눈에 보이는 것 이상을 알아보려는 시선을 가지게 된다. 그 시선은 유랑자에게 소중한 동료다.[47]

위의 인용문은 "느리게 걸을수록 세상은 커진다"라는 부제목을 지

---

45 필립스Phillips(2001)는 모리스Morris의 여행기에 드러난 '양면성의 정치학'이 크게
    세 가지 차원에서 드러난다고 분석하는데, 첫째는 식민주의적 관점과 포스트식민
    관점 사이, 둘째는 개인의 주체성과 자신이 여행하는 곳의 장소 정체성 사이, 세 번
    째는 국가 정치에 대한 비판적인 관점과 보수적인 관점 사이라고 언급한다.
46 Phillips, R., "Decolonizing geographies of travel: reading James/Jan Morris," pp.
    1-24.
47 실뱅 테송, 《여행의 기쁨: 느리게 걸을수록 세상은 커진다》, 문경자 옮김, 어크로스,
    2016, 83~84쪽.

닌 프랑스의 현대 여행 작가 실뱅 테송Sylvain Tesson의 수필집《여행의 기쁨》중 〈지리학, 여행자의 교양〉이라는 장章에서 발췌한 구절이다. 저자는 19세기 후반 훔볼트나 괴테로 대표되는 이른바 독일의 낭만주의 여행자들을 인용하면서 "사라져 가는 것에 대한 그리움"을 찬양하며, "세상에는 여전히 경탄할 것들이 남아 있다"는 것을 자신의 도보 여행기로 증명해 낸다.[48] 이는 저자의 도보 여행이 19세기 모더니티로 사라져 가는 비유럽 세계에 대한 낭만주의적 자연관을 21세기인 오늘날에도 그대로 계승하고 있음을 보여 준다. 또한, 저자에게 지리학은 여행자에게 '세상을 읽어 내는 도구'가 된다는 점에서 가장 아름다운 학문이며, 공간적인 것으로부터 시간적인 것을 풀어 낼 수 있게 해 주는 열쇠로 찬양받는다. 결국 그는 모든 여행자가 "시간에 맞서는 여행자"이며 "시간을 죽이기 위해서는 결국 길을 떠나야 한다"는 신념을 품고, 2백여 년 전 유럽 바깥의 세계를 찾아 여행을 떠났던 수많은 낭만주의 여행자들의 '시각 중심적인' 심미적 수사를 21세기인 오늘날에도 그대로 재생산하고 있음을 보여 준다.[49] 또한, 저자는 이와 동시에 느리게 걷는 도보 여행을 찬양함으로써 현대 자본주의의 공간적 팽창과 시간적 압축이 야기하는 일상생활의 빠른 리듬 그리고 그에 따라 사라져 가는 로컬 문화와 장소를 비판적으로 평가하고 있다. 이는 앞서 필립스가 언급했던 여행이라는 '경계 넘기'의 공간적 실천으로 인한 여행 주체의 불가피한 양면적 인식을 보여 준다.[50]

---

48 실뱅 테송,《여행의 기쁨: 느리게 걸을수록 세상은 커진다》, 13쪽.
49 실뱅 테송,《여행의 기쁨: 느리게 걸을수록 세상은 커진다》, 15쪽.
50 Phillips, R., "Decolonizing geographies of travel: reading James/Jan Morris," pp. 1-24.

접촉지대로서의 여행 대상과 공간성

포스트/식민 여행기에 대한 분석 중 가장 영향력 있는 저술을 꼽는다면 단연 프랫의 《제국의 시선》(1992)일 것이다. 《제국의 시선》은 근대 유럽의 비유럽 세계에 대한 여행기와 답사기가 유럽의 독자들로 하여금 어떻게 모험, 호기심, 흥분을 일으킴으로써 제국주의적 팽창을 열망하도록 만들었는지를 날카롭게 비판하고 있다. 프랫에 따르면, 여행기는 독자들로 하여금 여행 주체가 투자하고 탐험하고 식민화하는 세계의 여러 지역에 대한 지식뿐만 아니라 이를 "소유할 수 있고 명명할 수 있는 권리와 그것들에 대해 잘 알고 있다"는 우월감을 심어 주었고, 이는 결과적으로 제국주의적 제도와 담론을 수용하고 의심하지 않는 (스피박이 말한) 이른바 '길들여진 주체'를 생산하는 주요 장치였다고 지적한다.[51] 이런 측면에서 프랫은 18세기 이후 유럽의 여행기가 유럽 이외 세계의 나머지, 곧 '유럽의 타자'를 거울로 삼아 유럽이라는 집단적 정체성을 고안해 내기 위한 강박관념의 결과라고 지적한다.

프랫은 여행기에 내재된 여행 주체와 여행 대상지 간의 공간 정치성을 분석하기 위해 《제국의 시선》에서 '접촉지대'와 '문화횡단'이라는 개념을 제시한다. 프랫은 자신의 접촉지대 개념을 언어학에서 사용하는 접촉언어에서 차용된 것이라고 밝힌다. 언어학의 관점에서 보면, 상이한 언어를 사용하는 두 화자話者가 교환과 무역, 이주 또는 여행에서 특정한 구역에서 만날 때, 이들이 사용하는 두 언어는 문화적 상호작용의 결과 시간이 지남에 따라 점차 서로의 언어에 영향

---

51 메리 루이스 프랫, 《제국의 시선: 여행기와 문화횡단》, 24쪽.

을 미치게 된다. 이런 언어적 상호 영향에는 상대방 어휘나 표현의 채택, 상대방 언어 특징의 차용, 언어의 대체 및 언어 간 위계의 형성, 대체된 언어에 의한 지배적 언어에의 영향, 세대를 걸친 언어의 혼성화混性化, 그리고 피진pidgin어와 같은 혼성어의 등장과 크리올어와 같은 이른바 '제3의 언어' 형성 등이 포함될 수 있다. 프랫에 따르면, 접촉지대는 식민주의 시대 유럽인들의 탐험과 정복의 대상이었던 '식민 프런티어'와 유사하지만, 접촉지대 개념은 식민지의 지리적 상황이 훨씬 역동적이고 상호작용적이며 구성적이라는 점을 강조한다는 점에서 차이가 있다. 프랫은 접촉지대 개념을 통해 여행 대상이 되는 식민 공간을 단순한 무대나 배경으로 간주하기보다는, 여행의 주체와 대상 간의 다양한 사회적·정치적 권력관계에 능동적인 영향력을 갖는 일종의 행위주체로 간주한다. 가령, 행위자-네트워크 이론ANT에서와 같이 접촉지대의 로컬 기후, 풍토, 식생, 곤충, 전염병, 음식 등 '비인간 행위자'는 수동적 대상이나 배경이라기보다는 오히려 여행 주체의 인식 및 여행 주체와 현지인들 간의 권력관계에 적극적으로 개입하고 이를 변형시키는 행위주체성을 갖는다고 볼 수 있다.[52]

접촉지대는 역사적으로 지리적으로 분리되어 있던 사람들이 함께 등장하는 시공간을 생각하게 하고 더불어 그들의 궤도가 교차하는 지점을 환기喚起시킨다. '접촉'이라는 표현은 침략자의 시각에서 정복과

---

52 박경환, 〈글로벌 시대 인문지리학에 있어서 행위자—네트워크이론(ANT)의 적용 가능성〉, 57~78쪽; 박경환, 〈대안 정치를 위한 공간적 상상의 재고(再考): Doreen Massey의 《공간을 위하여》(2006)에 대한 논평〉, 《한국도시지리학회지》 19(1), 2016, 105~123쪽.

지배를 설명하려 할 때 손쉽게 무시되거나 억압되는 상호적이고 즉흥적인 만남의 차원을 강조한다. '접촉'의 관점은 주체들이 상호적인 관계에 의해서, 그리고 상호적인 관계 안에서 구성되는 방식을 강조한다. 그것은 식민자와 피식민자, 여행하는 사람과 '여행되는 사람travelees' 사이의 관계를 서로 무관하고 분리된 상태로 다루는 대신, 근본적으로 비대칭적인 권력의 관계 안에서 함께 등장하고 서로 영향을 주고받으며 이해理解와 행위가 함께 맞물린 상태로 다룬다.[53]

위의 인용문에서 프랫은 여행 대상 지역인 접촉지대가 시간과 공간을 동시적으로 생각할 수 있는 교차점이자 비대칭적 권력관계 안에서 쌍방향적 영향을 주고받는다는 점을 강조하면서, 접촉지대의 개념적 특징을 크게 두 가지로 요약한다. 첫째는 접촉지대가 상이한 역사적, 지리적 궤도들이 서로 모여 결절을 이루는 교차점이라는 점이다. 이는 접촉지대를 시·공간적으로 상이한 궤적을 지닌 주체들이 마주치는 곳으로 상정함으로써 공간을 단순한 배경이나 그릇으로 간주하는 모더니즘적 이해 방식에 문제를 제기하며, 나아가 이는 사회와 공간이 상호 영향을 주고받으며 구성된다는 관점을 강조한다. 특히, 이는 매시가 《공간을 위하여》에서 포스트구조주의적 관점에 입각해서 공간 및 장소를 다루는 방식, 곧 공간과 장소에 대한 기존의 이분법적 구분을 넘어서는 이른바 '관계적 지리'와 밀접하게 관련되어 있다. 매시는 이 책의 시작을 에르난 코르테스가 이끄는 스페인 군대가 목테수마가 통치하던 아스텍 문명을 정복하는 장면에 관한 기술로 시작한다. 그런데 매시가 기술하는 이 장면은 글로

---

53 메리 루이스 프랫, 《제국의 시선: 여행기와 문화횡단》, 35쪽.

벌 권력으로서 서양의 '여행하는' 식민주의 정복자가 비서양 세계의 로컬 장소로서 '여행되기를 기다리고 있는' 피정복민의 세계에 도착했다는 식으로 그려지지 않는다. 대신, 매시는 각기 상이한 발전의 궤적을 지닌 두 문명이 테노치티틀란이라는 구체적인 (그리고 맥락적으로 풍부한) 장소에서 '접촉'하는 장면으로 제시함으로써, 이를 상이한 역사와 지리, 인식 및 지식 체계, 그리고 언어와 문화가 영토적 경계를 넘어 조우하는 공간으로 인식해야 한다는 점을 주장한다.

공간을 가로지르고 정복하는 대상으로 인식하는 것은 (…) 지구를 땅이나 바다와 같이 우리의 주변에 펼쳐져 있는 것으로 인식하게 한다. 공간은 연속적이며 이미 주어져 있는 지표면과 같은 것으로 인식된다. (…) 이런 공간의 상상은 다른 장소, 사람, 문화를 단순히 지표 '위'의 현상으로 인식하게 만든다. 그 공간은 움직임 없이 코르테스(또는 우리나 글로벌 자본의)의 도착을 그저 기다렸을 뿐이며, 그곳에, 그 공간에, 그 장소에 그들 자신의 궤적은 보유하지 않은 채 그저 덜렁 놓여 있을 뿐이다. 이런 공간 인식은 우리로 하여금 실재하는 아스텍 역사를 제대로 인식하는 것을 어렵게 한다. 이러한 상상력을 제고하는 것 그리고 공간을 지표면으로 생각하는 습관에 대해 질문을 하는 것이 의미하는 것은 무엇인가?[54]

매시는 '공간을 가로지르고 정복하는 대상으로 인식하는 것'은 근대 유럽의 '공간 길들이기' 프로젝트의 일환이며, 이는 여행되는 타자의 목소리를 억압하고 주변화함으로써 다양한 역사적 궤적들을

---

54 도린 매시, 《공간을 위하여》, 박경환 · 이영민 · 이용균 옮김, 심산, 2016, 28쪽.

억압하는 방식이라고 비판한다. 이런 점에서 프랫의 접촉지대 개념은 포스트식민 이론가들이 유럽의 모더니티 형성 과정이 비유럽 세계에 대한 유럽 중심의 재현과 직결되어 있다고 비판했던 포스트식민적 관점뿐만 아니라, 공간에 대한 관계적 관점을 강조하면서 시공간적으로 멀리 떨어져 있는 주변적인 것들의 궤적을 중심으로 끌어들여야 한다는 매시의 공간 개념과 정확하게 일치한다.[55]

접촉지대 개념이 갖는 두 번째 특징은 식민주체(여행하는 자)와 식민지인(여행되는 자)의 관계가 일방적인 것으로 고정된 것이라기보다는 상호작용적으로 구성되는 과정에 있다는 점이다. 이런 측면에서 프랫은 문화횡단이란 개념을 제시한다.[56] 그녀의 주장에 따르면, 원주민은 식민 지배자의 문화적 권력의 실행과 그 영향을 피할 수는 없지만 지배적 문화를 선택적으로 수용하거나 자신의 방식으로 '되받아 씀'으로써 문화적으로 전유하는 권력을 갖고 있으며, 반대로 식민 지배자는 식민 모국에서 기원하는 지배적 문화를 이식하는 가운데에서 이러한 원주민의 문화적 전유나 (직·간접적인) 저항을 수용해 나간다는 것이다. 이런 점에서 문화횡단 개념은 여행 주체와 현지 주민의 문화를 단순히 다른 문화를 흡수하거나 아니면 다른 문화에 의해 근절되는 고정된 실체로 파악하기보다는, 새로운 문화를 창

---

55 박경환, 〈대안 정치를 위한 공간적 상상의 재고(再考): Doreen Massey(1944~2016)의 《공간을 위하여》(2006)에 대한 논평〉, 105~123쪽.
56 원래 문화횡단은 쿠바의 인류학자 오르티스Fernando Ortiz가 1947년에 처음으로 제시한 개념으로서 상이한 문화가 서로 만나 섞이고 수렴되는 과정을 지칭하는 용어이다. 그는 식민 지배와 예속의 관계에서 나타나는 문화적 갈등과 대립은 상호 의사소통의 결과 시간이 지나면서 자연스럽게 수렴되어 간다고 생각했으며, 이런 측면에서 스페인 식민주의자들이 쿠바 원주민 사회에 끼친 문화적 황폐화를 '실패한 문화횡단'이라고 비판했다. 프랫은 접촉지대에서 벌어지는 식민 지배자와 원주민 간의 권력관계를 이분법적이고 고정적인 관점에서 보는 것을 비판한다.

출해 내는 '지속적인 과정'에 초점을 맞춘다. 뿐만 아니라, 이 개념에는 주체의 위치성과 그에 따른 권력관계의 양상이 특정한 공간이나 상황이 제기하는 구체적인 맥락에 따라 가변적일 수 있다는 점이 내포되어 있다. 따라서 문화횡단 개념은 포스트식민 이론가인 파농이 《검은 피부, 하얀 가면》에서 언급하고 있는 '양면성으로서의 저항'에서와 같이 식민주체와 현지 주민 간의 관계가 지니는 역동성을 강조한다.

결국, 여행기에서 여행의 대상이 되는 공간은 그냥 주어져 있는 배경이나 그릇이 아니라 언제나 특수한 지리적 특성을 갖고 있기 때문에 행위주체성을 갖고 있으며, 이런 점에서 식민 지배자와 식민지인의 상호작용에는 현장의 지리적 환경과 문화가 늘 역동적이고 능동적인 행위주체성을 갖는다. 사이드에게 '상상의 지리'는 우리와 그들이라는 이분법적 시각을 근거로 권력, 지식, 공간성이 형성하고 있는 담론적 구성물로, 서양이 자신의 환상과 욕망을 투영한 무대이자 재현의 공간이다. 그러나 듀보James Dubow가 주장하는 바와 같이 식민 주체의 시선이 지니는 권력과 담론의 결정성은 오리엔탈리즘에서와 같이 일방향적인 것은 아니다. 그는 오리엔탈리즘이 해외 현지에서 식민주체의 '삶으로 경험되고 체화된 욕망'의 중요성을 간과했다고 비판하면서, 판옵티콘적인 감시의 시선과 담론은 항상 그 내부에 균열과 간극이 있다고 주장한다.[57]

프랫은 접촉지대 개념을 통해 근대 여행문학의 출발점으로 1735년의 두 역사적 사건을 분석한다. 첫째는 스웨덴의 식물학자 칼 린

---

57 Dubow, J., "From a view on the world to a point of view in it': rethinking sight, space and the colonial subject," *Interventions* 2(1), 2000, pp. 87-102.

네의 《자연의 체계》 출간이고, 둘째는 프랑스의 지리학자 샤를 드 라 콩다민을 주축으로 했던 국제탐사단의 발족이다. 이 두 사건은 유럽 엘리트들의 자신과 비유럽 세계 타자에 대한 의식이 '유럽중심주의와 전 지구적 차원의 의식'으로 급격하게 전환되는 계기였다. 린네는 (마치 성경에서 최초의 인류인 아담이 창조주에게 명명命名의 권리를 부여받아 동식물의 이름을 지었던 것처럼) 지구상에 존재하는 모든 자연을 감독관처럼 걸어 다니면서 라벨을 붙일 수 있는 체계를 수립했으며, 라 콩다민의 탐사 여행은 유럽의 각국이 정치적·정파적 경쟁이나 경제적 이해관계를 초월해서 지원했던 최초의 '유럽 전체의 과학 프로젝트'였기 때문이다. 이 두 사건은 18세기 유럽 박물학의 시작과 저변의 확대 그리고 이에 따른 여행기 성격의 변화를 알리는 것이었다. 프랫은 린네의 식물 분류 체계로 인해 "이제 여행과 여행기는 이전과 같은 것이 될 수 없었다"고 말한다.[58] 왜냐하면 표본을 수집하고, 목록을 완성하고, 새로운 종에 이름을 붙이는 활동이 단지 과학자만이 할 수 있는 활동이 아니라, 린네의 "분류 체계를 배운 사람이라면 누구나 그 식물이 이전에 과학계에 알려져 있던 사실 여부와 상관없이 그것을 정확한 등급과 질서 속에 배치할 수 있게" 되었기 때문이다.[59] 린네가 식물의 학명을 어느 국가의 언어도 아닌 라틴어로 사용한 이유는, 자신의 분류 체계가 유럽 문명의 통일성과 전체성을 근간으로 할 뿐만 아니라, 과학의 보편성과 객관성을 가정하고 있는 "메시아적 전략"을 구현하기 위함이었기 때문이다.[60] 과학 여행

---

58 메리 루이스 프랫, 《제국의 시선: 여행기와 문화횡단》, 70쪽.
59 메리 루이스 프랫, 《제국의 시선: 여행기와 문화횡단》, 72쪽.
60 메리 루이스 프랫, 《제국의 시선: 여행기와 문화횡단》, 68쪽.

으로서의 이러한 박물학적 여행과 글쓰기 실천은 '접촉지대'에서의 토착 지식 체계를 붕괴시키고 이를 유럽의 '과학'으로 새롭게 기록하는 초국가적인 팽창의 열망을 보여 준다.[61]

또한, 라 콩다민의 과학 탐사는 유럽 엘리트의 여행 문화 전체의 방향을 해양 패러다임에서 내륙 패러다임으로 변화시키는 출발점이 되었다.[62] 그 이전까지만 하더라도 유럽의 지리적 탐험은 주로 항해 지도를 제작하기 위한 여행이었기 때문에 내륙 깊숙이 여행을 시도하기보다는, 무역로를 개척하기 위해 해안선을 측량하거나 해안가에 무역이 가능한 교두보를 마련하는 데 주안점을 두었다. 특히 주항周航과 지도 제작의 실천 또한 지구적 차원의 기획으로서 세계를 유럽의 언어로 번역하기 위한 과학적 해석의 시도였으며 주로 무역로를 개척하기 위함이었다. 반면 라 콩다민의 "지표면을 체계화하는 지도 제작은 상업적으로 착취 가능한 자원과 시장 그리고 식민화할 육지에 대한 팽창적 탐색과 상관성"을 지닌 것이었다. 이는 과학이라는 객관적, 합리적 이성의 실천을 통해 지구에 질서를 부여하는

---

61 이러한 메시아적 전략은 린네가 네발짐승에 '호모'라는 범주를 두었고 이를 다시 호모 사피엔스와 호모 몬스트로수스로 구분 지었으며, 이를 근간으로 하여 18세기 중반에는 호모 사피엔스를 다시 (네발짐승과 비슷하고 말을 못하며 털이 많은) 야만인, (고집이 세고 자족적이며 자유로운) 라틴아메리카 원주민, (공정하고, 낙천적이고, 예리하고, 창의성이 풍부하며, 법에 의해 통치되는) 유럽인, (엄격하고, 거만하고, 욕심이 많으며, 의견에 의해 통치되는) 아시아인, (검고, 무기력하며, 교활하고, 빈둥거리고, 게으르며, 충동에 의해 통치되는) 아프리카인, 그리고 (난쟁이와 거인을 포함한) 괴물의 6개 이종異種으로 구분하는 것이 널리 받아들여졌다는 점에서 잘 드러난다.
62 그러나 프랫에 따르면, 실제 라 콩다민의 보고서는 과학보고서라기보다는 이른바 '생존기 문학survival literature'에서와 같이 역경 및 위험에 대한 극복의 수사 그리고 경이로움과 신기함 등 이국성의 수사 두 가지를 주요 내용으로 하고 있다는 점에서, 근대 여행기의 다양한 요소들을 포괄하고 있는 원초적인 형태의 여행기라고 할 수 있다.

신성한 실천이자 유럽이라는 가장 문명화된 인류에 의한 고도의 집단적 기획으로 간주되었다.

항해술의 지도 제작 역시 명명의 권력을 발휘했다. 실제로 종교적 기획과 지리적 기획은 이름을 붙이는 것을 통해 동시적으로 수행됐다. 사절단들은 랜드마크와 지리적 구성물들에 기독교도의 유럽식 이름으로 세례를 베풀 듯이 세계를 점유했다. 그러나 박물학의 명명은 훨씬 직접적으로 대상을 변형시켰다. 그것은 세계의 모든 것들을 추출한 후 정확히 최초의 무질서한 상태와 구별되는 것으로 새로운 지식의 구성물들 속에 그것들을 배치했다. 여기서 점유, 재현, 명명은 모두 같은 의미이다. 그러나 명명은 질서에 리얼리티를 부여했다.[63]

라 콩다민의 과학 탐사로 인해 유럽 엘리트 사이에서는 단순한 개인적 경험담이 주를 이루던 이전의 여행기와는 달리, 자연을 관찰하고 분류하는 활동으로서의 박물학이 여행과 여행기 쓰기의 실천 속으로 광범위하게 편입되기 시작했다. 이런 측면에서 프랫은 유럽 식민주의 시대에 여행과 여행기 쓰기의 실천이 박물학과 긴밀한 상호강화의 관계였음을 설명하기 위해 이른바 '반反정복' 개념을 제시한다. 프랫에 따르면 반정복 서사는 "유럽의 헤게모니를 강력히 지지하면서도 그와 동시에 자신들의 결백을 지켜 내고 싶었던 유럽의 부르주아 주체들이 활용한 재현 전략"을 가리킨다.[64] 이런 반정복의 핵심 주체는 프랫이 '보는 남자'라고 비판하는 유럽의 백인 남성 여행

---

63 메리 루이스 프랫, 《제국의 시선: 여행기와 문화횡단》, 84쪽.
64 메리 루이스 프랫, 《제국의 시선: 여행기와 문화횡단》, 36~37쪽.

주체를 가리키는데, 이들은 이전의 군사적 정복이나 통치를 야만적이거나 비문명적 활동으로 규정하여 이를 비판하면서도 식민주의적 관점은 그대로 계승하여 과학주의와 낭만주의라는 사조 속으로 편입시키는 것을 특징으로 한다. 이들 '보는 남자'는 여행과 탐험을 통해 제국주의적 침략과 지배를 비판하거나 이와 무관한 것처럼 일정한 인식론적 거리를 두면서도, '과학', '연구', '학문', '자연법칙', '질서' 등과 같이 표면적으로 가치중립적인 담론을 통해 여행 대상 지역과 주민을 앞서 언급했던 '숭고한 조망점'이나 "내가 조사하는 모든 것의 군주"와 같은 식민권력의 시선으로 바라보는 것을 정당화한다는 점에서 문제적이다.[65]

프랫은 접촉지대와 문화횡단 개념에 의지하여 《제국의 시선》에서 여행 대상지로서 접촉지대의 지리적 상황이 갖는 행위주체성과 이에 따라 벌어지는 여행 주체와 현지 원주민 간의 권력관계 변동과 문화횡단의 실천을 드러낸다. 그녀는 18세기 남부아프리카에 대한 여행기 분석을 통해, 원주민들과 조우했던 접촉지대를 어떻게 자연화하여 자신의 문명 지도 속으로 편입시켰는지를 비판적으로 검토한다. 이들의 여행기는 앞서 언급했던 바와 유사하게 접촉지대의 풍경을 '게으르고 나태한' 원주민이 거주하는 원시적이고 야만적인 곳으로 평가하지만, 이와 동시에 이들의 풍습이 유럽 식민 정복자들에 의해 어떻게 문명화되고 또 어떻게 파괴되어 가는지를 다분히 인도

---

65 "내가 조사하는 모든 것의 군주"는 1929년부터 1937년까지 남부아프리카의 영국 보호령이었던 베추아나랜드의 판무관이었던 찰스 레이Charles Rey의 여행 일기 제목으로서 지배자의 (또는 여행 주체의) 주관적 시점이 전지전능함을 단적으로 보여 준다. 원래 이 표현은 18세기 영국의 전원주의 및 낭만주의 시인 윌리엄 쿠퍼 William Cowper의 표현에서 유래했다.

주의적이고 낭만주의적인 관점에서도 서술한다. 또한, 프랫은 스코틀랜드의 탐험가 파크Mungo Park가 쓴 니제르강 유역권 탐사 여행기인《아프리카 내륙 여행들》(1799)을 분석하면서, 파크가 접촉지대의 자연을 위험과 도전으로 가득한 스펙터클의 공간으로 묘사하는 동시에, '자신과 원주민 간의 호혜성'을 여행기의 핵심 모티브로 하여 문화적 충돌이나 갈등이 어떻게 타협되어 문화적 교류를 가능케 하는지를 보여 준다. 파크의 문명적 호혜성은 "문화뿐 아니라 지식의 영역에까지 확장"되어 유럽과 아프리카 사이의 문화적 "통약가능성"을 긍정해야 한다는 주장으로 이어진다.[66] 프랫은 이러한 호혜성이 인도주의와 낭만주의적 수사와 관련되어 있으면서도, 근본적으로는 유럽의 자본주의가 부르주아지와 노동자 사이의 호혜성에 의해 정당화된다는 점을 강조하면서 접촉지대에서의 "호혜성은 자본주의 이데올로기 그 자체"라고 지적한다.[67]

이런 점에서 라틴아메리카를 탐험했던 홈볼트는 흔히 독일의 낭만주의 박물학자라고 칭송되지만, 프랫은 그가 라틴아메리카를 통해 세계에 대한 상상을 재발견하려 했다는 점에서 유럽의 식민주의적 기획으로부터 자유롭지 않다고 본다. 프랫은 홈볼트가 유럽의 대중들에게 큰 영향을 미친 것은 그의 과학 논문보다는 "비전문적인 영역에서 수행된 여행기"였음을 지적하면서,[68] 홈볼트의 여행기가 유럽인들에게 '신대륙'이라는 세계적 상상을 명확하게 심어 주었고 유럽의 지배이데올로기를 확대, 재생산했다고 평가한다. 프랫에

---

66 메리 루이스 프랫,《제국의 시선: 여행기와 문화횡단》, 187쪽.
67 메리 루이스 프랫,《제국의 시선: 여행기와 문화횡단》, 192쪽.
68 메리 루이스 프랫,《제국의 시선: 여행기와 문화횡단》, 269쪽.

따르면 첫째, 훔볼트가 상상했던 자연 개념은 거칠고 길들여지지 않은 웅장한 것이었고, 인간의 눈에 보이지 않는 초자연적인 생명력에 의해 움직이고 변화하는 역동성을 지닌 것이었다. 이는 훔볼트의 초상이 대개 자연적 대상물들이 자신의 유럽 서재 안이나 탐험 오두막 내로 압도되고 축소된 존재로 그려지는 데에서도 잘 나타난다. 또한, 훔볼트의 여행이 "마을 간의 네트워크, 파견대, 식민지 출장소, 도로 등에 전적으로 의존했으며, 마찬가지로 자신들과 프로젝트 모두를 보조하는 식민지의 고용제도라든지 길을 안내하고 거대한 마차를 이동시켜 줄 노동력에 크게 의존"했음에도 불구하고, 이런 맥락은 그의 '낭만주의적' 여행기에서 누락되었다.[69]

둘째, 훔볼트가 발견한 라틴아메리카의 '자연'은 역사적으로 이미 원주민들이 오랫동안 거주해 온 생활 터전이었을 뿐만 아니라 스페인의 정복 이후 광물자원의 수탈이 이루어진 곳이었다는 점도 중요하다. 이런 점에서 훔볼트의 탐험은 유럽 식민주의 제도에 철저하게 의존했던 여행이었고, 그의 낭만주의적 자연관은 이러한 접촉지대에서의 공간의 역사성과 정치성을 은폐하는 대신 라틴아메리카의 자연과 인간을 대상화와 자연화라는 탈정치화의 글쓰기를 통해 극적으로 나타낸 것이었다. 또한, 훔볼트 여행기의 특징인 다분히 미학적인 수사와 예술적 글쓰기가 멕시코 은광에 대한 영국의 투자 붐을 일으키는 데 결정적인 역할을 했다고 비판한다. 그런 점에서 프랫은 "북유럽의 엘리트들에게 라틴아메리카를 재발명하는 일은 유럽의 자본·기술·상업·지식의 체계 등이 엄청나게 팽창할 수 있을

---

69 메리 루이스 프랫, 《제국의 시선: 여행기와 문화횡단》, 288쪽.

것이라는 전망이나 가능성과 밀접한 관련이 있었다"고 비판한다.[70]

셋째, 프랫은 접촉지대에서 여행 주체의 여행기에 포함된 지식은 단지 여행자의 조사와 관찰에서 비롯되는 것이 아니라 '여행되는 자'인 현지 주민들과의 상호작용에서 기인한다는 점을 강조한다. 가령, 훔볼트가 유럽에 구아노를 처음 소개하고 도입했고 훔볼트 스스로도 자신의 '발견'이 구아노 붐을 일으켰다고 자랑스럽게 여겼지만, 사실 이는 연안 지대에 살고 있던 페루 주민들이 훔볼트에게 그 물질의 기원과 효과를 가르쳐 주었기 때문이었다. 또한, 훔볼트가 라틴아메리카의 풍토 · 지질 · 식생 등을 면밀하게 관찰하고 기록했던 것은 사실이지만, 그가 멕시코에 체류하는 동안 현지 과학자들과 아메리카 원주민들의 박물학 · 언어학 · 고고학 등의 지식을 입수했다는 점 또한 부인할 수 없는 사실이다. 결국, 훔볼트는 식민 지배의 권력-지식 네트워크를 통한 "사회적인 힘들을 신비롭게 표현함으로써 훔볼트의 저서들은 자신들의 문화와 사회를 식민 상태에서 벗어나도록 노력했던 라틴아메리카의 유럽 지도자와 지식인들이 유럽을 기반으로 했던 가치들과 백인우월주의를 계속해서 유지하는 데에 영향을 주었다"는 점은 틀림없는 사실이다.[71]

결국, 훔볼트를 포함한 유럽 식민 여행가의 (자연과 문화 또는 미개와 문명 등의) 이분법적 사고는 여행하는 자와 여행되는 자 사이의 지배-종속의 관계뿐만 아니라, 이러한 이분법에 위배되고 이를 거스르고 횡단하는 문화적 차용, 교환, 타협 등의 상호작용을 동반한다. 이런 점에서 볼 때, 훔볼트는 식민주의 유럽의 입장에서 독일의 위

---

70 메리 루이스 프랫, 《제국의 시선: 여행기와 문화횡단》, 252쪽.
71 메리 루이스 프랫, 《제국의 시선: 여행기와 문화횡단》, 315쪽.

대한 낭만주의 박물학자였지만, 본질적인 의미에서 볼 때 접촉 구역으로서 라틴아메리카 현지의 (그리고 원주민의) 지식을 유럽의 지식-권력 네트워크로 번역해 들여온 문화횡단자였다는 점을 부인할 수 없다.

여행 주체의 위치성과 혼성성

위치성과 여행기 읽기

그레고리[Derek Gregory]는 여행 주체의 시선과 여행 텍스트를 본질주의적 관점에서 이해하는 것은, 여행 주체의 모순적 위치성과 텍스트화의 경합적 성격을 간과할 수 있다고 본다.[72] 가령, 사이드는 동양에 대한 유럽의 지리적 상상을 서양의 제국주의적 권력을 배경으로 하는 타자화 전략으로 보면서, 유럽의 오리엔탈리스트들이 "동양, 동양인, 동양 세계를 날조"하였으며 "동양인은 어떤 경우에도 지배의 틀 속에 포함되며 그 틀에 따라 표상되는 존재"라고 말했다.[73] 이에 대해 그레고리는 사이드가 비유럽 세계를 지나치게 등질적으로 다루었다고 비판하면서, 모든 상상의 지리는 필연적으로 불균등한 담론의 세계이기 때문에 기술記述하는 주체가 누구냐에 따라 오리엔탈리즘은 내적으로 상충되고, 경합되며, 불안정하다고 본다. 가령, 페미니즘의 시각에서 여행기를 분석했던 체럴 맥이완[Cheryl McEwan]은 빅토리아 시기 서아프리카 일대를 탐험했던 여성 여행가들의 여행

---

72 Gregory, D., "Between the book and the lamp: imaginative geographies of Egypt, 1849-50," *Transactions of the Institute of British Geographers* 20(1), 1995, pp. 29-57.
73 에드워드 사이드, 《문화와 제국주의》, 81~82쪽.

이 계급적으로 얼마나 다층적이었는지, 그리고 남성 여행가들에 대비되는 위치성의 차이가 여행의 방식에 어떤 영향을 끼쳤는지를 면밀하게 분석한 바 있다.[74]

그레고리는 이와 유사한 맥락에서 19세기 후반 나이팅게일Florence Nightingale과 플로베르Gustave Flaubert의 이집트 여행기 분석을 통해, 이집트의 전통적인 문화와 경관이 유럽 식민주의적 침투와 지배로 변모해 가는 과정에 대한 재현이 이들의 계급 및 젠더 위치성과 어떻게 관련되어 있는지를 설명한다.

그레고리의 분석 결과를 요약하면 다음과 같다. 우선, 이 두 여행가가 이집트라는 '텍스트'를 읽는 방식은 유럽과 시간적, 공간적으로 이항대립하는 구성물로 간주한다는 측면에서는 유사하다(〈그림 2〉 참조). 곧, 이집트는 여행 주체의 시선이 머무르는 고정된 대상물로, 시

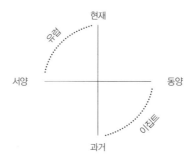

〈그림 2〉 이집트 여행기에서의 시간 및 공간의 양극(출처: Gregory 1995, p. 34)

---

[74] McEwan, C., *Gender, Geography and Empire: Victorian Women Travellers in West Africa*, Aldershot: Ashgate Publishing, 2000, pp. 1-256.

간적으로는 인류 문명의 과거를 그리고 공간적으로는 동양을 대변하는 오리엔탈리즘이 극명하게 반영되어 있다. 이들의 여행기에는 보이는 대상으로서의 이집트는 존재했지만, 자신의 이야기를 자신의 목소리로 발언하는 것은 부재했다. 이집트는 서발턴subaltern으로 오직 유럽의 여행 주체를 통해서 보여질 따름이었다.[75]

둘째, 이들의 여행기에는 자신들의 여행을 가능케 했던 로컬 상황과 제도적 맥락이 배제된 채 기술되어 있지만, 그레고리는 사실 이들의 여행기는 현지 가이드나 조력자 등의 정보제공자를 통해서 이루어졌기 때문에, 이미 상당히 사회적이고 집단적인 결과라는 점을 지적한다. 가령, 나이팅게일과 플로베르 모두 터키·아랍·페르시아를 포함하는 중동과 북아프리카 일부 지역에서 활동하던 여행 안내자인 드래고만dragoman에 의존할 수밖에 없었는데,[76] 이들은 현지 주민들에 대해 우월감을 가지고 있었을 뿐만 아니라 유럽 여행자들에 대해서도 언어적·문화적으로 이따금 우월한 지위를 확보하기도 했다. 그런 측면에서 나이팅게일은 여성 여행가로서 플로베르에 비해 드래고만의 영향을 훨씬 많이 받았다. 왜냐하면 '여성' 여행자와 '남성' 드래고만이라는 젠더 관계로 인해, 드래고만은 자신이 여성 여행자를 보호한다는 인식을 갖고 여성 여행자에게 어떻게 비칠지를 의식하였는데, 이와 같은 이유로 현지 주민들과의 직접적인 접촉

---

75 Spivak, G., "Can the subaltern speak?," *Marxism and the Interpretation of Culture*, eds., C. Nelson and L. Grossberg, Basingstoke: Macmillan Education, 1988, pp. 271-313.

76 '드래고만'은 과거 오토만제국의 영향권에 속했던 지역의 여행 안내자를 지칭하는 용어로서, 이들은 단순한 길잡이가 아닌 적극적인 해설자이자 통역자 그리고 무역 중개인으로서의 역할까지도 겸했다. 이들은 유럽의 언어와 현지의 아라비아어, 페르시아어, 터키어 등을 다양하게 구사할 수 있었고 북아프리카 및 중동 일대에 대한 폭넓은 지식을 갖추고 있었다.

이나 대화를 차단하는 드래고만의 태도 때문에 나이팅게일은 현지 정보나 지식에 접근하는 데 상당한 제한을 받을 수밖에 없었다. 결과적으로 여행 주체의 젠더 차이와 이와 결합된 로컬 상황의 특수성은, 두 사람의 여행지 선정과 여행 경로뿐 아니라 이들이 이집트를 이해하는 과정에도 큰 영향을 끼쳤다.

셋째, 플로베르와 나이팅게일의 여행기는 자신의 여행 경험만이 아니라 여러 상이한 종류의 기록과 문헌에 대한 '상호 참조'를 통해 형성되었다. 곧, 이집트에 대한 기존의 문헌이 이집트 여행에서 무엇을 관찰하고 무엇에 집중해야 할지를 결정했으며, 여행기를 쓰는 과정에서도 본국의 독자들을 만족시키기 위해 기존의 문헌에 크게 의지했던 것이다. 이 또한 젠더 차이에 따라 상이한 결과를 가져오는데, 플로베르는 유럽에 의해 이집트의 과거가 파괴되는 현실에 대한 (곧, 서양 문화에 의한 전통의 파괴와 문화적인 희석 등에 대한) 우려를 주요 모티브로 했던 반면, 나이팅게일은 (플로베르에 비해 기존의 여행기나 기록물을 많이 접하지 못했기 때문에) 식민지로서 이집트의 혼돈스럽고 암울한 상황 속에서도 책이나 그림에서 보지 못했던 현지 주민의 풍습이나 풍경에 주목했고 이를 낭만적인 관점에서 그려 냈다.

마지막으로, 이들의 여행기에 의한 상상의 지리는 유럽과 이집트 사이의 관계를 단절시키기보다는 오히려 더욱 가깝게 만드는 역할을 했다. 이들이 여행했던 19세기 중반의 이집트는 잉글랜드와 프랑스, 그리고 러시아와 오토만제국의 힘이 부딪히는 지대여서 지정학적으로 불안정했다. 그런데 이들의 여행기는 이집트를 각각 프랑스와 잉글랜드에 친숙하고 가까운 곳이라는 프레임 속에서 재현함으로써, 모국의 독자들이 이집트라는 공간을 마치 거실이나 서재로 옮겨와 앞에 두고 읽어 내는 것처럼 느끼게 만들었다. 곧, 이들의 여행기는 이집트를 "그림처럼 세워 두고, 관람객들에게 보여 주는 대상으로서 배치해 두고, 보여지고, 조사되며, 경험되는 것으로" 두었다.[77] 이러한 기계적 재현은 단지 동물원이나 전람회장뿐만 아니라 동양의 전유와 재현 모두에 깊이 관련된 것이었다. 요컨대 그레고리는 여행기에서 재현되는 여행의 물질성이 중요하다는 점을 강조한다. 사이드가 푸코의 담론 개념을 기반으로 재현의 대상인 세계와 재현의 산물인 텍스트를 뚜렷하게 구별했던 것과 달리, 그레고리는 식민 현장에 대한 텍스트와 시선을 본질주의적 관점에서 접근하는 대신, 식민 현장에서 주체의 역동적이고 모순적인 위치성을 강조하면서 텍스트와 시선의 구성 '과정'에 초점을 둔다.

한편, 젠더 위치성은 식민 공간에 대한 여행 주체의 인식에도 영향을 끼친다. 가령, 앤 매클린톡Anne McClintock이 젠더, 섹슈얼리티, 인종의 교차점에서 근대 유럽의 탐험/여행기를 분석한《Imperial Leather》의 서두에서 어떤 소설에 등장하는 1590년 한 포르투갈 남성 무역상의 어느 남아프리카 지도에 관한 지리적 상상과 재현을 소개한 것을 보자(〈그림 3〉 참조). 이 지도에서 표현된 장소와 각 지명은 여성의 성기와 각 신체 부위를 나타내는 표상으로 이루어져 있고, 솔로몬 왕의 보물이 숨겨진 곳은 흑인 마녀가 지키고 있는 것으로 상상된다.[78] 이 지도에는 원주민 여성에 대한 유럽 남성의 성적 욕망과 두려움이 식민 공간에 대한 정복으로 투영되어 있다. 매클린톡에 따르면, 사이드가 말하는 오리엔탈리즘은 단순히 동양을 여성적으

---

[77] Gregory, D., "Between the book and the lamp: imaginative geographies of Egypt, 1849–50," p. 52.

[78] 박경환, 〈교차성의 지리와 접합의 정치: 페미니즘과 지리학의 경계 넘기를 위하여〉, 《문화역사지리》 21(3), 2009, 1~16쪽.

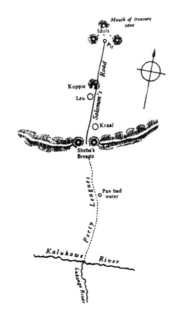

로 (그리고 수동적으로) 묘사하는 남성 권력의 판타지로 인식하지만, 젠더와 섹슈얼리티는 이보다 훨씬 더 직접적이고 구체적인 방식으로 유럽 제국주의의 정복 프로젝트와 식민 공간의 자본주의화 과정에 개입되어 있음을 지적한다.[79]

또한, 이와 비슷한 맥락에서 블런트Alison Blunt는 1897년 메리 킹슬리Mary Kingsley의 서아프리카 여행기 분석에서, 계급적으로 중상류층에 속해 있으면서도 여성으로서 남성 중심의 여행 문화에서 배제되어 있

〈그림 3〉 식민 공간의 젠더화
(출처: McClintock 1995, p. 2.)

는 그녀의 모순적인 위치성이 어떻게 남성 중심의 식민주의적 관점에 대해 비판적인 여행 서사를 창조했는지를 보여 주었다.[80] 킹슬리의 여행기는 당대 남성들의 여행기와 달리 여행 대상과 거리를 두거나 과학적 담론을 중심으로 서술되지 않는 반면, 1인칭 주인공의 시점에서 여성으로서의 자조적이거나 냉소적인 표현을 통해 지배적인

[79] McClintock, A., *Imperial Leather: Race, Gender, and Sexuality in the Colonial Contest*, London: Routledge, 1995; 박경환, 〈교차성의 지리와 접합의 정치: 페미니즘과 지리학의 경계 넘기를 위하여〉, 1~16쪽.

[80] Blunt, A., *Travel, Gender and Imperialism: Mary Kingsley and West Africa*, New York: Guilford, 1994.

오리엔탈리즘 서사를 전복했다.[81]

혼성성과 담론 효과로서의 저항

혼성성hybridity은 원래 스페인이 주도했던 초기 식민주의 담론에서 인종 간 결혼과 이른바 '혼혈인'을 경멸하고 혐오하는 생물학적 용어로, 식민 지배자의 인종적 순수성을 침범하고 오염시키며 더럽히는 행위를 혐오적으로 나타내는 용어였다. 혼성성은 식민 지배자와 식민지인 간의 이분법적 경계와 질서를 무너뜨리는 위험성을 내포한 것으로 간주되었으며, 이에 따라 혼성적 실천은 도덕적으로 정당화될 수 없는 터부와도 같았다. 그러나 18세기 후반 이후 영국·프랑스 등이 자본주의의 공간적 팽창을 추구했던 후기식민주의 시대에는 기존의 식민지에 대한 직접적 수탈과 착취 대신, 원주민에 대한 문명화 프로젝트를 통해 보다 체계적이면서도 간접적인 지배의 구조를 구축해나가기 시작했다. 이에 따라 식민 지배는 원주민을 자신과 같이 문명화되게 만들어야 한다는 역사적 책무로 변화하게 되었고, 결과적으로 그 이전에 금기시되었던 혼성성은 식민지인이 얼마나 문명화되었는지를 판단하는 중요한 지표로 긍정되기 시작했다.[82]

바로 이 지점에서 영국의 포스트식민 이론가 호미 바바는 (문명화 프로젝트를 근간으로 한 새로운 식민 지배의 등장과 관련해서) 혼성성이 갖는 새로운 의미를 포착한다. 바바는 유색인이나 식민지인이 결코 복제할 수 없는 백인성이나 결코 지울 수 없는 원시적이고 야만적인

---

81 조앤 샤프, 《포스트식민주의의 지리: 권력과 재현의 공간》, 85~110쪽.
82 고부응 편, 《탈식민주의: 이론과 쟁점》, 문학과지성사, 2003; 박종성, 《탈식민주의에 대한 성찰: 푸코, 파농, 사이드, 바바, 스피박》, 살림, 2006.

흑인성이란 존재하지 않으며, 결국 "모든 형태의 문화는 언제나 혼성성의 과정에 있다"고 주장한다.[83] 왜냐하면 피지배자로서 식민지인은 식민 지배자의 백인성whiteness을 일종의 정형화된 모델로 숭배하고 모방하지만, 이러한 문화적 '흉내 내기'는 식민 지배자와 흡사하지만 결코 이를 완벽하게 복제할 수는 없는 문화적 '미끄러짐'의 상태에 놓이게 된다. 이때 유럽의 문명화 담론은 미개하고 열등한 원주민에 대한 식민 지배를 정당화하지만, 이를 근거로 한 원주민의 흉내 내기는 결코 원주민이 식민 지배자와 같이 될 수는 없다는 '진실'을 노출시킨다. 따라서 식민 지배자의 원주민에 대한 문명화 프로젝트는 언제나 실패한 프로젝트일 수밖에 없다.[84]

이러한 흉내 내기의 담론적, 문화적 미끄러짐은 양가적 의미를 갖는다. 우선, 식민 지배자는 이를 통해 자신의 문명적 우월성을 재확인하면서도, 자신의 문명화 기획은 식민 지배의 불평등한 권력관계 구조와 상충되는 지점으로 수렴하게 된다는 역설을 깨닫게 된다. 또한, 식민지인은 식민 지배자의 문명화 담론이 거짓이라는 것을, 곧 식민 지배를 위한 이데올로기적 수단에 불과하다는 것을 깨달음으로써, 지배적 담론에 저항하거나 이를 전복하기 위한 정치적 투쟁의 공간을 발견하게 된다. 파농이 하얀 가면을 쓴 흑인의 정신적 종속과 분열 상태에 집중했다면, 바바의 흉내 내기 개념은 저항의 의미와 가능성에 주목했다고 볼 수 있다.[85] 이런 측면에서 '유기적 혼성

---

83 Bhabha, H., ed., *Nation and Narration*, London: Routledge, 1990, p. 211.
84 박경환, 〈탈식민주의 혼성성 다시 생각하기: 자서전적 문헌을 통해 읽은 미국의 초기 한인 이민자들의 초국적 주체성 1895~1940〉, 《지리학연구》 40(1), 2006, 1~24쪽.
85 고부응 편, 《탈식민주의: 이론과 쟁점》, 문학과지성사, 2003; 박종성, 《탈식민주의에 대한 성찰: 푸코, 파농, 사이드, 바바, 스피박》, 살림, 2006.

성'은 존재하는 모든 것들이 근본적으로 혼성적이라는 것을 드러내는 반면, '의도된 혼성성'은 보다 적극적인 의미에서 정치적 저항과 전복의 가능성을 내재하고 있는 새로운 근거가 된다.[86] 결국, 바바는 모든 문화는 근본적으로 복기지複記紙와 같기 때문에, 이러한 중층적 문화의 내부에 억압되고 주변화된 목소리를 드러내는 것은, 지배적 문화와 담론이 당연시하는 전제를 전복할 수 있는 이른바 '제3의 공간'이라고 말한다.[87]

이처럼 혼성성이라는 개념을 통해 볼 때, 지식-권력의 차원에서 반드시 유럽의 여행 주체가 인식의 권력 주체가 되고 동양이나 식민지 사회가 침묵하는 인식의 객체가 되는 것은 아니었다. 가령, 영국은 인도를 식민지화하면서 많은 교량과 댐을 건설하고자 했는데, 이는 현지의 몬순 기후 및 유역 분지의 지형적 특성에 대한 원주민의 지식과 조언이 없이는 불가능한 일이었다. 근대적 관개시설 및 댐 건설의 아버지로 일컬어지는 영국의 코튼Arthur Cotton은, 그가 인도에 처음 도착했을 당시 인도의 원주민들이 영국인들을 '문명화된 야만인'이라고 하면서 '전투'에 있어서는 전문가지만 댐이나 가옥을 건축하고 수리하는 데에는 매우 열등하다고 보았다고 기록했다. 특히 갠지스강과 브라마푸트라강의 하류에 형성된 범람원이나 삼각주에는 두터운 모래층이 형성되어 있었는데, 코튼은 이 토양층에 가옥을

---

86 로버트 J. C. 영, 《식민욕망: 이론, 문화, 인종의 혼종성》, 이경란 · 성정혜 옮김, 북코리아, 2013; 박경환, 〈혼성성의 도시 공간과 정치: 로스앤젤레스 한인타운에서의 탈정치화된 민족성의 재정치화〉, 《대한지리학회지》40(5), 2005b, 473~490쪽; 박경환, 〈탈식민주의 혼성성 다시 생각하기: 자서전적 문헌을 통해 읽은 미국의 초기 한인 이민자들의 초국적 주체성 1895~1940〉, 《지리학연구》40(1), 2006, 1~24쪽.
87 박경환, 〈혼성성의 도시 공간과 정치: 로스앤젤레스 한인타운에서의 탈정치화된 민족성의 재정치화〉, 473~490쪽.

짓거나 교량 및 철도를 건설하는 것은 현지 원주민들의 지식과 조언 없이는 불가능했다고 고백했다.[88] 이는 아프리카의 경우도 마찬가지였다. 유럽인들이 기니만의 정글, 기후, 지형, 질병, 해충 등과 같은 고유한 지리적 장애를 극복하면서 내륙의 노예를 사냥하기 위해서는 토착 원주민들의 지식을 이용하는 것이 필수적이었다.

유럽의 잔인한 식민주의 정책이 아프리카 부족사회를 파괴하고 로컬 문화와 지식을 새로운 유럽의 '과학'으로 대체함에 따라, 18~19세기에 유럽 식민주의에 직접적으로 통제되는 아프리카에서는 많은 흑인들, 특히 흑인 남성들이 정신분열증적 증세를 보이게 된다. 이런 사회적 정신병리 현상은 파농의 《검은 피부, 하얀 가면》에서 잘 드러난다. 이때 식민주의의 사회병리학적 담론은 흑인 여성들이 자의식조차 형성할 수 없는 극도의 원시적인 상태에 있기 때문에 흑인 남성들만큼 '미치는' 사례가 드물다는 방식으로 설명한다. 곧, '광기'라는 것은 정신 구조의 일정한 복잡성이 있어야 가능한데, 흑인 여성들은 이러한 복잡한 자아인식 능력조차 없다는 것이었다. 이런 식민주의 담론은 당시의 과학적 지식으로 무장하고 있었고, 결과적으로 유럽 식민 지배자들이 통치하는 비유럽 세계의 땅은 여성과 동일시되었으며, 그 결과 비유럽 세계는 서구 남성 탐험가들의 발견을 기다리고 그들의 침투를 맞이하는 수동적인 대상으로 간주되었다.[89] 이는 19세기 후반과 20세기 초반까지도 이어지는 중동 지

---

88 한국지역지리학회 편, 《인문지리학 개론》, 한울엠플러스, 2016.
89 박경환, 2005a, 〈육체의 지리와 디아스포라: 후기구조주의 페미니즘과 페미니스트 정신분석 지리학으로의 어떤 초대〉, 《지리교육논집》 49, 2005a, 143~158쪽; 박경환, 〈탈식민주의 혼성성 다시 생각하기: 자서전적 문헌을 통해 읽은 미국의 초기 한인 이민자들의 초국적 주체성 1895~1940〉, 《지리학연구》 40(1), 2006, 1~24쪽; 박경환, 〈교차성의 지리와 접합의 정치: 페미니즘과 지리학의 경계 넘기를 위하여〉, 《문

역에 대한 오리엔탈리즘의 전형적인 메커니즘이기도 하다.

요약 및 결론

여행기와 지리는 타자와 타자의 공간에 대한 존재론적 호기심에 대한 재현이라는 점에서, 고대 그리스에서부터 아랍 세계를 거쳐 유럽인의 지리상 발견과 식민주의적 팽창에 이르기까지 서로 깊은 관련을 맺어 왔다. 그럼에도 불구하고 20세기 근대 지리학의 발달 과정에서 여행기는 과학적 엄밀성, 객관성, 신뢰성 등이 부족하다는 편견으로 인해 점차 학문적 관심의 대상에서 멀어지게 되었다. 그러나 1990년대 사회과학의 문화적 전환 이후 주체에 대한 탈중심적 관점이 대두하면서, 여행기의 주관적·감성적·성찰적 재현이 새롭게 주목받고 있다. 왜냐하면 여행기는 전체 여행 과정 그 자체를 목적으로 하는 여행에 관한 서사로서, 여행 주체의 지리적 호기심이나 즐거움에서 출발한 의도된 목적이 반영된 프로젝트이며, 여행 과정에서 부딪히는 로컬 지리적 상황의 변동으로 인해 타자를 거울로 하는 여행 주체의 자아에 대한 끊임없는 성찰이 반영되어 있기 때문이다. 특히, 포스트식민주의와 페미니즘 등의 비판사회이론은 여행기를 공간에 대한 텍스트적 재현으로 인식하면서 여행기에서 여행 주체와 대상 간의 지식-권력 관계와 욕망의 정치학에 초점을 두어 왔다. 특히, 오늘날 여행기와 관련된 주요 문제의식들, 이를테면 여행기를 둘러싼 지리적 담론과 권력, 여행 주체의 욕망과 시선의 정치

화역사지리》21(3), 2009, 1~16쪽; 조앤 샤프, 《포스트식민주의의 지리: 권력과 재현의 공간》, 이영민·박경환 옮김, 여성문화이론연구소, 2011.

성, 여행에서 주체-객체 관계의 역동성, 여행을 통한 지식 생산과 권력의 재생산, 여행에서 재현의 정치 등은 지리학을 포함한 인문·사회과학에서 중요한 이슈로 다루어지고 있다.

이 글에서는 근대적 여행기가 태동, 번성했던 유럽의 18~19세기에 초점을 두고 포스트식민주의 관점을 중심으로 여행 서사를 통해 재현된 당대의 권력관계와 욕망의 정치학을 읽을 수 있는 주요 접근법과 개념을 제시했다. 우선, 식민주의적 여행 서사의 주요 모티브는 여행 주체의 문명적 우월성을 전제로 한 지배적 수사, 여행 대상 주민이나 공간에 대한 본질주의를 바탕으로 정치적 지배와 일정한 거리를 둔 낭만주의적 · 이상주의적 수사, 그리고 여행 주체의 이분법적 담론 자체의 모순, 비약, 틈으로 인해 발생하는 양가적 수사 등이 있다. 이런 여행 수사는 여행 대상을 여행 주체의 지배적 언어로 번역해 들여온다는 점에서 인식론적 지배와 정복의 과정이다. 이는 인종 및 문명 발달에 대한 선형적 역사관과 진화론 사고방식, 로컬 자연과 환경에 대한 과학 담론, 여행 대상을 정복 가능한 수동적 피조물로 인식하는 남성주의적 시각, '서양의 나머지'로서 동양에 대한 오리엔탈리즘 등의 영향을 받았다. 오늘날 대중적으로 유명한 몇몇 서양의 여행기에도 이러한 근대 유럽의 여행 서사가 일부 잔존하고 있다. 특히, 여행지의 토착성을 찬양하는 낭만주의적 서사나 로컬 지리를 외부와의 관계가 절연된 실체로 파악하는 본질주의적 인식은, 공간을 식민주의적으로 이해한다는 점에서 주목할 필요가 있다.

둘째로 이 글에서는 여행기에서 재현되는 '공간'을 읽어 내는 포스트식민 개념으로서 프랫이 제시한 접촉지대와 문화횡단에 대해 검토하였다. 여행 주체와 대상이 마주치는 환경은 인간행위자에 대한 단순한 배경이나 무대라기보다는, 이들 간의 권력관계와 문화적 상호작용에 영향을 미치는 능동적인 행위주체성을 갖는 역동적인 공간이다. 특히, 이른바 관계적 지리의 입장에서 볼 때 여행 공간은 상이한 역사, 문화, 지식의 궤적들의 교차하는 지점으로 해석될 필요가 있음을 제시하였다. 이 글에서는 접촉지대에서 벌어진 린네의 명명命名의 지리와 라 콩다민의 여행기가 '반정복 서사'를 중심으로 한 박물학적 서사임을 살펴보고, 이와 대비하여 훔볼트의 라틴아메리카 여행기와 지리적 업적이 식민주의의 물질적·제도적 체계의 산물일 뿐만 아니라 원주민들의 지식과의 문화적 교환을 통해서 이루어졌음을 검토하였다.

마지막으로 이 글에서는 여행 주체의 인종, 계급, 젠더 위치성에 따른 차이가 어떻게 여행 대상에 대한 상상의 지리와 여행기에서의 사회공간적 재현에 영향을 미치는지를 살펴보았다. 그레고리에 따르면 여행 주체의 젠더 차이는 남성-여성의 권력관계로 인해 여행 경로, 여행지에서 지식 및 정보 획득, 원주민과의 상호작용 등 여행의 물질성뿐만 아니라 여행기에서의 재현과 서사 구조에 영향을 미쳤다. 한편, 이 글에서는 이와 같은 여행 주체의 다중적 위치성은 식민 지배와 저항의 권력관계에서 제3의 정치적 공간이라 할 수 있는 혼성성을 야기한다는 점도 제시하였다. 원래 혼성성은 식민 지배의 이분법적 담론의 경계를 무너뜨리는 위험으로 간주되었지만, 포스트식민 정치에 있어서는 문화의 순수성이라는 신화가 담론적 구성물이라는 것을 드러내고 지배적 담론을 내부에서 균열시키는 비판 정치의 근거가 될 수 있다.

식민주의의 공간적 팽창이 급진전된 18~19세기 유럽에서는 타자의 세계로서 비유럽 세계에 대한 여행 프로젝트와 여행기가 범람했다. 이는 식민 지배에 대한 정당성을 제공했을 뿐만 아니라 자연

·인종·문명 등에 대한 과학 담론의 형성과 맞물렸으며, 지리적 호기심과 모험심을 자극함으로써 비유럽 세계를 향한 지리적 팽창을 확대재생산하는 데 기여했다. 보다 중요한 사실은, 오늘날 글로벌화의 환경 속에서 선진자본주의의 중산층이 주도하고 있는 세계 여행의 대중화와 여행기 범람의 시대는, 여전히 선진화되고 문명화된 세계의 여행 주체와 이국적이고 이상적이며 토착적인 여행 대상 사이의 이분법적 담론으로 구조화되어 있다는 것이다. 오늘날 포스트식민 시대 여행기에 대한 비판적 독해는 개발도상국을 중심으로 한 타자의 세계에 대한 상상의 지리가 지닌 인식론적 폭력이나 위험성을 폭로한다는 점에서 여전히 정치적으로 유효하다. 또한 이와 동시에, 여행 그 자체가 야기하는 여행 주체의 자아에 대한 비판적 성찰성, 여행 주체의 위치성에 따른 여행 서사의 내적 긴장과 모순, 그리고 이질적 문화의 융합과 다중적인 주체성이 형성하는 혼성성의 정치적 가능성은 우리로 하여금 여행기의 서사가 언제나 전복과 저항의 가능성을 내포하고 있다는 사실에 주목하게 한다. 여행 주체와 대상이 언제나 지리의 내부에 위치하고 있는 상황적 존재라는 점을 고려할 때, 여행기 속에 나타난 여행하는 자와 여행되는 자 사이의 경계를 넘는 문화적 상호작용은 현실의 지리를 재현하고 재생산할 뿐만 아니라 열린 가능성의 지리를 제시한다.

참고문헌

가야트리 스피박,《포스트식민 이성 비판》, 태혜숙 · 박미선 옮김, 갈무리, 2005(Spivak, G., 1990, *The Post-Colonial Critic: Interviews, Strategies, and Dialogues*, New York: Routledge).

고부응 편,《탈식민주의: 이론과 쟁점》, 문학과 지성사, 2003.

도린 매시,《공간을 위하여》, 박경환 · 이영민 · 이용균 옮김, 심산, 2016(Massey, D., 2005, *For Space*, London: Sage)

로버트 J. C. 영,《식민욕망: 이론, 문화, 인종의 혼종성》, 이경란 · 성정혜 옮김, 북코리아, 2013(Young, R., 1995, *Colonial Desire: Hybridity in Theory, Culture, and Race*, London: Routledge).

메리 루이스 프랫,《제국의 시선: 여행기와 문화횡단》, 김남혁 옮김, 현실문화, 2015(Pratt, M. L., 1992, *Imperial Eyes: Travel Writing and Transculturation*, London: Routledge).

미셸 푸코,《담론의 질서》, 이정우 옮김, 새길, 1993(Foucault, M., 1971, *L'ordre du discours*, Paris: Gallimard).

박경환, 〈육체의 지리와 디아스포라: 후기구조주의 페미니즘과 페미니스트 정신분석 지리학으로의 어떤 초대〉,《지리교육논집》49, 2005a, 143~158쪽.

박경환, 〈혼성성의 도시 공간과 정치: 로스앤젤레스 한인타운에서의 탈정치화된 민족성의 재정치화〉,《대한지리학회지》40(5), 2005b, 473~490쪽.

박경환, 〈탈식민주의 혼성성 다시 생각하기: 자서전적 문헌을 통해 읽은 미국의 초기 한인 이민자들의 초국적 주체성 1895~1940〉,《지리학연구》40(1), 2006, 1~24쪽.

박경환, 〈디아스포라 주체의 비판적 위치성과 민족 서사의 해체〉,《문화역사지리》19(3), 2007, 1~12쪽.

박경환, 〈교차성의 지리와 접합의 정치: 페미니즘과 지리학의 경계 넘기를 위하여〉,《문화역사지리》21(3), 2009, 1~16쪽.

박경환, 〈글로벌 시대 인문지리학에 있어서 행위자—네트워크이론(ANT)의 적용 가능성〉,《한국도시지리학회지》17(1), 2014, 57~78쪽.

박경환, 〈대안 정치를 위한 공간적 상상의 재고(再考): Doreen Massey (1944~2016)의 《공간을 위하여》(2006)에 대한 논평〉, 《한국도시지리학회지》19(1), 2016, 105~123쪽.

박종성, 《탈식민주의에 대한 성찰: 푸코, 파농, 사이드, 바바, 스피박》, 살림, 2006.

브루스 채트윈, 김희진 옮김, 《송라인》, 현암사, 2012(Chatwin, B., 1988, *The Songline*, New York: Penguin books).

빌 브라이슨, 《빌 브라이슨의 발칙한 유럽산책》, 권상미 옮김, 21세기북스, 2008(Bryson, B., 1992, *Neither here nor there: Travel in Europe*, New York: Harper Collins Publishers Inc).

실뱅 테송, 《여행의 기쁨: 느리게 걸을수록 세상은 커진다》, 문경자 옮김, 어크로스, 2016(Tesson, S., 2005, *Petit Traité sur l'immensité du Monde*, Paris: Éditions des Équateurs).

에드워드 사이드, 《문화와 제국주의》, 박홍규 옮김, 문예출판사, 2005(Said, E., 1993, *Culture and Imperialism*, New York: Wiley).

에드워드 사이드, 《오리엔탈리즘》, 교보문고, 박홍규 옮김, 2007(Said, E., 1978, *Orientalism*, New York: Wiley).

쟌 모리스, 《50년간의 세계여행》 1·2, 박유안 옮김, 바람구두, 2011(Morris, J., 2003, *A Writer's World: Travels 1950-2000*, New York: W.W. Norton).

조앤 샤프, 《포스트식민주의의 지리: 권력과 재현의 공간》, 이영민·박경환 옮김, 여성문화이론연구소, 2011(Sharp, J., 2008, *Geographies of Postcolonialism: Spaces of Power and Representation*, London: Sage).

줄리아 크리스테바, 《공포의 권력》, 서민원 옮김, 동문선, 2001(Kristeva, J., 1982, *Powers of Horror: An Essay on Abjection*, New York: Columbia University Press).

팀 크레스웰, 《지리사상사》, 박경환·류연택·심승희·정현주·서태동 옮김, 시그마프레스, 2015(Cresswell, T., 2013, *Geographic Thought: A Critical Introduction*, London: Blackwell-Wiley).

프란츠 파농, 《검은피부 하얀가면: 포스트콜로니얼리즘 시대의 책읽기》, 이석호 옮김, 인간사랑, 1998(Fanon, F., 1952, *Peau noire, masques blancs*, Paris: Éditions du Seuil).

한국지역지리학회 편, 《인문지리학 개론》, 한울엠플러스, 2016.

Bhabha, H., ed., *Nation and Narration*, London: Routledge, 1990.

Blunt, A., *Travel, Gender and Imperialism: Mary Kingsley and West Africa*, New York: Guilford, 1994.

Brace, C., "Publishing and publishers: towards an historical geography of countryside writing, c.1930 – 1950," *Area* 33(3), 2001, pp. 287-96.

Clark, S., eds., *Travel Writing and Empire: Postcolonial Theory in Transit*, New York: Zed Books, 1999.

Clifford, J., *The Predicament of Culture: Twentieth-Century Ethnography, Literature, and Art*, Cambridge: Harvard University Press, 1988.

Clifford, J., *Routes: Travel and Translation in the Late Twentieth Century*, Cambridge: Harvard University Press, 1997.

Crang, M. and Thrift, N., *Thinking Space*, London: Routledge, 2000.

Deleuze, G. and Guattari, F., *Anti-Oedipus: Capitalism and Schizonphrenia*, Minneapolis: University of Minnesota Press, 1983.

Deleuze, G. and Guattari, F., *Nomadology: the War Machine*, New York: Semiotext(e), 1986.

Deleuze, G. and Guattari, F., *A Thousand Plateaus: Capitalism and Schizophrenia*, Minneapolis: University of Minnesota Press, 1987.

Driver, F. and Martins, L., eds., *Tropical Visions in an Age of Empire*, Chicago: University of Chicago Press, 2005.

Driver, F. and Yeoh, B., "Constructing the tropics: introduction," *Singapore Journal of Tropical Geography* 21(1), pp. 1-5, 2000.

Dubow, J., "From a view on the world to a point of view in it': rethinking sight, space and the colonial subject," *Interventions* 2(1), 2000, pp. 87-102.

Duncan, J. and Gregory, D., eds., *Writes of Passage, Reading Travel Writing*, London: Routledge, 1999.

Duncan, J. and Gregory, D., "travel writing," in *The Dictionary of Human Geography(5th Edition)*, eds., D. Gregory, R. Johnston, G. Pratt, M. Watts, and S. Whatmore, London: Wiley-Blackwell, 2009, pp. 774-775.

Duncan, J. "Landscapes of the self/landscapes of the other(s): cultural geography 1991-92," *Progress in Human Geography* 17(3), 1993, pp. 367-377.

Foucault, M., *The History of Sexuality*, New York: Vintage Point, 1980.

Fowler, C., Forsdick, C., Kostova, L., eds., *Travel and Ethics: Theory and Practice*, London: Routledge, 2013.

Gregory, D., "Between the book and the lamp: imaginative geographies of Egypt, 1849-50," *Transactions of the Institute of British Geographers* 20(1), 1995, pp. 29-57.

Hall, S., "The west and the rest," in *Formations of Modernity*, eds., S. Hall, and B. Gieben, London: Polity Press, 1992, pp. 275-331.

Kiberd, D., *Inventing Ireland: the Literature of Modern Nation*, Cambridge: Harvard University Press, 1997.

Livingstone, D., "Tropical climate and moral hygiene: the anatomy of a Victorian debate," *British Journal for the History of Science* 32(1), 1999, pp. 93-110.

Livingstone, D., *Putting Science in its Place: Geographies of Scientific Knowledge*, Chicago: University of Chicago Press, 2003.

McClintock, A., *Imperial Leather: Race, Gender, and Sexuality in the Colonial Contest*, London: Routledge, 1995.

McEwan, C., *Gender, Geography and Empire: Victorian Women Travellers in West Africa*, Aldershot: Ashgate Publishing, 2000.

Morin, K., "Geography and travel writing," in *Encyclopedia of Human Geography*, ed., B. Warf, Thousand Oaks: Sage, 2006, pp. 503-504.

Morphy, H., "Colonialism, history and the construction of place: the politics of landscape in northern Australia." in *Landscape: Politics and Perspectives*, ed., B. Bender, Oxford: Berg Publishers, 1993, pp. 205-243.

Obeyesekere, G., *Cannibal Talk: The Man-Eating Myth and Human Sacrifice in the South Seas*, Berkeley and Los Angeles: University of California Press, 2005.

Phillips, R., "Decolonizing geographies of travel: reading James/Jan Morris,"

Social and Cultural Geography 2(1), 2001, pp. 1-24.

Phillips, R., "travel and travel-writing," in *International Encyclopedia of Human Geography*, eds., R. Kitchin and N. Thrift, Amsterdam: Elsevier Science, 2009, pp. 476-483.

Pykett, J., "Recontextualising the brain: geographies of situated subjectivity," *Area* 48(1), 2016, pp. 122-125.

Spivak, G., "Can the subaltern speak?," in *Marxism and the Interpretation of Culture*, eds., C. Nelson and L. Grossberg, Basingstoke: Macmillan Education, 1988, pp. 271-313.

Spurr, D., *The Rhetoric of Empire: Colonial Discourse in Journalism, Travel Writing, and Imperial Administration*, Durham: Duke University Press, 1993.

Veblen, T., *The Theory of the Leisure Class: An Economic Study of Institutions*, New York: The Modern Library, 1934.

Wiley, J., "New and old worlds: The Tempest and early colonial discourse," *Social and Cultural Geography* 1(1), 2000, pp. 45-63.

Billy Ireland Cartoon Library & Museum (https://library.osu.edu/dc/concern/generic_works/g732tk384#.VnRQOHsfuP8, 2018. 5.)

왕가위 영화 〈중경삼림〉, 〈화양연화〉, 〈2046〉의 노마디즘 읽기

김소영

이 글은 《영화연구》 제76호(2018.6)에 게재된 논문을 수정 및 보완하여 재수록한 것이다.

현대인은 유목민인가, 정주민인가?

기술 발전과 여가 시간의 증대는 현대인에게 유목적 삶에 대한 향수를 불러일으켰다. 유목하는 인간의 삶은 노마디즘nomadism으로 지칭되면서, 모든 것이 유동적인 21세기를 대표하는 키워드가 되었다. 이 글은 노마디즘에 관한 간략한 이해와 더불어, 유목적 삶을 지향하는 인간의 욕망을 재현한 왕가위王家卫 감독의 영화 〈중경삼림 Chungking Express〉(1994), 〈화양연화In The Mood For Love〉(2000), 〈2046〉(2004)을 살펴보고자 한다. 특히 영화 속 등장인물의 자아와 그들이 속한 일상의 공간이 노마디즘과 어떠한 연관성을 지니는가에 주목할 것이다. 그런데 자아와 공간에 관한 노마디즘의 이러한 사유는 자연스럽게 정체성의 문제를 소환한다. 따라서 세 편의 영화 속 일상의 공간에 나타난 노마디즘을 고찰함으로써, 끊임없이 자신의 정체성을 바꾸려는 인간의 욕망을 함께 들여다볼 것이다.

주지하듯 유목적 삶의 방식은 인류의 태생 직후부터 나타난 양상이다. 먹이와 안식처를 찾아 이동하는 인간의 생존 욕구는 지극히 자연스러운 현상이므로, 이를 특정한 용어로 지칭할 필요가 없었을 것이다. 그러나 정착하는 삶이 보편화되면서, 이성 중심적 사고의 숭배와 집단주의 체제가 낳은 착취와 분배는 포스트모더니스트들의 먹잇감이 되지 않을 수 없었다. 들뢰즈Gilles Deleuze와 마페졸리Michel Maffesoli의 노마디즘은 그러한 흐름을 반영한 대표적인 논의다.

그런데 두 학자의 관점은 출발점부터 다르다. 먼저 들뢰즈는 개인의 사유에 주목하여, 고정되고 정체된 사유로부터의 해방으로 노마디즘을 논한다. 반면 마페졸리는 공간의 이동에 집중하며, 다른 공간에서 이루어지는 타자와의 접속으로 해석한다. 이는 철학과 사회학을 기반으로 한 그들의 인식론적 차이에 연유한 것으로도 볼 수 있다. 한편 아탈리Jacques Attali는 인류의 역사적 발전 과정에 나타난 유목민의 삶을 통해 노마디즘을 설명하였다. 아탈리는 그의 저서 《호모 노마드L'homme namade》의 말미에, 세계 강국의 패권 다툼에서 벗어날 수 있는 방안으로 정착민이자 노마드로 살아가는 '트랜스휴 먼transhuman'을 제안하고 있다.[1]

이 글은 영화의 배경인 홍콩에 관한 내셔널리즘과 탈식민주의적 해석보다는 일상의 공간 이미지에 의해 구현된 인간의 욕망에 관한 것이다. 또한 자아와 공간으로부터의 해방을 노래하는 노마드적 인물들을 조명하기 위하여, 들뢰즈와 마페졸리의 노마디즘에 관한 논의를 함께 살펴볼 것이다. 이후 노마드적 삶을 지향하는 인물들의 욕망을 정체성의 변화를 의미하는 트랜스아이덴티티 담론으로 조명하고자 한다. 노마디즘은—그 출발점이 사유이건 공간이건—이동의 역동성으로 발생하는 인간의 내적 본성이자 외적 환경과 연관되어, 정체성의 문제로 귀환되기 때문이다. 다시 말해 왕가위 영화 속 일상의 공간에서 재현되는 인물의 내면 변화와 욕망의 양상을 다룸으로써, 현대사회의 맥락에서 우리의 정체성을 사유하려는 것이다.

노마디즘의 원형적 순환성과 (비)일상성

탈주에서 회귀로, 일상적 공간의 순환성

노마디즘은, 물리적 공간으로 한정한다 하더라도, 한 공간에서 다

---

1 자크 아탈리, 《호모 노마드: 유목하는 인간》, 이효숙 옮김, 웅진지식하우스, 2005, 491쪽.

른 공간으로의 이동만을 의미하지 않는다. 이동한 공간은 새로운 공간으로의 또 다른 이동을 암시하고 있기 때문이다. 그러므로 노마디즘에서 말하는 공간은 새로운 공간으로의 탈주와 이전의 공간으로의 회귀라는 이중성을 지닌다. 이처럼 공간을 따라 순환하는 인간의 원형적 속성은 오래전부터 논의되었는데, 고대의 수많은 종교 유산을 분석한 엘리아데Mircea Eliade의 연구에서도 찾아볼 수 있다. 그에 따르면 인간에게는 죽음에서 생명으로, 덧없는 것에서 실재와 영원으로 향하는 영속적·순환적 특성이 있다는 것이다.[2]

한편 니체Friedrich Nietzsche는 영원회귀l'éternel retour를 '우주론과 물리이론', 그리고 '윤리적이고 선택적인 사유'의 두 가지 측면으로 해석한다. 전자는 순수 생성의 사유가 기초가 되며, 시간과 그것의 차원들의 종합, 생성과 자신을 생성으로 긍정하는 존재의 종합 등 사변적 종합에 관한 것이다. 반면 후자는 '의욕하는 것을 무한히 반복하는 실천적 종합'을 의미한다. 다시 말해 선택하는 것이 영원회귀의 사유라는 것이다. 따라서 영원회귀는 되돌아오지 않는 보잘것없는 반응적 힘들이 아닌, '긍정의 힘puissance'이라는 것을 다음과 같이 말한다.[3]

"(…) 그러므로 영원회귀 안에서의 두 번째 선택은 영원회귀가 적극적 생성le devenir-actif을 낳는다는 데 있다. (…) 영원회귀에 의해서, 그것 속에서 권력의지의 성질로서 부정은 긍정으로 전환되고 부정 자체의

---

2 미르치아 엘리아데, 《영원회귀의 신화》, 심재중 옮김, 이학사, 2009, 28~29쪽.
3 질 들뢰즈, 《니체와 철학》, 이경신 옮김, 민음사, 1998, 98~101쪽, 132~137쪽 참조, Gilles *Deleuze, Nietzsche et la philosophie*, Presses Universaire de France, 1962, p. 110.

긍정이 되고, 긍정하는 힘, 긍정의 힘이 된다."

들뢰즈는 니체의 이러한 논의에 동의하면서, 영원회귀가 모든 변화 안에 현전하며, 자신이 되돌아오게 만드는 것과 동시에 일어난다고 하였다.[4] 노마디즘은 영원회귀가 말하는 탈주와 정주를 반복하는 이러한 원형적 순환성을 지닌다. 세 편의 영화에서도 탈주와 회귀를 상징하는 공간이 등장하는데, 먼저 〈중경삼림〉에서 그러한 공간은 양조위梁朝偉(경찰 663 역)의 집이다. 일하는 도중 장을 보러 가는 왕정문王靖雯(페이 역)은 양조위의 집에 들러, 옛 연인의 흔적을 지운다. 그녀의 이러한 행동은 일상에서 일어나는 반복적인 노마드의 삶을 보여 주는 것이다. 이는 자신이 얽매여 있던 공간으로부터의 탈주이자, 원래의 공간으로 돌아올 수밖에 없는 회귀의 출발점이기도 하다.

들뢰즈는 몸을 하나의 영토로 보고, 자아의 해방을 '탈영토화 détérritorialisation'라고 말한다.[5] 그에 따르면, 영토는 인간의 몸이자 신체다. 그렇다면 탈영토화란, 움직이지 않고 고정된 사유를 하는 신체(영토)로부터 벗어나는 것이라 할 수 있다. 종업원이라는 정체성에서 벗어나, 능동적인 일탈을 반복적으로 감행하는 왕정문의 행위는 일종의 탈영토화다. 새로운 사유를 찾아나서는 그녀의 탈영토화는, 이른바 자아와의 용기 있는 싸움으로 그려진다. 왕정문의 이러한 행위는 마페졸리의 관점에서 보면 '방랑érrance'을 통한 '접속'이다.[6] 이는 공간의 이동으로 타자를 만나는 '탈획일화'이자, 모험을 통한 '자

---

4 Gilles Deleuze, *Différence et répétition*, Presses Universaires de France, 1968, p. 80.
5 Gilles Deleuze, *L'ANTI-CEDIPE*, Les Editions de minuit, 1972/1973, pp. 161-162.
6 Michel Maffesoli, *Du nomadisme, Vagabondages initiatiques*, Le table ronde, 1997, pp. 114-116.

아의 발견'을 향한 여정을 의미한다.[7]

한편 〈화양연화〉에서 새로운 변화를 위한 원형적 순환성을 보이는 공간은 양조위(초 모완 역)와 장만옥張曼玉(수 리첸 역)이 마작을 하는 장소이다. 영화 속 그 장소는 두 사람이 만남을 교차하는 반복적·순환적 공간으로 등장한다. 〈2046〉에서 노마디즘이 나타나는 공간은 영화 제목이 상징하는 두 공간, 즉 '호텔방 2046호'와 '미래도시 2046으로 향하는 가상열차' 안이다. 주된 배경이 되는 호텔은 장소의 특성상, 이 영화에 내재된 노마디즘을 상징하는 대표적 공간이라 할 수 있다. 영화 속에서 '2046'이라는 동일한 기표를 지닌 두 공간은 현실과 소설이라는 두 층위의 세계를 오가며 순환한다.

이처럼 원형적 순환성을 보이는 노마디즘은 더 나은 존재로의 변화가 아닌, 새로운 존재로의 변화를 원한다는 점에 주목해야 한다. 그러므로 새로운 존재로 변화하기 위한 인물들의 욕망이 영화 속 공간 이미지와 어떻게 연결되어 나타나는지 살펴보자.

일상의 비일상화, 디오니소스적 공간의 이중성

마페졸리는 현대사회에 나타나는 디오니소스적 밤의 귀환, 이미지의 회귀, 클럽, 파티, 축제 등의 일상을 원시시대의 부족으로부터 재조명하였다. 이는 이성 아래 움츠려 있던 감성의 부활이다. 그런데 디오니소스는 이러한 본능적인 것뿐만 아니라, 사교적인 것과의 균형을 강화하는 우주적 차원이라는 점을 강조한다.[8] 밤의 지배로부

---

7 *Ibid.*, pp. 101-103.
8 Michel Maffesoli, *L'Ombre de Dionysos, Contribution aà une sociologie de l'orgie*, CNRS Éditions, 2010, pp. 190-191.

터 낮의 통치에 이르는 디오니소스의 역동적 역설은, 마페졸리가 말한 삶에의 강력한 의지인 '지하의 역능la puissance souterraine'[9]이다. 어두운 지하에서 부글거리는 디오니소스의 힘은 낮의 무대로 뛰어오르는 강력함을 지니기 때문이다.

포스트모던 사회가 야기한 이러한 디오니소스적 공간으로부터 마페졸리는 이중성을 발견한다. 그에 따르면 디오니소스적 공간은 퇴행régrédience의 장소이자, 무언가의 토대이면서 새 출발을 가능케 하는 회복의 후퇴régression가 일어나는 장소다.[10]

> "일상생활은 그러한 '퇴행'의 전형적인 장소다. (⋯) 이는 분명 후퇴이지만 무언가의 토대가 되어 주는 후퇴이고 혹은 최소한 그것이 인정과 새 출발을 가능케 한다는 점에서 원기를 회복시켜 주는 후퇴. 이는 수용된 작은 죽음petit mort의 형식으로서의 후퇴, 역설적이게도 생의 잉여un surplus de vie를 야기하는 것으로서의 후퇴."

위의 인용문에서도 알 수 있듯, 일상적 공간의 후퇴는 얽매인 공간인 삶으로부터의 퇴행이기도 하나, 주체에게 원기를 불어넣는 역동적 공간으로의 이동이다. 이처럼 지하의 역능을 지닌 디오니소스적 공간으로의 퇴행과 후퇴는 전진을 앞둔 준비 단계다. 이러한 일

---

9 Michel Maffesoli, *Le temps des tribus: Le déclin de l'individualisme dans les sociétés de masse*, Meridiens Klincksieck, 1988, p. 47. 《부족의 시대: 포스트모던 사회에서 개인주의의 쇠퇴》라는 제목으로 국내에서 번역된 이 책은 위에서 인용한 번역서인 《노마디즘》과 《디오니소스의 그림자》의 내용들을 반영하여, 신부족이라 명명한 현대사회의 소수집단의 특성을 사회학적·철학적으로 해석하고 있다.

10 Michel Maffesoli, *L'Instant éternel: Le retour du tragique dans les sociétés postmodernes*, Pairs, Editions Denoël, 2000, pp. 77~78.

상적 공간에 어떠한 의미를 부여하면, 그 공간은 비일상적이고 디오니소스적인 공간으로 변모한다. 공간에 속한 주체의 특별한 행위가 일상적 공간을 비일상적 공간으로 바꾸기 때문이다. 세 편의 영화에서도 이러한 일상의 공간이 인물의 욕망으로 인해 비일상적이고 디오니소스적인 공간으로 탈바꿈하는 것을 볼 수 있다.

먼저 〈중경삼림〉의 왕정문은 일상의 공간과 디오니소스적인 비일상의 공간을 넘나드는 대표적인 인물이다. 자신이 일하던 패스트푸드 전문점에서도, 몰래 침입한 양조위의 집에서도 일상과 비일상의 역동성을 동시에 보여 주며, 어딘가를 향해 언제라도 떠날 것만 같다. 결국 그녀는 그토록 욕망하던 공간인 캘리포니아를 오고 가는, 이른바 직업적 노마드로 살아가는 승무원의 삶을 택한다. 이후 양조위와 조우한 순간에는 진정한 노마드의 삶이 무엇인지, 그리고 노마드적 삶에 대한 무조건적 동경이 헛될 수 있음을 사유케 하는 강인한 주체의 모습을 선보인다. 이처럼 홀로 세상과 마주한 용기 있는 그녀에게는 물질 중심의 도시 문명이나 타자에 대한 사랑도 걸림돌이 되지 않는다. 오히려 그것들로부터 해방되어 자아를 찾아가는 역능을 실행하는, 이른바 '능동적 노마드'의 모습을 보여 준다.

왕가위 감독의 영화에 등장하는 다양한 공간은 인물의 내적 변화와 긴밀히 연관되어 있다. 그가 만들어 낸 영화 속 공간은 복합적이고, 모호하면서도 분리되어 있으며, 때로는 공간 그 자체가 엿보기의 대상이 되기도 한다.[11] 스텝프린팅step printing을 통한 비현실적인 움직임, 핸드헬드handheld 촬영에 의한 흔들리는 화면과 더불어 화려

---

11 원일훈, 〈영화 〈2046〉의 미장센에 나타난 필름공간 분석〉, 《한국디자인학회》 21(5), 2008, 238쪽.

한 색채, 음악, 그리고 수많은 프레임 속 프레임들이 이를 뒷받침하고 있다. 더불어 공간 속의 시간이라는 개념을 부과하여, 과거, 현재, 미래를 넘나들며 빈번히 어긋나지만, 내레이션과 사운드를 통해 이미지는 과거의 회상과 기억의 공간으로 느껴진다.[12]

이러한 장치들로 인해 왕가위 영화 속 공간은 언제나 시간과 함께 사유된다. 현재의 공간에 과거의 흔적을 연계하여 시간의 흐름을 공간에 배치시키는데, 〈화양연화〉의 마지막 장면에 나오는 앙코르와트 사원에 뚫린 구멍이 〈2046〉의 첫 화면에 등장하는 나무에 뚫린 구멍과 중첩되는 것도 그러한 사례다. 또한 〈2046〉의 가상열차라는 공간은 양조위가 소설 속에 그려 낸 상상적 미래 공간이지만, 〈화양연화〉에서 장만옥과 함께 지냈던 공간이기도 하다. 또한 〈2046〉의 현실 세계 인물들이 가상열차에 재등장함으로써, 미래의 공간은 현재의 공간으로 이어진다.

또한 세 편의 영화 속 공간이 지닌 이러한 이중적 특성―전진을 내포한 후퇴의 장소이자 시간이 내재된 공간―은 노마드의 삶을 향한 인물들의 욕망을 품은 중요한 요소로 기능한다. 이제 그곳에서 인물들의 욕망이 어떻게 충돌하는지, 그리고 그것을 어떻게 극복해 나가는지 노마디즘으로 비추어보자.

일상의 공간에서 부유하는 노마드의 욕망들

1997년 7월 1일 홍콩의 중국 반환이 그 당시 제작된 홍콩영화의 주된 소재가 되었다는 것은 주지하는 사실이다. 특히 이 글에서 다

---

[12] 김경욱, 〈낡은 것과 새로운 것―에이젠슈테인에 의한 왕가위〉, 《영화연구》 제13호, 1997, 362쪽.

룰 세 편의 영화 중 1994년에 제작된 〈중경삼림〉은 〈첨밀밀Comrades: Almost a Love Story〉(1996)과 더불어, 그러한 역사적 사건을 앞둔 홍콩 사람들의 불안한 심리를 묘사한 영화로 익히 알려져 있다. 촬영감독인 도일Christopher Doyle의 핸드헬드 카메라 기법도 이에 상응하는 것이라 할 수 있다. 따라서 영화 속 자아의 해방과 공간의 이동을 이행하는 노마드적 삶은 홍콩 반환 후 일국양제一國兩制의 체제 하에서 살아가야 하는 홍콩인의 정체성 혼란에 기인한 것으로 볼 수 있다. 그러나 여기서는 영화가 제작된 당시의 역사적 배경이 아닌 인간 개개인의 내적 욕망에 주목하여, 이를 들뢰즈와 마페졸리의 노마디즘으로 바라보려 한다.

〈중경삼림〉, 〈화양연화〉, 〈2046〉은 각각 자아로부터의 해방, 주체와 타자 간 감정의 접속, 그리고 타자로부터의 자유라는 욕망을 다층적으로 보여 준다. 그런데 이는 특정한 장소를 통해 재현되는데, 그곳은 모두 일상의 공간들이다. 특히 영화 〈2046〉은 〈중경삼림〉, 〈화양연화〉를 잇는 일종의 시퀄sequel로, 앞의 두 영화에 나타난 다양한 상징적 오브제와 등장인물이 집결된다. 세 편의 영화 모두 홍콩을 배경으로 살아가는 도시인의 사랑과 번민을 다루지만, 왕가위는 이를 로맨스로만 그려 내지 않는다. 이제 세 편의 영화에 공통적으로 등장하는 양조위와 그의 여인들, 그리고 이들을 둘러싼 일상의 공간을 통해 왕가위 영화에 내재된 노마디즘을 살펴보자.

〈중경삼림〉: 고정된 자아로부터의 해방을 노래하다

〈중경삼림〉은 두 개의 에피소드로 구성되어 있다. 첫 번째 에피소드의 주인공은 금성무金城武(경찰 223호 역)와 마약밀매상으로 등장하는 임청하林靑霞다. 그러나 여기서는 양조위와 왕정문의 두 번째 에피

소드에 주목할 것이다. 그러한 연유는 후자의 관계에서 인간 실존에
관한 고민과 이를 극복하려는 적극적 행위가 더욱 잘 드러나기 때문
이다.[13] 이는 고정된 자아의 사유와 공간의 해방을 이행하는 노마드
의 욕망과 연계되는 것에 기인한다. 더불어 어둡고 무거운 밤의 이
미지를 지닌 앞의 커플과는 달리, 양조위와 왕정문이 보여 주는 밝
고 경쾌한 낮의 이미지는 노마드의 역동성과 어울리기 마련이다.[14]

　현대인이 살아가는 공간은 크게 생계를 위한 공간과 휴식을 취하
는 공간으로 나눌 수 있다. 〈중경삼림〉의 왕정문에게는 '미드나이트
익스프레스Midnight Express'라는 패스트푸드 전문점과 양조위의 집이
양자에 해당한다. 다시 말해 전자는 생계 유지를 위한 공간이며, 후

13　권순홍은 "언제나 즉각auf der Stelle 정해진 그 자리에 서 있는, 그것도 또 다른 주
　문Bestellen을 위해 주문될 수 있도록 서 있는 형국이다. 그렇게 주문된 것은 자신
　의 독특한 지위가 있다. 우리는 그것을 '현품'이라고 부른다"라고 한 M. 하이데거
　Martin Heidegger의 말을 인용하여, 두 개의 에피소드 속 도시인의 일상적 삶을 비
　교하였다. Martin Heidegger, *Die Technik und die Kehre*, Pfullingen, 1991, p. 16. 권순
　홍, 〈현대 기술과 도시적인 삶의 일상성: 영화 〈중경삼림〉이 보내는 두 가지 철학적
　메시지〉, 《철학논총》 제47호, 2007, 9쪽에서 재인용. 이 논문은 금성무와 임청하의
　관계를 통해 기술 발전에 의해 물건뿐 아니라 인간 존재도 현품이 되어 버린 도시
　인의 모습을 조명한 반면, 양조위와 왕정문은 현품의 굴레를 벗어가기 위해 자신의
　고유한 실존 양태를 되찾고 자유롭게 떠나는 의지를 보여 준 것이라고 보았다. 위
　의 글, 5~31쪽 참조.
14　전찬일은 두 커플을 각각 밤의 이미지와 낮의 이미지로 묘사하면서, 〈중경삼림〉은
　60년대의 복고주의적 이미지와 왕가위 감독의 포스트모던한 작가적 스타일이 배
　합된 작품이라고 말한다. 전찬일, 〈왕가위의 중경삼림〉, 《월간말》, 1995, 243쪽. 한
　편 G. 뒤랑Gilbert Durand은 인간이 상상력으로 구축한 이미지의 세계를 '상상계
　l'imaginaire'라 칭하고, 이를 '낮의 체제régime diurne'와 '밤의 체제régime nocturne'
　로 구분하였다. 뒤랑에 따르면 낮의 체제는 분열형태적 구조를 지니며, 밤의 체제
　는 신비적 · 종합적 구조를 지닌다. 전자는 상승의 이미지로 빛, 천사, 날개, 우두머
　리 등이 해당되며, 후자는 깊고 내밀한 이미지인 어머니, 소우주, 그릇 등과 과거
　혹은 미래의 이미지인 십자가, 바퀴, 나무, 씨앗 등이 해당된다. 뒤랑의 논의에서 보
　듯이, 양조위와 왕정문은 자아의 현실을 극복하고 새로운 곳으로 이동(상승)하려
　는 낮의 체제의 이미지를 지닌다. Gibert Durand, *Les structures anthropologiques de
　l'imagianire*, DUNOD, 1992.

〈그림 1〉 일상의 공간인 패스트푸드 전문점(좌)과 일탈의 공간인 양조위의 집(우)

자는 그곳으로부터의 일탈을 이행하는 곳이다. 주지하듯 패스트푸드 전문점은 도시인이 스쳐 지나가며 음식을 사는 상징적 공간으로, 왕정문 또한 그곳을 떠나게 될 것이라는 사실을 암시한다. 반면 양조위가 거주하는 서민 아파트는 상가가 밀집된 시장 인근에 위치한 홍콩의 지역 정체성을 대표하는 공간이다.[15]

매일의 일상 속에서 일탈을 감행하는 왕정문은 위의 두 공간을 오고 간다. 양조위의 집에 몰래 들어가 그곳을 청소하는 그녀의 행위는 사랑하는 대상을 위한 헌신적 행동이라기보다, 삶의 존속을 위해 선택한 장소와 고정된 자아로부터의 해방을 위한 것이라 할 수 있다. 일탈을 행한 바로 그곳에서 그녀는 더 먼 장소로의 이동을 꿈꾸고, 타자인 양조위로부터도 자유롭게 되기 때문이다. 이처럼 무언가

---

15 김정욱은 이 영화에 등장하는 장소를 역사적 측면에서 재조명하고 있다. 특히 양조위의 집인 중경맨션은 저렴한 여관, 상점, 식당, 환전소 및 기타 서비스업종이 모여 있는 주상복합건물로, 홍콩의 소수자 인사와 다국적 사람들이 모여 사는 곳이다. 또한 사복 경찰 223과 제복 경찰 663의 스토리가 전개되는 공간은 각각 구룡과 홍콩섬이다. 이로 인해 영화 〈중경삼림〉이 역사서사를 바탕으로 기획된 영상서사의 공간이라는 것을 짐작할 수 있다고 하였다. 김정욱, 〈《중경삼림重慶森林》을 관독 觀讀하는 어떤 한 장의 지도—역사와 영상 그리고 서사〉, 《중국인문과학》 제67호, 2017, 529쪽.

에 얽매인다는 것은 물리적 의미뿐 아니라 정신적 의미도 함축한다. 왕정문은 자아와 공간의 두 가지 측면으로부터 이탈하려는 욕망을 보여 주는 인물이다. 그러므로 그녀에게 나타나는 노마디즘은 들뢰즈와 마페졸리의 논의가 모두 적용되는 사례라 할 수 있다.

이와 같이 레스토랑 종업원에서 비행기 승무원으로 직업을 바꾼 그녀는 자아의 의식 변화를 출발점으로 하여 공간의 이동으로까지 나아갔다. 이는 공간의 이동에 의한 내적 자아의 변화가 아니라, 내면적 사유의 반복적 충동에 따른 행위의 실행이다. 행위를 앞서는 사유의 이러한 과정은 여행을 통해 사고의 폭을 확장시켜 고정된 자아로부터의 해방을 갈망하는 일반적인 방식과는 다르다. 따라서 왕정문의 욕망과 행위에서 우리는 들뢰즈의 노마디즘이 마페졸리의 노마디즘으로 확장된다는 것을 알 수 있다.

물론 양자의 우선순위는 중요치 않다. 다만 〈중경삼림〉은 이러한 방식으로 자아와 공간의 이동을 통해 노마드의 삶을 추구한다는 점이 흥미롭다. 이후 확인하겠지만, 세 편의 영화 속 인물들은 타자를 구속하지 않는다. 다만 〈2046〉에서 양조위를 향한 장자이의 감정은 조금 예외적이다. 어쨌거나 타자가 없이는 성립되지 않는 사랑이라는 가장 보편적인 소재에서, 왕가위는 사랑의 대상인 타자로부터 다시 자아로 회귀하는 자유를 말하고 있다.

타자와의 거리 두기를 이행하며 자아를 지켜가는 이러한 인물로, 세 편의 영화에서 연쇄적으로 등장하는 양조위를 들 수 있다. 그는 자신을 둘러싼 많은 여인들과 사랑에 빠지거나 혹은 다양한 관계 하에 놓이지만, 결코 집착하거나 구속받지 않는 노마드적 감정을 지닌 인물이다. 때로는 여인을 찾아 떠나기도 하지만, 타자들의 노마드적 삶을 인정하는 독립적인 노마드다.

한편 왕정문은 그야말로 고정된 자아로부터의 해방을 위해 노래한다. 자신의 삶의 공간인 레스토랑에서 영화의 OST인 '마마스 앤 파파스Mamas & Papas'가 부른 〈캘리포니아 드리밍California Dreaming〉을 흥얼거리는 모습은 뮤직비디오를 연상시키는 장면으로 유명하다. 자유를 향한 그녀의 욕망은 자신을 구속하는 삶의 공간에서 노래와 하나가 되어, 몸짓으로 표출되고 있다. 그녀는 노래 속 공간인 캘리포니아로 떠나는 노마드의 삶을 선택한 용기 있는 방랑자다. 타자뿐 아니라 자아로부터 해방된 그녀의 얼굴이 그토록 아름다워 보이는 이유도 바로 여기에 있지 않겠는가.

〈화양연화〉: 타자와 접속하며 교류하는 생성의 힘

〈화영연화〉의 두 주인공 양조위와 장만옥은 절제된 사랑이 보여 주는 감정이 지닌 '생성의 힘'을 서로에게 강하게 전달한다. 이러한 생성의 힘에 관해서도 들뢰즈와 마페졸리는 다른 측면으로 논의하였다. 먼저 앞서 살펴본 니체의 영원회귀가 지닌 생성의 힘에 관해, 들뢰즈는 되돌아오지 않는 반응적 힘들이 영원회귀에 의해 긍정으로 전환된다고 보았다.[16] 양조위와 장만옥은 일상의 공간에서 선택의 사유에서 선택의 존재로 나아가지 못하는 것을 볼 수 있다. 이들의 사유는 감정의 대상으로 타자를 선택하였지만, 선택적 존재가 되지 못한다. 따라서 타자와 접속하고 교류하면서 생성되는 힘이 이들에게는 어느 정도 한계를 지닌다. 들뢰즈는 영원회귀가 지닌 이러한 생성의 힘을 선택적 사유와 선택적 존재의 차이로 아래와 같이

---

[16] Gilles Deleuze, *op.cit.*, 1962, p. 110.

말한다.[17]

"(…) 영원회귀에 의해서 본성의 변화 없이는 그 속에 들어갈 수 없는 것을 존재l'être 속으로 들어가게 하는 것이 문제이기 때문이다. 더 이상 선택의 사유une pensée sélective가 문제가 아니라, 선택적 존재l'être sélectif가 문제다. 왜냐하면 영원회귀는 존재이고, 존재는 선택이기 때문이다."

한편 마페졸리는 현대인이 타자와의 접속에서 일어나는 '감정의 공유'를 강조하였다. 자아와 타자의 충돌이 융해된 감정의 공유는 생성의 힘을 제공하기 때문이다.[18] 이러한 생성의 힘은 디오니소스적 공간이 만들어 내는 역능과 연결된다. 마페졸리는 오늘날 우리를 침범하는 일상생활 속 이미지의 배경을 삶에의 강력한 의지인 지하의 역능이라고 말한다. 그는 그러한 이미지를 텔레비전과 광고로 한정하였지만, 왕가위 영화의 이미지야말로 이러한 지하의 역능을 미학적으로 재현한 것이라 할 수 있다. 특히 마작을 하는 장소와 호텔 방으로 대표되는 〈화양연화〉의 공간 이미지는 살아 있는 유기체로서 지하의 역능이 지닌 기능을 잘 보여 준다.
　그러한 공간 속에서 두 인물은 배우자들의 외도를 알고 있음에도 불구하고, 상대방을 향한 애정을 일종의 공적 행위로만 드러낸다. 그러나 내적으로 느끼는 둘의 디오니소스적 감성은 어떤 외적인 애

17　*Ibid.*, pp. 110-111.
18　최항섭, 〈노마디즘의 이해: 들뢰즈와 마페졸리의 논의를 중심으로〉, 《사회와이론》 제12호, 2008, 191쪽.

〈그림 2〉 감춤과 외화면에 의한 디오니소스적 공간 이미지

정 행위보다 관객들에게 섬세하게 전해진다. 이러한 감정의 교류는 프레임 속의 어둡고 좁은 공간 이미지들에 의해 더욱 강화됨을 볼 수 있다. 예를 들어 좁은 공동 아파트, 좁은 골목길, 좁은 방, 좁은 계단 등의 공간을 비추는 카메라는 공간의 전체를 보여 주지 않으면서, 그곳의 시간을 멈추게 만든다.[19] 비좁은 공간에 의한 이러한 인공적인 감춤cache은 왕가위 감독의 의도적인 외화면hors-champ을 위한 장치라 할 수 있다.[20]

유목적 삶을 욕망하는 노마드는 언제나 타자를 떠나고, 다시 타자를 만난다. 마페졸리에 따르면 자아와 타자의 이러한 만남은 상호 간의 교감을 낳게 되며, 이를 통해 디오니소스적인 흥분이 발생한

---

[19] 심은진은 "이미지의 부재, 검은 스크린 혹은 흰 스크린은 동시대 영화 속에서 결정적인 중요성을 갖는다. 그것은 더 이상 디졸브처럼 단순한 구두점의 구실을 하는 것이 아니라, 이미지와 그 부재 사이의 변증법적인 관계 속으로 진입하여 순수하게 구조적인 가치를 갖는다."라는 들뢰즈Gilles Deleuze의 말을 인용하면서, 왕가위 감독이 암전을 자주 사용하여 장면 연출에서의 벽이나 문이 만들어 내는 것과 같은 효과, 즉 감추는 효과를 연출한다고 하였다. 이러한 잦은 암전은 커트처럼 이야기의 흐름을 끊을 뿐 아니라, 이야기 사이에 시공간적인 틈새를 만든다는 것이다. 심은진, 〈왕가위의 〈화양연화〉: '잃어버린 시간'과 '되찾은 시간'〉, 《문학과 영상》 제11호(3), 2010, 661~662쪽.

[20] 심은진, 〈왕가위의 〈화양연화〉: '잃어버린 시간'과 '되찾은 시간'〉, 662쪽.

다.[21] 동일한 건물에 세입자로 거주하면서 공동체적 삶을 살아가는 양조위와 장만옥은 마작을 하는 장소를 오가며 교감을 경험한다. 그곳으로 향하는 좁은 계단은 타자들이 만나고 헤어지는 디오니소스적 공간이다. 스쳐 지나가는 계단은 닿을 듯 말 듯한 신체의 접촉이 일어나는 물리적 공간을 넘어, 감정이 교류하고 그것을 직감하는 디오니소스적 공간이 된 것이다.

영화 〈2046〉의 제목으로 쓰인 호텔방 '2046호'는 〈화양연화〉에서 외도를 하는 배우자를 둔 양조위와 장만옥이 만나던 장소다. 그러나 이 공간에서도 직접적인 육체적 교감은 이루어지지 않는다. 글쓰기를 욕망하는 남자와 그 일을 도와주는 여자가 만나는 공적인 장소에 불과하다. 그러나 그 공간 속 그들의 디오니소스적 욕망은 짙은 담배 연기와 좁은 방을 포착하는 프레임들 가운데 망설임, 주저함, 머뭇거림으로 울렁이고 교류한다. 또한 그들의 내적 욕망은 세차게 내리는 빗소리와 〈Quzas Quzas Quzas〉의 음률 안에서 청각화된다.

〈화양연화〉에 나타난 이러한 감정의 공유와 교류는 결말에 이르러 앙코르와트 사원이라는 공간으로 귀결된다. 절제와 회귀를 상징하는 종교적 공간에 도달하는 이 장면은, 이후 이들이 다시 만날 것을 미리 기약하고 있는 듯하다. 이는 앞서 말한바, 왕가위 영화 속 영원회귀의 순환성과 생성력을 보여 주는 대표적 공간 이미지라 할 수 있다. 영화 〈2046〉에서도 그러한 순환적인 만남과 역동적인 욕망이 충돌한다. 이처럼 왕가위는 과거와 현재, 현재와 미래, 필연과 우연, 만남과 어긋남이라는 대립되는 양상들 속에서, 사랑을 욕망하지만

---

[21] Michel Maffesoli, *L'Ombre de Dionysos, Contribution aà une sociologie de l'orgie*, CNRS Éditions, 2010. p. 19.

사랑할 수 없는 연인의 모습을 재현하고 있다.[22] 그러나 그들이 접속했던 시간의 흔적과 공간의 기억이야말로, 인간 존재가 감당해야 하는 무거운 고독의 그림자를 떨쳐 내려는, 순수한 사랑의 또 다른 현현이 아니고 무엇이겠는가.

〈2046〉: 시공간의 넘나듦에 의한 관계의 확장

작금의 기술 발전을 반영한 영화들은 현실 세계와 가상 세계의 넘나듦을 보여 주면서, 무엇이 진실인지에 관한 철학적 질문을 던진다. 영화 〈2046〉도 그러하다. 소설 속 가상열차의 등장인물은 현실세계의 인물들과 긴밀하게 연결되어 있다. 특히 인공지능 로봇으로 등장하는 왕정문은 이러한 현실과 가상 공간의 문제뿐 아니라, 인간과 로봇의 사랑에 관한 가능성으로부터 인간 정체성에 의문을 제기한다. 이미 영화 〈그녀Her〉(2013)를 비롯한 많은 영상 콘텐츠에서 이와 유사한 소재를 다루고 있음은 주지하는 사실이다. 왕가위 감독은 영화 속 소설이라는 고전적 장르의 스토리를 통해, 최첨단의 기술적 가상 공간과 트랜스휴머니즘을 재현하였다. 달리 말하면 그는 새로운 노마디즘의 무대를 소설 속 가상 공간으로 설정하여, 현실 세계와 가상 세계의 넘나듦을 통한 관계의 확장을 보여 준 것이다.

마페졸리는 이러한 기술 발전이 인간관계의 단절이 아니라, 구성원의 유기적 연대를 강화한다고 보았다. 현대사회는 기술 발전에 의한 공간의 근접성으로 인해, 언제든지 다른 공간으로의 이동이 가능해졌기 때문이다. 그의 말대로 "자기 영토, 자기 부족, 자기 이데올로

---

22 김경, 〈사랑과 鄕愁, 그리고 기억에 대한 영화 —〈화양연화花樣年華〉〉,《공연과 리뷰》제31호, 2001, 154쪽.

기에 한정되어 있던 사람이라도 아주 짧은 시간이 지난 후 다른 영토, 다른 부족, 다른 이데올로기 속에 불쑥 들어갈 수 있게 된 것"[23]이다. 이 영화의 대표적인 공간은 앞서 밝혔듯, 장자이가 머무는 호텔방 '2046'호와 양조위가 쓰는 소설의 미래 도시 '2046'을 향하는 가상열차다.

영화 〈2046〉에서 호텔 '2046'호는 다양한 의미가 내포된 상징적 공간이다. 이미 보았듯이, 2046이라는 숫자는 〈화양연화〉에서 양조위와 장만옥이 소설을 쓰던 공간이었다. 〈화양연화〉의 2046호와는 다르게, 영화 〈2046〉의 그 공간은 고독, 사랑, 미움의 감정들이 복잡하게 교차하는, 마페졸리의 말대로 '디오니소스의 그림자'ombre de dionysos'가 드리워진 곳이다. 한편 과거의 흔적이 남아 있는 호텔방과 양조위에 대한 연민으로 가득 찬 장자이는 그 공간에서 일어나는 디오니소스적 욕망을 억누르기 위해 줄곧 몸부림친다. 그녀의 내적 자아는 여전히 동일한 공간과 타자로의 회귀를 갈망하지만, 바로 그 타자인 양조위와 단절되는 것으로 끝이 난다. 임대근의 표현을 빌리자면, 이는 존재의 위치를 타자에게 고정하려 할수록 존재의 불확정

〈그림 3〉 호텔방 2046호의 문(좌)과 미래도시 2046을 향해 가는 가상열차 안(우)

---

23 Michel Maffesoli, *op. cit.,* 1988, p. 178

성의 구조로 빠져드는, 왕가위 영화의 인물이 지닌 공통점을 보여 주는 것이다.[24] 이후에도 둘의 만남은 가끔 이루어지지만, 그것은 타자의 감정이 결여된 표면적 접속일 뿐이다.

이처럼 영화의 주된 스토리는 양조위와 장자이에 의해 진행된다. 그러나 미래 도시 '2046'을 향해 가는 가상열차는 새로운 층위의 노마디즘을 보여 주는 장치로 작동한다. 앞서 언급했듯, 〈중경삼림〉과 〈화양연화〉를 잇는 〈2046〉은 이전의 인물들이 다시 등장하여 만남과 헤어짐을 반복하는 공간을 상징하는 제목이다. 호텔방 '2046'호는 장자이의 디오니소스적 감성과 아폴론적 이성이 치열하게 대립하는 현실 공간으로, 양조위를 향한 거부할 수 없는 욕망과 그로부터 자유로워져야 하는 의지가 교차하는 공간이다. 반면 미래도시 '2046'으로 향하는 가상열차는 이루어질 수 없는 사랑을 향해 방황하는, 즉 시공간을 초월한 적극적 노마디즘이 구현되는 가상 공간이다. 따라서 가상열차의 공간 속 인물들은, 마페졸리가 말한 대로, 기술 발전으로 형성된 새로운 집단에 속한 현대인을 의미하는 신부족neo-tribe의 또 다른 형태라 할 수 있다.

노마딕 정체성, 욕망하고 방황하는 트랜스아이덴티티

최항섭에 따르면, 일과 관련된 노마드는 두 가지 형태를 보인다. 첫째는 디지털 기기를 소유하고 전 세계를 오가며 비즈니스를 수행하는 '자발적 노마드'다. 둘째는 어쩔 수 없는 상황으로 인해 여러 곳

---

24 임대근, 〈경합하는 장: 웡카와이王家衛 영화의 독법들〉, 《외국문학연구》 제29호, 2008, 317쪽.

을 떠돌며 노동자로 살아가는 '비자발적 노마드'다.[25] 현대인이 추구하는 노마드는 자발적 노마드일 것이다. 이처럼 공간의 이동을 통해 변화하는 노마드의 정체성은 중요한 화두다. 특히 잡 노마드job nomad가 겪는 정체성은 공간의 일시적 이동에 따른 내적 정체성의 혼돈을 수반하는 동시에, 해당 국가의 체제로 인한 외적 정체성의 혼재를 경험하기 때문이다. 이는 내적인 혼돈과 외적인 혼재 속에서 개별 정체성이 변화되는, 이른바 트랜스아이덴티티trans-identity[26] 담론과 맞닿아 있다.

노마디즘은 개별 정체성이 외적·내적 관점에 의한 다중정체성multi-identities을 지닌다고 말한 버크Peter J. Burke의 논의로도 살펴봄 직하다.[27] 이는 노마디즘이 개인의 다중정체성의 하위 요소를 변화시킬 수 있기 때문이다. 풀어 말하면, 잡 노마드는 다른 국가에 일시적으로 소속된 이방인이 갖는 외적 정체성의 변화를 겪는다. 동시에 자아의 인식 메커니즘을 작동시켜 행동으로 연결되는 내적 정체성의 변화를 동반한다.[28] 여기서 자아의 고정된 사유를 해방시키려는 '복수적 자아'는 내적 정체성의 인식 메커니즘을 지배하는 자아라 할 수 있다. 또한 방랑에 의한 공간의 이동으로 타자와 접속하는 '다

---

25 최항섭, 〈노마디즘의 이해: 들뢰즈와 마페졸리의 논의를 중심으로〉, 167쪽.
26 임대근은 서사 구조 내 캐릭터의 정체성 변화를 트랜스아이덴티티로 명명하고, 이를 정체성 역전, 전치, 횡단, 초월의 네 유형으로 분류하였다. 또한 트랜스아이덴티티는 스토리텔링 층위의 캐릭터 분석을 넘어, 다양한 영역의 담론으로 확장될 수 있다고 밝혔다. 임대근, 〈'트랜스 아이덴티티'의 개념과 유형, 캐릭터, 스토리텔링, 담론〉, 《외국문학연구》 제62호, 2016, 131~145쪽.
27 김소영, 〈다중정체성을 통한 트랜스아이덴티티의 확장—영화 〈홀리 모터스〉를 중심으로〉, 《외국문학연구》 제64호, 2016, 73~91쪽 참조.
28 Thimothy J. Owens & Peter J. Burke & Richard Serpe, *Advances in Identity Theory and Research*, Springer, 2003, p. 196.

원적 주체'는 외적 정체성을 변화시키게 된다. 물론 이들은 상호 유기적인 관계 하에서 개인의 다중정체성을 형성하는 것이다.

따라서 들뢰즈와 마페졸리가 말한 고정된 사유로부터의 해방과 공간의 이동은 자아의 정체성을 바꾸고자 하는 능동적 실행이라 할 수 있다. 이러한 자아의 정체성 변화 혹은 전환은 트랜스아이덴티티라는 담론으로 확장 가능하다. 그렇다면 왕가위 영화 속 등장인물의 노마디즘과 트랜스아이덴티티가 어떠한 연관을 맺는지 살펴보자. 노마디즘을 논의하는 이 글에서 중요한 인물은 당연히 노마드다. 따라서 양조위를 정주민이라고 가정할 경우, 그와 만나고 헤어지는 여인들은 노마드가 된다. 또한 정주민 앞에 나타난 유목민이 타자이듯, 유목민에게 정주민은 타자다. 세 편의 영화에서 양조위가 스토리를 연쇄적으로 이끌어 가지만, 그를 둘러싼 여인들의 시선에서 바라보면 양조위가 타자이기 때문이다. 〈중경삼림〉에서 왕정문과 양조위가 그러하고, 〈화양연화〉에서 장만옥과 양조위가 이에 해당한다. 〈2046〉에서 공리巩俐(수 리 역), 장쯔이章子怡(바이 링 역), 왕정문(징 웬 역 & 인조인간 역), 유가령劉嘉玲(루루 & 인조인간 역)에게도, 타자는 양조위(차우 역)다. 따라서 그녀들은 양조위의 곁에 머물다가 떠나가는 유목적 삶을 실현하는 노마드들이다.[29]

이처럼 세 편의 영화 속 인물들은 공간의 이동을 통해 자신의 새로운 정체성을 찾으려는 욕망을 끊임없이 보여 준다. 왕정문은 〈중경삼림〉과 〈2046〉에서 그러한 욕망을 지속적으로 나타낸다. 특히 〈중경삼림〉의 왕정문에게 트랜스아이덴티티 양상이 뚜렷이 드러난

29　물론 양조위도 〈2046〉의 초반부에서는 싱가포르를 떠나 홍콩으로 거처를 옮긴다. 그러나 이는 홍콩에서 정주민으로 살아가기 위한 선택이었다.

다. 앞서 보았듯, 그녀는 가게 종업원에서 승무원으로 직업을 바꾸고, 홍콩과 캘리포니아를 오가는 항공사 승무원이라는 외적 정체성을 택한다. 즉 직업적으로 언제나 노마드의 삶을 누리고자 한 것이다. 이는 새로운 공간으로의 탈주가 아닌, 두 공간의 탈주와 회귀를 반복하는 노마드의 모습이다. 그러한 측면에서 보면, 들뢰즈와 마페졸리가 말한 노마디즘이 일정한 지점에서 하나로 수렴됨을 알 수 있다. 실상 공간의 이동에 의한 외적 변화를 겪는 자아는 내적인 사유의 복합적 층위에 놓일 수밖에 없기 때문이다.

〈화양연화〉에서 양자의 논의는 양조위와 장만옥의 행동에서 구체적으로 나타난다. 규범을 지키되 자유로운 사유를 지향하는 그들은, 앞서 마페졸리가 말한 '슬픔과 기쁨의 공유'를 통한 '생성의 힘'을 서로에게 제공하기 때문이다. 또한 〈2046〉의 후반부에서 양조위는 호텔 사장의 딸로 등장하는 왕정문에게 사랑을 느낀다. 그러나 왕정문은 일본인이라는 외적 정체성을 지닌 남자를 사랑한다. 이에 양조위는 현실 세계의 욕망을 소설에 담아, 왕정문을 가상열차의 인조인간 승무원으로 등장시킨다. 또한 자신은 인조인간을 사랑하는 일본인 기무라 타쿠야Kimura Takuya(탁 역)로 변모시킨다. 이처럼 양조위와 왕정문은 현실 세계와 가상 세계에서 정체성이 바뀌는 트랜스아이덴티티를 보여 주고 있다. 주목할 점은 그들의 외적 정체성—신체, 직업—은 변화되었지만, 각자의 연인을 향한 내적 정체성—내적 사유, 내적 감정—은 그대로 유지된다는 것이다.

〈2046〉의 양조위도 예외는 아니다. 사랑하는 연인을 대하는 그의 태도로부터 유목적 사유를 읽을 수 있기 때문이다. 그는 고정된 사람이나 감정에 결코 정착하려 하지 않는다. 양조위를 열정적으로 사랑하는 장자이를 제외하면, 대부분의 여인들도 그와 유사하다. 그녀들은 함께 떠나자고 말하는 타자의 제의를 거절하거나, 혹은 홀로 떠난다. 이처럼 영화 속 등장인물은 홍콩, 싱가포르, 일본을 오가는 노마드의 삶을 보여 준다. 또한 그러한 공간의 이동에는 언제나 고독한 내면적 충돌이 동반된다. 이는 앞서 언급했듯, 영화 속 공간의 이동으로 대변되는 노마디즘이 내적 사유의 변화를 함께 동반한다는 것을 의미한다.

이처럼 노마디즘은 새로운 공간에서의 정주와 또 다른 장소로의 이동을 의미하는, 이른바 '역동적 뿌리내림'이라는 특성을 지닌다.[30] 타자와의 관계를 유지하기 위해 혹은 세계 속의 나를 재발견하기 위해, 다른 것(자아, 타자, 공간 등)을 찾아 이동하는 인간 욕망의 몸부림, 이것이 바로 노마디즘의 본질일 것이다. '자아(주체-사유)로서의 정正'과 '타자(세계-방랑)로서의 반反'이 만나, '관계(해체-다원성)인 합合'을 향해 가는, 그 치열한 몸부림 말이다. 따라서 현대인의 삶 그 자체가 노마디즘이며, 그런즉 현대인의 정체성은 '노마딕nomadic 정체성'이라 할 수 있다. 노마딕 정체성, 이는 바로 끊임없이 변화하는 현대인의 정체성을 의미하는 트랜스아이덴티티에 다름 아니다. 우리는 지금 이 순간도 정주와 방랑을 반복하며, 새로운 정체성을 찾아 헤매고 있으므로.

디지털 기기에 얽매인 디지털 노마드

지금까지 세 편의 영화 속 인물들의 욕망이 비일상적인 일상의 공간에서 어떻게 표출되는지 살펴보고, 이를 들뢰즈와 마페졸리의 노

---

30   김무경, 《자연회귀의 신화학: 마페졸리》, 살림, 2007, 247쪽.

마디즘으로 해석해 보았다. 자신의 정체성을 바꾸기 위해 적극적인 노마드의 삶을 이행하는 왕정문, 내적인 뜨거운 정감의 교류가 있었음에도 불구하고 홀로 떠나는 장만옥, 그리고 타자와의 관계 속에서 방황하는 장자이는 각기 다른 욕망의 양상을 보여 준 노마드들이었다. 또한 세 편의 영화를 거치면서 수많은 타자들을 만나고 떠나보내는 양조위를 통해서도, 감성과 이성이 혼재하는 또 다른 노마드의 모습을 읽을 수 있었다. 그런즉 이 글은 왕가위 영화 속 일상의 공간에서 재현되는 인물의 내적 변화와 욕망의 양상을 현대사회의 맥락에서 이해하고자 한 것이다.

주지하듯 인류의 유목적 운명은 성경에도 등장한다. 아브라함 Abraham은 가나안Canaan으로 가기 위해 유목민으로 살아간다. 신의 명령에 의해서건 인간의 본능에 의해서건, 인간은 더 나은 삶을 위해 현재의 모습을 변화시키려 한다. 그런데 이를 실현하기 위해 새로운 곳으로 이동하는 행위는, 그곳에서의 정착과 안정을 욕망하기 마련이다. 왕가위 감독은 홍콩에서 살아가는 도시인이 겪는 불안과 욕망을 디오니소스적 공간에서 이루어지는 남녀의 사랑이라는 모티브로 재현하였다. 그러나 세 편의 영화는 남녀의 사랑을 넘어, 인간 존재와 삶에 대한 강력한 의지로 확장되었다. 특히 여러 인물들이 보여주는 고정된 사유의 해방과 일상적 공간의 탈출은 내적 욕망과 동반하여 각기 다른 방식의 노마드로 나타나고 있었다.

관객은 이렇게 왕가위 영화에서 그들이 사는 공간을 주시하고, 그 안에서 방랑하는 우리의 페르소나에 주목한다. 인위적인 많은 미장센의 요소들에도 불구하고, 왕가위 영화에 매료당할 수밖에 없는 이유를 여기서 찾을 수 있다. 사랑과 실연이라는 보편적 주제와 이를 구현하는 이미지의 화려함이 왕가위 영화의 특징을 대표할 수는 없다. 그의 영화는 수많은 욕망과 갈등이 뒤엉켜 충돌하는 우리의 삶을 닮아 있기 때문이다. 그러한 공간에서 왕가위는 언제나 고독하고 방황하는 인간 존재에 관해 이야기한다.

지금 우리는 어떠한 노마드의 삶을 추구하는가? 디지털 노마드 digital nomad는 어느 대기업의 광고에 사용된 이후, 디지털 기기를 들고 어디서나 자유롭게 일하는 현대인을 지칭하게 되었다. 그러나 디지털 노마드는 노마디즘이 지닌 근본적인 한계를 내포하지 못한다. 유목적 삶은 불안하기 마련이며, 인간은 정주적 삶을 통한 안정을 원하기 때문이다. 아무리 기술이 발전한 시대라도 마찬가지다. 그럼에도 불구하고 현대인은 왜 노마디즘에 환호하는가? 디지털 기기로 어느 곳에서나 일할 수 있는 디지털 노마드의 생활이 이 시대의 진정한 노마디즘인가?

주지하듯 의식주로 대변되는 삶의 3대 요소에 디지털 기기가 더해지면서, 가상 세계는 욕망 구현의 대체 공간이 되었다. 이러한 관점에서 보면, 디지털 노마드는 어쩌면 '디지털 기기에 얽매인 정주적 존재'에 머물러 있다고 할 수 있다. 무엇인가에 얽매인다는 것은 고정된 것으로의 해방을 이행하는 노마드의 정체성과 일치하지 않는다. 이것이 지금 이 시대의 노마드를 디지털 노마드로 한정할 수 없는 이유다. 또한 디지털 노마드에게는 현실 공간과 가상 공간을 넘나드는 자아의 해방과 타자와의 접속이 중요하다. 이로 인해 두 공간을 유목하는 디지털 노마드는 끊임없이 정체성의 혼재와 혼돈을 겪을 수 있다. 자아의 사유와 타자의 접속에 주목한 들뢰즈와 마페졸리의 노마디즘이 디지털 노마드의 신화에 빠진 현대인에게 유의미한 이유가 여기에 있다.

참고문헌

■ 논문

권순홍, 〈현대 기술과 도시적인 삶의 일상성: 영화 〈중경삼림〉이 보내는 두 가지 철학적 메시지〉, 《철학논총》 제47호, 2007.

김경, 〈사랑과 鄕愁, 그리고 기억에 대한 영화─〈화양연화(花樣年華)〉〉, 《공연과 리뷰》 제31호, 2001.

김경욱, 〈낡은 것과 새로운 것─에이젠슈테인에 의한 왕가위〉, 《영화연구》 제13호, 1997.

김소영, 〈다중정체성을 통한 트랜스아이덴티티의 확장─영화 〈홀리 모터스〉를 중심으로〉, 《외국문학연구》 제64호, 2016.

김정욱, 〈〈중경삼림(重慶森林)〉을 관독(觀讀)하는 어떤 한 장의 지도─역사와 영상 그리고 서사〉, 《중국인문과학》 제67호, 2017.

심은진, 〈왕가위의 〈화양연화〉: '잃어버린 시간'과 '되찾은 시간'〉, 《문학과 영상》 제11호(3), 2010.

임대근, 〈경합하는 장: 웡카와이 王家衛 영화의 독법들〉, 《외국문학연구》 제29호, 2008.

_____, 〈'트랜스 아이덴티티'의 개념과 유형, 캐릭터, 스토리텔링, 담론〉, 《외국문학연구》 제62호, 2016.

원일훈, 〈영화 〈2046〉의 미장센에 나타난 필름공간 분석〉, 《한국디자인학회》 21(5), 2008.

전찬일, 〈왕가위의 중경삼림〉, 《월간말》, 1995.

최항섭, 〈노마디즘의 이해: 들뢰즈와 마페졸리의 논의를 중심으로〉, 《사회와이론》 제12호, 2008.

■ 단행본

김무경, 《자연회귀의 신화학: 마페졸리》, 살림, 2007.

미르치아 엘리아데, 심재중 역, 《영원회귀의 신화》, 이학사, 2009.

자크 아탈리, 이효숙 역, 《호모 노마드: 유목하는 인간》, 웅진 지식하우스, 2005.

질 들뢰즈, 이경신 역,《니체와 철학》, 민음사, 1998.

■ 외서

Deleuze, Gilles, *Différence et répétition*, Presses Universaires de France, 1968.

_____, *L'ANTI-CEDIPE*, Les Editions de minuit, 1972/1973.

_____, *Nietzsche et la philosophie*, Presses Universaires de France, 1962.

Durand, Gibert, *Les structures anthropologiques de l'imagianire*, DUNOD, 1992.

Heidegger, Martin, *Die Technik und die Kehre*, Pfullingen, 1991.

Maffesoli, Michel, *Du nomadisme, Vagabondages initiatiques*, Le table ronde, 1997.

_____, *L'Ombre de Dionysos, Contribution aà une sociologie de l'orgie*, CNRS Éditions, 2010.

_____, *Le temps des tribus: Le déclin de l'individualisme dans les sociétés de masse*, Meridiens Klincksieck, 1988.

_____, *L'Instant éternel: Le retour du tragique dans les sociétés postmodernes*, Paris: Editions Denoël, 2000.

Owens, Thimothy J. & Burke, Peter J. & Serpe, Richard, *Advances in Identity Theory and Research*, Springer, 2003.

모빌리티mobility와 이동하는 민족:

정승박의 〈균열의 흔적〉을 중심으로

우연희

이 글은 《日本語文學》 제79집(2018.12)에 게재된 원고를 수정 및 보완하여 재수록한 것이다.

민족의 이동: 재일조선인 문학

　이동의 문제는 오늘날 사람들의 삶과 사회에 결정적인 요소이다. 사람의 물리적인 이동은 전 지구상에 걸친 '생활 방식'이 되었다. 사람뿐만이 아니라 물건들 역시 이동 중이며 가상 통신과 휴대전화를 통해 각 사회 내부와 각 사회들 간에 새로운 방식의 상호작용과 커뮤니케이션이 이루지고 있다. 이동은 개인의 일상생활에만 국한되지 않는다. 여행자, 노동자, 난민과 같은 사람들뿐만 아니라 물류, 정보, 각종 자원들도 이동하고 있다. 모빌리티 테크놀로지의 발달로 이동의 형태는 점차 변화하였고, 이동의 범위 또한 확장되었다. 이제 이동은 오늘날을 살아가는 개인들의 삶과 세계 도처에서 생겨나는 사회 현상들을 설명하는 키워드가 되었다.

　근대 초기 일본의 식민지였던 한반도는 사람과 물자의 물리적 이동이 매우 활발한 지역이었다. 일본인들은 식민지가 된 한반도에 거주하면서 곳곳에 일본인 집단 거주지를 만들고 조선인들을 주변부로 밀어냈다. 일본인들이 점령한 장소에서 밀려난 조선인들은 한반도내에서는 물론, 국경을 넘어 만주 · 일본 등으로의 이동을 경험할 수밖에 없었다. 특히 조선인들의 일본으로의 이동은 강제적, 자발적인 이동이 혼재되어 있다. 재일조선인 사회는 일제 식민 시기에 조선 농민층의 몰락으로 배출된 이농민들이 일본의 노동시장에 자율적으로 유입[1]됨으로써 시작되었다. 이후 1939년부터 시작된 강제연

---

[1]　조선인이 일본 내지로 건너온 원인은 대부분이 조선에서의 생활이 궁핍했기 때문이다. 도일 이유를 물은 지방 행정당국의 사회조사를 근거로 작성한 자료를 보면 1939년 이전에는 '생활고', '구직', '돈벌이', '노동'이 대부분이 있으며, 면학, 즉 상급학교에 입학하기 위해 도일한 사람도 있었다. 도노무라 마사루, 《재일조선인 사회의 역

행으로 그 규모가 확대되었으며, 일본 패전 후 한반도로 귀환하지 않고 잔류한 사람들에 의해 형성되었다.[2]

이러한 민족의 이동과 함께 재일조선인문학은 출발하였다. 보통 '재일조선인문학'은 한반도에서 이동하여 자발적 또는 강제적으로 일본에 거주하게 된 조선인들의 삶을 그려 왔다. 재일조선인문학의 소재는 대부분 일본에 정착한 조선인의 삶이었다. 그 삶은 모국인 한국과 정주국인 일본이 부여한 여러 이념에 시달리는 고단한 것으로 그려졌다. 그동안의 재일문학 연구가 정체성 문제를 중심적으로 다루어 온 것도 이와 무관하지 않다.[3] 이와 궤를 같이 하여 가와무라 미나토川村湊는 재일조선인문학을 "'재일조선인'이 '일본어로' '민족적 아이덴티티의 위기 속에서 그들의 고뇌와 저항'을 표현한 문학"[4]으로 정의하였다. 가와무라 미나토의 재일조선인문학 정의에서도 드러나듯이 지금까지 재일조선인문학은 국가 또는 민족 정체성을 중심으로 연구되어 왔다. 2000년대 이후에는 재일조선인문학을 '디아스포라'의 관점에서 접근하는 연구들이 이루어졌다. 디아스포라 연구는 주로 정주국과 모국, 고향과 타향, 자유와 구속 등과 같은 이분법적 도식을 통해 이루어졌다. 여기에는 모국으로부터의 분리, 모국

사학적 연구》, 신유원 · 김인덕 옮김, 논형, 2010, 89~90쪽.

2 1938년 약 80만 명이었던 재일조선인 인구는 계속해서 증가하여 1945년에는 200만 명 이상이 되었다. 1945년 당시 일본에 있던 조선인 수는 210만 여 명에 달했다. 일본이 전쟁에서 패하고 조선이 해방을 맞이하자 일본에 거주하는 조선인들은 귀국을 서두르기 시작했다. 귀국에 성공한 이들을 제외한 60만 명 정도의 조선인들이 잔류하여 일본의 동포사회를 형성하게 된다. 윤인진, 《코리안 디아스포라》, 고려대학교 출판부, 2004, 149~158쪽.

3 신인섭 · 김동현, 〈디아스포라 서사의 소통전략—이회성의《유역으로》를 중심으로〉, 《일본어문학》 60, 2014, 328쪽.

4 川村湊, 《戦後文学を問う》, 岩波親書, 1995, 201쪽.

에 대한 애착, 모국과의 지속적 관계 등에 관심을 갖고 정체성과 소속의 문제를 강조하는 민족주의적 관심이 중심에 자리하고 있다.[5] 이산, 이주와 같은 관점에서 유민의 역사를 바라보던 디아스포라 연구는 그들의 이동에 방점을 두기보다 민족이 이동하여 멈추고 정주하는 사회 내에서 겪게 되는 정체성 문제, 민족적 차별이 주 연구대상이었다는 점에서 그 한계점이 있다.

　이 글은 존 어리John Urry의 모빌리티 관점에 기대어 민족의 이동으로 인해 발생한 재일조선인문학을 살펴보고자 한다. 존 어리는 이동과 이로 인해 생겨나는 사회현상들과 쟁점들에 주목하여 사회를 바라보는 새로운 관점으로서 모빌리티 패러다임mobility paradigm[6]을 제시하였다. 이는 사회를 기존의 정태적이고 고정적인 구조에서 벗어나 동태적이고 유동적인 이동의 관점으로 보는 것을 말한다. 모빌리티 mobility는 기차, 자동차, 비행기, 인터넷, 모바일 기기 같은 모빌리티 테크놀로지에 기초한 사람, 사물, 정보의 이동과 이를 가능하게 하는 테크놀로지까지 모두 포함한다. 모빌리티는 단순히 물리적 이동이나 이주 자체뿐만 아니라 이동과 이주를 통해 생겨나는 다양하고도 상호의존적인 관계들을 의미한다.[7]

5　임경규 외,《디아스포라 지형학》, 앨피, 2016, 10쪽.

6　모빌리티 패러다임은 모든 사회관계가 다소 먼 거리에서 빠르고 강렬하며 서로 연관된 물리적 이동을 수반하는 다양한 '연결'과 관련되어 있다는 특징이 있다. 또한 거리를 통해 조직된 사회생활을 생산하고 그 형태를 형성하는 다섯 가지 상호의존적 모빌리티가 있는데, 육체 이동(직장, 여가, 이주), 사물 이동(선물, 기념품), 상상 이동(인쇄 및 시각 매체), 가상 이동(컴퓨터, 인터넷), 통신 이동(편지, 전신, 전화)으로 구성된다. 존 어리,《모빌리티》, 강현수·이희상 옮김, 아카넷, 2014, 49~50쪽.

7　이동과 흐름에 대한 관심이 최근에 나타난 것은 아니지만, 이동을 현 시대의 복잡한 네트워크와 관계가 구성하는 산물로 이해하고자 하는 새로운 관점이 모빌리티 mobility라 할 수 있다. 영어 'mobility'를 이동성이 아닌 모빌리티로 번역하는 것은 이동성이란 용어가 이동movement을 지나치게 부각시키기 때문이다. 모빌리티는 인

존 어리는 모빌리티의 다차원적인 측면들 중 '모바일mobile', 또는 '모빌리티'라는 용어가 지닌 네 가지 의미에 대해 다음과 같이 설명한다. 첫째, 이동하거나 이동할 능력을 의미한다. 여기에서 이동한다는 것은 사물과 사람에게 일종의 자산이다. 둘째, 모바일이라는 용어는 군중mob이라는 의미, 즉 떼 지어 몰려다니는 무리, 무질서한 집단이라는 의미가 있다. 군중은 어떤 경계 내에 완전히 고정되지 않고 이동한다는 그 이유 때문에 무질서한 것으로 간주되며, 따라서 감시 추적과 사회적 규제가 필요하다고 여겨진다. 셋째, 위로 또는 아래로의 사회적 모빌리티를 의미한다. 넷째 장기적 의미로 이민 또는 다른 형태의 반영구적인 지리적 이동이라는 의미가 있다. 이것은 수평적 의미로 '이동 중'인 존재라는 의미이며, 특히 주로 '더 나은 삶'을 찾기 위한, 또는 가뭄, 박해, 전쟁, 굶주림 등에서 벗어나기 위한 국가 간 또는 대륙 간 이동을 의미한다.[8]

조선에서 일본으로, 또 한국으로의 이동을 경험한 재일조선인들의 삶은 길 위에 위치해 있다. 1945년 전쟁이 끝난 뒤 조선으로 귀환하지 않은 재일조선인들은 정치, 이데올로기 등의 문제로 모국으로의 왕래가 쉽지 않았다. 그러나 현대의 운송과 통신기술과 같은 모빌리티 시스템[9]의 발달로 점차 이동이 가능해졌다.[10] 모국과의 단절은 메

간, 사물 및 정보의 이동을 강조하지만, 단순히 이동만을 의미하는 것이 아니라 이동에 내재한 다양한 관계들의 의미와 실천을 의미한다. 이용균, 〈모빌리티의 구성과 실천에 대한 지리학적 탐색〉, 《한국도시지리학회지》 18(3), 2015, 148쪽.

8 존 어리, 《모빌리티》, 31~33쪽.

9 현대에는 모빌리티를 확대하고 재조직하는 공진화적이고 상호 의존적인 여러 시스템이 존재한다. 역사적으로 보행, 기차, 자동차, 비행기, 통신 등의 순으로 발달해 온 모빌리티 시스템은 인간과 비인간의 혼종 시스템으로서, 그리고 이동성mobility과 부동성immobility의 변증법적 시스템으로서 설명된다. 존 어리, 《모빌리티》, 605쪽.

10 존 어리는 이동수단의 중요성을 강조하는 클리퍼드의 말을 인용하면서 디아스포라

시지, 편지, 전화와 같은 통신 이동을 통해 먼 거리에 있는 가족, 친구와 연결됨으로써 극복된다. 또한 기차, 자동차, 비행기 등의 모빌리티 테크놀로지를 이용해 물리적 이동이 가능해진다. 기차, 자동차가 다니는 이동 경로, 즉 보행길, 철도, 공공도로, 공항 등의 네트워크를 포함하는 이동 경로는 다양한 양식과 방향으로 순환이 가능하게 하며, 다양한 형태의 모빌리티 자본을 수반한다.[11] 모빌리티 자본이란 광범위한 시간적·공간적 제약이 따르는 현대사회에서 사람들이 자신들을 묶어 놓는 많은 시간적·공간적 제약을 벗어날 수 있는 자원 또는 능력[12]을 의미한다. 이 글에서는 재일조선인의 이동 경로에서 나타나는 모빌리티 자본을 중심으로 정승박의 소설 〈균열의 흔적亀裂のあと〉을 재해석하고자 한다. 이를 통해 모빌리티가 일본 내에서의 이동, 일본에서 한국으로의 이동 중에 소설 속 재일조선인이 겪게 되는 제약, 이동의 문제를 읽어 낼 수 있는 렌즈로 기능할 것이다.

'이동'하는 정승박

이 글에서 모빌리티 시스템을 이용한 재일조선인의 이동을 살펴

사회는 고향과 타지로 떠나는 신체와 상상의 여행과 오늘날 늘어나는 가상적 여행 없이 유지되지 않는다고 주장한다. "일찍이 광대한 바다가 가로놓이고 정치적 장벽이 세워져 조국으로부터 멀어지고 흩어졌던 사람들은 현대의 운송과 통신기술이 발달하자 왕래가 가능해져 자신들이 고국과 이웃해 있음을 점차 실감하게 되었다. 비행기, 전화, 카세트테이프, 캠코더, 그리고 유동적인 노동시장으로 세계의 장소들을 연결하는 거리가 줄어들어 합법적·비합법적으로 장소들 사이를 오갈 수 있게 되었다." 존 어리, 《사회를 넘어선 사회학》, 윤여일 옮김, 휴머니스트, 2012, 258쪽.

11 존 어리, 《모빌리티》, 112쪽.

12 윤신희·노시학, 〈새로운 모빌리티스New Mobilities 개념에 관한 이론적 고찰〉, 《국토지리학회》49(4), 2015, 498쪽.

볼 소설은 정승박鄭承博(1923~2001)[13]의 〈균열의 흔적〉(1977)이다. 이 작품은 식민지기 일본에 있는 숙부를 좇아 혼자 일본으로 건너온 내가 소식도 모르고 지내던 남동생이 보낸 편지를 받고 한국의 고향을 찾아가는 이야기이다. '나'는 기차를 타고, 한국에 도착해서 공항 입국 수속을 하고, 그 뒤 택시를 타고 고향을 향하는 등 소설 속에서 계속해서 이동한다.

정승박은 제1세대 재일조선인 작가로 분류되지만, 그의 작품은 대체적으로 1세대 작가들의 작품의 특징과는 다르다는 평가를 받는다.[14] 하야시 코지林浩治 역시 정승박이 다른 1세대 문학자들과는 다른 '독자적'[15]인 문학자라고 평가한다. 차동엽은 그의 작품이 종종 '독자

---

13 센류川柳를 즐기던 정승박은 일본농민문학회원日本農民文学会会員이 된 것이 계기로 1971년에 〈쫓기는 나날追われる日々〉을 《농민문학農民文学》 6월호에 발표한다. 이어 〈벌거벗은 포로裸の捕虜〉를 《농민문학》 11월호에 발표하는 등 정승박은 왕성한 저작 활동을 이어 나간다. 이듬해 1972년에 〈벌거벗은 포로〉로 농민문학상을 수상하고 7월에 제67회 아쿠타가와상 후보에 올랐지만 수상을 하지는 못했다. 〈균열의 흔적〉은 1977년 《삼천리三千里》 제10호에 발표된 단편소설이다.

14 김환기는 제1세대 문학은 일제강점기의 체험과 해방 후의 조국과 '재일'의 상황을 제재로 지배자의 언어인 일본어와의 긴장관계로부터 생겨난 문체를 가지고 민족 냄새를 그 작풍에 농밀하게 표출시키고 있는 문학이라 정의하였다. 또한 개개인의 체험과 사유·감정이 민족의 수고受苦와 저항, 조국의 운명이나 역사와 같은 '세계'와 긴밀하게 일체화하고 있다는 특징을 갖는다고 평한 바 있다. 김환기, 《재일 디아스포라 문학》, 새미, 2013, 116쪽.

15 하야시 코지는 정승박을 독자적이라 평가하는 이유에 대해 다음과 같이 설명하고 있다. 김달수나 허남기 등과 같이 일본제국주의에 대한 저항운동을 묘사하지도 않았고 김석범처럼 전후의 반미운동에 대해 쓰지도 않았으며, 일본에 살면서 받은 차별과 곤란을 규탄하는 작품도 쓰지 않았다. 그 점에 있어서는 김태생과 비슷하다. 이름도 없는 평범한 사람을 묘사한 점에서 두 사람의 특징은 비슷하지만, 김태생의 작품이 섬세한 리얼리즘 문학인 데 비해 정승박의 작품은 뼈대가 굵고 극적이다. 그것은 정승박이 거친 체험을 많이 했기 때문이라고 생각된다. 전쟁통의 물건 사재 기의 광경에 대해서는 김태생도 묘사하고 있지만 징용과 탈주, 그리고 체포, 팔로 군 포로들과의 징역살이, 변소를 통한 탈주와 도망 다니는 나날 등의 경험은 아주 극적인 것이다. 정승박은 그 내용들을 담담하게 묘사하고 있다. 하야시 코지, 〈정승박의 문학적 위치〉, 《벌거벗은 포로》, 우석출판사, 1994, 214~215쪽.

적'이라 평가받는 이유에 대해, 흔히 1세대 재일문학이 지니고 있어야 할 문학적 특징('재일성'으로서의 저항적 내셔널리즘)이 보이지 않는다는 점을 지적한다.[16] 이처럼 '독자적'인 문학자라고 평가받아 왔지만 정승박에 관한 연구는 김사량金史良이나 김달수金達壽 등의 다른 작가들과는 달리 거의 이루어지지 않았다.

국내의 정승박 작품에 대한 선행 연구들은 소설 속 주인공의 이동을 작가 정승박의 궤적을 따라 전기비평의 방법론으로 분석한 것이 주를 이룬다.[17] 추석민이 〈솔잎팔이松葉売り〉《文芸淡路》, 1983.12~1993.6), 〈서당書堂〉《川柳阿波路》, 1970.11~1972.5) 등 전기적인 작품을 중심으로 조선인과 일본인, 즉 지배자와 피지배자 관계를 초월한 휴머니즘에 초점을 두고 연구를 진행했다면, 윤정화는 〈벌거벗은 포로〉에서 승덕이 전쟁을 겪으면서 내셔널리티가 인류애라는 초

---

16 차동엽, 《鄭承博小説 研究 : '在日性'과 '휴머니티'를 中心으로》, 부산외국어대학교 박사학위논문, 2015, 125~127쪽.

17 추석민은 정승박에 관한 일련의 연구를 통해 정승박의 문학적 경향이 제1세대 재일문학에서 나타나는 성격과는 상당히 이질적이고 다양하다고 설명한다. 추석민은 정승박이 조선에서 일본으로 건너가기 전까지의 체험을 그린 작품을 시작으로 조선에서의 삶, 일본으로 건너간 후 일본에서의 체험, 일본에서 겪은 전쟁 체험에 대해 자서전적으로 쓴 정승박의 대부분의 작품을 연구해 왔다. 추석민, 〈鄭承博文學研究: 〈솔잎 팔이〉를 중심으로〉, 《일어일문학》 제44집, 2009, 277~291쪽; 추석민, 〈정승박문학 연구―〈도미다가와(富田川)〉를 중심으로―〉, 《일어일문학》 제46집, 2010, 277~293쪽; 추석민, 〈鄭承博文學研究―〈쫓기는 나날(追われる日々)〉을 중심으로―〉, 《일본근대학연구》 제30집, 2010, 147~166쪽; 추석민, 〈鄭承博文學研究: 〈지점〉과 〈전등이 켜져 있다〉를 중심으로〉, 《일어일문학》 제52집, 2011, 247~260쪽; 추석민, 〈鄭承博文學研究―〈빼앗긴 말〉과 〈부러진 뿔〉을 중심으로―〉, 《일본근대학연구》 제36집, 2012, 151~166쪽; 추석민, 〈鄭承博文學속의 植民地樣相―〈서당(書堂)〉을 중심으로―〉, 《韓日軍事文化研究》 第14輯, 2012, 233~253쪽; 추석민, 〈鄭承博의 〈적발(摘發)〉에 나타난 식민지 양상〉, 《韓日軍事文化研究》 第15輯, 2013, 255~277쪽; 추석민, 〈정승박문학 연구―재일조선인의 삶과 언어 변용―〉, 《韓日軍事文化研究》 第17輯, 2014, 327~347쪽.

내셔널리티로 변화되고 휴머니즘에 이르는 과정을 분석하였다.[18]

실제 정승박은 안우식이 그의 삶을 '도망자의 미학'[19]이라고 이름할 만큼 여러 직업, 여러 장소를 전전한다. 제1세대 재일조선인 작가로 분류되는 정승박은 1923년 경상북도 안동군의 벽촌에서 태어났다. 열 살이 되던 해인 1933년 일본으로 건너간 정승박은 1943년부터 행상꾼, 강제노동, 인부, 선반공, 밀주 제조, 파친코 점원 등으로 점철된 다양한 직업 편력과 함께, 결혼하여 가정을 꾸리기까지 지난한 세월로 채워진 이력을 갖고 있다.[20] 정승박은 그가 거친 다양한 직업만큼이나 다양한 장소를 이동하는데, 정승박의 소설 속 주인공도 물리적 이동을 반복한다. 물리적 이동은 연령, 성별, 인종적 특징을 지닌 육체가 다른 육체, 사물, 물리적 세계와 다차원적 감각을 가지고 대면하는 것[21]을 말하는데, 실제 정승박도 소설 속의 주인공도 끊임없이 이동한다.

박광현은 정승박의 대표작인 〈벌거벗은 포로〉(《農民文学》, 1971.11)와 그 연작소설 〈지점〉(《文学界》, 1972.8), 〈전등이 켜 있다〉(《文学界》, 1973.1)에 대한 연구에서 '이동'의 문제를 지적한다. 주인공인 승덕은 도망자의 위치에서 끊임없이 이동하며 거처 없는 삶을 살아간다. 전장 속에서 승덕이 오사카부大阪府의 이쿠노生野 – 덴노지天王寺 – 나라현奈良県의 기즈木津 – 와카야마和歌山현의 다나베시田辺市를 비롯한 기슈紀州 등 3개 부현에 걸친 간사이関西 지역 일대를 도망 다닌다[22]고 지적

18 윤정화, 〈재일한인작가 정승박 소설에 나타난 '태평양 전쟁체험'과 '내셔널리티'〉, 《한중인문학연구》 38, 39쪽.
19 安宇植, 〈逃亡者の美学〉, 《人生いろいろありました》, 新幹社, 2002, 257쪽.
20 김환기, 《재일 디아스포라 문학》, 28쪽.
21 존 어리, 《모빌리티》, 105쪽.
22 승덕은 〈벌거벗은 포로〉에서는 B29의 공습 직전의 오사카에서 니가타 도카마치의

한다. 〈벌거벗은 포로〉에서 이동의 이유는 암거래 상습범으로 경찰에 검거되었다가 풀려나고, 이후 탈주범으로 다시 검거되어 니가타新潟 도카마치十日町 댐 건설 공사 강제노동 현장으로 끌려가 팔로군八路軍 전쟁포로들과 함께 노동에 시달린다. 〈전등이 켜 있다〉에서는 아와지섬에 숨어 들어가는데 조선인이라는 이유로 절도범이라는 누명을 쓰고 다시 섬을 나오게 된다. 소설 속 이러한 일련의 이동의 점들은 암거래상, 탈주범, 강제노동, 절도범의 이유로 생성되며 오사카를 중심으로 한 일본 내로 한정된다.

이 글에서 분석의 대상으로 삼고 있는 〈균열의 흔적〉에서는 정주국 일본 내에서의 이동과 모국으로의 이동, 모국 내에서의 이동이 그려진다. 이러한 이동에는 다양한 이동 수단, 즉 기차·비행기·자동차 등이 이용되는데, 이것들이 어떻게 공간적 제약을 벗어나는 모빌리티 자본으로 나타나는지를 중심으로 분석해 보고자 한다.

모빌리티 테크놀로지: 기차

〈균열의 흔적〉에서 '나'는 숙부가 일본 와카야마에서 보낸 편지를 받고 학교를 다닐 수 있다는 기대로 일본으로 향한다. '나'의 도일은 이민 또는 다른 형태의 반영구적인 지리적 이동, 특히 '더 나은 삶'을 찾기 위한, 또는 가뭄, 박해, 전쟁, 굶주림 등에서 벗어나기 위한 국

댐 공사 현장으로 이동하고, 〈지점〉은 니가타에서 도망 나와 나고야를 거쳐 다시금 익숙한 오사카로 돌아온다. 공습 속에 소개되지 못한 채 홀로 남다시피 하다가, 〈전등이 켜 있다〉에서는 오사카에서 아와지섬으로, 다시 기슈 요새 공장 현장으로 이동한 후 계속 배를 타고 움직인다. 박광현, 〈재일조선인의 '전장(戰場)'과 '전후(戰後)'〉, 《한국학연구》 41, 2016, 255쪽.

가 간 또는 대륙 간 이동[23]이다. 일본에 도착한 지 얼마 지나지 않아 숙부가 맡고 있던 임산도로 공사장이 빚만 남기고 홍수로 물에 잠겨 버렸다. 실제로 이 시기 1930년대 일본에 거주하는 조선인들 중에는 집단 거주지구를 형성하고 그것을 기반으로 해서 상업 활동을 비롯한 사업을 하는 이들이 생겨났다. 토목공사 현장에서 함바를 운영하거나 직접 토목건축업을 하는 이들도 나타났다.[24] '나'의 숙부 역시 토목공사를 도급받아 운영하였으나 폭우로 야반도주를 할 수 밖에 없었다. 이불, 토목에 사용하는 도구 등을 짐으로 꾸려 마을을 몇 개 지나고 무너진 벼랑의 토사를 밟고 넘으면서 공사장에서 꽤 떨어진 기차역에 도착하였다. 역 구내에 도착한 기차에 숙부와 인부들과 함께 탄 나는 다음 역에서 숙부와 헤어지게 된다.

다음 역에서 기차가 멈췄다. 숙부는 얼마간의 돈을 나에게 쥐어 주고선 내렸다. 가랑비가 내리고 있었다. 긴 플랫폼을 걸어서 역 구내로 향하는 숙부를 보고 있자니 나도 모르게 크게 부르고 싶어졌다. 이미 늦었다. 바로 앞 전신주에 장착된 발차벨이 요란스럽게 울려 퍼지고 기차는 크게 증기를 내뿜으면서 발차하고 있었다. 얼마 안 되어 철교로 접어든다. 꽹음과 함께 어딘가로 빠져 들어가는 듯한 기분이었다《균열의 흔적》, 184~185쪽).[25]

---

23 존 어리, 《모빌리티》, 31~33쪽.

24 미즈노 나오키·문경수, 《재일조선인 역사, 그 너머의 역사》, 한승동 옮김, 삼천리, 2016, 69쪽.

25 정승박, 〈균열의 흔적〉, 《재일디아스포라문학선집》 2, 재일디아스포라 문학의 글로 컬리즘과 문화정치학 공동연구팀 옮김, 소명출판, 2017, 184쪽. 이하 인용문 뒤에 작품명과 쪽수만 표기하였다.

숙부와 함께 기차에 탔지만 다음 역에서 숙부만 내리고 헤어지는 장면이다. 비가 내리는 역과 요란한 발차벨, 철로를 지날 때의 굉음과 함께 어디론가 빨려 들어가는 느낌은 기차를 탔기 때문에 느끼는 감정이다. 숙부를 부르고 싶지만 속도를 높여 빠르게 달려 나가는 기차는 오히려 더 빠르게 숙부와 거리를 멀어지게 한다. 일반적으로 철도의 모빌리티 시스템은 기계화된 새로운 이동 선로를 통해 여러 장소에 있는 사람들을 연결하여 새로운 연결성을 수반한다. 그러나 위 장면에서는 기차가 가지고 있는 연결성과는 상반되는 단절성이 드러난다. 대중교통 시스템을 가능하게 하며 어디에나 있고 가까이-유용한 것이 된 기차시간표와 기차 시스템은 속도와 연결성을 제공하지만, 그와 비례한 속도와 단절성을 수반하기도 한다.

기차와 같은 교통·통신기술은 '이동 파트너'이자 곧 '네트워크 자본'의 구성 요소이다. 네트워크 자본은 인접해 있지는 않지만, 감정적·재정적·실제적인 혜택을 가져다주는 사람들과의 사회관계를 만들고 유지하는 역량이다.[26] 네트워크 자본[27]은 대체로 통신기술, 저렴하고 잘 연결된 교통, 안전한 만남의 장소로 구성된다. 충분한 네트워크 자본이 없는 사람들은 많은 사회적 네트워크들이 그들과 너무 멀리 떨어져 있기 때문에 사회적 배제로 고통받는다.[28] 숙부와

---

[26] 존 어리, 《모빌리티》, 357쪽.

[27] 존 어리는 네트워크 자본이 여덟 가지 요소 즉, ①일련의 적절한 문서, 비자, 돈, 자격증 등, ②)먼 거리에 떨어져 있는 타인들(직장 동료, 친구, 가족 구성원), ③이동 역량(먼 거리를 걸을 수 있는 역량, 다양한 모빌리티 수단을 보고 탈 수 있는 역량 등), ④위치에 구속받지 않는 정보와 접촉 지점, ⑤통신장비, ⑥적절하고 안전한 모임 장소, ⑦자동차, 도로 공간, 연료, 비행기, 기차, 택시, 버스, 인터넷, 전화 등에 대한 접근성, ⑧앞의 요소를 관리하고 조율하기 위한 시간 및 그 밖의 다른 자원들로 구성된다고 하였다. 존 어리, 《모빌리티》, 358~359쪽.

[28] 네트워크 자본을 가진 사람은 자동차나 비행기, 인터넷과 이동전화 같은 교통·통신

함께 도망하는 '나'는 "이동 중에도 그리고 도착지에서도 신체가 물리적·감정적 폭력에 노출되지 않도록 보호받을 수 있"는 안전한 만남의 장소를 확보하지 못하였다. 손쉽게 사용할 수 있는 통신기술도 없고 자동차, 기차, 택시 등에 대한 접근성도 떨어진다. 따라서 '나'는 '이동 파트너'로서의 기차를 이용하지만, 충분하지 못한 네트워크 자본으로 인해 연결성의 제약을 경험한다. 철도 시스템으로 인해 "마치 소포처럼 공간적으로 이동"했을 나는 3년이 지난 후 터널 공사 노무자 숙소에서 비로소 숙부를 만나게 된다.

〈벌거벗은 포로〉 속의 승덕과 마찬가지로 '나'는 와카야마 다나베 산골에서 기세이紀勢선 구시모토串本역 터널 공사 현장으로, 농가의 머슴으로, 수평사운동水平社運動을 벌였던 구리스 시치로栗須七郎의 거처 오사카 나니와浪速구로, 또 군사공장에서 징용 탈주죄를 덮어쓰고 각지를 전전하다 아와지섬에 도망쳐 들어간다. 아와지섬에서 결혼을 하고 정착한 뒤에도 교토, 오사카, 고베로 돈벌이를 위해 돌아다닌다. 마치 '나'의 삶은 이동으로 가득 차 길 위에 형성되어 있는 듯하다. "물리적이건 가상적이건 간에 장소를 이동하는 것은 지위나 권력의 근거가 될 수 있"고, 반면 "이동이 강요되는 곳에서는 사회적 박탈과 배제가 발생할 수 있다."[29] "모빌리티는 시간이 지나도 계속 지속되는 관계와 사회적 연결망을 만드는 대화를 가능하게 한다."[30] 즉, 자신이 가진 다양한 네트워크에 있는 사람들과 자유롭게 만나서

　　수단, 즉 모빌리티 수단을 자신의 네트워크 형성과 유지를 위해 잘 활용할 수 있는 사람이다. 한편 모빌리티 발달의 영향으로 국가 단위로 조직되었던 사회가 점차 해체되고 대신 범지구적 단위로 재조직되면서, 국가가 그 영토 안에 살고 있는 자국민들에게 보장해 주던 시민권의 기반도 약화되고 있다. 존 어리, 《모빌리티》, 328쪽.

29　존 어리, 《모빌리티》, 34쪽.
30　존 어리, 《모빌리티》, 375쪽.

대화할 수 있게 만든다. 그러나 〈벌거벗은 포로〉의 승덕이 강제노동 현장에 끌려가거나 탈주범, 절도범으로 몰려 검거된다는 것은 직접 대면해 만날 수 있는 능력이 박탈당하는 것과 같다. 재일조선인 승덕은 원하지 않는 이동을 강요받고 관계를 지속시킬 수 있는 자유로운 만남 또한 제한받는다.

모빌리티 테크놀로지: 비행기(공항)

나는 아와지섬에 정착한 뒤 모국에서 도착한 한 통의 희한한 편지로 감정의 동요를 경험한다. 한국과 통신이 자유롭게 되고 왕래도 할 수 있게 된 지 얼마 안 된 시점이었다. 봉투의 주소란에 틀리지 않은 것은 '나'의 이름뿐인 편지에는 어릴 때 헤어진 남동생 이름이 적혀 있었다. 통신 이동으로서 상호의존적 모빌리티에 해당하는 편지는, "다른 사람, 다른 장소, 특히 다른 만남에 대한 '기억'을 적극적으로 형성하고 수행"[31]하는 역할을 한다. 기억을 재생하는 편지를 받은 나는 순간 몸이 떨리고 그리움이 무럭대고 치밀어 올라 돌아가고 싶은 마음이 간절해졌다. 귀국을 위해 당시 조선적이었던 '나'는 한국 국적으로 옮겨야 했고, 국적을 옮긴 뒤에도 여권이 나오는 데만 3년이나 걸린다고 하여[32] 수소문 끝에 일정 기간만 통용되는 임시 패

---

31 존 어리, 《모빌리티》, 93쪽.
32 1965년 6월 22일 '한일 양국의 국교관계에 관한 조약'이 체결됨에 따라 '조선적'을 '한국적'으로 바꾸는 재일조선인들이 증가했다. '조선적'은 '한국적'에 비해 불안정한 재류 자격 상태에 놓였기 때문이다. 한국적을 택했다고 해서 재일조선인들에게 다른 국가의 국민들이 누리는 자유와 권리가 온전히 부여되었던 것도 아니다. 한국적의 재일조선인은 여권을 발급받기 위해 오랜 기간 대기 상태로 있어야 했고, 일본으로 돌아올 때에도 일본 정부로부터 '재입국 허가'를 받아야 했다. 그들은 '재입

스포트를 발급받았다.[33] 조국으로부터 멀어지고 흩어졌던 '나'는 현대의 운송과 통신기술이 발달하자 왕래가 가능해져 고국과 이웃해 있음을 점차 실감하게 된다. '나'는 임시이긴 하지만 "사람의 신체를 어떤 국가에서 다른 곳으로 안전하게 이동할 수 있게 해 주는 적절한 문서"로서의 임시 패스포트를 발급받는다. 또 "먼 거리에 떨어져 있는 타인(가족)"의 존재를 알게 됨으로써 네트워크 자본이 얼마간 충족된다.

고향의 남동생을 만나기 위해서는 국가가 "이동하는 사람들의 신체를 통제하기 위해 모니터링과 감시, 규제 시스템을 활용하는 공항"[34]을 거쳐야 했다. 국가는 일상적으로 좋은 이동자와 나쁜 이동자가 있다고 간주하고 나쁜 이동자는 규제, 처벌, 추방하거나 감옥에 감금했다. 이러한 구분은 국가의 경계에 위치하는 공항, 국제여객터미널 같은 곳에서 이루어지는데, 이는 "이동하는 사람들에 대한 두려움에서 비롯"[35]된 것이다. '나'는 1968년 4월 상순 초봄, 드디어 오사카 공항에 집결하여 부산 공항에 도착, 입국심사를 받는다.

후쿠오카福岡를 거쳐 부산에 도착한 것은 그날 정오를 지나서였다.

국 신청서'의 '여행 목적'란에 무언가를 기입해야 했는데, 많은 이들이 이 공란을 '거주residence'로 채웠다. 그들은 "거주를 목적으로 여행하는 자"였던 것이다. 임유경, 〈일그러진 조국—검역국가의 병리성과 간첩의 위상학〉, 《현대문학의 연구》 55, 2015, 65~66쪽.

33　전후戰後 일본은 '외국인 등록령'(1947)을 공포하고 구식민지 출신자들을 외국인으로 등록할 것을 의무화하였으며, '샌프란시스코 강화조약'(1952) 후에는 외국인 등록령을 외국인 등록법으로 변경하면서 재일조선인에게서 일본 국민으로서의 지위를 박탈하였다. 윤인진, 《코리언 디아스포라》, 고려대학교출판부, 2008, 161쪽.

34　존 어리, 《모빌리티》, 46쪽.

35　존 어리, 《모빌리티》, 370쪽.

(…) 아직 조국 땅을 밟았다는 감개는 들지 않는다. 여행사나 민단 사람들로부터 입국심사의 어려움을 물릴 정도로 들어 왔다. 과연 밖으로 나가게 해 줄지 어떨지 그것조차가 걱정이다. (…)

다음 창구에서는 소지품 조사이다. 우선 지니고 있는 통화가 문제였다. 당연히 일본 엔화의 반입은 허가되지 않는다《균열의 흔적》, 192쪽).

내가 끝나고 나서 얼마 되지 않아서였다. 뭔가 큰 소리가 나서 돌아보니, 담당관과 승객의 싸움이 시작되고 있다. (…) 이걸 그대로 한국 지폐로 바꿔 달라고 떼를 쓰고 있었다. 이 소동에 바로 옆의 문이 열리고 위압적인 일당이 많이 나온다. (…) 결국 그 사람은 완전히 붉어진 얼굴로 자신은 타국에 온 게 아니라, 조국으로 돌아온 거다. 그러한데 약간의 편의는 봐주는 것이 당연치 않은가. 같은 민족끼리 서먹한 말 말라고 외치고 있다.

지당하다. 나도 겨우 마음이 후련해지는 듯한 기분이 들었다. 여기가 조국이라는 안심감도, 동포 속에 있다는 애정도 솟지 않는다. 답답함은 옛 일본 관헌에게 검문을 받았을 때 이상이다. 무턱대고 공포감이 죄어온다《균열의 흔적》, 193쪽).

이번에는 수하물을 받았다. (…) 튼튼한 끈으로 단단히 묶어 둔 것을 담당관들은 함부로 베어 버리고선 세밀히 조사하고 있었다. 세액을 알린 후엔 모른 체한다. (…)

달러를 한국 통화로 교환하는 것은 그 후이다. (…)

수속이 완료되어 전원이 로비에 집합한 것은 이미 저녁 무렵이다《균열의 흔적》, 194쪽).

정오를 지나서 도착했으나 여러 절차를 거쳐 입국수속이 완료된 것은 저녁 무렵이다. 조사와 심사가 이어지는 공항에서 '나'는 줄곧 걱정과 두려움, 공포감, 답답함을 느낀다. 이는 비행기라는 모빌리티 시스템이 교차하는 공항이 가진 특성 때문이다. 비행기 여행의 위험성과 불확실성에 대처하기 위해 공항에서는 여러 이동에 대한 관리가 극도로 복잡하게 작동한다. 다른 모빌리티와 비교해 보아도 "비행기 여행에는 국가 경계를 가로질러 서로 이질적인 사람들에 대한 분류와 재분류가 따른다."[36] 확률은 낮지만 대규모 사고가 발생할 가능성이 있기 때문이다. "반들반들 금줄이 들어간 모자에 검은 제복, 권총대를 찬" "위압적인 일당"이 싸움(소동)에 나타나고 "튼튼한 끈으로 단단히 묶어 둔" 수하물을 "담당관들이 함부로 베어 버리고 세밀히 조사"하는 것도 비행기 여행의 위험성에 대비한 극도로 복잡하고도 엄격한 관리를 나타낸다.

모빌리티 테크놀로지: 자동차

준비된 버스를 타고 시내 호텔에서 하룻밤을 묵은 다음 날 아침, 비로소 '나'는 일주일간의 단체여행이 사기였음을 알게 된다. 정식 여권이 아닌 임시 패스포트를 받아 한국에 들어온 '나'는 이동의 어려움으로 3일 뒤 남동생과 만나기로 한 약속을 지킬 수 없을까 봐

---

36 세계 항공 여행과 관련된 다양한 구조적 · 경제적 · 정치적 · 사회적 위험이 존재하는데, 이것은 '비행기 모빌리티'가 정치적으로 형성되는 방식을 보여 준다. 푸코가 주장했듯이 사람들을 분류하고 재분류하는 것은 근본적으로 정치적이며 '사회들' 내에서 그리고 점차 사회들을 가로질러서, 권력과 지식의 핵심 문제와 연결되어 있다. 존 어리, 《모빌리티》, 264쪽.

전전긍긍한다. 단체여행의 짜여진 일정과 루트로 다니지 않아도 되는 자유가 생겼지만, 역설적으로 조선어를 할 수 없고 불완전한 시민권(임시 패스포트)을 가지고 있어서 불편함과 불안함을 느낀다. "정규 패스포트를 가진 사람들과 같이 기차에 올라타는 것도 위험하"고 "전보를 쳐도 고향의 산속에 언제 도착할지 몰라" 직접 고향으로 이동하기로 결정한다. 일본에서 한국으로 안전하게 이동하게 해 준 임시 패스포트가 있지만, 한국 내에서의 안전한 이동은 보장해 주지 못한다. 다양한 모빌리티 시스템으로의 접근성도 좋지 못하고 일주일이라는 제한된 시간으로 인해 통신기술(전보) 사용에도 제약을 받는 등 '나'는 충분한 네트워크 자본을 확보하지 못했다. '나'는 다양한 교통수단 중에서도 가장 위험성이 적은 택시를 타고 편도 2일, 왕복 4일이 걸리는 고향으로 이동한다.

자동차 이동은 자유의 원천, 즉 '통행의 자유'의 원천이라 할 수 있는데 이는 자동차의 유동성 덕분이다. 출발지와 목적지를 하나로 연결하는 도로를 이용해 언제라도 어디로든 떠날 수 있다. 그러나 시민권[37]을 얻지 못한 비국민인 '나'는 '도로의 자유'의 원천인 자동차 모빌리티에서 매우 통제되고 부자유한 경험을 하게 된다.

---

[37] 시민권 개념의 핵심은 하나의 단일한 안정되고 철저한 국가적 정체성을 제공하는 국민국가, 그리고 단일 국가를 중심으로 조직된 시민사회이다. 이와 같은 특징으로 인해, 그 국가를 둘러싼 공간에 선을 그을 수 있는 국민국가가 그 국가 경계 내부의 사람과 제도를, 경계 바깥의 사람과 제도와 분명하게 구분하는 것이 보장된다. 그러나 '범지구적 복잡성'이 증가하면서, 여러 국제적인 이동 양식들은 시민사회를 그리고 그 '구성원'들의 생활 기회와 생활양식을 조직하는 시민사회의 힘을 공동화시킨다. 여러 국경을 가로지르는 여행객, 소비재 상품과 서비스, 위험 요인, 문화, 이주자·방문자, 그리고 이들 이동하는 시민들이 반드시 향유해야만 할 권리와 의무의 모빌리티와 관련된 흐름의 시민권, 이동의 권리와 함께, 지구의 시민권과 관계되는 생태적 시민권이 대두되고 있다. 존 어리, 《모빌리티》, 342~343쪽.

전방의 삼거리에 군인인지 순사인지 구별이 안 되는 무리가 많이 서 있다. 더러워진 푸른 작업복을 입고 총신이 긴 소총을 등에 맨 자, 그중에는 경관과 같은 복장을 한 자도 있었다. 가까이 가니 손을 들고서 일제히 차를 둘러싼다. (⋯)

차를 갓길로 붙이고 운전수가 내린다. 뭔가를 교섭하고 있는데, 말이 빨라 한 마디도 알아들을 수 없다. 그 사이의 미국의 대형 군용트럭이 몇 대나 통과해 갔다. 상당한 시간이 지나고 나에게는 아무런 소식이 없다. 4,5명에서 자세를 취한 총신만이 이쪽을 향하고 있다. (⋯)

언덕 아래에서 승용차가 한 대 올라온다. 이것도 미국제의 대형이었다. 이 차는 정차를 할 기미도 없다. 상당히 높은 사람이 타고 있는지 관헌들은 당황한 듯이 길을 양보한다. 바로 옆을 통과했다. (⋯)

그 직후 조금 떨어진 장소에서 운전수와 교섭하던 경관이 다가온다. 차 안의 나를 들여다보고서는 어디에서 왔는지 물었다. 일본이라 대답하자, 패스포트를 보이라고 한다. 고개를 끄덕이고선 살짝 안주머니로 손을 넣었지만, 전신이 희미하게 떨리기 시작한다. 다시 부산으로 회송될지, 아니면 근처 경찰서로 끌려갈 것인지 알 수 없다.(《균열의 흔적》, 199~200쪽)

'나'는 안동을 향해 가는 길에서 소총을 든 순사인지 군인인지 모르는 무리들에게 여러 차례 검문을 받으며 두려움을 느낀다. 총부리를 겨눈 무리들에게 둘러싸여 이동이 제한당하는 '나'와는 대조적으로 군용트럭과 승용차는 '나'의 옆을 빠르게 지나간다. 언덕 아래 승용차의 모습만 보아도 통과가 허용되는 사람과는 달리, 나는 앞으로의 전진은커녕 부산으로 회송되거나 경찰서로 끌려갈지도 모른다. 한국어를 할 수 없는 '나'와 일본어를 할 수 없는 순사(군인)들 사이에서 일본어를 조금 할 수 있는 운전사만이 유일한 소통의 창구가 된다. 시민권의 결핍, 또는 새로운 형태의 사회적 배제는 사회적 불평등 그 자체에서만 기인하는 것이 아니라 거리, 부적절한 교통, 제한된 방식의 커뮤니케이션 등이 결합되어 나타난다. 제한된 커뮤니케이션만 가능한 '나'는 편도 2일이 걸리는 이동의 거리와 다양한 모빌리티 시스템에 대한 접근성의 제약을 겪으며 이동이 정지되는 사회적 배제를 경험한다.

　이동은 사회에서 하나의 권리로 간주된다. "이동의 권리는 본질적으로 배제적 속성이 있"[38]기 때문에 어떤 이유로든 이동이 거부당한 사람들은 여러 형태로 배제된다. 시민권을 획득하지 못한 '나'는 '도로의 자유'의 원천인 자동차를 타고서도 공항에서와 마찬가지로 외부적인 이유로 이동의 정지를 강요당한다. 정지된 이동이 얼마간의 돈으로 여러 차례 다시 재개된다. 여기에서 '나'의 이동을 재개시키는 매개가 되는 '돈'은 〈균열의 흔적〉 안에서는 사람의 신체를 어떤 장소에서 다른 장소로 안전하게 이동할 수 있게 해 주는 네트워크 자본으로 기능한다. 그러나 나는 결국 파출소로 연행이 된다. 순사는 모르는 자가 마을을 통과할 때는 누구라도 조사하지만, 특히 '나'는 신원이 확실해질 때까지 파출소에 붙들어 두었다. 이렇듯 '나'는 임시 패스포트를 들고 한국에 도착한 순간부터 고향을 향해 이동하는 과정에서 여러 네트워크 자본을 획득하기도 하고 상실하기도 하면서 이동한다.

38　존 어리, 《모빌리티》, 367쪽.

재일조선인의 이동: 제약과 배제

재일조선인문학은 자의적이든 타의적이든 물리적 이동의 산물로 형성되었으며, 그동안 재일조선인 작가들은 국가 또는 민족 정체성에 관심을 보여 왔다. 재일조선인문학 연구 역시 국가나 민족 정체성, 일본 사회에서의 차별을 중심으로 이루어져 왔다. 김웅교는 모든 차별은 '니그로', '쪽발이' 등과 같이 신체를 은유하며 발생하는데, 어쩔 수 없이 일본에서 태어난 재일조선인들이 '반半 쪽발이'라고 '왕따'당하는 것도 신체적 차별이라고 말한다.[39] 그동안 재일조선인들이 호명을 통해, 신체 은유를 통해 받았던 배제를 이 글에서는 재일조선인의 모빌리티 테크놀로지를 이용한 이동 과정을 통해 확인하였다.

재일조선인문학의 발생이 민족의 이동에 의한 것이라고 본다면, 그 작품 또한 이동의 관점으로 해석하고 연구할 수 있을 것이다. 이 글에서는 재일조선인이 다양한 모빌리티 시스템을 이용하여 이동하는 과정을 모빌리티 자본, 네트워크 자본을 중심으로 살펴보았다. 모빌리티 관점은 일견 인간은 본질적으로 특정 지역에 머물러 사는 존재라는 점을 사고의 기본으로 삼는 정주주의와 대비되는 것처럼 보인다. 그러나 정주와 이동 중에서 어느 것을 더 본질적으로 보느냐에 그 차이점이 있다. 사실 철도와 비행기, 통신과 같은 모빌리티 시스템은 이동성mobility과 부동성immobility 모두를 속성으로 가진다. 이는 이동성과 부동성의 변증법적 시스템으로 설명된다. 이러한 모빌리티는 물리적 이동이나 이주 그 자체만을 의미하는 것이 아니라

---

39 김웅교, 〈이방인, 자이니치 디아스포라 문학〉, 《한국근대문학연구》 21, 2010, 148쪽.

이를 통해 생겨나는 다양한 상호의존적 관계들까지 포함한다. 이동한 민족의 삶을 기존의 민족 정체성이나 내셔널리즘의 틀에서 벗어나 모빌리티 관점으로 분석할 때 이들이 처한 사회적 환경을 더 풍성한 틀로 해석할 수 있을 것이다. 이 글에서는 재일조선인이 모빌리티 시스템을 이용한 이동에서 활용한 다양한 네트워크 자본을 분석하여 재일조선인이 겪는 제약과 사회적 배제를 확인할 수 있었다.

참고문헌

정승박, 〈균열의 흔적〉, 《재일디아스포라문학선집》2, 재일디아스포라 문학의 글로컬리즘과 문화정치학 공동연구팀 역, 소명출판, 2017.
정승박, 《벌거벗은 포로》, 우석출판사, 1994.

김환기, 〈재일 코리언 문학의 계보〉, 《재일 디아스포라 문학》, 새미, 2013.
도노무라 마사루, 《재일조선인 사회의 역사학적 연구》, 신유원·김인덕 옮김, 논형, 2010.
미즈노 나오키·문경수, 《재일조선인 역사, 그 너머의 역사》, 한승동 옮김, 삼천리, 2016.
에티엔 발리바르, 《우리, 유럽의 시민들?》, 진태원 옮김, 후마니타스, 2010.
윤인진, 《코리언 디아스포라》, 고려대학교출판부, 2008.
임경규 외, 《디아스포라 지형학》, 앨피, 2016.
존 어리, 《모빌리티》, 강현수·이희상 옮김, 아카넷, 2014.
존 어리, 《사회를 넘어선 사회학》, 윤여일 옮김, 휴머니스트, 2012.
하야시 코지, 평론 〈정승박의 문학적 위치〉, 《벌거벗은 포로》, 우석출판사, 1994.
安宇植, 〈逃亡者の美学〉, 《人生いろいろありました》, 新幹社, 2002.
川村湊, 《戦後文学を問う》, 岩波親書, 1995.

김웅교, 〈이방인, 자이니치 디아스포라 문학〉, 《한국근대문학연구》21, 2010.
박광현, 〈재일조선인의 '전장(戰場)'과 '전후(戰後)'〉, 《한국학연구》41, 2016.
신인섭·김동현, 〈디아스포라 서사의 소통전략—이회성의 《유역으로》를 중심으로〉, 《일본어문학》60, 2014.
윤신희·노시학, 〈새로운 모빌리티스(New Mobilities) 개념에 관한 이론적 고찰〉, 《국토지리학회》49(4), 2015
윤정화, 〈재일한인작가 정승박 소설에 나타난 '태평양 전쟁체험'과 '내셔널리티'〉, 《한중인문학연구》38, 2013.

이용균, 〈모빌리티의 구성과 실천에 대한 지리학적 탐색〉, 《한국도시지리학회지》 18(3), 2015.

임유경, 〈일그러진 조국―검역국가의 병리성과 간첩의 위상학〉, 《현대문학의 연구》 55, 2015.

차동엽, 〈鄭承博小説 研究: '在日性'과 '휴머니티'를 中心으로〉, 부산외국어대학교 박사학위논문, 2015.

추석민, 〈鄭承博文學研究: 〈솔잎 팔이〉를 중심으로〉, 《일어일문학》 44, 2009.

텍스트 테크놀로지 모빌리티

2019년 2월 28일 초판 1쇄 발행

지은이 ㅣ 이진형 · 남수영 · 정의진 · 차승기 · 이경률
　　　　김애령 · 김소륜 · 박경환 · 김소영 · 우연희
펴낸이 ㅣ 노경인 · 김주영

펴낸곳 ㅣ 도서출판 앨피
출판등록 ㅣ 2004년 11월 23일 제2011-000087호
주소 ㅣ 우)07275 서울시 영등포구 영등포로 5길 19(양평동 2가, 동아프라임밸리) 1202-1호
전화 ㅣ 02-336-2776　팩스 ㅣ 0505-115-0525
블로그 ㅣ bolg.naver.com/lpbook12
전자우편 ㅣ lpbook12@naver.com

ISBN 979-11-87430-55-1 94300